개정판

수학사도 배우고 수학도 알고

한인기 지음

이 책에서는 많은 수학사의 지식들을 담기 보다는 '학교수학'에 밀접하게 관련될 수 있는 내용을 중심으로 수학사를 정리하였으며, 특히 고등학교 정도의 수학적 지식을 바탕으로 이해하고 해결할 수 있는 내용을 중심으로 기술하였다. 그리고 가능한 한 수학사의 원전에 있는 내용들을 학교수학의 관점에서 재구성하여, 독자로 하여금 수학사의 발전을 이끌어온 수학사의 원전을 경험할 수 있도록 하였다. 그리고 수학사의 원전에 있는 내용이 학교수학과 어떻게 관련되는지를 기술하여 이를 통해, 학교수학의 뿌리를 찾고, 어떻게 학교수학의 개념과 방법들이 생겨나고 발달하고 있는지에 대한 이해의 폭을 넓히려 시도하였다.

KYOWOO

머릿글

‘현재’는 과거의 연속선 상에서 이해될 수 있고, ‘현재’는 순간으로가 아니라 과거로부터의 발전으로 이해되어야 한다. 지금 초등학교, 중학교, 고등학교에서 가르치고 배우는 학교수학을 교과서에 제시된 내용만으로 한정한다면, 왜 그러한 수학 내용을 가르치고, 어떻게 그러한 수학적 개념이나 방법들이 생겨났는지, 어떻게 학교수학을 활용할 수 있는지 등에 대한 충분한 이해는 어렵다. 흔히 말하는 것처럼, 수학교과서에 있으니까 가르치고, 수학교과서에 있으니까 배운다는 수동적인 생각을 가지기 쉽다.

학교수학의 내용과 방법, 범위는 수학의 발전 과정에서 이해되어야 하며, 이러한 경우에 비로소 살아숨쉬는 수학을 느끼고 공부할 수 있다. 이 책은 두 가지 목표를 가지고 있다. 첫 번째는 ‘수학사’의 발전 과정을 이해하는 것이고, 두 번째는 수학사의 발전 과정에서 ‘학교수학’을 이해하는 것이다.

이 책에서는 많은 수학사의 지식들을 담기 보다는 ‘학교수학’에 밀접하게 관련될 수 있는 내용을 중심으로 수학사를 정리하였으며, 특히 고등학교 정도의 수학적 지식을 바탕으로 이해하고 해결할 수 있는 내용을 중심으로 기술하였다.

이 책에서는 가능한 한 수학사의 원전에 있는 내용들을 학교수학의 관점에서 재구성하여, 독자로 하여금 수학사의 발전을 이끌어온 수학사의 원전을 경험할 수 있도록 하였다. 그리고 수학사의 원전에 있는 내용이 학교수학과 어떻게 관련되는지를 기술하였다. 이를 통해, 학교수학의 뿌리를 찾고, 어떻게 학교수학의 개념들, 방법들이 생겨나고 발달하고 있는지에 대한 이해의 폭을 넓히려 시도하였다.

이 책은 학교수학에 대해 심화된 이해를 원하는 고등학교 학생들, 수학교사들, 예

비 수학교사들, 수학의 아마추어 애호가들에게 의미있을 것이다. 특히, 이 책의 분량과 범위를 결정할 때에 대학교에서 한 학기 주당 3시간 정도의 수업에서 다룰 수 있도록 하였다. 다 쓰고 나니 책의 분량이 많아지긴 했지만, 책에 기술된 일부 수학 문제들을 증명하지 않고 다룬다면 대학교에서 한 학기 수업으로 적당할 것이다.

이 책에서는 수학의 태동기에서 17세기 미적분학의 발명 전까지 내용을 다루고 있다. 미적분학은 현대수학의 핵심적인 내용이지만, 책의 분량과 미적분학의 충분한 이해를 생각하면 또 다른 책에서 심도있게 다루는 것이 더 좋겠다고 판단했다.

제 1장에서는 수세기와 수표기의 기원에 대해 다루었고, 제 2장에서는 고대 이집트와 바빌로니아의 수학에 대해서 다루었다. 제 1장과 제 2장에서는 수학이 아직 학문으로 형성되기 이전인 수학태동기에 해당하는 내용을 다루었다. 이때는 수학이 일상 생활과 밀접하게 관련되어 발생되었으며, 후에 오는 수학적 발전의 뿌리가 되는 사실들, 개념들이 축적되었다.

제 3장부터는 초등수학기의 수학을 다루고 있다. 초등수학기의 수학은 수학이 학문으로 형성된 시기를 말하는데, 초등수학기 초기의 대표적인 학자로 피타고라스를 들 수 있다. 피타고라스 학파에서는 수학이론을 바탕으로 음계를 말들었으며, 이를 확장하여 '세상의 모든 것은 수'라고 생각하였다. 그리고 피타고라스 학파에 의해 발견된 무리수는 산술적인(대수적인) 수학에서 기하학적인 수학으로 수학의 패러다임을 바꾸어 놓았다.

제 4장에서는 기하학적인 수학에서 발생한 대표적인 문제인 작도불능문제의 배경과 그 해결의 역사를 다루었다. 특히 작도불능문제는 고대수학에서 현대수학에 이르는 수학의 역사를 관통했던 대표적인 문제라 할 수 있다. 이 책에서는 현대수학에서 작도불능문제를 어떻게 해결했는지에 대해서도 상세히 다루었다.

제 5장에서는 학교수학의 뿌리가 된 유클리드 '원론'을 다루었다. 유클리드 원론을 현대적인 설명과 표기를 이용하여 재구성하는 과정을 통해, 중등학교에서 다루는 학교수학과 유클리드 원론의 관련성을 기술하였다.

제 6장에서는 아르키메데스를, 제 7장에서는 아폴로니우스를 다루었다. 아르키메

데스는 미분과 적분개념의 뿌리라는 관점에서 살펴보았고, 아폴로니우스는 원, 타원, 포물선, 쌍곡선과 같은 개념들을 체계적으로 정리하여, 수학의 폭을 확장시켰다는 관점에서 다루었다. 특히 유클리드 원론의 수학이 자와 컴퍼스의 수학이었다면, 아폴로니우스의 원뿔곡선은 자와 컴퍼스로는 작도되지 않지만 더 넓은 수학으로 발전하는 기반을 제공하였다.

제 8장부터는 기원 후의 수학을 다루고 있다. 제 8장에서 다루는 헤론은 고등학교 수학교과서의 헤론의 공식에서 나왔던 수학자이고, 파푸스는 기원전의 고대수학을 체계적으로 정리하였으며, 디오판투스는 부정방정식 이론을 정립하였다.

제 9장에서는 중세수학의 중심인 이슬람 수학을 다루었다. 기하학화된 수학이 다시 대수적인 수학으로 패러다임이 바뀌는 과정에서 이슬람 수학이 중요한 역할을 한다. 여기서는 이슬람 수학에서 이차방정식, 삼차방정식의 해법을 어떻게 다루었는지를 소개하였다.

제 10장에서는 삼차방정식, 사차방정식의 대수적 해법의 역사를 다루고 있다. 여기서는 르네상스 시대의 이탈리아 수학에서 일어났던 사건들을 중심으로 기술하였다.

이 책에서는 수학사 전체를 섬세하게 다루고 있지는 않다. '학교수학'의 뿌리를 밝히고 학교수학과 관련된 수학사의 문제들을 직접 해결하고, 이를 통해 중등학교에서 다루는 수학의 내용이 과거로부터 현재로 그리고 미래로 흘러가는 거대한 물줄기의 한 부분이라는 것을 이해하면 좋겠다는 바램을 가지고 있다. 특히, 이 책에서 다루는 수학 문제들을 그냥 넘기지 말고 하나씩 풀어보면 수학을 느끼고 경험하는데 좋을 것이다.

마지막으로, 이 책의 표지에 있는 글 '수학사도 배우고 수학도 알고'를 써 주신 아헌 노정입 작가님, 김태호 선생님께 감사드립니다. 책의 내용보다 표지의 글이 더 좋은 것 같습니다. 그리고 출판에 도움을 주신 교우사 사장님과 직원들께 감사드립니다.

2019년 저자

차례

제 1 장.

수세기와 수표기

1. 인류의 최초 수세기

인류는 처음에 어떻게 수세기를 시작했을까? 인류가 생존을 위해 의, 식, 주의 문제를 본능적으로 해결해야 했었던 것처럼, 수세기도 인류의 생존 과정에서 자연스럽게 생겨나서 지금까지 발전되어 왔다. 지금의 초등학교, 중등학교 학생들은 '수학을 어디에 써 먹을 수 있느냐?' 라는 질문을 자주 하지만, 역사적으로 보면 수학은 인류의 생존 과정에서 자연스럽게 생겨난 생존 지식이었다. 수세기의 출발을 살펴보자.

하나(단위) 수세기에서 직면한 첫 번째 어려움은 '많음'으로부터 '하나' 또는 '단위'를 떼어내는 것이었다. 인류는 '많음'을 직관적으로 인식했지만, 이 '많음'으로부터 많음을 구성하는 개별 요소인 '하나' 또는 '단위'를 어떻게 분리할 수 있었을까?

심리학자 피아제는 모든 수학적 개념은 조작[1]으로부터의 반영적 추상화를 통해 형성된다고 주장한다. 즉, 인간은 자신의 행함에 대한 돌이켜 살펴봄(반성)을 통해 추상적인 수학적 개념을 만든다는 것이다. 이러한 관점에서 보면, '많음'으로부터 많음의

[1]피아제의 관점에서 '조작(operation)'은 내면화되고 반복가능한 가역적 행동을 의미한다. 어떤 사람이 우발적으로 무언가를 했다면, 그는 자기가 무엇을 했는지, 어떠한 과정을 거쳐 그러한 결과가 나왔는지 알 수 없을 것이다. 이러한 우발적인 행함은 조작이라고 부르지 않는다.

구성 요소인 '단위'를 만든 것은 많음(많은 대상)으로부터 자신의 손으로 많음의 구성 요소인 '하나' 또는 '단위'를 움켜쥐거나 분리하는 행위(조작)에서 출발했다고 볼 수 있을 것이다. 이 과정을 통해, 인류는 '많음'과 많음에서 개별적 구성 요소인 '하나' 또는 '단위'를 식별하게 되고, 이것이 수세기의 출발점이 되었다고 보는 것이 타당할 것이다. 수를 셀 때, '하나'와 '많다'의 두 가지 표현만을 사용했던 원시 부족의 이야기는 잘 알려진 사실이며, 이것은 수세기의 기원에 대한 우리의 주장이 타당성이 있음을 시사한다고 할 수 있다.

둘 인류는 '둘'이라는 것에 어떻게 도달할 수 있었을까? '많음'으로부터 한 손에 '하나'를 움켜쥔 사람은 다른 손에 또 다른 '하나'를 움켜쥔다. 즉, '많음'으로부터 두 손에 하나씩 '단위'를 움켜쥔 인류는 '둘'을 식별할 수 있었다.

셋과 넷 그렇다면, '셋', '넷'이라는 것에 어떻게 접근할 수 있었을까? 인류가 '하나'에서 '둘'로 옮겨가는 과정은 비교적 쉬웠지만, '셋'과 '넷'으로의 전환은 다른 무언가가 필요했다. 이때 필요한 그것이 바로 '발'이다. 두 손에 하나씩 움켜쥐고, 한쪽 발에 하나를 매달거나 발가락으로 움켜쥔다. 이렇게 인류는 '셋'을 식별할 수 있었고, 자연스럽게 '넷'까지 확장할 수 있었다.

그러나, 인류는 아직 수세기의 결과를 표현하는 고유한 상징(명칭)을 가지지 못했다. 그 당시에는 손에 든 물건의 이름을 직접 말하거나, 세는 대상을 움켜쥔 손과 발을 지칭하거나 가리키면서 수세기의 결과를 표현했을 것이다. 가령, 두 손에 토끼를 한 마리씩 잡고 있다면 '토끼–토끼'라고 말하며 수세기 결과인 '둘'을 표현했을 것이다. 다른 방법으로는, 토끼를 움켜쥔 손 또는 발을 가리키면서 수세기의 결과를 표현했을 수도 있다.

인류의 수세기에 있어 획기적인 변화를 불러온 것이 공동체 생활이다. 인류는 수렵을 하면서, 함께 삶을 영위하는 생존 공동체를 형성하였다. 공동체 생활을 하면서 수렵을 위한 도구들, 다른 공동체와의 분쟁에서 살아남기 위한 무기를 고안해야만

했다. 그리고 공동의 자산이 형성되고 축적되면서, 이전과는 다른 규모의 수세기가 필요했을 것이다. 이전에는 '토끼–토끼'라고 표현하면 충분했겠지만, 공동체 삶에서는 그것과는 비교할 수 없을 정도의 더 큰 수세기가 필요했다.

손가락, 발가락 인류가 자신의 손가락, 발가락을 수세기의 주요한 도구로 사용하면서 수세기는 획기적인 발전의 계기를 가지게 된다. 손가락과 발가락은 분실의 위험이 없었으며 항상 가지고 다닐 수 있기 때문에, 시간과 장소의 구애됨 없이 수세기를 할 수 있었다. 그리고 두 손가락과 두 발가락을 이용하면, 비교적 큰 수인 '20'까지를 셀 수 있었다.

매듭, 조약돌, 조개껍질, 표식 가령, 어떤 공동체에서 겨울에 살아남기 위해 토끼 35마리가 필요했다고 하자. 이들은 어떻게 토끼 '35'마리를 표현했을까?

이제, 인류는 도구를 사용하여 수세기를 하게 된다. 주변에서 흔히 볼 수 있는 나뭇가지, 끈, 조개껍질, 돌맹이, 그림 등을 이용했다. 인류는 끈에 토끼의 마릿수만큼 매듭을 만들거나 짐승의 뼈에 토끼의 마릿수만큼 표식을 하거나 조약돌(또는 조개껍질)을 토끼의 마릿수만큼 쌓아놓거나 엮는 방법을 고안했다. 그리고 이러한 수세기 도구들을 분실하거나 다른 것들과 섞이지 않도록 하기 위해, 매듭, 조약돌, 조개껍질들을 서로 묶어서 연결하였을 것이다.

다른 방법으로는 벽면이나 돌판 등에 토끼의 마릿수대로 토끼를 그렸을 것이다. 원시 벽화에 보면, 다양한 짐승의 모양이 그려져 있는 것을 쉽게 볼 수 있다. 이러한 방법은 고대 이집트의 상형문자를 이용한 수표기 방법으로 발전하게 된다.

2. 수세기의 결과의 표현

수세기의 결과를 표기하기 위해 수세기 결과에 특정한 이름(상징)을 대응시키는 것은 수학적 지식의 형성에서 큰 의미를 가진다. 왜 수세기 결과에 특정한 이름을 붙일까? 그 이유는 어렵지 않게 생각할 수 있다. 다음 상황을 생각하자.

'내가 토끼를 이만큼 잡았어(손가락 4개를 펼치며)'

'내가 토끼를 4마리 잡았어'

수세기 결과에 특정한 이름을 붙이는 것은 수세기 결과를 효과적으로 표현하고 기억하기 위한 것이 주요한 목적이 될 것이다. 공동체에서 공동의 자산을 관리하거나, 개개인이 사유재산을 소유하면서 자신의 자산을 효과적으로 표현하고 기억해야 했다. '(손가락으로) 이만큼'으로는 큰 수들을 정확하게 표현하고 기억하기에는 충분하지 못했을 것이다.

검은 토끼, 흰 토끼 수세기 결과에 이름을 붙이는데 처음부터 '하나', '둘'과 같은 지금의 명칭이 만들어지지는 못했을 것이다.

처음에는 수세기 대상의 특징을 그대로 이용하여 수세기의 결과를 표현했을 것이다. 가령, 토끼가 5마리 있으면, 각 토끼의 외형적 특징에 주목했을 것이다. '귀가 큰 토끼', '검은 토끼', '코가 빨간 토끼', '똥싼 토끼', '흰 토끼'와 같은 방법으로 수세기 결과를 표현했을 것이다. 이때, 인류는 아침마다 토끼의 특징을 읊어가면서 밤사이에 자신의 토끼가 야생 짐승에게 잡혀가지 않았는지 확인했을 것이다. '흰토끼'까지 있으면, 그는 자신의 토끼가 모두 있다는 확인할 수 있었을 것이다.

손가락, 발가락을 단위로 이용한 수세기와 그 결과의 표현 방법 앞에서 가장 편리한 수세기 도구가 자신의 손가락, 발가락이었음을 말하였다. 시간이 지나면서, '귀가 큰 토끼', '검은 토끼', '코가 빨간 토끼', '똥싼 토끼', '흰 토끼'와 같이 '흰 토끼'까지 수세기를 했던 인류는 손가락, 발가락을 이용하여 '한 손의 모든 손가락 전부만큼 토끼가 있다'와 같은 서술적 언어로 표현하기 시작했다. 여기서 각 손가락은 토끼 한 마리를 표현하는 단위가 된다. 이러한 수세기 결과의 표현은 몇 단어들을 결합하여 길게 문장으로 나타낸 것이 특징이라 할 수 있다.

이러한 문장적 표현은 시간이 지나면서 한 단어 또는 핵심 단어들의 결합을 통한 단축된 표현으로 변하게 된다. 예를 들어, '5'를 의미하기 위해 '한 손 손가락들', '한 손'이라는 단축된 단어 결합을 사용했고, '4'를 의미하기 위해 네 발을 가진 가축의 다리들을 의미하는 단어 결합을 사용했다. 예를 들어, '토끼 발들'과 같은 단어 결합을 사용했다. 실제로, '2'를 의미하기 위해 '귀들'이라는 표현이 사용되기도 하였다.

이러한 단어 단축은 경제적으로 수세기 결과를 표현할 수 있었기 때문에 폭넓게 이용되었다. '6'을 나타내기 위해 '한 손과 손가락', '7'을 나타내기 위해 '한 손과 두 손가락', '10'을 나타내기 위해 '양 손', '11'을 나타내기 위해 '양 손과 한 발가락', '12'를 나타내기 위해 '양 손과 두 발가락', '15'를 나타내기 위해 '양 손과 한 발', '20'을 나타내기 위해 '양 손과 양 발'과 같은 단축된 표현에 익숙해졌다. 이러한 단어 단축은 수세기 결과의 표현에서 덧셈의 의미를 암묵적으로 포함하고 있었으며, 후에 수체계에서 자릿값 개념으로 발전될 가능성을 가지게 된다. 예를 들어, 현대적인 의미로 $11 = 10 + 1$인데, 초기 인류가 사용했던 표현인 '양 손과 발가락'은 '양손+발가락'이라는 의미이기 때문에, '양손'은 10의 자리로, '발가락'은 1의 자리로 발전할 가능성을 가지게 된다.

기호를 사용한 수세기 결과의 표기 방법 수세기 도구를 포함하는 문장이나 단어를 이용하여 수세기 결과를 표현하는 방법은 처음에는 자연스럽게 이용할 수 있었지만, 시간이 흐르면서 그 효율성과 간편성에서 문제가 발생했다. 앞에서 살펴보았듯이, '양 손과 한 발'이라는 표현과 '15'라는 특정한 표기(상징)를 비교하면, 쉽게 효율성이나 간편성의 문제를 이해할 수 있을 것이다.

인류는 수세기의 결과를 표현하기 위해 특별한 방법을 고안하였다. 대표적인 것이 고대 이집트의 상형문자, 바빌로니아의 쐐기문자, 그리스의 알파벳문자를 들 수 있다.

고대 이집트에서는 수세기 결과의 표기하기 위해 특별한 상형문자(hieroglyph)를 사용했다. 고대 이집트의 수세기 결과의 표기는 지금의 10진법 수체계처럼 $10^0 = 1, 10^1 = 10, 10^2 = 100, 10^3 = 1000, 10^4 = 10000$ 등과 같은 10^n을 나타내는 상형문자를 기반으로 이루어진다. 은 '1'을 나타내는 상형문자로 수직으로 그은 선 또는 막대기를 형상화한 것이며, 은 '10'을 나타내며 뒤꿈치 뼈를 형상화한 것이며, 

은 '100'을 의미하며 측정하는 밧줄(자처럼 쓰이는 밧줄)을 형상화한 것이며, 은 '1000'을 나타내는데 무수히 많음을 형상화한 것이다. 그리고 은 '10000'을 나타내는데 위로 향해 들어올린 손가락을 형상화한 것이다. 고대 이집트에서 수세기의 결과를 표기하기 위해 사용한 '1', '10', '100', '1000', '10000', '100000', '1000000', '10000000'을 나타내는 상형문자를 정리하면, 다음과 같다.

고대 이집트인들은 수세기 결과를 상형문자를 이용하여 덧셈을 기반으로 표기하였다. 예를 들어, 50를 나타내기 위해, 10을 나타내는 상형문자 을 5번 반복하여 썼다. 즉 을 5번 와 같이 반복하여 써서 $10 + 10 + 10 + 10 + 10 = 50$을 표기하였다. 가령, 35736을 나타내려면, 10000을 나타는내는 상형문자 을 3번, 1000을 나타내는 상형문자 을 5번, 100을 나타내는 상형문자 을 7번, 10을 나타내는 상형문자 를 3번, 1을 나타내는 상형문자 을 6번 그렸다. 그러면, 35736을 다음과 같은 상형문자로 나타낼 수 있다.

문자를 쓸 수 있는 파피루스가 보급됨에 따라 고대 이집트에선 벽면에 적었던 상형문자가 점차로 신관문자(hieratic)로 대치되었다(여기서 '신관'은 고대 이집트에서 종교의식을 집행했던 사제를 의미함). 신관문자는 사물의 형상을 본딴 상형문자를 좀 더 추상화시킨 것으로 알려져있다. 신관문자가 보급됨에 따라, 수세기 결과의 표기 방법도 변화를 겪게 된다.

상형문자 표기와 신관문자 표기를 비교하면, 신관문자의 표기가 추상적이고 훨씬 간단하였다. 다음에서 첫 번째 것은 상형문자로 736을 표기한 것이고, 두 번째 것은 신관문자 표기로 736을 표기한 것이다.

상형문자 표기에서는 10을 나타내는 상형문자 ∩만 알고 있으면, 반복을 통해 20, ⋯ , 90까지 나타낼 수 있었지만, 신관문자에서는 10, 20, ⋯ , 90을 나타내는 표기가 모두 다르기 때문에, 이들 각각을 외워야 하는 어려움이 발생할 수 있다.

이집트의 상형문자 표기와 유사한 방법으로 수세기 결과를 표기한 것이 고대 바빌로니아이다. 고대 바빌로니아에서는 쐐기 문자를 이용하여 수세기 결과를 표기하였다. 쐐기문자 𒁹은 '1'을 나타내며, 쐐기문자 𒌋은 '10'을 나타냈다.

바빌로니아의 수표기도 이집트의 수표기와 같이 덧셈을 기반으로 하며, 쐐기문자를 반복적으로 기록하여 수를 나타냈다. 예를 들어, 고대 바빌로니아인들은 수 38을 나타내기 위해, 10을 나타내는 쐐기문자 𒌋을 3번 반복하여 나열했고, 1을 나타내는 쐐기문자 𒁹을 8번 반복하여 나열하였다. 결국, 고대 바빌로니아인들은 수 38을 다음과 같이 나타냈다.

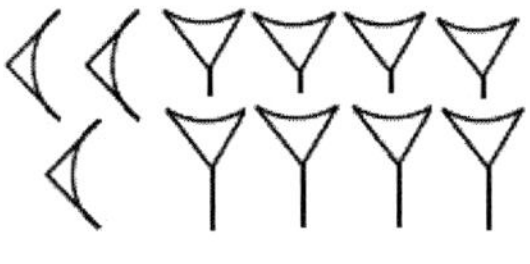

수세기 결과를 표기하는 다른 방법으로는 고대 그리스의 알파벳 수체계를 들 수 있다. 각각의 알파벳을 이용하여 고유한 수를 표기하였다. 이러한 알파벳 수체계에서는 수세기 결과를 간결하게 표현하는데 장점이 있었지만, 각 알파벳이 의미하는 값을 개별적으로 외워야 하는 문제가 있었다. 고대 그리스의 알파벳 수체계에서 1, 2, 3, 4, 5, 6, 7, 8, 9를 다음과 같이 나타냈다.

$$\bar{\alpha},\quad \bar{\beta},\quad \bar{\gamma},\quad \bar{\delta},\quad \bar{\varepsilon},\quad \bar{\varsigma},\quad \bar{\zeta},\quad \bar{\eta},\quad \bar{\vartheta}$$

고대 그리스의 알파벳 수체계에서는 10, 20, ⋯, 90, 100, 200, 300, ⋯, 900, 1000, 2000, ⋯, 9000 등과 같은 수를 나타내는 알파벳을 따로 사용하였다. 알파벳 수체계에서는 수를 짧고 간단하게 표현할 수 있다는 것에 큰 의미를 부여할 수 있지만, 이 수체계는 수의 연산과 관련하여 발전하기는 한계가 있었다.

이러한 기호를 통해, 수세기 결과의 표기 방법은 많은 발전을 이룰 수 있었다. 한 가지 주목할 것은, 특정한 기호를 이용한 이러한 수표기의 방법은 덧셈을 기반으로 하고 있다는 것이다. 이것은 수세기 도구를 이용하여 문장으로 수세기 결과를 나타냈던 초기 수세기 결과의 표현 방법의 연장선에서 이해될 수 있을 것이다.

손가락, 발가락과 진법 현재는 10진법, 12진법, 60진법, 5진법, 2진법이 많이 이용된다. 2진법은 주로 컴퓨터에서 이용되며, 5진법, 10진법, 12진법, 60진법은 실생활에서 자주 접할 수 있다. 5진법은 로마 숫자 표현의 바탕이 된다. 즉, 로마 숫자에서 '1'은 'I'로, '2'는 'II'로, '3'은 'III'로, '4'는 'IV'로, '5'는 'V'로, '6'는 'VI'로, '7'은 'VII'로, '8'은 'VIII'로, '9'는 'IX'로, '10'은 'X'로, '11'은 'XI'로, '12'는 'XII'로 나타낸다.

한편, 12진법의 사용은 1년이 12개월로 구성된다는 것을 생각하면 쉽게 알 수 있으며, 1시간이 60분이라는 것을 생각하면 60진법의 사용도 쉽게 확인할 수 있다.

진법은 수세기 활동의 도구가 무엇인가에 따라 결정된다. 손가락, 발가락이 수세기의 효과적인 도구임을 여러 번 강조하였다. 10진법은 두 손의 손가락 개수에 해당하며, 20은 두 손의 손가락, 두 발의 발가락의 개수를 모두 합한 것이다. 5는 한 손의 손가락 개수가 될 것이다.

그렇다면, 12진법과 60진법은 어떠한 수세기 도구와 관련될 수 있는가? 12진법도 우리 손과 관련된다. 손을 보면, 엄지손가락을 제외한 나머지 네 손가락의 마디의 개수가 12개이다. 이때 엄지손가락은 수세기에서 가리킴 손가락의 역할을 하게 된다.

검지 손가락의 세 마디에서 첫 번째 마디가 1, 두 번째 마디가 2, 세 번째 마디가 3, 중지 손가락의 첫 번째 마디가 4, 두 번째 마디가 5, 세 번째 마디가 6, 약지 손가락의 첫 번째 마디가 7, 두 번째 마디가 8, 세 번째 마디가 9, 새끼 손가락의 첫 번째 마디가 10, 두 번째 마디가 11, 세 번째 마디가 12에 대응된다.

60진법은 12진법으로부터 얻어진다. 가령, 오른손의 손가락의 마디들을 이용하여 수세기를 하자. 12까지는 오른손 손가락의 마디들을 이용하여 쉽게 셀 수 있다. 13은 어떻게 셀까? 13은 오른손 손가락의 마디들을 다 센 다음, 왼손의 한 손가락을 접자. 그리고 다시 오른쪽의 검지손가락의 첫 번째 마디를 가리키면, 이것이 13이 된다. 이와 같은 방법으로 수세기를 하면 $12 \times 5 = 60$까지를 셀 수 있다.

제 2 장.

고대 이집트와 바빌로니아의 수학

1. 고대 이집트의 수학

고대 이집트인들의 수학적 지식의 내용과 수준은 벽면에 상형문자로 그려낸 내용과 파피루스에 신관문자로 기록된 내용들을 중심으로 알려져있다. 파피루스는 수생 식물인데, 이집트인들은 파피루스를 가공하여 여기에 기록을 남겼다. 지금까지 알려진 대표적인 파피루스는 린드 파피루스와 모스크바 파피루스이다. 린드 파피루스는 대영박물관에 있으며, 폭은 32cm정도이고 길이가 5.5m 정도이며, 모스크바 파피루스도 비슷한 크기이다. 쉽게 생각하면, 파피루스로 만든 두루마리에 다양한 기록들이 남겨져 있는 것이다.

자연수의 사칙연산

고대 이집트인들의 사칙연산에서 덧셈과 뺄셈은 현대의 방법과 크게 다르지 않았지만, 곱셈과 나눗셈은 자신들의 고유한 방법을 가지고 있었다. 우선 이집트인들의 곱셈을 살펴보자. 가령, 두 자연수 a, b의 곱 $a \times b$를 계산한다고 하자. 즉, a에 b를 곱한다고 하자.

이를 위해, 이집트인들은 첫 번째 열에는 1을 두 번째 열에는 a를 썼다. 그런 다음,

각 행의 수들을 2배씩 증가시켰다. 그러면 첫 번째 열의 1행에는 1, 2행에는 2, 3행에는 4, 4행에는 8, $\cdots$를 얻게 되며, 두 번째 행에는 $a, 2a, 4a, 8a, \cdots$를 얻게 된다.

1	a
2	$2a$
4	$4a$
8	$8a$
16	$16a$
32	$32a$
64	$64a$

이제, 첫 번째 열에 있는 수들 $1, 2, 4, 8, 16, \cdots$ 중에서 적당한 수들을 뽑아 그 합이 b가 되도록 한다. 가령, $1 + 4 + 32 = 37 = b$라 하자. 그러면, $1, 4, 32$가 있는 열의 오른쪽에 있는 수들 $a, 4a, 32a$의 합 $a + 4a + 32a = 37a$가 곱 $a \times b$가 된다. 예를 들어, $a = 13, b = 37$인 경우, 즉 13×37을 계산해 보자.

/ 1	13
2	26
/ 4	52
8	104
16	208
/ 32	416
37	481

여기서 $37 = 1 + 4 + 32$이며, $481 = 13 + 52 + 416$이다. 이때 13은 수 '1'이 있는 행의 오른쪽에 있는 수이고, 52는 수 '4'가 있는 행의 오른쪽에 있는 수이며, 416은 수 '32'가 있는 행의 오른쪽에 있는 수이다. 결국, 13×37은 덧셈 $13 + 52 + 416$의 결과로 얻어진다.

이러한 이집트인들의 곱셈은 쉽게 그 정당성을 확인할 수 있다. 이를 위해, 우선 $a \times b$에서 $1, 2, 4, 8, \cdots$의 합으로 b를 항상 만들 수 있는지 생각하자. $1, 2 = 2^1, 4 =$

$2^2, 8 = 2^3, \cdots$ 인데, 잘 알려진 바와 같이 2진법으로 모든 자연수를 표현할 수 있다. 그러므로, $1, 2, 4, 8, \cdots$ 의 합으로 임의의 자연수 b를 나타낼 수 있다. 가령, $a \times b$에서 $b = b_1 + b_2 + b_3 + \cdots + b_k$라 하자(이때, b_i는 2의 거듭제곱의 수들임). 그러면 $a \times b = a \times (b_1 + b_2 + b_3 + \cdots + b_k) = a \times b_1 + a \times b_2 + a \times b_3 + \cdots + a \times b_k$가 된다. 그런데, $a \times b_i$는 이집트 곱셈에서 두 번째 열에 오는 수들이므로, 결국 이들의 합 $a \times b_1 + a \times b_2 + a \times b_3 + \cdots + a \times b_k$은 구하는 곱 $a \times b$가 된다.

이제, 이집트인들의 나눗셈 방법을 살펴보자. 일반적으로, 나눗셈은 곱셈의 역연산이라고 한다. 이집트인들의 나눗셈 계산도 기본적으로는 곱셈의 역연산이라는 생각을 바탕으로 하고 있다(이집트인들이 나눗셈을 곱셈의 역연산으로 간주했다는 명시적인 기록은 없음). 가령, $513 \div 19$를 계산한다고 하자. 513에서 19를 나눈다는 것을 곱셈을 이용하여 생각하면, 19에 어떤 수 x를 곱해 513이 되는 x를 구하는 것이다. 결국, 이집트인들은 $19 \times x = 513$을 구하는 다음 방법으로 $513 \div 19$를 계산했다.

/ 1	19
/ 2	38
4	76
/ 8	152
/ 16	304
27	513

결국, $513 \div 19 = 27$이다. 이집트에서는 나눗셈 $513 \div 19$을 수행하기 위해, 우선 첫 번째 행에 1과 젯수인 19를 쓴다. 이제 첫 번째 행을 2배하여 2번째, 3번째 행, 4번째 행, $\cdots$을 쓴다. 이제, 두 번째 열에 있는 수들을 적당히 뽑아서 그 합이 513이 되도록 한다. 여기서는 $513 = 19 + 38 + 152 + 304$이다. 수 19가 있는 행의 왼쪽에 있는 수 '1', 38이 있는 행의 왼쪽에 있는 수 '2', 152가 있는 행의 왼쪽에 있는 수 '8', 304가 있는 행의 왼쪽에 있는 수 '16'을 더하면, $1 + 2 + 8 + 16 = 27$이 나눗셈 $513 \div 19$의 결과가 된다.

이집트인들의 곱셈과 나눗셈은 기본적으로 수를 두 배로 하는 것에 기반한다. 그런데, 이러한 방법은 나눗셈에서 513÷19처럼 나머지 없이 나눌 수 있는 경우에는 문제가 없지만, 나누어떨어지지 않는 경우에는 문제가 발생한다. 그래서 이집트인들은 나누어떨어지지 않는 경우에는 2로 곱하는 것과 함께 $\frac{1}{2}$을 곱하는 방법을 함께 사용했다. 예를 들어, $329 \div 14$를 계산하자.

/ 1	14
/ 2	28
/ 4	56
8	112
/ 16	224
/ $\frac{1}{2}$	7
$23\frac{1}{2}$	329

결국, $329 \div 14 = 23\frac{1}{2}$이다. 이집트에서는 나눗셈 $329 \div 14$를 수행하기 위해, 우선 첫 번째 행에 1과 젯수인 14를 쓴다. 이제 첫 번째 행을 2배하여 2번째 행, 3번째 행, 4번째 행, $\cdots$을 쓴다. 이제, 두 번째 열에 있는 수들을 적당히 뽑아서 그 합이 329가 되도록 해야 한다. 그런데, 2배를 하여 얻어진 수들의 합으로는 329가 얻어지지 않는다. 그래서 첫 번째 행의 수들을 $\frac{1}{2}$하여 여섯 번째 행을 만들게 된다. 그러면, $329 = 14 + 28 + 56 + 224 + 7$이 된다. 그리고 첫 번째 열에 있는 수들의 합 $1 + 2 + 4 + 16 + \frac{1}{2} = 23\frac{1}{2}$이 구하는 $329 \div 14$의 결과이다.

이집트의 나눗셈에서 젯수를 반복적으로 2배 또는 $\frac{1}{2}$배하는 연산을 수행하였음을 살펴보았다. 즉 이집트의 나눗셈에서는 젯수를 2배, $2^2 = 4$배, $2^3 = 8$배, $2^4 = 16$배, $\cdots$를 하거나 $\frac{1}{2}$배, $(\frac{1}{2})^2 = \frac{1}{4}$배, $(\frac{1}{2})^3 = \frac{1}{8}$배, $(\frac{1}{2})^4 = \frac{1}{16}$배, $\cdots$를 계산한 후에 이들의 일부를 더하여 피젯수를 만드는 방법을 이용했다. 그런데, 이집트인들은 젯수를 $\frac{1}{2^n}$배를 이용하는 방법 이외에, $\frac{2}{3}$배, $\frac{1}{3}$배, $\frac{1}{6}$배 등과 같이 다양한 $\frac{1}{n}$배를 이용하기도 하였다. 예를 들어, $105 \div 18$을 계산한다고 하자.

/ 1	18
2	36
/ 4	72
/ $\frac{2}{3}$	12
$\frac{1}{3}$	6
/ $\frac{1}{6}$	3
$5\frac{2}{3}\frac{1}{6}$	105

결국, $105 \div 18 = 5\frac{2}{3}\frac{1}{6}$이다. 이집트에서는 나눗셈 $105 \div 18$을 수행하기 위해, 우선 첫 번째 행에 1과 젯수인 18을 쓰고, 이것을 2배하는 연산과 함께, $\frac{3}{2}$배, $\frac{1}{3}$배, $\frac{1}{6}$배하는 연산을 이용했다. 결국, $105 = 18 + 72 + 12 + 3$이므로, $105 \div 18 = 1 + 4 + \frac{2}{3} + \frac{1}{6} = 5\frac{2}{3}\frac{1}{6}$이 된다. 이집트인들은 기본적으로 $\frac{1}{n}$인 꼴의 분수를 표기하고 사용했으며, 분자가 2인 분수는 예외적으로 $\frac{2}{3}$만을 사용했다.

분수

분수의 표기 이집트인들은 상형문자를 이용하여 다양한 분수들을 표현하였다. 일반적으로, 이집트인들은 분수를 나타내는 상형문자인 을 그리고, 그 아래에 분모를 나타내는 자연수를 표시하였다. 이때, 상형문자 는 '약 0.17L의 부피'를 나타내는 상징이었는데,  아래에 분모에 해당하는 자연수를 표시하여 분수를 나타냈다. 물론, 처음에는  밑에 자연수 n을 표기한 분수는 '0.17L의 부피'의 $\frac{1}{n}$을 구체적으로 나타냈었지만, 후에 '0.17L의 부피'라는 구체적인 의미는 사라지고 일반적인 분수의 표기 방법으로 정착하게 되었다.

이집트인들은 $\frac{1}{10}$을 표현하기 위해, 우선 을 그리고, 그 아래에 10을 나타내는 상형문자인 을 표시하였다. 즉, $\frac{1}{10}$을 이집트인들은 로 나타냈으며, $\frac{1}{4}$은 로 나타냈다. 다음은 이집트인들이 사용한 분수 $\frac{1}{5}, \frac{1}{7}, \frac{1}{12}$을 나타냈던 표기 방법이다.

한편, 분수 $\frac{1}{2}, \frac{2}{3}, \frac{1}{3}$을 나타내기 위해, 이집트인들은 $\frac{1}{2}$는 , $\frac{2}{3}$는 , $\frac{1}{3}$는 와 같은 표기를 이용하였다. 분수 $\frac{1}{2}, \frac{2}{3}, \frac{1}{3}$의 이러한 표기는 이집트인들이 사용했던 일반적인 방법에서는 벗어난 것이었다. 이집트 분수 표기의 일반적인 방법을 생각하면, 은 $\frac{1}{2}$이라고 생각할 수 있다. 그러나, 이미 $\frac{1}{2}$을 나타내는 상형문자 이 있었기 때문에, $\frac{2}{3}$ 또는 $\frac{1}{3}$의 표기 방법이 일반적인 표기 방법에서 벗어난 것이 특별한 혼란을 야기시키지는 않았을 것이다.

이집트인의 분수 사용과 표기에서 한 가지 주목할 것은 분자가 1인 분수만을 사용하였다는 것이다. 이때 예외적으로 사용한 것이 $\frac{2}{3}$였다. 즉, 이집트인들은 분수 $\frac{2}{5}$를 $\frac{1}{3}\frac{1}{15}$과 같이 표현하고 사용했다는 것이다. 이러한 표기는 $\frac{1}{3} + \frac{1}{15} = \frac{2}{5}$에서 '+'를 빼고 나타낸 것이다.

이제, 현대적인 표기로 $13\frac{5}{8}$와 같은 수를 이집트인들은 어떻게 나타냈을까를 생각하자. 우선 13은 으로 나타낼 수 있다는 것을 알고 있다. 그러면, $\frac{5}{8}$는 어떻게 나타낼까? 이집트인들은 $\frac{5}{8}$를 분자가 1인 분수들로 분해하여 $\frac{1}{2}\frac{1}{8}$로 나타냈다. 결국, 대분수 $13\frac{5}{8}$의 이집트 상형문자 표기는 가 된다.

현대와 다른 이집트인들의 분수 사용 및 표기는 이집트인들이 현재의 우리와는 유리수를 다르게 생각하였다는 것을 의미한다. 즉, 우리는 $\frac{1}{5}, \frac{2}{5}, \frac{3}{5}, \frac{4}{5}$를 각각 의미를 가지는 개별적인 유리수로 생각하지만, 이집트인들은 $\frac{1}{5}$과 $\frac{2}{5}, \frac{3}{5}, \frac{4}{5}$를 다르게 생각하였다. 그들은 $\frac{1}{5}$은 자연수처럼 고유한 하나의 수로 생각했지만, $\frac{2}{5}, \frac{3}{5}, \frac{4}{5}$는 독립적인 수라기보다는 분모가 1인 $\frac{1}{n}$인 꼴의 분수들로부터 얻어지는 것으로 생각하였다. 그리하여, 이집트인들은 $\frac{q}{p}$인 꼴의 분수를 분자가 1인 분수들의 합으로 분해하였다. 이미 기술한 것처럼, 예외적인 것은 $\frac{2}{3}$를 분자가 1인 분수들과 같은 독립적인 수로 생각하였다는 것이다.

자연수의 표기가 상형문자를 사용한 시대와 신관문자를 사용한 시대에서 달랐던 것처럼, 분수도 신관문자를 이용하여 다른 방법으로 표기하였다. 신관문자의 분수 표기를 살펴보면, $\frac{1}{2}$은 , $\frac{1}{3}$은 , $\frac{2}{3}$는 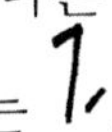, $\frac{1}{4}$은 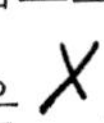, $\frac{1}{10}$은 , $\frac{1}{100}$은 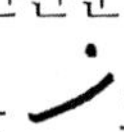로 나타냈다.

분수에 대한 연산 자연수의 나눗셈을 위해서는 분수의 연산이 필요했다. 특히, 이집트인들은 분수 $\frac{q}{p}$를 $\frac{1}{2}, \frac{1}{3}, \cdots, \frac{1}{n}, \cdots, \frac{2}{3}$로 분해하는 연산을 해야 했으며, $\frac{1}{2}, \frac{1}{3}, \cdots, \frac{1}{n}, \cdots, \frac{2}{3}$의 형태로 표현된 분수들의 연산도 수행해야 했다. 이집트인들이 다양한 분수 연산을 어떻게 했을까에 대한 물음에 관련하여, van der Waerden(2007)은 분수 연산을 통분을 이용하지 않고도 다른 방법으로 수행할 수 있다는 것을 보였다. 가령, 다음과 같은 분수에 대한 기본 연산을 하였다고 하자.

$$\tfrac{1}{6} + \tfrac{1}{6} = \tfrac{1}{3} \tag{2.1}$$

$$\tfrac{1}{6} + \tfrac{1}{6} + \tfrac{1}{6} = \tfrac{1}{2} \tag{2.2}$$

$$\tfrac{1}{3} + \tfrac{1}{3} = \tfrac{2}{3} \tag{2.3}$$

이제, 등식 (2.2)의 $\frac{1}{6} + \frac{1}{6} + \frac{1}{6} = \frac{1}{2}$에 등식 (2.1)의 $\frac{1}{6} + \frac{1}{6} = \frac{1}{3}$을 대입하면,

$$\frac{1}{3} + \frac{1}{6} = \frac{1}{2}$$

을 얻게 된다. 한편, $\frac{1}{3} + \frac{1}{6} = \frac{1}{2}$의 양변에 $\frac{1}{6}$을 더하면, $\frac{1}{3} + \frac{1}{6} + \frac{1}{6} = \frac{1}{2} + \frac{1}{6}$이 되며, 등식 (2.1)에서 $\frac{1}{6} + \frac{1}{6} = \frac{1}{3}$이므로 $\frac{1}{3} + \frac{1}{3} = \frac{1}{2} + \frac{1}{6}$이 된다. 그리고 등식 (2.3)에서 $\frac{1}{3} + \frac{1}{3} = \frac{2}{3}$이므로,

$$\frac{2}{3} = \frac{1}{2} + \frac{1}{6}$$

이 얻어진다.

$\frac{1}{2} + \frac{1}{2} = 1$을 생각하여, 여기에 $\frac{1}{3} + \frac{1}{6} = \frac{1}{2}$을 대입하면,

$$\frac{1}{2} + \frac{1}{3} + \frac{1}{6} = 1$$

이 된다. 그리고 $\frac{1}{2} + \frac{1}{3} + \frac{1}{6} = 1$의 양변에 $\frac{1}{3}$을 더하면, $\frac{1}{2} + \frac{1}{3} + \frac{1}{6} + \frac{1}{3} = 1 + \frac{1}{3}$이다. 그리고 등식 (2.3)에서 $\frac{1}{3} + \frac{1}{3} = \frac{2}{3}$이므로,

$$\frac{1}{2} + \frac{2}{3} + \frac{1}{6} = 1 + \frac{1}{3}$$

이 된다. 한편, 등식 (2.1)의 $\frac{1}{6}+\frac{1}{6}=\frac{1}{3}$의 양변에 $\frac{1}{2}$을 더하면, $\frac{1}{6}+\frac{1}{6}+\frac{1}{2}=\frac{1}{3}+\frac{1}{2}$이다. 그런데 $\frac{2}{3}=\frac{1}{2}+\frac{1}{6}$이므로,

$$\frac{1}{6}+\frac{2}{3}=\frac{1}{3}+\frac{1}{2}$$

이 된다. 가령, 살펴본 것과 같은 등식들을 가지고 있다고 하자.

$$\tfrac{1}{3}+\tfrac{1}{6}=\tfrac{1}{2} \tag{2.4}$$

$$\tfrac{1}{2}+\tfrac{1}{6}=\tfrac{2}{3} \tag{2.5}$$

$$\tfrac{1}{2}+\tfrac{1}{3}+\tfrac{1}{6}=1 \tag{2.6}$$

$$\tfrac{1}{2}+\tfrac{2}{3}+\tfrac{1}{6}=1+\tfrac{1}{3} \tag{2.7}$$

$$\tfrac{1}{6}+\tfrac{2}{3}=\tfrac{1}{3}+\tfrac{1}{2} \tag{2.8}$$

이제, 얻어진 8개의 등식을 $2,3,4,5,\cdots$로 나누면, 새로운 등식들을 얻을 수 있다. 가령 등식 (2.4)인 $\frac{1}{3}+\frac{1}{6}=\frac{1}{2}$을 $2,3,4,5\cdots$로 나눈다고 하자. 그러면, 다음을 알 수 있다.

$$\frac{1}{6}+\frac{1}{12}=\frac{1}{4},\ \frac{1}{9}+\frac{1}{18}=\frac{1}{6},\ \frac{1}{12}+\frac{1}{24}=\frac{1}{8},\ \cdots,\ \frac{1}{3n}+\frac{1}{6n}=\frac{1}{2n}$$

한편, 등식 (2.5)인 $\frac{1}{2}+\frac{1}{6}=\frac{2}{3}$를 $2,3,4,5,\cdots$로 나눈다고 하자. 그러면, 다음을 알 수 있다.

$$\frac{1}{4}+\frac{1}{12}=\frac{2}{4},\ \frac{1}{6}+\frac{1}{18}=\frac{2}{9},\ \frac{1}{8}+\frac{1}{24}=\frac{2}{12},\ \cdots,\ \frac{1}{2n}+\frac{1}{6n}=\frac{2}{3n}$$

등식 (2.6)을 $2,3,4,5,\cdots$로 나누면, 다음을 알 수 있다.

$$\frac{1}{4}+\frac{1}{6}+\frac{1}{12}=\frac{1}{2},\ \frac{1}{6}+\frac{1}{9}+\frac{1}{18}=\frac{1}{3},\ \cdots,\ \frac{1}{2n}+\frac{1}{3n}+\frac{1}{6n}=\frac{1}{n}$$

등식 (2.7), (2.8)도 $2,3,4,5\cdots$로 나누면 많은 분수식을 얻을 수 있다.

특히, $\frac{2}{3n}=\frac{1}{2n}+\frac{1}{6n}$은 분자가 2인 분수를 $\frac{1}{n}$인 꼴인 분수들의 합으로 표현하는 흥미로운 식이라 할 수 있다. 예를 들어, $n=3$을 대입하면, $\frac{2}{9}=\frac{1}{18}+\frac{1}{6}$이 되며, n의 값에 따라 $\frac{2}{12}=\frac{1}{24}+\frac{1}{8}$, $\frac{2}{15}=\frac{1}{10}+\frac{1}{30}$을 얻을 수 있으며, $\frac{2}{18},\frac{2}{21},\frac{2}{24},\cdots,\frac{2}{3n}$인 꼴의 분수를 분해하는 식을 얻을 수 있다.

이제, 곱셈을 통해 분수식을 얻는 것을 살펴보자. 이때 한 가지 염두에 둘 것은, 이집트의 곱셈은 $2, 4, 8, \cdots, 2^n$을 곱하는 것을 기반으로 한다는 것이다.

가령, $\frac{1}{15}$에 $2, 4, 8$을 곱한다고 하자. 이미 $\frac{2}{15} = \frac{1}{10} + \frac{1}{30}$임을 보였다. 그리고 $\frac{2}{15}$에 2를 곱한다는 것은 $\frac{1}{10} + \frac{1}{30}$에 2를 곱한다는 것이다. 이집트인들인 $\frac{1}{10} + \frac{1}{30}$에 2를 곱한 결과를 $\frac{1}{5} + \frac{1}{15}$로 나타냈다. 이제, $\frac{1}{5} + \frac{1}{15}$에 2를 곱하자. 그러면, $\frac{2}{5} + \frac{2}{15}$가 된다.

결국, 곱셈을 수행하기 위해선 $\frac{2}{n}$형태의 분수를 분자가 1인 분수의 합으로 재빨리 분해해야 했다. 이를 위해, 이집트인들은 $\frac{2}{n}$형태의 분수를 분자가 1인 분수의 합으로 분해하는 표를 만들어 사용했다. 린드 파피루스에 있는 표에 $\frac{2}{5}$는 $\frac{1}{3} + \frac{1}{15}$로 분해되어 있다. 결국, $\frac{2}{5} + \frac{2}{15} = \frac{1}{3} + \frac{1}{10} + \frac{1}{15} + \frac{1}{30}$로 쓸 수 있다.

이제, 분수들 사이의 덧셈 기호를 빼고, 이집트인들이 기록했던 것처럼 다음과 같이 $\frac{1}{15}$과 2, 4, 8의 곱을 나타낼 수 있다.

1	$\frac{1}{15}$
2	$\frac{1}{10}\,\frac{1}{30}$
4	$\frac{1}{5}\,\frac{1}{15}$
8	$\frac{1}{3}\,\frac{1}{10}\,\frac{1}{15}\,\frac{1}{30}$

이와 같이 얻어진 결과를 +기호를 이용하여 나타내면,

$$\frac{2}{15} = \frac{1}{10} + \frac{1}{30},\ \frac{4}{15} = \frac{1}{5} + \frac{1}{15},\ \frac{8}{15} = \frac{1}{3} + \frac{1}{10} + \frac{1}{15} + \frac{1}{30}$$

이라고 쓸 수 있다.

이집트인들에게 있어 다양한 분수 계산은 쉽지 않은 문제였을 것이다. 이집트인들은 이러한 문제를 쉽게 해결하기 위해, 지금의 계산기에 해당하는 분수 연산표를 만들어서 사용했다. 특히 $\frac{2}{n}$꼴의 분수를 $\frac{1}{n}$꼴로 분해하는 표를 만들었다. 대표적으로 남아있는 것이 린드 파피루스의 기록이다.

린드 파피루스의 $\frac{2}{n}$표 린드 파피루스에는 3부터 101까지의 모든 홀수 n에 대해 $\frac{2}{n}$를 분자가 1인 분수들의 합으로 분해하는 표가 제시되어 있다. 이집트인들은 이 표를 이용하여, 수들의 곱셈과 나눗셈을 쉽고 효율적으로 수행할 수 있었다.

$\frac{2}{n}$	분수합으로 분해	$\frac{2}{n}$	분수합으로 분해	$\frac{2}{n}$	분수합으로 분해
$\frac{2}{3}$	$\frac{1}{2}+\frac{1}{6}$	$\frac{2}{5}$	$\frac{1}{3}+\frac{1}{15}$	$\frac{2}{7}$	$\frac{1}{4}+\frac{1}{28}$
$\frac{2}{9}$	$\frac{1}{6}+\frac{1}{18}$	$\frac{2}{11}$	$\frac{1}{6}+\frac{1}{66}$	$\frac{2}{13}$	$\frac{1}{8}+\frac{1}{52}+\frac{1}{104}$
$\frac{2}{15}$	$\frac{1}{10}+\frac{1}{30}$	$\frac{2}{17}$	$\frac{1}{12}+\frac{1}{51}+\frac{1}{68}$	$\frac{2}{19}$	$\frac{1}{12}+\frac{1}{76}+\frac{1}{114}$
$\frac{2}{21}$	$\frac{1}{14}+\frac{1}{42}$	$\frac{2}{23}$	$\frac{1}{12}+\frac{1}{276}$	$\frac{2}{25}$	$\frac{1}{15}+\frac{1}{75}$
$\frac{2}{27}$	$\frac{1}{18}+\frac{1}{54}$	$\frac{2}{29}$	$\frac{1}{24}+\frac{1}{58}+\frac{1}{174}+\frac{1}{232}$	$\frac{2}{31}$	$\frac{1}{20}+\frac{1}{124}+\frac{1}{155}$
$\frac{2}{33}$	$\frac{1}{22}+\frac{1}{66}$	$\frac{2}{35}$	$\frac{1}{30}+\frac{1}{42}$	$\frac{2}{37}$	$\frac{1}{24}+\frac{1}{111}+\frac{1}{296}$
$\frac{2}{39}$	$\frac{1}{26}+\frac{1}{78}$	$\frac{2}{41}$	$\frac{1}{24}+\frac{1}{246}+\frac{1}{328}$	$\frac{2}{43}$	$\frac{1}{42}+\frac{1}{86}+\frac{1}{129}+\frac{1}{301}$
$\frac{2}{45}$	$\frac{1}{30}+\frac{1}{90}$	$\frac{2}{47}$	$\frac{1}{30}+\frac{1}{141}+\frac{1}{470}$	$\frac{2}{49}$	$\frac{1}{28}+\frac{1}{196}$
$\frac{2}{51}$	$\frac{1}{34}+\frac{1}{102}$	$\frac{2}{53}$	$\frac{1}{30}+\frac{1}{318}+\frac{1}{795}$	$\frac{2}{55}$	$\frac{1}{30}+\frac{1}{330}$
$\frac{2}{57}$	$\frac{1}{38}+\frac{1}{114}$	$\frac{2}{59}$	$\frac{1}{36}+\frac{1}{236}+\frac{1}{531}$	$\frac{2}{61}$	$\frac{1}{40}+\frac{1}{244}+\frac{1}{488}+\frac{1}{610}$
$\frac{2}{63}$	$\frac{1}{42}+\frac{1}{126}$	$\frac{2}{65}$	$\frac{1}{39}+\frac{1}{195}$	$\frac{2}{67}$	$\frac{1}{40}+\frac{1}{335}+\frac{1}{536}$
$\frac{2}{69}$	$\frac{1}{46}+\frac{1}{138}$	$\frac{2}{71}$	$\frac{1}{40}+\frac{1}{568}+\frac{1}{710}$	$\frac{2}{73}$	$\frac{1}{60}+\frac{1}{219}+\frac{1}{292}+\frac{1}{365}$
$\frac{2}{75}$	$\frac{1}{50}+\frac{1}{150}$	$\frac{2}{77}$	$\frac{1}{44}+\frac{1}{308}$	$\frac{2}{79}$	$\frac{1}{60}+\frac{1}{237}+\frac{1}{316}+\frac{1}{790}$
$\frac{2}{81}$	$\frac{1}{54}+\frac{1}{162}$	$\frac{2}{83}$	$\frac{1}{60}+\frac{1}{332}+\frac{1}{415}+\frac{1}{498}$	$\frac{2}{85}$	$\frac{1}{51}+\frac{1}{255}$
$\frac{2}{87}$	$\frac{1}{58}+\frac{1}{174}$	$\frac{2}{89}$	$\frac{1}{60}+\frac{1}{356}+\frac{1}{534}+\frac{1}{890}$	$\frac{2}{91}$	$\frac{1}{70}+\frac{1}{130}$
$\frac{2}{93}$	$\frac{1}{62}+\frac{1}{186}$	$\frac{2}{95}$	$\frac{1}{60}+\frac{1}{380}+\frac{1}{570}$	$\frac{2}{97}$	$\frac{1}{56}+\frac{1}{679}+\frac{1}{776}$
$\frac{2}{99}$	$\frac{1}{66}+\frac{1}{198}$	$\frac{2}{101}$	$\frac{1}{101}+\frac{1}{202}+\frac{1}{303}+\frac{1}{606}$		

$\frac{2}{n}$의 분해표에서 첫 번째 열에 있는 수들을 살펴보자. 첫 번째 열에서는 $\frac{2}{3n}$꼴의 분수를 분자가 1인 분수들의 합으로 나타내고 있는데, 이때 가수가 2개임을 알 수 있다. 앞에서 $\frac{2}{3}$를 두 개의 가수의 합 $\frac{1}{2}+\frac{1}{6}$으로 나타낼 수 있음을 보았다. 이제, 양변의 분모에 n을 곱하면, $\frac{2}{3n}=\frac{1}{2n}+\frac{1}{6n}$이 된다. 이 식에 $n=3,5,7,9,\cdots,33$을 대입하자.

그러면, 첫 번째 열에 있는 모든 식들이 얻어진다.

한편, 두 번째 열과 세 번째 열에서는 가수들의 개수가 2개에서 4개까지 다양하기 때문에, 첫째 열과 유사한 규칙성은 발견할 수 없다. 한 가지 주목할 것은, $\frac{2}{n}$꼴의 분수를 분자가 1인 분수들의 합으로 나타내는 방법이 유일하지 않다는 것이다. 가령, 린드 파피루스에서 $\frac{2}{29}, \frac{2}{61}, \frac{2}{73}, \frac{2}{79}, \frac{2}{83}, \frac{2}{89}, \frac{2}{101}$는 4개의 가수의 합으로 분해되었고, 세 개의 가수로 분해된 분수들도 많이 있다. 그런데, 이와 같이 4개의 가수로 또는 3개의 가수의 합으로 분해된 이러한 분수들을 2개의 가수의 합으로도 표현할 수 있다. 몇 가지 예를 살펴보면, 다음과 같다.

$$\frac{2}{29} = \frac{1}{15} + \frac{1}{435}, \ \frac{2}{61} = \frac{1}{31} + \frac{1}{1891}, \ \frac{2}{73} = \frac{1}{37} + \frac{1}{2701}, \ \frac{2}{79} = \frac{1}{40} + \frac{1}{3160}$$

이 분해표를 이용하면 $\frac{q}{p}$를 분자가 1인 분수들로 분해할 수 있다. 가령, $\frac{5}{19}$를 분해한다고 하자. $\frac{5}{19} = \frac{1}{19} + \frac{2}{19} + \frac{2}{19}$이므로, 표에서 $\frac{2}{19} = \frac{1}{12} + \frac{1}{76} + \frac{1}{114}$임을 이용하면, 다음과 같이 분해할 수 있다.

$$\frac{5}{19} = \frac{1}{19} + \frac{2}{19} + \frac{2}{19} = \frac{1}{19} + \frac{1}{12} + \frac{1}{76} + \frac{1}{114} + \frac{1}{12} + \frac{1}{76} + \frac{1}{114} = \frac{1}{19} + \frac{1}{6} + \frac{1}{38} + \frac{1}{57}$$

살펴본 것과 같이, 이집트인들은 $\frac{2}{n}$의 분해표를 이용하여 임의의 분수를 분자가 1인 분수들로 분해할 수 있었고, 분수들의 연산을 체계적으로 수행할 수 있었다.

기하학

사각형 넓이의 근삿값 이집트인들은 삼각형, 직사각형, 정사각형, 사다리꼴과 같은 다각형의 넓이를 구하는 정확한 방법을 알고 있었다. 예를 들어, 삼각형의 넓이는 밑변과 높이를 변으로 하는 직사각형 넓이의 절반이 된다는 것을 알았으며, 등적변형을 통해 삼각형을 직사각형으로 나타냈고, 사다리꼴도 직사각형으로 나타냈다.

정확하게 다각형의 넓이를 구하는 것뿐만 아니라, 근사적으로 삼각형, 직사각형의 넓이를 구했다. 근사적으로 이들 도형의 넓이를 구하는 것은 실생활의 편리를 위한 것이다. 이집트인들은 변의 길이가 a, b, c, d인 사각형에 대해 그 넓이의 근삿값으로

$\frac{a+c}{2} \times \frac{b+d}{2}$를 구했다. 이 식은 모든 사각형에 대해 유효한 근삿값을 제공하지는 못하며, 직사각형과 비슷한 사각형에 대해서는 효과적으로 사용할 수 있는 공식이다.

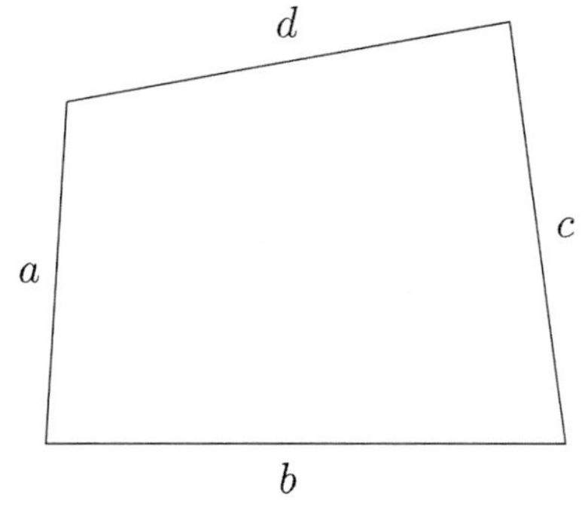

각뿔대의 부피 모스크바 파피루스에는 각뿔대의 부피를 구하는 흥미로운 문제가 제시되어 있다. 그림과 같이 밑면의 한 모서리의 길이가 a, b이고 높이가 h인 각뿔대의 부피를 이집트인들은 $\frac{h}{3}(a^2 + ab + b^2)$으로 계산하였다. 이 문제에는 각뿔, 각뿔대, 각기둥과 같이 다양한 입체 도형이 모두 포함되어 있으며, 이들 도형의 부피를 구하는 이집트인들의 수학적 지식과 문제해결 방법을 볼 수 있는 좋은 문제라 할 수 있다.

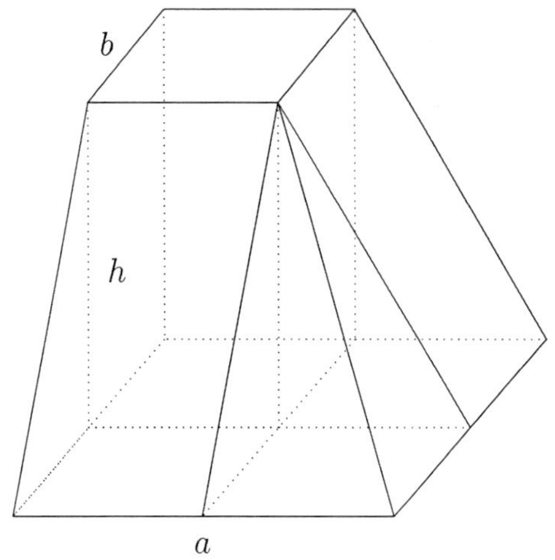

고대 이집트인들이 어떤 방법으로 각뿔대의 부피를 구했는지는 수학사를 연구하

는 학자들의 관심을 끌었다. 그림을 보면, 정사각형인 밑면의 한 모서리가 b이고 세로 모서리가 h인 직육면체 1개, 밑면이 직각삼각형이고 세로 모서리가 b인 삼각기둥 2개, 정사각형인 밑면의 한 모서리가 $a-b$이고 높이가 h인 사각뿔 1개가 있다.

van der Waerden(2007)은 이집트인들이 각뿔대를 변형시켜 직육면체인 각기둥들로 만들었을 것으로 추측하였다(삼각형의 넓이를 구하기 위해 직사각형으로 등적변형을 하는 것과 유사하게). 이를 위해, 삼각기둥을 세로 모서리가 $\frac{h}{2}$이고 직사각형인 밑면의 모서리가 $b, a-b$인 직육면체로 변형시키고, 사각뿔을 세로 모서리가 $\frac{h}{3}$이고 정사각형인 밑면의 한 모서리가 $a-b$인 직육면체로 변형시켰을 것이다. 그러면 각뿔대는 다음과 같이 4개의 각기둥을 쌓아놓은 모양이 된다.

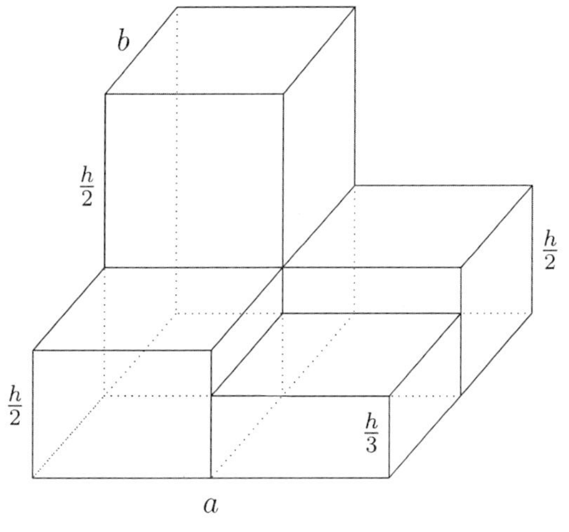

얻어진 그림만으로는 아직 각뿔대의 부피 $\frac{h}{3}(a^2+ab+b^2)$을 볼 수 없다. 식 $\frac{h}{3}(a^2+ab+b^2)$은 $\frac{a^2h}{3}$, $\frac{abh}{3}$, $\frac{b^2h}{3}$의 합으로 구성된다. 이때 $\frac{a^2h}{3}$는 정사각형인 밑면의 모서리가 a이고 세로 모서리가 $\frac{h}{3}$인 직육면체의 부피이고, $\frac{abh}{3}$는 직사각형인 밑면의 모서리가 a, b이고 세로 모서리가 $\frac{h}{3}$인 직육면체의 부피이고, $\frac{b^2h}{3}$는 정사각형인 밑면의 모서리가 b이고 세로 모서리가 $\frac{h}{3}$인 직육면체의 부피이다. 특히, 그림에서는 4개의 직육면체가 있는데, 식에서는 3개의 직육면체 부피가 포함되기 때문에, 이 문제를 해결하기 위해서는 다면체를 다시 등적변형해야 한다.

결국, 식 $\frac{h}{3}(a^2+ab+b^2)$을 얻기 위해 이집트인들은 앞의 그림에서 직사각형인 밑면의 모서리가 $b, a-b$인 직육면체의 일부를 잘라서 다음과 같이 변형시켜야 했다.

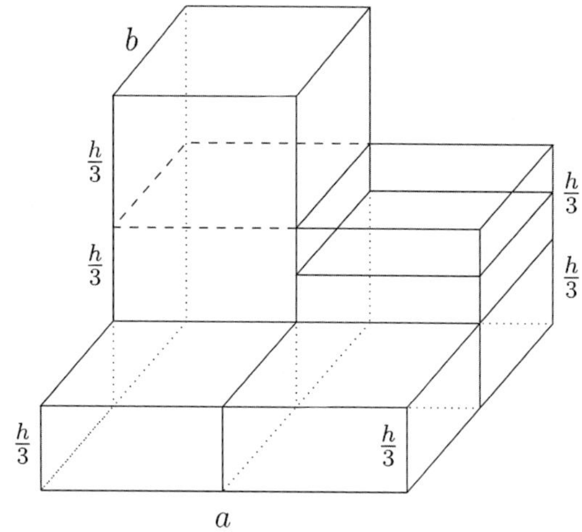

이와 같이 변형시키면, 맨 밑바닥에는 정사각형인 밑면의 한 모서리가 a이고 세로 모서리가 $\frac{h}{3}$인 직육면체가 놓이고, 가운데는 직사각형인 밑면의 모서리가 a, b이고 세로 모서리가 $\frac{h}{3}$인 직육면체가 놓이고, 맨 위에는 정사각형인 밑면의 한 모서리가 b이고 세로 모서리가 $\frac{h}{3}$인 직육면체가 놓이게 된다. 이러한 도형 배치는 식 $\frac{h}{3}(a^2+ab+b^2)$과 일치한다.

살펴본 것과 같이, 고대 이집트인들은 각뿔(여기서는 사각뿔)의 부피는 각기둥(사각기둥)의 부피의 $\frac{1}{3}$이라는 것을 알고 있었으며, 도형을 이동해가면서 입체도형의 부피를 구하는 수학적 방법을 이용했다는 것을 알 수 있다. 입체도형에 대한 등적변형을 수행하면서 원하는 부피나 모양을 만드는 것은 수학 문제해결에서 뿐만 아니라, 실생활에 수학적 지식을 활용할 때에 유익한 방법이라고 할 수 있다.

원의 넓이 이집트인들은 지름이 d인 원의 넓이를 $(\frac{8}{9}d)^2$으로 계산하였다. 지금은 반지름 r을 이용하여 원의 넓이 πr^2이나 둘레의 길이 $2\pi r$을 나타내지만, 이집트인들은 지름을 이용하여 원의 넓이를 나타냈다는 것은 흥미롭다.

다음은 이집트인들이 지름이 d인 원의 넓이 $(\frac{8}{9}d)^2$을 구했을 것으로 추정되는 그림이다. 지름이 d인 원에 정사각형이 외접하고 있다. 정사각형의 각 꼭짓점에 한 변이 $\frac{1}{6}d$인 정사각형 A를 그렸고, 다시 정사각형 A의 변의 길이의 $\frac{2}{3}$인 정사각형 B를 그려넣은 것이다.

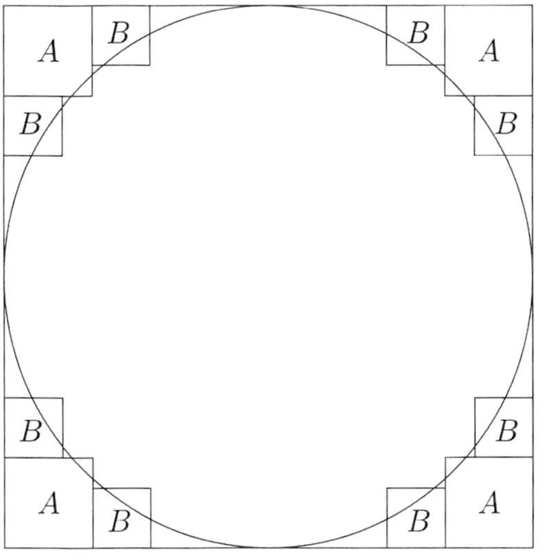

이집트인들은 원에 외접하는 정사각형에서 정사각형 A 4개, 정사각형 B 8개를 빼서 원의 넓이를 구했다. 원의 지름을 d라 하면, 외접하는 정사각형의 넓이는 d^2이다. 한편, 정사각형 A의 한 변이 $\frac{1}{6}d$이므로 넓이는 $(\frac{1}{6}d)^2 = \frac{1}{36}d^2$이다. 그리고 정사각형 B의 한 변의 길이는 $\frac{2}{3} \times \frac{1}{6}d = \frac{1}{9}d$이므로 넓이는 $\frac{1}{81}d^2$이다. 그러므로, 원의 넓이는 다음과 같다.

$$d^2 - 4 \times \frac{1}{36}d^2 - 8 \times \frac{1}{81}d^2 = d^2 - \frac{1}{9}d^2 - \frac{8}{81}d^2 = \frac{64}{81}d^2 = \left(\frac{8}{9}d\right)^2$$

이와 같은 방법으로 얻어진 π의 근삿값을 살펴보자. $\left(\frac{8}{9}d\right)^2$에서 $d = 2r$을 대입하면 (r은 원의 반지름), $\frac{256}{81}r^2$이 된다. 결국 이집트인들은 π값으로 $\frac{256}{81}$을 구한 것이 된다. 계산기를 이용하여 $\frac{256}{81}$의 근삿값을 구하면 $\frac{256}{81} \approx 3.16049$이다. 우리가 알고 있는 π값과 비교할 때, 상당히 정교한 근삿값임을 알 수 있다.

2. 고대 바빌로니아의 수학

자연수와 분수의 수표기

고대 바빌로니아에서는 60진법의 위치수체계를 이용하여 자연수를 표현하였다. 고대 바빌로니아인들은 수를 표현하기 위해, 두 종류의 쐐기 문자 𒁹, 𒌋를 이용하였다. 𒁹는 '1'을 나타내며, 𒌋는 '10'을 나타낸다. '1'이나 '10'을 나타내는 특별한 상징을 가지고 있었다는 것은 이집트와 비슷하며, 이들을 반복적으로 나열하여 수를 표현하는 방법도 이집트와 비슷하다. 예를 들어, 수 '37'을 나타내기 위해, '10'을 나타내는 기호 𒌋을 3개 나열하고, '1'을 나타내는 기호 𒁹을 7개 나열하여 다음과 같이 나타낸다.

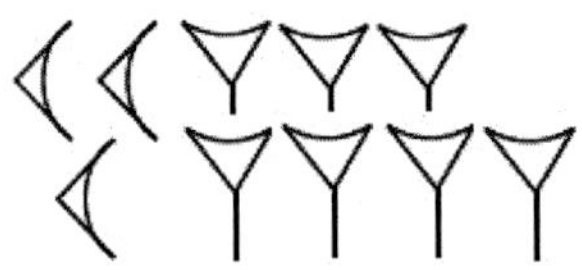

바빌로니아 수체계에서 이집트와 다른 것은 바빌로니아에서는 60진법의 위치수체계를 사용했다는 것이다. 바빌로니아인들은 𒌋와 𒁹을 반복적으로 나열하여 1에서 59까지 나타냈다. 그렇다면, 60은 어떻게 나타냈을까? 60진법을 사용했기 때문에, 60은 1과 같은 상징인 𒁹을 이용하여 나타냈다. 한편, $61 = 1 \times 60 + 1$이므로, 바빌로니아인들은 61을 𒁹 𒁹와 같이 나타냈다. 이 표현은 수 2를 나타내는 표현과 혼동될 수도 있는데, 바빌로니아인들은 2를 𒁹𒁹같이 붙여 써서 61과 구분했다. 다음은 62, 63을 바빌로니아의 표기로 나타낸 것이다.

바빌로니아인들은 이와 같은 방법으로 60보다 큰 수들을 나타냈다. 가령, $2 \times 60 + 37 = 157$을 나타낸다고 하자. 바빌로니아인들은 먼저 2를 나타내기 위해 𒁹𒁹를 썼고, 그 뒤에 37을 나타내는 쐐기 문자를 이어서 썼다. 그러면, 다음과 같은 수표기를 얻을 수 있다.

바빌로니아 수표기에서 심각한 문제는 위치수체계에서 중요한 0을 나타내는 기호(즉 빈 자릿값을 나타내는 기호)가 발명되지 못했다는 점이다. 그렇기 때문에, '37'을 나타내는 표기 는 37을 나타낼 수도 있지만, $37\times60, 37\times60^2, 37\times60^3, \cdots$와 같은 자연수를 의미할 수도 있었다. 이 표기가 어떤 수를 나타내는가는 문맥상으로만 판단이 가능했다. 지금의 관점에서 보면, 수표기와 이해에 관련하여 많은 어려움이 발생했을 것으로 추측할 수 있다.

바빌로니아의 분수 표기에 대해 살펴보자. 바빌로니아에서는 분수 $\frac{1}{2}, \frac{1}{3}, \frac{2}{3}$에 대해서만 특별한 기호가 사용되었다. 분수 $\frac{1}{2}$은 수 '1'을 나타내는 기호를 겹쳐 놓아 로 나타냈고, 분수 $\frac{1}{3}$은 로, 분수 $\frac{2}{3}$는 로 나타냈다. 분수 $\frac{1}{2}, \frac{1}{3}, \frac{2}{3}$을 특별하게 취급했던 것은 이집트와 비슷하다고 할 수 있다.

한편, 다른 분수들을 나타내는 특별한 기호가 없었다는 점에서 이집트의 분수 표기와 구분된다. 바빌로니아에서는 하나의 표기로 자연수와 분수를 함께 나타냈다. 예를 들어, 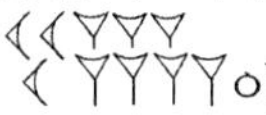이 37을 나타낼 수 있는데(실제로 37×60^n인 꼴의 모든 자연수를 나타낼 수 있음), 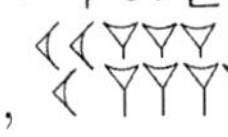는 또한 $37\times60^{-1}=\frac{37}{60}$도 나타냈다. 뿐만 아니라, 이 표기는 자연수에서와 같이 $37\times60^{-2}, \cdots, 37\times60^{-n}$도 나타냈다. 바빌로니아에서는 자연수 표기에서 뒷쪽에 빈 자리가 있다는 것을 나타내는 특별한 기호가 없었다. 현대적인 수표기를 예로 들자면, 23000과 23을 뒷쪽의 000으로 구분할 수 있는데, 바빌로니아에서는 그러한 역할을 하는 0이 없었다는 것이다. 소숫점 아래에서도 마찬가지 상황이었다.

한 가지 주목할 것은 바빌로니아에서 203과 같이 가운데의 빈 자릿값을 나타내는 기호로 을 사용했다. 이 기호는 언뜻보면 수 '20'을 나타낸다고 생각할 수도 있지만, 바빌로니아인들은 수 '20'을 와 같이 쐐기 문자를 일렬로 배열하여 표기하였기 때문에 혼란은 발생하지 않았다. 다음 수표기는 $3\times60+28$이 아니라 $3\times60^2+8$을

나타낸다.

결국, 바빌로니아에서는 분수를 나타내는 특별한 표기법이 없었다고 말할 수 있을 것이다. 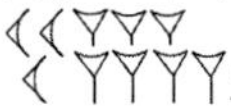와 같은 수표기가 자연수를 나타내는지, 분수값을 나타내는지는 문맥상에서 판단할 수밖에 없었다.

고대 바빌로니아의 수학은 아직 실생활로부터 추상화되기 이전의 태동기 수학이었기 때문에, 바빌로니아인들의 수표기는 구체적인 문맥이나 상황에서 기술되었다는 것을 감안하면, 우리가 생각하는 것과 같은 중복적 해석에 의한 큰 혼란은 발생하지 않았을 것이다.

사칙연산

바빌로니아인들은 하나의 표기로 자연수도 나타내고 분수도 나타냈다. 비록 바빌로니아인들은 $11\times60^2+37\times60+23$과 $11+37\times60^{-1}+23\times60^{-2}$를 똑같은 표기를 이용하여 나타냈지만, 여기서는 $11\times60^2+37\times60+23$을 $11, 37, 23$으로, $11+37\times60^{-1}+23\times60^{-2}$을 $11; 37, 23$으로 구분하여 쓸 것이다.[1]

바빌로니아에서는 수표기를 위해 두 종류의 쐐기문자를 덧셈을 기반으로 하여 반복적으로 나열하였기 때문에, 덧셈이나 뺄셈의 수행은 직관적으로 큰 어려움이 없었을 것이다. 덧셈이나 뺄셈을 위해서 더하는 수나 빼는 수만큼의 쐐기문자를 덧붙이거나 제거하는 방법을 이용하면 되었다.

바빌로니아인들이 곱셈을 어떻게 했는지를 살펴보자. 지금은 10진법을 사용하므로, 1×1, 1×2에서 9×9까지의 구구단을 외우고, 나머지 수들의 곱셈은 구구단을 기반으로 덧셈을 이용하여 곱셈을 수행하고 있다. 즉 지금은 27×6을 수행하기 위해,

[1] 이와 유사한 방법으로 바빌로니아의 수표기를 현대적으로 나타낸 것으로 Bunt, Jones & Bedient(1988)의 연구가 있다.

20×6, 7×6을 먼저 구한 다음, 그 결과를 더하여 27×6의 결과를 구한다.

바빌로니아는 60진법을 이용했기 때문에, 단순하게 생각하면 1×1, 1×2에서 59×59까지의 곱셈을 기계적으로 계산하거나 외울 수 있어야 했다. 그러나 1×1, 1×2에서 59×59까지의 곱셈 결과를 외우는 것은 불가능했을 것이고, 실제로 바빌로니아인들은 현재의 구구단표와 유사한 곱셈표를 만들어 사용했다. 바빌로니아의 한 점토판에 다음과 같은 9단표가 남겨져있다.

n	$n \times 9$	n	$n \times 9$	n	$n \times 9$
1	9	9	$1, 21$	17	$2, 33$
2	18	10	$1, 30$	18	$2, 42$
3	27	11	$1, 39$	19	$2, 51$
4	36	12	$1, 48$	20	3
5	45	13	$1, 57$	30	$4, 30$
6	54	14	$2, 6$	40	6
7	$1, 3$	15	$2, 15$	50	$7, 30$
8	$1, 12$	16	$2, 24$		

살펴본 9단표에서 한 가지 흥미로운 것은 1×9, 2×9에서 59×9까지 모두 포함하지 않고, $1 \times 9, 2 \times 9, \cdots, 20 \times 9$까지는 모두 포함되어 있지만, 그 후에는 30×9, 40×9, 50×9만 제시되어 있다는 것이다. 이러한 현상은 다른 수의 곱셈표에서도 찾아볼 수 있다. 이로부터, 바빌로니아인들은 37×9를 계산하기 위해, 곱셈표를 이용하여 30×9, 7×9의 결과를 각각 구한 다음, 얻어진 결과를 더하여 37×9를 계산했다는 것을 알 수 있다.

바빌로니아인들은 2배를 기본으로 하는 이집트인들의 곱셈과는 다른 방법을 사용했다. 바빌로니아인들은 곱셈을 하기 위해 현재의 구구단표와 유사한 많은 곱셈표를 만들었고, 곱셈표에 제시된 곱셈 결과와 덧셈을 이용하여 다양한 수들의 곱셈을 수행했다는 것을 알 수 있다.

이제, 바빌로니아인들의 나눗셈 방법을 살펴보자. 바빌로니아인들의 나눗셈은 곱셈에 기반한 것이었다. $m \div n$을 수행하기 위해, 바빌로니아인들은 n의 역수를 60진법으로 표현하여(예를 들어, $\frac{k}{60}$와 같은 형태로), m에 $\frac{k}{60}$를 곱하였다. 바빌로니아인들이 자연수와 분수를 같은 표기로 나타냈기 때문에, 결국엔 곱셈표를 이용하여 곱셈을 하고 적당히 자릿값을 생각하여 답을 적으면 되었다. 예를 들어, $6 \div 5$의 값을 계산한다고 하자. 바빌로니아인들은 5의 역수인 $\frac{1}{5}$을 분수로 나타내는 특별한 기호가 없었다. 그러나 $\frac{1}{5} = \frac{12}{60}$라는 것을 알았기 때문에(우리의 표기로는 $0;12$로 쓰기로 하였음), 바빌로니아인들은 이것을 로 나타냈다. 결국, 바빌로니아인들은 $6 \div 5$의 값을 구하기 위해, 6에 12를 곱한 다음, 적당히 자릿값을 맞추면 되었다. 그러면, $6 \times 0;12$를 계산한 것이 된다.

결국, 바빌로니아인들이 나눗셈을 수행하기 위해서는 $\frac{1}{n}$의 값을 자신들의 60진법의 수표기로 체계적으로 변환할 수 있어야 했다. $\frac{1}{n}$의 값을 60진법의 수표기로 변환하는 바빌로니아인들이 만든 역수표를 살펴보자.

$\frac{1}{n}$의 n값	60진법 표현	$\frac{1}{n}$의 n값	60진법 표현	$\frac{1}{n}$의 n값	60진법 표현
2	0;30	16	$0;3,45$	45	$0;1,20$
3	0;20	18	$0;3,20$	48	$0;1,15$
4	0;15	20	$0;3$	50	$0;1,12$
5	$0;12$	24	$0;2,30$	54	$0;1,6,40$
6	$0;10$	25	$0;2,24$	1;12	$0;50$
8	$0;7,30$	27	$0;2,13,20$	1;15	0;48
9	$0;6,40$	30	$0;2$	1;20	$0;45$
10	$0;6$	32	$0;1,52,30$	1;21	0;44,26,40
12	$0;5$	36	$0;1,40$	1;30	0;40
15	$0;4$	40	$0;1,30$	1;48	0;33,20

역수표에서 $\frac{1}{8} = 0;7,30$으로 되어 있는데, 이것은 $\frac{1}{8} = \frac{7}{60} + \frac{30}{60^2}$을 의미한다. 이

러한 60진법 표기로의 변환이 타당한지 확인하려면, $\frac{7}{60}+\frac{30}{60^2}$을 통분하여 계산하면 옳바르다는 것을 쉽게 확인할 수 있다. 역수표에서 $\frac{1}{1;12}$와 같은 표기가 있는데, 이것은 현대적 표기로 바꾸면 $\frac{1}{1+\frac{12}{60}}$을 의미하며, $0;50$은 현대적 표기로 $\frac{50}{60}$을 의미한다.

알려진 바에 의하면, 살펴본 역수표에 제시된 수들 이외에 다양한 수들의 역수를 계산하여 점토판에 기록하여 수계산에 활용하였다. 예를 들어, $\frac{1}{2;15}=0;26,40$, $\frac{1}{2;5}=0;28,48$, $\frac{1}{3;36}=0;16,40$, $\frac{1}{4;16}=0;14,3,45,\cdots$, $\frac{1}{56;15}=0;1,4$, $\frac{1}{57;36}=0;1,2,30,\cdots$ 와 같은 다양한 역수들을 60진법 수표기로 변환하였다.

역수표에서 한 가지 생각할 것은 $\frac{1}{7}$, $\frac{1}{11}$, $\frac{1}{13}$, $\frac{1}{14}$, $\frac{1}{17}$, $\frac{1}{19}$의 값에 대한 60진법 수표기가 없다는 것이다. 이것은 바빌로니아인들이 60진법을 사용했다는 것과 관련지어 생각할 수 있다. $60=2^2\times 3\times 5$이므로, $\frac{1}{n}$에서 n의 소인수가 $2,3,5$인 경우에만 $\frac{1}{n}$이 유한소수로 표현된다. 그 외의 경우에는 무한소수로 표현되기 때문에, 바빌로니아인들은 역수표에 포함시키지 못했다.

가령, 어떤 수를 7로 나누어야 하는 경우에는 어떻게 했을까? 살펴본 바와 같이, 바빌로니아인들은 다양한 수들의 역수표를 만들었다. $\frac{1}{7}$의 값을 60진법의 수표기로 변환시키지는 못했지만, 바빌로니아의 역수표에는 $\frac{1}{7;12}=0;8,20$과 같이 $\frac{1}{7}$의 값에 가까운 수들(분모의 소인수가 2, 3, 5인)을 60진법의 수표기로 변환시킨 기록이 남아 있다. 결국, 바빌로니아인들이 $6\div 7$을 정확하게 계산하기 위해서는 $\frac{1}{7}$의 값을 60진법 수표기로 변환시켜야 했지만, 이 문제를 정확하게는 해결하지 못했다. 그래서, $\frac{1}{7}$의 값에 가까운 수들 중에서 60진법 변환에서 유한소수로 표현되는 수를 이용하여 $6\div 7$의 근삿값을 계산하였다.

바빌로니아인들의 나눗셈 계산은 역수표와 곱셈표를 활용한 연산으로 정리할 수 있다. 예를 들어, $38\div 8$을 계산한다고 하자. 현대적인 표기로 바꾸어 말하면, 바빌로니아인들은 $38\div 8=38\times\frac{1}{8}$로 생각하여, 곱셈을 이용하여 답을 구하였다. 이를 위해, 바빌로니아인들은 $\frac{1}{8}$의 값을 역수표를 이용하여 60진법 수표기 $0;7,30$로 나타냈다. 이제, 곱셈표를 이용하여 $38\times 7, 38\times 30$의 값을 찾은 후에, 이들을 더해 구하는 값을 얻게 된다.

제곱과 제곱근

바빌로니아인들이 다양한 곱셈표를 만들었기 때문에, 자연수 n의 제곱표를 만들었을 것으로 쉽게 생각할 수 있다. 실제로, $n = 1, 2, \cdots, 59$에 대하여 n^2을 계산한 제곱표가 여러 개 발견되었다. 제곱표에서 n^2값이 주어진 수들에 대해서는 제곱근을 구할 수 있다. 그렇지 않은 수들에 대해서는 어떻게 제곱근을 구했을까?

바빌로니아인들은 두 가지 방법으로 $\sqrt{n}$의 근삿값을 구했다. 첫 번째는 $\sqrt{a^2 + b^2}$의 근삿값으로 $a + \frac{b^2}{2a}$을 이용했다. 왜 이러한 근삿값을 취했는지에 대한 수학적 근거는 아직 알려지지 않았다. 실제로, 바빌로니아의 점토판에서 $a = 0;40, b = 0;10$인 경우에 $\sqrt{0;40^2 + 0;10^2}$을 $0;40 + \frac{0;10^2}{2\times 0;40}$으로 계산하였다. 이것을 현대적 표기를 이용하여 표현하면, 다음과 같다.

$$\sqrt{\left(\frac{40}{60}\right)^2 + \left(\frac{10}{60}\right)^2} \approx \frac{40}{60} + \frac{\left(\frac{10}{60}\right)^2}{2 \times \left(\frac{40}{60}\right)}$$

실제로, 계산기를 이용하여 두 값을 비교하면 소숫점 아래 몇몇 자리까지 그 값이 일치하는 정교한 근삿값임을 알 수 있다.

두 번째 방법은 $\sqrt{a^2 + b^2}$의 근삿값을 $a + 2ab^2$을 이용했다. 이러한 방법으로 구한 근삿값과 $a + \frac{b^2}{2a}$으로 구한 근삿값을 비교하면, $a + \frac{b^2}{2a}$으로 구한 근삿값이 더 정교한 값이라는 것을 확인할 수 있다.

바빌로니아의 점토판에서는 $n = 1, 2, 3, \cdots, 59$에 대해 $\sqrt{n}$의 근삿값을 계산한 표가 발견되었으며, n이 자연수가 아닌 경우에도 $\sqrt{19;30}$, $\sqrt{20;30}$과 같은 값에 대한 근삿값 기록도 발견되었다. 참고로, 바빌로니아의 점토판에서는 $\sqrt{2}$는 $1;25$로, $\sqrt{3}$은 $1;45$로 근삿값을 구했던 기록이 있다.

이러한 제곱표, 제곱근표, 제곱근의 근삿값 계산은 이차방정식의 풀이나 실생활의 문제해결과 밀접하게 관련된다. 지금은 이차방정식을 풀 때에 제곱근의 근삿값을 이용하지 않지만, 바빌로니아의 이차방정식의 풀이에서는 제곱근의 근삿값을 이용하여 답을 구하였다. 이것은 바빌로니아에서 무리수 개념이 체계화되지 못했던 것이 첫 번째 원인일 것이고, 두 번째는 바빌로니아의 이차방정식은 실생활 문제상황에 관련된 문장제 형태였기 때문에, 바빌로니아인은 비록 근삿값이긴 하지만 문제의 해답을 구해 실제 문제를 해결해야 했기 때문일 것이다.

방정식

바빌로니아인들은 다양한 형태의 일차방정식, 이차방정식, 삼차방정식을 해결할 수 있었다. 바빌로니아인들의 방정식 풀이에 대한 연구는 이차방정식을 중심으로 이루어졌으며, 실제로 바빌로니아인들은 다양한 형태의 이차방정식을 풀었다. 예를 들어, 양수인 a, b, c에 대하여 $ax^2 = c, ax^2 + bx = c, ax^2 - bx = c$와 같은 이차방정식의 양의 해를 구했다.

우선 $ax^2 = c$와 같은 간단한 형태의 이차방정식을 어떻게 풀었는가를 살펴보자. Vaiman(1961)은 바빌로니아인들이 $ax^2 = c$를 '가짜 해 대입하기' 방법으로 풀었다고 하였다. 이 방법에서는 첫째, x대신에 적당한 수 t를 대입하여, 좌변 ax^2을 미지수가 포함된 식이 아니라 수 at^2으로 만든다. 둘째, at^2으로 c를 나누어 $\frac{c}{at^2}$를 얻는다. 셋째, $\frac{c}{at^2} = k^2$을 만족하는 $k = \sqrt{\frac{c}{at^2}}$를 구한다. 넷째, $k = \sqrt{\frac{c}{at^2}}$의 양변에 t를 곱하여, $ax^2 = c$의 근 $tk = t\sqrt{\frac{c}{at^2}}$를 구한다.

실제로, 구한 식 $t\sqrt{\frac{c}{at^2}}$를 이차방정식 $ax^2 = c$에 대입하면, $t\sqrt{\frac{c}{at^2}}$가 이차방정식 $ax^2 = c$의 근임을 확인할 수 있다. 지금의 방법과 비교하면, '가짜 해 대입하기' 방법은 좀 복잡하고, 수치 계산이 많다.

'가짜 해 대입하기' 방법에서는 ax^2에서 알려진 수 a와 구하는 미지수 x^2의 곱셈을 실제로 수행해야 하는 상황을 피할 수 있다는 장점이 있다. 그 당시에는 미지수 x^2과 주어진 수를 곱한다는 것의 실제적 의미와 그 연산을 수행하기 어려웠을 것이다. 결국, 바빌로니아인들은 $ax^2 = c$의 x대신에 어떤 수를 대입하여 ax^2을 특정한 값으로 바꾼 후에, 비교적 복잡한 과정을 거쳐 미지수 x를 구했던 것이다.

한편, '가짜 해 대입하기' 방법을 이용하여 이차방정식을 해결하기 위해서는 곱셈, 나눗셈, 제곱근 구하기를 해야 했는데, 바빌로니아인들은 다양한 곱셈표, 역수표, 제곱근표를 이용하였다.

바빌로니아 점토판에 현대적 표기로 $\begin{cases} x^2+y^2=28,20 \\ x=\frac{1}{4}y \end{cases}$ 로 표현되는 이차방정식의 해가 제시되어 있다. 이것을 '가짜 해 대입하기' 방법으로 풀어보자.

$x=\frac{1}{4}y$를 감안하면, 가짜 해로 $x=1, y=4$ 또는 $x=2, y=8$ 등을 생각할 수 있다. 가령, $x=1, y=4$를 대입한다고 하자. 그러면 $x^2+y^2=17$이 된다. 이제 $28,10$을 17로 나눈다고 하면 $\frac{28,20}{17}$을 계산하면 된다. 그런 다음 $\frac{28,20}{17}=k^2$, 즉 $k=\sqrt{\frac{28,20}{17}}$을 구한다.

바빌로니아인들은 곱셈표, 역수표, 제곱근표를 이용하여, $k=\sqrt{\frac{28,20}{17}}=10$을 구했다. 이제 k값에 가짜 해를 곱하면 $x=1\times 10, y=4\times 10$이며, 이차방정식 $x^2+y^2=28,20, x=\frac{1}{4}y$의 해는 $x=10, y=40$이다.

살펴본 연립방정식 $\begin{cases} x^2+y^2=28,20 \\ x=\frac{1}{4}y \end{cases}$ 에 가짜 해 $x=2, y=8$을 대입하여 문제를 풀어도 된다. 실제로, $x=2, y=8$을 대입하면 $x^2+y^2=68$이므로, $k^2=\frac{28,20}{68}=\sqrt{25}=5$가 된다. 이제, k에 가짜 해를 곱하면 $x=5\times 2=10, y=5\times 8=40$이 해가 된다.

바빌로니아의 점토판에 있는 이차방정식에 관련된 문장제를 살펴보자. 이 문제를 현대적인 표현으로 수정, 보완하면 다음과 같다.

> 두 정사각형이 있다. 한 정사각형의 변이 다른 정사각형 변의 $\frac{2}{3}$배이다. 작은 정사각형의 변으로부터 10을 잘라냈다. 이제 큰 정사각형과 잘라내고 남은 변의 정사각형의 넓이를 합했는데, 이것이 16;40이다. 이 정사각형들의 변은 무엇인가?

바빌로니아의 점토판에는 이 문제의 정답으로, 큰 정사각형의 변은 30, 작은 정사각형의 변은 10이 제시되어 있다. 이 문제에서 큰 정사각형의 변을 x, 작은 정사각형의 변을 y라 놓고 식을 세우면, $\begin{cases} y=\frac{2}{3}x \\ y'=y-10 \\ x^2+y'^2=16;40 \end{cases}$ 이다. 이 문제를 문자식으로 나타내기 위해, $16;40 = a, \frac{2}{3} = \frac{q}{p}, 10 = b$라 놓자. $y = \frac{2}{3}x$와 $y' = y - 10$을 연립하면 $y' = \frac{q}{p}x - b$이며, 다음 연립이차방정식을 풀면 된다.

$$\begin{cases} x^2 + y'^2 = a \\ y' = \frac{q}{p}x - b \end{cases}$$

이 방정식을 '가짜 해 대입하기'의 방법으로 풀어보자. $y' = \frac{q}{p}x - b$를 감안하여, 가짜 해로 $x = p, y' = q - b$라 놓자. 이 x, y'을 $x^2 + y'^2 = a$에 대입하면, $p^2 + (q-b)^2 = a$가 된다. 그러면 $\frac{a}{p^2+(q-b)^2} = k^2$인 k의 값을 구해야 한다. 결국 $k = \sqrt{\frac{a}{p^2+(q-b)^2}}$이며, 연립이차방정식의 해는 다음과 같다.

$$x = pk = p\sqrt{\frac{a}{p^2 + (q-b)^2}}, y' = (q-b)k = (q-b)\sqrt{\frac{a}{p^2 + (q-b)^2}}$$

얻어진 해가 옳바른지 확인하기 위해,

$$x = p\sqrt{\frac{a}{p^2 + (q-b)^2}}, y' = (q-b)\sqrt{\frac{a}{p^2 + (q-b)^2}}$$

가 $x^2 + y'^2 = a$를 만족시키는지 다음과 같이 확인할 수 있다.

$$x^2 + y'^2 = p^2\frac{a}{p^2 + (q-b)^2} + (q-b)^2\frac{a}{p^2 + (q-b)^2} = \frac{a(p^2 + (q-b)^2)}{p^2 + (q-b)^2} = a$$

대입하면 $x^2 + y'^2 = a$가 성립하므로, $x = p\sqrt{\frac{a}{p^2+(q-b)^2}}, y' = (q-b)\sqrt{\frac{a}{p^2+(q-b)^2}}$가 연립이차방정식 $\begin{cases} x^2 + y'^2 = a \\ y' = \frac{q}{p}x - b \end{cases}$ 의 근이라는 것을 알 수 있다.

'가짜 해 대입하기'의 방법으로 방금 전의 연립이차방정식을 풀기 위해, 바빌로니아인들은 $p^2, (q-b)^2, p^2+(q-b)^2, \frac{a}{p^2+(q-b)^2}, \sqrt{\frac{a}{p^2+(q-b)^2}}, p\sqrt{\frac{a}{p^2+(q-b)^2}}, (q-b)\sqrt{\frac{a}{p^2+(q-b)^2}}$의 값을 실제로 계산해야 했다. 바빌로니아인들은 역수표, 제곱표, 제곱근표를 이용하여 구했다.

연립이차방정식 $\begin{cases} x^2 + y'^2 = a \\ y' = \frac{q}{p}x - b \end{cases}$ 에서 y'을 $x^2 + y'^2 = a$에 대입하여 정리하면,

$$\left(1 + \frac{q^2}{p^2}\right)x^2 - \frac{2bq}{p}x = a - b^2$$

이 된다. 결국, 바빌로니아인들은 $mx^2 - nx = c$인 꼴의 이차방정식을 풀었다는 것을 알 수 있다.

한편, 바빌로니아인들은 현대적인 표기로

$$\begin{cases} x+y=a \\ xy-(x-y)^2=b \end{cases} \quad \begin{cases} x+y=a \\ xy+(x-y)=b \end{cases} \quad \begin{cases} x+y=a \\ (x+y)+xy=b \end{cases}$$

과 같이 쓸 수 있는 형태의 연립이차방정식도 풀었다.

Vaiman(1961)에 의하면, 바빌로니아인들은 $\begin{cases} xy=a \\ x+y=b \end{cases}$ 와 같은 연립이차방정식을 풀기 위해 보조 미지수로 z를 도입하는 방법도 이용하였다. $x+y=b$이므로, 보조 미지수 z를 이용하여 $x=\frac{b}{2}+z, y=\frac{b}{2}-z$라 놓았다. 그러면, $xy=a$로부터

$$\left(\frac{b}{2}+z\right)\left(\frac{b}{2}-z\right)=\left(\frac{b}{2}\right)^2-z^2=a$$

가 된다. 결국 z값을 다음과 같이 구할 수 있다.

$$z^2=\left(\frac{b}{2}\right)^2-a, z=\sqrt{\left(\frac{b}{2}\right)^2-a}$$

이로부터, x, y를 구하면, 다음과 같다.

$$x=\frac{b}{2}+\sqrt{\left(\frac{b}{2}\right)^2-a}, \quad y=\frac{b}{2}-\sqrt{\left(\frac{b}{2}\right)^2-a}$$

한편, 연립이차방정식 $\begin{cases} xy=a \\ x-y=b \end{cases}$ 에서는 보조 미지수 z를 $x=z+\frac{b}{2}, y=z-\frac{b}{2}$라 놓으면, 연립이차방정식을 풀 수 있다.

van der Waerden(2007), Vaiman(1961), Raik(1977) 등은 바빌로니아에서 연립방정식의 풀이를 위해 보조 미지수를 도입하는 방법을 폭넓게 활용했을 것으로 추측하였다. 특히 연립이차방정식

$$\begin{cases} xy+(x+y)(x-y)=1;13,20 \\ x+y=1;40 \end{cases}$$

의 풀이 방법을 보조 미지수를 이용하여 제시하였다. Vaiman(1961)이 소개한 풀이 방법은 다음과 같다.

편의상 $1;13,20 = a, 1;40 = b$라 놓고, $x = \frac{b}{2} + z, y = \frac{b}{2} - z$라 놓자. 그러면, $xy = \left(\frac{b}{2}\right)^2 - z^2, x + y = b, x - y = 2z$이므로, 이것을 $xy + (x+y)(x-y) = a$에 대입하자. 그러면 $\left(\frac{b}{2}\right)^2 - z^2 + 2bz = a, z^2 - 2bz + a = \left(\frac{b}{2}\right)^2$이 된다.

이제, 얻어진 식의 양변에 $b^2 - a$를 더하면, 좌변의 식 $z^2 - 2bz + a$는 $z^2 - 2bz + a + b^2 - a = (b-z)^2$이 되고, 우변의 식은 $\left(\frac{b}{2}\right)^2 = \left(\frac{b}{2}\right)^2 + b^2 - a$가 된다. 이로부터 다음을 얻게 된다.

$$b - z = \sqrt{\left(\frac{b}{2}\right)^2 + (b^2 - a)}, \quad z = b - \sqrt{\frac{5b^2}{4} - a}$$

얻어진 z를 $x = \frac{b}{2} + z, y = \frac{b}{2} - z$에 대입하여 정리하면, 연립이차방정식의 해를 얻을 수 있다.

바빌로니아인들이 해결한 연립이차방정식의 예를 하나 더 살펴보자.

$$\begin{cases} x^2 + y^2 + z^2 = 23;20 \\ x - y = 10 \\ y - z = 10 \end{cases}$$

van der Waerden(2007)에 의하면, 바빌로니아인들은 $y - z = 10$에서 $y = z + 10$, $x - y = 10$에서 $x = y + 10 = z + 20$과 같이 나타냈다. 그런 다음, 이 식들과 $x^2 + y^2 + z^2 = 23;20$을 연립하여 z에 대한 이차방정식을 구해서, 연립방정식을 해결하였다.

살펴본 것과 같이, 바빌로니아인들은 다양한 방법으로 많은 이차방정식, 연립방정식을 풀 수 있었다.

Raik(1977)는 점토판을 번역하여 바빌로니아인들이 해결한 이차방정식과 그 해를 소개하였다. 이 점토판에는 24개의 이차방정식과 그 해가 제시되어 있으나, 몇몇 문제는 소실되어 해석할 수 없고 21문제가 번역되었다. 이 문제들을 표로 정리하면 다음과 같다.

점토판의 이차방정식	해답
$x^2+x=0;45$	$x=0;30$
$x^2-x=14,30$	$x=30$
$0;40x^2+0;20x=0;20$	$x=0;30$
$0;40x^2+x=4,46;40$	$x=20$
$x^2+1;20x=0;55$	$x=0;30$
$x^2+0;40x=0;35$	$x=0;30$
$11x^2+7x=6;15$	$x=0;30$
$x+y=50, x^2+y^2=21,40$	$x=30, y=20$
$x-y=10, x^2+y^2=21,40$	$x=30, y=20$
$x^2+y^2=21;15, y=\frac{6}{7}x$	$x=3;30, y=3$
$x^2+y^2=28;15, y=\frac{7}{8}x$	$x=4, y=3;30$
$x^2+y^2=21,40, xy=10,0, x^2y^2=10,0^2$	$x=30, y=20$
$x^2+y^2=28,20, y=\frac{x}{4}$	$x=40, y=10$
$x^2+y^2=25,25, y=\frac{2}{3}x+5$	$x=30, y=25$
$x^2+y^2+z^2+t^2=27,5, y=\frac{2}{3}x, z=\frac{1}{2}x, t=\frac{1}{3}x$	$x=30, y=20, z=15, t=10$
$x^2-0;20x=0;5$	$x=30$
$x^2+y^2+z^2=10,12;45, y=\frac{x}{7}, z=\frac{y}{7}$	$x=24;30, y=3;30, z=0;30$
$x^2+y^2+z^2=23,20, y=x+10, z=y+10$	$x=10, y=20, z=30$
$x^2+4x=0;41,40$	$x=0;10$
$x^2+y^2+z^2=29,10, y=\frac{2}{3}x+5, z=\frac{1}{2}y+2;30$	$x=30, y=25, z=15$

이와 같은 다양한 이차방정식 문제들을 어떻게 해결하였을까에 대해서는 다양한 논의가 가능할 것이다. 예를 들어, $x^2-x=14,30$에서 식을 $x(x-1)=14,30$

과 같이 변형시키면, 앞에서 살펴본 보조 미지수를 이용하는 방법으로 풀 수도 있다. 즉, $1 = a, 14, 30 = b$라 두면, $x - a = y, xy = b$가 된다. 이로부터 연립방정식 $\begin{cases} x - y = a \\ xy = b \end{cases}$ 가 얻어지고, 보조 미지수 z를 도입하면 이차방정식을 해결할 수 있다.

피타고라스 정리

점토판에 쐐기 문자로 기록된 피타고라스 정리 $a^2 + b^2 = c^2$을 만족시키는 세 수의 쌍 (a, b, c)는 다음 표와 같다. 표에서 괄호 안에 있는 수는 바빌로니아의 60진법 수표기를 현대적인 10진법으로 바꾼 수표기이다.

a	b	c	번호
2,0 (120)	1,59 (119)	2,49 (169)	1
57,36 (3456)	1,56,7 (3367)	1,20,25 (4825)	2
1,20,0 (4800)	1,16,41 (4601)	1,50,49 (6649)	3
3,45,0 (13500)	3,31,49 (12709)	5,9,1 (18541)	4
1,12 (72)	1,5 (65)	1,37 (97)	5
6,0 (360)	5,19 (319)	8,1 (481)	6
45,0 (2700)	38,11 (2291)	59,1 (3541)	7
16,0 (960)	13,19 (799)	20,49 (1249)	8
10,0 (600)	8,1 (481)	12,49 (769)	9
1,48,0 (6480)	1,22,41 (4961)	2,16,1 (8161)	10
1,0 (60)	45 (45)	1,15 (75)	11
40,0 (2400)	27,59 (1679)	48,49 (2929)	12
4,0 (240)	2,41 (161)	4,49 (289)	13
45,0 (2700)	29,31 (1771)	53,49 (3229)	14
1,30 (90)	56 (56)	1,46 (106)	15

표에서 보면 매우 큰 수들도 포함되어 있기 때문에, 수학사 연구자들은 바빌로니아인들이 어떻게 피타고라스 세 수의 쌍 (a, b, c)의 표를 얻었을까에 의문을 가졌다. 이에 대한 다양한 분석들이 있는데, 첫째는 $a^2 + b^2 = c^2$을 만족시키는 수들의 쌍 (a, b, c)를 구하는 일반적인 방법을 바빌로니아인들이 알고 있었을 것이라는 추측이다. 서로소인 m, n에 대하여 $a = m^2 - n^2, b = 2mn, c = m^2 + n^2$을 계산하면, $a^2 + b^2 = c^2$을 만족시키는 수들의 쌍 (a, b, c)를 구할 수 있다. 바빌로니아인들의 대수적 지식 수준과 계산 능력을 감안하면, 가능성있는 추측이라 할 수 있다.

다른 분석은 분수 연산을 이용하여 피타고라스 세 수의 쌍 (a, b, c)를 만드는 것이다. 역수표에서 보았듯이, 바빌로니아인들은 분수 표기에서 분모의 소인수가 $2, 3, 5$인 분수들을 60진법으로 표기했다. 가령, 분모의 소인수가 2뿐인 분수 $\frac{9}{4}$를 생각하자. 이제 $\frac{9}{4}$와 $\frac{9}{4}$의 역수 $\frac{4}{9}$에 대해, 다음과 같이 덧셈과 뺄셈을 하자.

$$\frac{9}{4} + \frac{4}{9} = \frac{97}{36}, \quad \frac{9}{4} - \frac{4}{9} = \frac{65}{36}$$

합 $\frac{97}{36}$과 차 $\frac{65}{36}$에서 분자가 97, 65인데, 이들은 피타고라스 세 수의 쌍의 표에서 5번 줄의 b, c에 해당하는 수이다. 그리고 분모 36을 2배하면 a에 해당하는 수를 얻게 된다.

이제, 분수 $\frac{12}{5}$와 $\frac{5}{12}$를 잡아 이들의 합과 차를 계산한 후에, 분자에 있는 두 수와 분모의 2배를 구하면 1번 줄에 있는 a, b, c를 얻게 된다. 그리고 분수 $\frac{75}{32}$와 $\frac{32}{75}$를 잡으면, 2번 줄의 a, b, c를 얻을 수 있다. 살펴본 분수 $\frac{9}{4}$와 $\frac{4}{9}$, $\frac{12}{5}$와 $\frac{5}{12}$, $\frac{75}{32}$와 $\frac{32}{75}$는 모두 분모의 소인수가 $2, 3, 5$인 분수들이다. 실제로, 피타고라스 세 수의 쌍의 표에 있는 (a, b, c)를 이와 같은 방법으로 모두 찾을 수 있다.

이와 같이, 분수의 연산을 통해 피타고라스 세 수의 쌍 (a, b, c)를 얻을 수 있는 이유를 살펴보자. 기약분수 $\frac{m}{n}$을 생각하자(단, $m > n$). 기약분수 $\frac{m}{n}$과 그 역수인 $\frac{n}{m}$에 대해 덧셈과 뺄셈을 다음과 같이 하자.

$$\frac{m}{n} + \frac{n}{m} = \frac{m^2 + n^2}{mn}, \quad \frac{m}{n} - \frac{n}{m} = \frac{m^2 - n^2}{mn}$$

앞에서 서로소인 m, n에 대하여 $m^2-n^2 = a, 2mn = b, m^2+n^2 = c$는 $a^2+b^2 = c^2$을 만족시킨다는 것을 말하였다. 그런데, 임의의 기약분수 $\frac{m}{n}$에 대해 $\frac{m}{n} + \frac{n}{m} = \frac{m^2+n^2}{mn}$을 계산하면, 분자인 $m^2 + n^2$, 분모의 2배인 $2mn$는 $a^2 + b^2 = c^2$에서 각각 c, b에 해당하며, $\frac{m}{n} - \frac{n}{m} = \frac{m^2-n^2}{mn}$에서 분자인 $m^2 - n^2$은 a가 된다.

바빌로니아의 피타고라스 세 수의 쌍 (a, b, c)는 60진법에서 유한소수가 얻어지는, 즉 분모의 소인수가 $2, 3, 5$인 경우에 대해서 얻은 것이라 할 수 있다. 분모의 소인수가 $2, 3, 5$가 아닌 임의의 기약분수 $\frac{m}{n}$으로부터 피타고라스 세 수의 쌍 (a, b, c)도 얻을 수 있다. 가령, 분수 $\frac{8}{7}$을 생각하자. 그러면, 다음을 알 수 있다.

$$\frac{8}{7} + \frac{7}{8} = \frac{113}{56}, \quad \frac{8}{7} - \frac{7}{8} = \frac{15}{56}$$

여기서 113을 c, $56 \times 2 = 112$를 b, 15를 a라 하면, $15^2 + 112^2 = 113^2$이 성립하며, 피타고라스 정리를 만족하는 세 수의 쌍 $(15, 112, 113)$이 된다.

기하학

바빌로니아인들은 평면도형, 입체도형에 대한 폭넓은 지식과 놀라운 계산 능력을 가지고 있었다. 이집트의 기하학에서 각뿔대의 부피를 구하는 문제해결의 과정을 자세히 살펴보았는데, 바빌로니아의 기록에서도 거의 유사한 문제를 볼 수 있다. 그리고 평면도형의 넓이나 입체도형의 부피를 구하는 문제에 대한 다양한 기록이 남아 있다. 특히, 바빌로니아의 기하학적 지식이 고대 그리스 수학의 형성과 발전에 큰 영향을 주었다는 주장도 있다.

삼각형, 사다리꼴 바빌로니아의 점토판에 기록된 삼각형과 사다리꼴에 대한 문제를 살펴보자. 편의상, 현대적인 표현과 표기로 바꾸어 보자.

> 각 B가 직각인 직각삼각형 ABC가 주어졌다. 변 BC에 평행인 선분 DE를 긋자. $\overline{BD} = h_1, \overline{AD} = h_2$이고 사다리꼴 $DBCE$의 넓이를 S라 하자.

변 BC의 길이와 선분 DE의 길이를 구하여라[2].

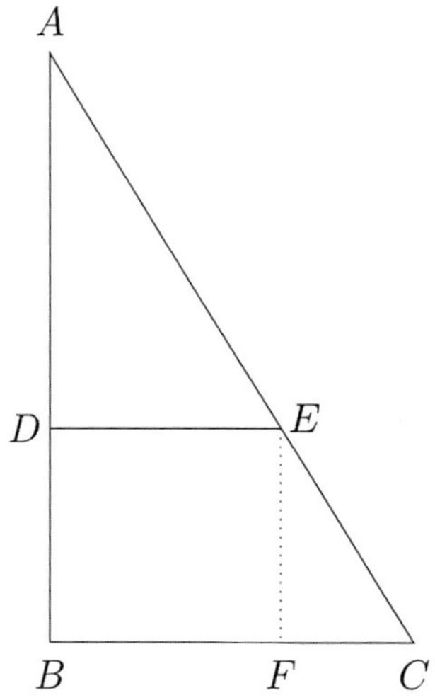

변 BC의 길이와 선분 DE의 길이를 각각 x, y라 하자. 점토판에는 $\frac{1}{2}(x+y), \frac{1}{2}(x-y)$의 값을 구한 다음, 이들을 연립하여 x, y를 구했다. 이를 자세히 살펴보자.

선분 BC, DE는 사다리꼴 $DBCE$의 평행한 변이며, 사다리꼴 $DBCE$의 넓이 S가 주어졌다. 그러므로 사다리꼴의 넓이를 이용하면 $S = \frac{\overline{BC}+\overline{DE}}{2} \times \overline{BD} = \frac{h_1}{2}(x+y)$가 된다. 결국, $\frac{x+y}{2} = \frac{S}{h_1}$이다.

이제 $\frac{x-y}{2}$에 대한 식을 살펴보자. 점토판에는 $\frac{x-y}{2} = \frac{S}{2h_2+h_1}$와 같이 계산되었지만, 왜 그렇게 계산을 했는지는 기술되어 있지 않다. Vaiman(1961)은 $\frac{x-y}{2} = \frac{S}{2h_2+h_1}$를 얻는 두 가지 방법을 제시하였다. 한 방법은 변 BC에 $\overline{BF} = \overline{DE}$가 되도록 점 F를 표시한 다음, 삼각형 ADE, ABC, EFC의 닮음을 이용하는 것이다. 세 삼각형의 닮음에서 다음을 알 수 있다.

$$\frac{h_2}{y} = \frac{h_1+h_2}{x} = \frac{h_1}{x-y}, \quad \frac{y}{h_2} = \frac{x}{h_1+h_2} = \frac{x-y}{h_1}$$

이로부터 $x = \frac{h_1+h_2}{h_1}(x-y), y = \frac{h_2}{h_1}(x-y)$가 되며, 이들을 더하면 다음을 얻는다.

$$x+y = \frac{h_1+2h_2}{h_1}(x-y), \quad \frac{x-y}{2} = \frac{(x+y)h_1}{2(h_1+2h_2)}$$

[2]점토판에는 h_1, h_2, S로 표기되지 않고 구체적인 수치값이 주어져 있다.

이제, $x+y=\frac{2S}{h_1}$를 대입하면, $\frac{x-y}{2}=\frac{S}{h_1+2h_2}$가 된다. 결국, 다음 연립방정식을 얻게 된다.

$$\begin{cases} \frac{x+y}{2}=\frac{S}{h_1} \\ \frac{x-y}{2}=\frac{S}{h_1+2h_2} \end{cases}$$

두 식을 연립하면, $x=\frac{S}{h_1}+\frac{S}{h_1+2h_2}, y=\frac{S}{h_1}-\frac{S}{h_1+2h_2}$가 된다. 바빌로니아인들은 이와 같은 생각을 바탕으로 $\overline{AB}=30, \overline{BD}=20, S=5,20$에 대해 $\overline{BC}=20, \overline{DE}=12$를 구하였다.

한편, Vaiman(1961)이 제시한 $\frac{x-y}{2}=\frac{S}{2h_2+h_1}$를 구하는 다른 방법은 다음 그림을 바탕으로 한다.

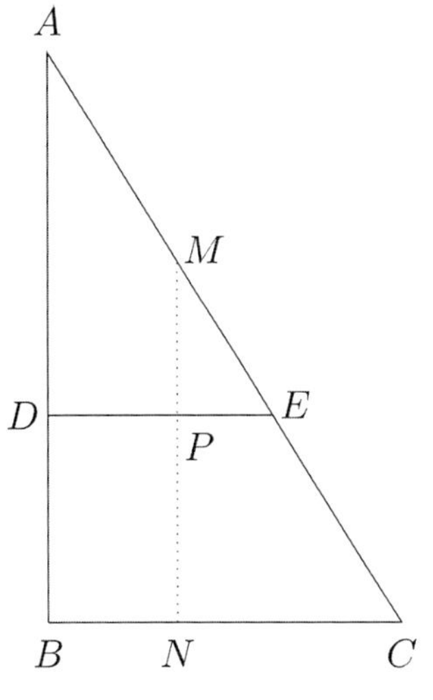

그림에서 삼각형 MNC는 삼각형 ADE와 합동이 되도록 하였다. 이것은 변 BC에 $\overline{NC}=\overline{DE}$인 점 N을 잡은 다음, 점 N을 지나 변 AB에 평행한 선분 MN을 그으면 된다. 이제, 사다리꼴 $DBCE$와 $ABNM$의 넓이가 같다는 것을 생각하자. 이를 위해, 사각형 $PNCE$와 $ADPM$의 넓이가 같다는 것을 보이면 되는데, 이것은 삼각형 ADE와 MNC가 합동이라는 것으로부터 얻어진다. 결국, 사다리꼴 $ABNM$의 넓이가 S가 되며, 사다리꼴 $ABNM$의 높이는 $\overline{BN}=\overline{BC}-\overline{NC}=\overline{BC}-\overline{DE}=x-y$이므로,

다음을 알 수 있다.

$$\frac{\overline{AB}+\overline{MN}}{2}\times\overline{BN}=\frac{h_1+h_2+h_2}{2}\times(x-y)=S$$

이로부터, $\frac{x-y}{2}=\frac{S}{h_1+2h_2}$를 구할 수 있다.

이 문제로부터, 바빌로니아인들은 직각삼각형, 삼각형의 합동, 삼각형의 닮음, 사다리꼴의 넓이를 알고 문제해결에 활용하였으며, 도형 문제를 해결하는 과정에서 연립방정식의 활용과 같은 대수적인 방법을 이용하였다는 것을 알 수 있다.

바빌로니아 점토판에는 삼각형을 선분으로 분할하여 삼각형과 사다리꼴 모양으로 나누는 경우에 대한 문제들이 다양하게 남겨져있다. 그러한 문제들 중에서 이차방정식의 풀이와 관련된 도형 문제를 하나 살펴보자. 이 문제를 현대적인 표기로 쓰면, 다음과 같다.

> 각 B가 직각인 직각삼각형 ABC에 변 BC와 평행한 선분 DE를 긋자. $\overline{BC}=30$이고, 사다리꼴 $DBCE$의 넓이 S_2와 삼각형 ADE의 넓이 S_1의 차는 $7,0$이다. 그리고 $\overline{AD}$와 $\overline{DB}$의 차는 20이다. 이때 $\overline{DE}$, $\overline{AD}$, $\overline{DB}$, S_1, S_2를 구하여라.

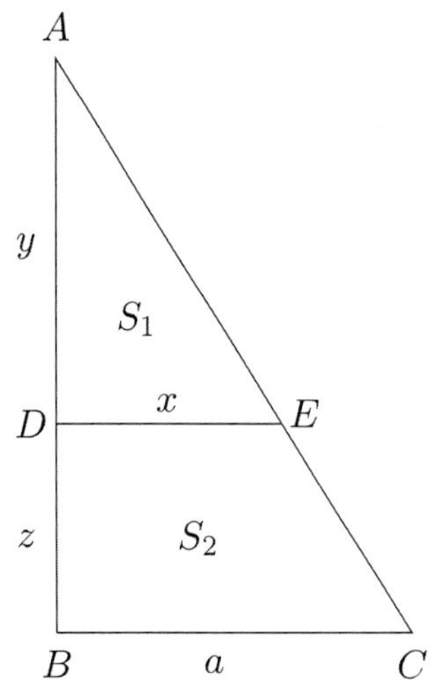

$S_2 - S_1 = s$라 하면, $s = 7,0$이다. 그리고 $\overline{DE} = x, \overline{AD} = y, \overline{DB} = z$, $y - z = t$라 하면, $t = 20$이다. 그리고 $\overline{BC} = a$라 하자. 점토판에서는 선분 DE의 길이 x를 다음과 같이 구했다.

$$x = \sqrt{\frac{1}{2}\left\{\left(\frac{s}{t} + a\right)^2 + \left(\frac{s}{t}\right)^2\right\}} - \frac{s}{t} = 18$$

그리고 z, y, S_2, S_1의 값을 다음과 같은 방법으로 구했다.

$$z = (a - x) \times \frac{s}{\frac{a^2}{2} - x^2} = 40, \quad y = z + 20 = 1,0,$$

$$S_2 = \frac{a + x}{2} \times z = 16,0, \quad S_1 = \frac{xy}{2} = 9,0$$

실제로 풀이를 생각하면, x를 먼저 구한 다음, x를 z의 식에 대입하면 z를 구할 수 있다. 그 다음에 y, S_2, S_1을 구할 수 있다. 이때 S_1은 삼각형 ADE의 넓이 공식에서 얻어지며, S_2는 사다리꼴 $DBCE$의 넓이 공식에서 얻어지고, $y = z + 20$은 문제에서 주어졌다.

이제, x를 어떻게 구했는지 살펴보자. 바빌로니아인들은 x를 s, t, a를 이용해서 나타냈다. 우선 $S_2 - S_1 = s$를 계산하자. 삼각형과 사다리꼴의 넓이 공식을 이용하면,

$$s = \frac{a + x}{2} \times z - \frac{xy}{2} = \frac{1}{2}[(a + x)z - xy]$$

이다. 그리고 삼각형 ADE와 ABC의 닮음으로부터 $\frac{y}{z} = \frac{x}{a-x}$가 얻어진다.

이제 $s = \frac{1}{2}[(a + x)z - xy]$의 양변을 z로 나눈 다음, $\frac{y}{z} = \frac{x}{a-x}$를 대입하자. 그러면,

$$\frac{s}{z} = \frac{1}{2}\left[(a + x) - \frac{xy}{z}\right] = \frac{1}{2}\left[(a + x) - \frac{x^2}{a - x}\right]$$

이며, 식을 정리하면 $\frac{s}{z} = \frac{\frac{a^2}{2} - x^2}{a-x}$이 된다. 이제, 이 식에서 z를 s, t, a로 나타낼 수 있는 방법을 생각하자.

$\frac{y}{z} = \frac{x}{a-x}$의 양변에서 1을 빼면, $\frac{y}{z} - 1 = \frac{x}{a-x} - 1$, $\frac{y-z}{z} = \frac{x-(a-x)}{a-x}$가 된다. $y - z = t$이므로, $\frac{y-z}{z} = \frac{x-(a-x)}{a-x}$에서 $\frac{t}{z} = \frac{2x-a}{a-x}$이고, $z = \frac{t(a-x)}{2x-a}$가 된다. 이제, 다음 두 식을 연립하면 된다.

$$\begin{cases} \frac{s}{z} = \frac{\frac{a^2}{2} - x^2}{a-x} \\ z = \frac{t(a-x)}{2x-a} \end{cases}$$

두 식을 항끼리 서로 곱하여 정리하면, 다음 이차방정식을 얻는다.

$$x^2 + \frac{2s}{t}x - \frac{s}{t}a - \frac{a^2}{2} = 0$$

이제, 이차방정식의 양수인 근을 구하면,

$$x = \sqrt{\left(\frac{s}{t}\right)^2 + \left(\frac{s}{t}\right)a + \frac{a^2}{2}} - \frac{s}{t}$$

이 된다. 그런데, 이 식은 바빌로니아인들이 답을 얻기 위해 이용한 식

$$x = \sqrt{\frac{1}{2}\left\{\left(\frac{s}{t} + a\right)^2 + \left(\frac{s}{t}\right)^2\right\}} - \frac{s}{t}$$

와는 약간 다르다. 결국, $\sqrt{\left(\frac{s}{t}\right)^2 + \left(\frac{s}{t}\right)a + \frac{a^2}{2}} - \frac{s}{t}$에서 제곱근 안을 다음과 같이 완전 제곱식의 합으로 변형시켜야 한다.

$$\begin{aligned}\sqrt{\left(\frac{s}{t}\right)^2 + \left(\frac{s}{t}\right)a + \frac{a^2}{2}} - \frac{s}{t} &= \sqrt{\frac{1}{2}\left\{2\left(\frac{s}{t}\right)^2 + 2\left(\frac{s}{t}\right)a + a^2\right\}} - \frac{s}{t} \\ &= \sqrt{\frac{1}{2}\left\{\left(\frac{s}{t}\right)^2 + 2\left(\frac{s}{t}\right)a + a^2 + \left(\frac{s}{t}\right)^2\right\}} - \frac{s}{t} \\ &= \sqrt{\frac{1}{2}\left\{\left(\frac{s}{t} + a\right)^2 + \left(\frac{s}{t}\right)^2\right\}} - \frac{s}{t}\end{aligned}$$

바빌로니아인들이 식 $\sqrt{\left(\frac{s}{t}\right)^2 + \left(\frac{s}{t}\right)a + \frac{a^2}{2}} - \frac{s}{t}$를 이용하지 않고, 식

$$\sqrt{\frac{1}{2}\left\{\left(\frac{s}{t} + a\right)^2 + \left(\frac{s}{t}\right)^2\right\}} - \frac{s}{t}$$

를 이용하여 x값을 구한 것에 대해 전문가들이 다양한 해석을 내놓았다. 일부 학자들은 실제로 바빌로니아인들이 식 $\sqrt{\left(\frac{s}{t}\right)^2 + \left(\frac{s}{t}\right)a + \frac{a^2}{2}} - \frac{s}{t}$를 변형시켜

$$\sqrt{\frac{1}{2}\left\{\left(\frac{s}{t} + a\right)^2 + \left(\frac{s}{t}\right)^2\right\}} - \frac{s}{t}$$

를 얻었다고 주장하고, 일부 학자들은 바빌로니아인들이 살펴본 것과는 다른 방법으로 $\sqrt{\frac{1}{2}\left\{\left(\frac{s}{t} + a\right)^2 + \left(\frac{s}{t}\right)^2\right\}} - \frac{s}{t}$에 도달하였을 것으로 주장하지만, 아직 다른 접근 방법은 제시되지 못하고 있다.

이등변삼각형의 성질 중등학교에서 다루는 이등변삼각형의 중요한 성질의 하나가 '이등변삼각형의 꼭지각에서 그은 중선, 각의 이등분선, 수선이 일치한다'는 것이다. 바빌로니아인들이 이 성질을 알고 있었음을 보여주는 문제를 하나 살펴보자. 현대적인 표기 방법으로 나타내면, 다음과 같다.

> 이등변삼각형 ABC에서 $\overline{AB} = \overline{AC} = 50, \overline{BC} = 60$이다. 이등변삼각형 ABC의 외접원의 반지름을 구하여라.

이 문제의 풀이를 현대적 표기로 살펴보자. 이등변삼각형 ABC에 중심이 O인 외접원을 작도하고, 꼭짓점 A에서 변 BC에 수선 AD를 긋자.

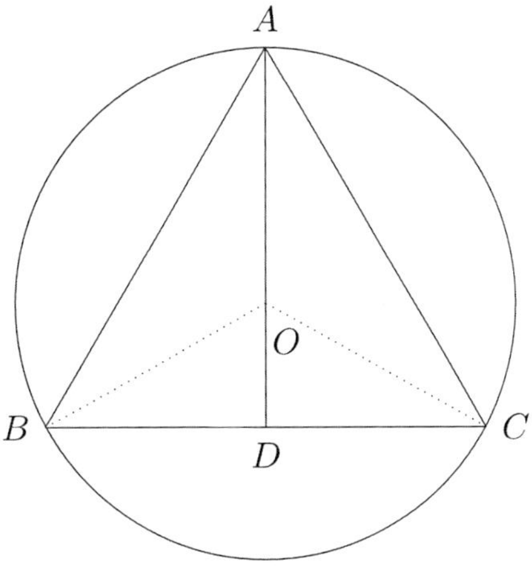

이때, 점 D는 변 BC의 중점이 되므로 $\overline{BD} = \overline{CD} = 30$이다. 직각삼각형 ADC에서 피타고라스 정리에 의해 $\overline{AD} = \sqrt{\overline{AC}^2 - \overline{DC}^2} = 40$이다. 이제, 직각삼각형 ODC를 살펴보자. $\overline{AO} = \overline{OC} = r$이며, $\overline{OD} = 40 - r$이다. 피타고라스 정리에 의해 $r^2 = 30^2 + (40 - r)^2$이며, 이것을 계산하면 $r = 31; 15$가 된다.

살펴본 것과 같이, 바빌로니아인들은 삼각형의 외접원을 알고 그 반지름도 구하는 문제를 풀었고, 피타고라스 정리를 문제해결에 폭넓게 활용하였다. 특히, 이등변삼각형의 꼭지각에서 그은 수선과 중선이 일치한다는 것도 알고 있었다.

원 바빌로니아에서는 원주율 π의 근삿값을 이용하여, 원의 둘레와 원의 넓이를 구했다. 점토판에 있는 원에 관련된 문제에서는 원의 지름이 주어졌을때, 원의 둘레, 원의 넓이를 구하는 문제가 있다. 가령 원의 지름을 d라 하면, 바빌로니아인들은 원의 둘레를 $3d$로 구했다. 현대적인 방법으로 지름이 d인 원의 둘레를 구하면 $2\pi r = 2\times\pi\times\frac{d}{2} = d\pi$가 된다. 결국, 바빌로니아인들은 π의 근삿값으로 3을 이용했다는 것을 알 수 있다.

한편, 바빌로니아인들은 둘레가 c인 원의 넓이를 $\frac{c^2}{12}$으로 구했다. 바빌로니아인들이 $c = 3d$로 계산했음을 감안하면, 원의 넓이는 $S = \frac{c^2}{12} = \frac{3}{4}d^2$이다. 지금의 표기와 같이, 원의 넓이를 원의 반지름 r을 이용하여 나타내면, $S = 3r^2$이 된다. 결국, 원의 넓이 공식을 통해서도 바빌로니아인들이 원주율 π의 근삿값으로 3을 사용했다는 것을 확인할 수 있다.

제 3 장.

피타고라스 학파의 수학

1. 피타고라스와 피타고라스 학파

피타고라스(Pythagoras)는 기원전 586에서 569년 사이에 태어나서 기원전 약 495년까지 살았던 것으로 추정된다. 피타고라스는 이탈리아의 크로톤에서 피타고라스 학교를 설립하였는데, 이것이 피타고라스 학파의 중심이라 할 수 있다. 피타고라스 학파는 순수한 학술 단체라기 보다는 정치적이고 종교적인 성향도 가진 단체로 알려져 있다.

피타고라스 학파에서는 음악, 산술, 기하학, 천문학을 주로 연구하였다. 지금은 음악과 천문학은 수학과 별개의 학문 영역으로 취급되지만, 피타고라스 학파에서 연구한 음악, 천문학은 수학의 개념, 방법을 음악, 천문학에 활용한 수학화된 음악, 천문학이었다. 후에 음악, 산술, 기하학, 천문학은 그리스 수학에서 연구와 교육의 중요한 영역이 되었다. 특히, 플라톤은 철학자, 군주가 될 사람들의 교육과정에서 음악, 산술, 기하학, 천문학을 중요한 교과로 강조하였다.

피타고라스 학파는 피타고라스가 죽은 후에도 계속 활동을 하였는데, 피타고라스 학파의 대표적인 학자로는 히파소스, 아르키타스, 필롤라오스 등이 있다. 히파소스(Hippasus)는 기원전 5세기 경에 살았던 것으로 알려져 있지만, 그의 삶에 대해서는 알려진 것이 많지 않다. 히파소스는 최초로 $\sqrt{2}$를 발견했을 것으로 추측되기도 한다.

한편, 아르키타스(Archytas)는 기원 전 428년에 태어나 367년에 죽었다. 아르키타스는 철학자 플라톤과 깊은 친분이 있었던 것으로 알려져 있으며, 피타고라스 음계를 연구했고, 정육면체의 배적문제를 해결하기 위해 아르키타스 곡선을 고안하기도 하였다. 필롤라오스(Philolaus)는 기원전 470년 경에 태어나 기원전 399년 경까지 살았으며, 피타고라스 학파의 학자들 중에서 최초로 피타고라스의 가르침을 책으로 저술한 것으로 알려져 있다.

2. 음악

피타고라스와 피타고라스 학파는 '모든 것은 수이다'라고 생각했다. 즉, 세상 모든 것은 수로 해석되고 수로 만들어진다는 생각이다. 만약 피타고라스와 피타고라스 학파의 사람들이 우리와 함께 현대 사회를 살고 있다면, '모든 것은 수'라는 생각이 훨씬 자연스러울 것이다. 우리는 지금 디지털 세상에 살고 있으니까. 디지털(digital)의 'digit'는 숫자를 의미한다. 즉, 현대 사회가 디지털 세상이라는 말은 우리가 숫자로 표현된 세계에 살고 있다는 것을 뜻한다. 우리 개개인에게도 주민등록번호라는 특정한 수치가 부여되고, 상점에서 상품을 살 때도 상품마다 고유의 바코드가 있어서 특정한 수치가 부여된다. 그리고 세상의 가치들이 수치로 표현되는 시대에 살고 있다고 해도 과언은 아닐 것이다.

그렇다면, 피타고라스와 피타고라스 학파는 어떻게 세상 모든 것은 수라는 생각을 가지게 되었을까? 그 답은 수학이 아니라 음악에 있다. '피타고라스 음계'라는 표현에서 알 수 있듯이, 피타고라스와 피타고라스 학파는 수 $1, 2, 3, 4$를 이용한 비와 산술평균, 조화평균을 이용하여 음계를 만들었다.

피타고라스는 듣기 좋은 화음은 현들(줄)의 길이의 비가 수 $1, 2, 3, 4$로 만들어지는 비 $n : n+1 = \frac{n}{n+1}$, 즉

$$1 : 2 = \frac{1}{2}, \quad 2 : 3 = \frac{2}{3}, \quad 3 : 4 = \frac{3}{4}$$

일 때에 만들어진다는 것, 음의 높이는 현의 길이에 반비례한다는 것을 발견하였다.

그리고 $n : n+1 = \frac{n}{n+1}$에서 n값이 작을수록 더 잘 어울리는 화음이 얻어진다는 것도 발견했다(즉, $n = 1$인 경우의 비인 $1 : 2$일 때 가장 잘 어울리는 화음이 얻어진다).[1] 이러한 발견을 한 후에 피타고라스는 세상 모든 것에는 수로 표현되는 규칙성이 존재한다는 생각을 더욱 견고하게 가졌으며, 이러한 생각이 피타고라스 학파 철학의 출발점이라고도 말한다.

후에, 피타고라스 학파의 철학자인 아르키타스는 음의 높이의 핵심은 현의 진동 속도 f(즉, 현이 진동하면서 공기를 두드리는 속도를 말하며, 지금은 이것을 현의 진동수라고 부른다)에 있다는 것을 알아냈다. 그리고 아르키타스는 음의 높이는 현의 길이 l에 반비례한다는 것을 확인하였다. 지금의 표현을 빌자면, 음의 높이는 현의 진동수 f에 의해 결정되며, 현의 진동수 f는 현의 길이 l에 반비례한다.

두 현의 길이의 비가 $1 : 2$일 때 가장 잘 어울리는 화음을 만들기 때문에, 피타고라스 학파에서는 기본 음계로 길이의 비가 $1 : 2$인 두 현이 만드는 음의 구간을 잡았다.

이제, 피타고라스 학파에서는 기본 음계를 어떻게 분할했는지를 살펴보자. 우선, 음계의 가장 낮은 음을 내는 기본음을 잡자. 기본음을 내는 현의 길이를 l_1이라 하면, 진동수는 $f_1 = \frac{k}{l_1}$가 된다(이때 k는 비례상수). 이때, l_1과의 현의 길이의 비가 $2 : 1$이 되는 짧은 현의 길이를 l_2라 하면, $\frac{l_1}{l_2} = 2, l_2 = \frac{1}{2}l_1$이므로 진동수 $f_2 = \frac{k}{l_2} = 2f_1$이 된다. 즉, 현 l_2의 진동수 f_2가 현 l_1의 진동수 f_1보다 2배가 많으며, 길이가 l_2인 현이 내는 음이 l_1인 현이 내는 음보다 2배만큼 높다.

다른 높이의 음들도 만들어보자. 여기서는 현의 진동수 f를 이용하여 살펴보자. 피타고라스 학파에서는 다른 높이의 음을 만들기 위해, f_1, f_2(또는 $\frac{k}{l_1}, \frac{k}{l_2}$)에 조화평균과 산술평균을 이용하였다.[2]

---

[1]이 발견에 관련된 일화는 잘 알려져있다. 피타고라스가 대장간을 지나다가 5개의 망치 소리가 어떤 하나의 음을 만들어내는 것을 들었다. 피타고라스는 오랫동안 대장간에서 망치 소리를 듣다가, 집에 와서 일현금(현 하나로 된 악기)의 현의 길이를 바꾸어 가면서 실험을 했다고 한다.

[2]두 수 a, b의 산술평균은 $2m_1 = a+b$인 $m_1 = \frac{a+b}{2}$를 말하며, 조화평균은 $\frac{2}{m_2} = \frac{1}{a} + \frac{1}{b}$인 $m_2 = \frac{2ab}{a+b}$를 말한다.

우선, 진동수가 f_3인 현을 어떻게 얻는지 살펴보자. f_3을 f_1과 f_2의 조화평균으로 구하자. $\frac{2}{f_3} = \frac{1}{f_1} + \frac{1}{f_2}$이라 하면, $f_3 = \frac{2f_1f_2}{f_1+f_2}$가 된다. $f_2 = 2f_1$이므로, $f_3 = \frac{4}{3}f_1$이 된다. 즉, 현의 진동수의 비가 $f_3 : f_1 = 4 : 3$을 만족하는 진동수가 f_3인 음을 얻게 된다.

이제, 진동수가 f_3인 현의 길이 l_3을 구해보자.

$$\frac{k}{l_3} = f_3 = \frac{2f_1f_2}{f_1+f_2} = \frac{2\frac{k}{l_1}\cdot\frac{k}{l_2}}{\frac{k}{l_1}+\frac{k}{l_2}} = \frac{2k}{l_1+l_2}$$

이로부터 $l_3 = \frac{l_1+l_2}{2}$이며, l_1과 l_2의 산술평균이 된다. 그리고 $l_2 = \frac{1}{2}l_1$인 것을 감안하면, $l_3 = \frac{3}{4}l_1, \frac{l_3}{l_1} = \frac{3}{4}$이며, $l_3 : l_1 = 3 : 4$이다. 이 비도 피타고라스가 말한 듣기 좋은 화음을 만드는 두 현의 비에 해당한다.

이제, f_1, f_2에 산술평균을 이용하여 f_4를 구하면, $f_4 = \frac{f_1+f_2}{2}$이다. 이때 $f_2 = 2f_1$임을 생각하면, $f_4 = \frac{3f_1}{2}$이며, 현의 진동수의 비가 $f_1 : f_4 = 2 : 3$이다. 이로부터 현의 진동수가 $f_4 = \frac{3}{2}f_1$인 음을 얻게 된다.

이제, 진동수가 f_4인 현의 길이 l_4를 구해보자. $f_4 = \frac{f_1+f_2}{2}$에서 $f_1 = \frac{k}{l_1}, f_2 = \frac{k}{l_2}, f_4 = \frac{k}{l_4}$임을 생각하면, $\frac{k}{l_4} = \frac{\frac{k}{l_1}+\frac{k}{l_2}}{2} = \frac{kl_1+kl_2}{2l_1l_2}$가 된다. 결국 $l_4 = \frac{2l_1l_2}{l_1+l_2}$가 되므로, l_4는 l_1과 l_2의 조화평균이다. 한편, $l_2 = \frac{1}{2}l_1$이므로, $l_4 = \frac{2l_1l_2}{l_1+l_2}$에서 $\frac{l_4}{l_1} = \frac{2}{3}$, 즉 $l_4 : l_1 = 2 : 3$이 된다. 이와 같이 얻어진 $l_4 : l_1 = 2 : 3$인 현 l_4는 피타고라스가 말한 듣기 좋은 화음을 만드는 두 현의 비에 해당한다.

현의 진동수 f_1, f_2(또는 현의 길이 l_1, l_2)에 산술평균과 조화평균을 이용하여 현의 길이가 l_3, l_4인(진동수가 f_3, f_4인) 새로운 음을 찾았다. 결국 길이가 l_1인 현을 바탕으로 수 $1, 2, 3, 4$의 비 $1 : 2, 2 : 3, 3 : 4$로 표현되는 현의 길이 l_2, l_3, l_4를 찾았다.

이제, 얻어진 진동수 f_1, f_2, f_3, f_4사이의 비의 관계를 살펴보자. 앞에서

$$\frac{f_2}{f_1} = \frac{2}{1}, \quad \frac{f_3}{f_1} = \frac{4}{3}, \quad \frac{f_4}{f_1} = \frac{3}{2}$$

임을 보았다. 즉, $f_2 = 2f_1, f_3 = \frac{4}{3}f_1, f_4 = \frac{3}{2}f_1$이며, $f_4 = \frac{3}{2}f_1 = \frac{3}{2}\times\frac{3}{4}f_3 = \frac{9}{8}f_3$이 되며, $f_2 = 2f_1 = 2\times\frac{2}{3}f_4 = \frac{4}{3}f_4$가 된다. 이것을 직선에 표시하면, 다음과 같다.

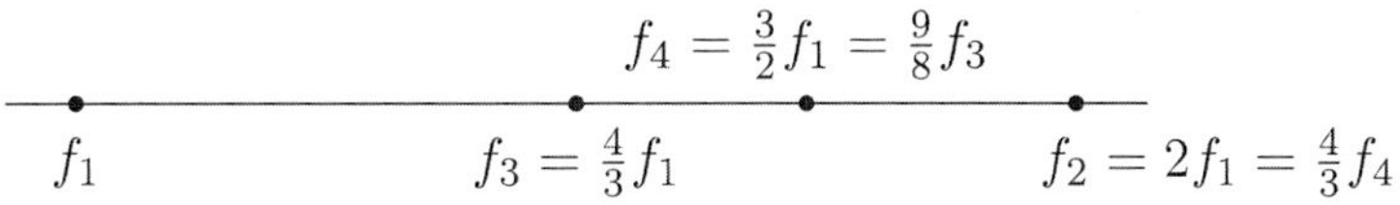

f_3, f_4, f_2 각각은 등비수열처럼 바로 앞에 있는 현의 진동수 f_1, f_3, f_4에 $\frac{4}{3}, \frac{9}{8}, \frac{4}{3}$를 곱하여 얻어진다. 피타고라스 학파에서는 이들 중에서 $\frac{9}{8}$를 음계의 나머지 음들을 만드는 기본 음정값으로 잡았다. 즉, 현의 진동수 f_1에 $\frac{9}{8}$를 곱하여 현의 진동수가 $\frac{9}{8}f_1$인 음을 만들었고, 여기에 다시 $\frac{9}{8}$를 곱하여 현의 진동수가 $\frac{81}{64}f_1$인 음을 만들었다. $\frac{81}{64}f_1$에 다시 $\frac{9}{8}$를 곱하면 $\frac{729}{512}f_1$이 되는데, 이 값은 $f_3 = \frac{4}{3}f_1$보다 커진다. 그래서 현의 길이가 $\frac{91}{64}f_1$인 음 다음에 현의 진동수가 $f_3 = \frac{4}{3}f_1$인 음을 넣었다. 다시 $\frac{4}{3}f_1 \times \frac{9}{8} = \frac{3}{2}f_1 = f_4$가 되므로, 이것으로 다음 음을 잡았다.

이제, 현의 진동수가 $\frac{3}{2}f_1 \times \frac{9}{8} = \frac{27}{16}f_1$인 음이 다음 음이 되고, $\frac{27}{16}f_1 \times \frac{9}{8} = \frac{243}{128}f_1$인 음이 그 다음에 온다. 그리고 $\frac{243}{128}f_1 \times \frac{9}{8} = \frac{2187}{1024}f_1$은 $f_2 = 2f_1$보다 커진다. 결국, 피타고라스 학파에서는 다음과 같은 현의 진동수로 도(f_1), 레($\frac{9}{8}f_1$), 미($\frac{81}{64}f_1$), 파($\frac{4}{3}f_1$), 솔($\frac{3}{2}f_1$), 라($\frac{27}{16}f_1$), 시($\frac{243}{128}f_1$), 도($2f_1$)의 기본 음계를 구성하였다.

$$f_1, \quad \frac{9}{8}f_1, \quad \frac{81}{64}f_1, \quad f_3 = \frac{4}{3}f_1, \quad f_4 = \frac{3}{2}f_1, \quad \frac{27}{16}f_1, \quad \frac{243}{128}f_1, \quad f_2 = 2f_1$$

결국, 피타고라스 음계에서 현의 진동수의 비는 다음과 같다.

$$1, \quad \frac{9}{8}, \quad \frac{81}{64}, \quad \frac{4}{3}, \quad \frac{3}{2}, \quad \frac{27}{16}, \quad \frac{243}{128}, \quad 2$$

한편, 현의 진동수는 현의 길이에 반비례하므로, 피타고라스 음계에서 현의 길이의 비는 다음과 같이 정리할 수 있다.

$$1, \quad \frac{8}{9}, \quad \frac{64}{81}, \quad \frac{3}{4}, \quad \frac{2}{3}, \quad \frac{16}{27}, \quad \frac{128}{243}, \quad \frac{1}{2}$$

얻어진 음계의 진동수 배열에서 찾아볼 수 있는 흥미로운 점은 처음 네 현의 진동수 $f_1, \frac{9}{8}f_1, \frac{81}{64}f_1, f_3 = \frac{4}{3}f_1$에 $\frac{3}{2}$을 각각 곱하면, $f_4 = \frac{3}{2}f_1, \frac{27}{16}f_1, \frac{243}{128}f_2, f_2 = 2f_1$이 얻어진다는 것이다. 즉, 처음 4개의 진동수 $f_1, \frac{9}{8}f_1, \frac{81}{64}f_1, f_3 = \frac{4}{3}f_1$에 실수배를 하여 피타고라스 음계 전체를 만들 수 있다는 것이다.

한편, 수 $1, 2, 3, 4$로 만들어지는 비 $2 : 1, 4 : 3, 3 : 2$가 현들의 진동수의 비 $f_2 : f_1, f_3 : f_1, f_4 : f_1$인 현들에 의해 만들어지는 음정을 완전음정이라고 부른다. 그리고, 진동수가 $\frac{81}{64}$과 $\frac{4}{3}$, $\frac{128}{243}$과 $\frac{1}{2}$인 음들의 진동수 사이의 간격이 다른 음들의 진동수 사이의 간격보다 작기 때문에, 이 음들사이의 간격(즉 음정)을 반음이라고 하며, 나머지 음들사이의 간격을 온음이라고 부른다.

살펴본 것과 같이, 피타고라스 음계는 4개의 자연수 $1, 2, 3, 4$의 비를 현의 진동수(또는 현의 길이)의 비와 관련시키면서 출발하였고, 조화평균, 산술평균을 이용하여 다른 음들을 만드는 현의 진동수(현의 길이)를 찾았다. 이때 만들어진 피타고라스 음계의 8음은 처음 4개의 음에 실수배($\frac{3}{2}$배)를 하여 얻어질 수 있었다. 그리하여 피타고라스 학파에서는 '4'를 아주 특별하게 생각하게 되었다.

피타고라스 학파에서는 기하학의 4원소로 점(점은 기하학적 원자에 해당하며 수의 원자인 1에 대응된다), 선(선은 직선을 따라 무한으로 나가는 것을 의미하는 수 2에 대응된다), 평면(평면은 삼각형이나 2차원의 평면을 결정하는 수 3에 대응된다), 입체(입체는 3차원 공간을 표현하는 첫 번째 피라미드 수인 4에 대응된다)를 꼽았으며, 물리 세계 구성의 4원소로 땅, 물, 불, 공기를 꼽았다. 그리고 4개의 수 $1, 2, 3, 4$의 합인 10을 모든 우주를 구성하는 신성한 수로 생각했다.

결국, 피타고라스와 피타고라스 학파에서는 음계를 수학화하는데 성공하였고, 이러한 성공은 '모든 것은 수'라는 피타고라스 철학의 출발점이며 바탕이 되었다.

3. 비와 유클리드 알고리즘

비, 유클리드 알고리즘, 유리수 피타고라스 음계를 만드는 바탕에 자연수 $1, 2, 3, 4$와 이들의 비가 있었다는 것을 보았다. 피타고라스 학파에게 비는 지금 우리가 알고 있는 것보다는 더 큰 의미를 가진다.

초등학교에서 분수 $\frac{1}{n}$은 단위 원소인 1을 n등분하여 얻어진 부분들의 하나로 배웠다. 그런데, 피타고라스 학파에게 단위 원소는 더 이상 쪼갤 수 없는 것이었기 때문에,

현재와 같은 의미로써 분수 $\frac{1}{n}$의 개념은 피타고라스 학파에게는 존재할 수 없었다.

피타고라스 학파에서는 유리수 $\frac{m}{n}$(현대적 표기로 나타냄)을 m, n의 비 $m : n$으로 나타냈다. 이때, 두 양 m, n에 대해(단, $m \geq n$) 비 $m : n$은 작은 양인 n을 k번 반복하여 큰 양인 m과 정확하게 포개지는 것을 의미했기 때문에, 두 양 m, n의 비 $m : n$은 $m : n = k$인 수 k를 의미하게 된다. 처음에 m, n은 자연수를 의미했지만, 후에 무리수가 발견된 후에는 무리수가 나타내는 선분을 포함하여 모든 선분에 대해 비를 정의하였다.

n을 k번 반복하여 정확하게 m과 포개지면, 비 $m : n$을 생각하는데 어떤 어려움도 발생하지 않는다. 그런데, n을 여러 번 반복해도 m과 포개지지 않는 경우에는 비 $m : n$의 의미를 이해하는 것이 쉽지 않다.

이러한 경우에 비 $m : n$의 비를 어떻게 이해했는지 살펴보자. 우선, m, n이 공약수를 가지는 경우에는 이 공약수를 찾기 위해 유클리드 알고리즘을 이용했다. 가령, 38과 26의 비 38 : 26을 생각한다고 하자. 먼저, 다음과 같이 유클리드 알고리즘을 이용하여 38과 26의 공통 척도(공약수)를 구했다.

1단계. 38을 26으로 나누어 몫 1, 나머지 12를 구한다. 이것을 초등학교에서는 $38 \div 26 = 1 \ldots 12$로 나타냈고, 고등학교에서는 $38 = 26 \times 1 + 12$와 같이 썼다. 여기서는 피젯수인 38을 젯수인 26과 몫의 곱에 나머지인 12를 합한 것으로 표현하는 방법인 $38 = 26 \times 1 + 12$를 이용하자.

2단계. 젯수 26을 얻어진 나머지 12로 다시 나누어, 몫 2와 나머지 2를 구한다. 이것을 $26 = 12 \times 2 + 2$와 같이 쓴다.

3단계. 다시 젯수 12를 나머지 2로 나누어 $12 = 2 \times 6$으로 쓴다. 이렇게 나누는 과정을 젯수가 나머지로 나누어떨어질 때까지 반복한다. $12 = 2 \times 6$처럼 젯수가 나머지로 나누어떨어지는 식이 얻어지면, 마지막의 젯수 2가 두 양 38과 26의 공약수(공통 척도)가 된다.

이와 같이 공통 척도를 구하는 방법을 유클리드 알고리즘이라 부른다. 38과 26의 공통 척도가 2이므로 $38 = 2 \times 19, 26 = 2 \times 13$이 되며, $38 : 26 = 19 : 13$이 된다.

이때 13을 반복하여 19와 정확히 포개지지 않는다. 그렇기 때문에, 그 당시에는 19 : 13으로만 표기할 수밖에 없었다. 그렇다면, 19 : 13은 어떤 의미를 가지는가? 이 물음을 생각하는 과정에서 '19를 여러 번 반복한 양 A는 13을 반복하여 정확하게 포갤 수 있는데'라는 아이디어를 떠올리게 되었다. 즉, 19를 13번 반복하여 얻어진 양 A는 13을 19번 반복하면 정확히 포갤 수 있다. 이로부터 $A : 13 = 19$이므로, $19 \times 13 : 13 = 19$이고 양변을 13으로 나누면 $19 : 13 = \frac{19}{13}$가 된다. 결국, 비 19 : 13은 현대적 표기로 $\frac{19}{13}$의 의미를 가진다는 것을 이해할 수 있었다.

방금 전에 자연수인 38과 26의 비 38 : 26을 살펴보았다. 유리수인 $\frac{1}{2}$과 $\frac{1}{3}$에 대해서도(그 당시에서는 지금처럼 $\frac{1}{2}, \frac{1}{3}$로 쓰지 않고 길이가 $\frac{1}{2}, \frac{1}{3}$인 선분을 생각했음) 같은 방법으로 비 $\frac{1}{2} : \frac{1}{3}$을 생각할 수 있다. $\frac{1}{2}$과 $\frac{1}{3}$인 선분을 모두 측정할 수 있는 공통 척도는 길이가 $\frac{1}{6}$인 선분이다(이것도 유클리드 알고리즘을 이용하여서 구할 수 있음). $\frac{1}{6}$인 선분을 3번 반복하면 $\frac{1}{2}$인 선분을 측정할 수 있고, $\frac{1}{3}$인 선분은 2번 반복하면 측정할 수 있다. 이로부터 현대적 표기로 $\frac{1}{2} : \frac{1}{3} = 3 : 2$와 같은 비를 생각할 수 있다.

살펴본 것과 같이, 공통 척도를 가지는 양들(수들)은 비(ratio)를 구할 수 있다. 유리수를 영어로 쓰면 rational number인데, '비로 표현할 수 있는 수'라는 의미이다. 가령, 수 p가 유리수라는 것은 수 p가 단위길이와 공통 척도를 가진다는 것을 의미한다. 예를 들어 유리수 $\frac{3}{13}$은 1과 $\frac{1}{13}$이라는 공통 척도를 가지며 $1 : \frac{3}{13} = 13 : 3$이 된다. 반면에, 무리수인 irrational number는 단위길이와 공통 척도를 가지지 않으며, 무리수는 단위길이와 정수의 비로 표현될 수 없다.

비례식과 평균 두 비 $a : b$와 $c : d$를 등호로 연결한 등식 $a : b = c : d$를 비례식이라 부른다. 그리스 수학에서 유리수를 자연수의 비로 나타냈다. 그렇다면, 두 유리수가 같다는 것은 두 비가 같다는 것으로 표현되기 때문에, 그 당시에 $a : b = c : d$, $a : b > c : d$, $a : b < c : d$ 또는 비들 사이의 연산은 수학 연구에서 중요했다. 특히, 피타고라스 학파에 의해 무리수인 선분이 발견되면서, 자연수에 근거한 비례에 관한 이론은 큰 난관에 봉착하게 되었다. 고대 그리스에서 비례론 연구의 대표적인 학자는

에우독소스(Eudoxus, 기원전 약 408−355)였는데, 피타고라스 학파는 아니었다.

에우독소스는 유리수인 선분과 무리수인 선분 모두를 포함하여 비례 이론을 정립한 '비례론'이라는 책을 저술했다. 이 책에서 $a : b = c : d$를 (1) 적당한 자연수 m, n에 대해 $ma > nb$이면 $mc > md$이고, (2) 적당한 자연수 m, n에 대해 $ma = nb$이면 $mc = md$이고, (3) 적당한 자연수 m, n에 대해 $ma < nb$이면 $mc < md$가 모두 성립하는 것으로 정의했다. 이 정의에 의하면, $3 : 1 = 3\sqrt{3} : \sqrt{3}$이 성립하며, 무리수에 대해서도 비를 생각할 수 있다. 가령, 길이가 3인 선분 A, 길이가 1인 선분 B, 길이가 $3\sqrt{3}$인 선분 C, 길이가 $\sqrt{3}$인 선분 D가 있다고 하자. (1) $mA > nB$이 성립하도록 $m = 2, n = 1$을 잡으면 $mC > nD$가 성립하고(그 당시에는 실제로 A, C인 선분을 2배, B, D인 선분을 1배하여 비교하였음), (2) $mA = nB$가 성립하도록 $m = 1, n = 3$을 잡으면 $mC = nD$가 성립하고, (3) $mA < nB$가 성립하도록 $m = 2, n = 9$를 잡으면 $mC < nD$가 성립한다. 결국, $3 : 1 = 3\sqrt{3} : \sqrt{3}$이다.

이제, 비례식 $a : b = c : d$에 대한 피타고라스 학파의 이야기로 돌아가자. 피타고라스 학파에서는 비례식의 내항 b, c가 같은 경우에 관심이 많았는데, 비례식 $a : b = c : d$로부터 산술평균, 기하평균, 조화평균을 유도했다.

우선, 네 개의 항 a, b, c, d에서 차 $d - c$와 $b - a$가 일정한 경우를 비례식으로 나타내면 $(d - c) : (b - a) = k : k$이다. 이로부터 $d - c = b - a$이며, $b = c$인 경우를 생각하면 $2b = a + d, b = \frac{a+d}{2}$인 산술평균이 얻어진다.

이제, 네 개의 항 a, b, c, d에서 연속하는 두 비가 같은 $a : b = c : d$인 경우를 생각하자. 이것은 $bc = ad$이며, $b = c$인 경우를 생각하면 $b^2 = ad, b = \sqrt{ad}$인 기하평균이 얻어진다.

한편, 네 개의 항 a, b, c, d의 역수 $\frac{1}{a}, \frac{1}{b}, \frac{1}{c}, \frac{1}{d}$에서 차 $\frac{1}{d} - \frac{1}{c}, \frac{1}{b} - \frac{1}{a}$이 일정한 경우를 비례식으로 나타내면, $(\frac{1}{d} - \frac{1}{c}) : (\frac{1}{b} - \frac{1}{a}) = k : k$이다. 이로부터 $\frac{1}{d} - \frac{1}{c} = \frac{1}{b} - \frac{1}{a}$이며, $b = c$인 경우에는 $\frac{2}{b} = \frac{1}{a} + \frac{1}{d}, b = \frac{2ad}{a+d}$인 조화평균이 얻어진다. 이 조화평균은 피타고라스 음계의 구성에서 중요한 역할을 했으며, 이로부터 '조화'라는 이름이 붙었다고도 한다.

산술평균, 기하평균, 조화평균의 관계와 관련하여, 한 가지를 더 살펴보자. 두 수 a, d의 산술평균은 $m_1 = \frac{a+d}{2}$, 조화평균은 $m_3 = \frac{2ad}{a+d}$이다. 이제, m_1과 m_3의 기하평균은 $\sqrt{m_1 m_3}$이다. $m_1 m_3 = \frac{a+d}{2} \times \frac{2ad}{a+d} = ad$이므로, m_1과 m_3의 기하평균은 $\sqrt{ad}$가 된다. 결국, 두 수 a, d의 산술평균 m_1과 조화평균 m_3의 기하평균는 두 수 a, d의 기하평균 $m_2 = \sqrt{ad}$와 같다. 즉 $m_2 = \sqrt{m_1 m_3}$이다. 그리고 $\frac{a+d}{2} \times \frac{2ad}{a+d} = ad$를 비례식으로 나타내면, 다음과 같다.

$$a : \frac{a+d}{2} = \frac{2ad}{a+d} : d$$

이로부터 두 수 a, d와 이들의 산술평균 $m_1 = \frac{a+d}{2}$, 조화평균 $m_3 = \frac{2ad}{a+d}$사이에는 기하비례식인 $a : m_1 = m_3 : d$가 성립한다는 것을 알 수 있다.

유클리드 알고리즘과 연분수 두 양의 최대공약수를 구하는 방법으로 오래 전부터 알려진 것이 유클리드 알고리즘이다. 모든 공약수는 최대공약수의 약수이므로, 결국 유클리드 알고리즘을 이용하여 두 양의 모든 공통 척도를 구할 수 있다. 가령, 두 양(수) a, b의 최대공약수를 유클리드 알고리즘을 이용하여 구한다고 하자.

> **1단계.** a를 b로 나눈 몫을 q_1, 나머지를 r_1이라 하면, $a = bq_1 + r_1$으로 쓴다.
>
> **2단계.** 1단계의 젯수 b를 나머지 r_1으로 나눈 몫을 q_2, 나머지를 r_2라 하면, $b = r_1 q_2 + r_2$로 쓴다.
>
> **3단계.** 2단계의 젯수 r_1을 나머지 r_2로 나눈 몫을 q_3, 나머지를 r_3라 하면, $r_1 = r_2 q_3 + r_3$로 쓴다.
>
> 이와 같은 과정을 반복하여 젯수 r_n을 나머지 r_{n+1}로 나누었을 때, 나누어 떨어질 때까지 반복한다. 그러면, 다음 식을 얻는다.
>
> $$r_n = r_{n+1} q_{n+2}$$
>
> 이때, 마지막의 젯수 r_{n+1}이 두 양 a, b의 최대공약수이다.

그 후, 르네상스 시대에 유클리드 알고리즘의 식을 분수의 형태로 나타냈다. 즉, $a = bq_1 + r_1$에서 양변을 b로 나누면, $\frac{a}{b} = q_1 + \frac{r_1}{b}$이 된다. 그리고 $b = r_1q_2 + r_2$에서 양변을 r_1으로 나누면, $\frac{b}{r_1} = q_2 + \frac{r_2}{r_1}$이며 $\frac{r_1}{b} = \frac{1}{q_2+\frac{r_2}{r_1}}$이 된다. 이것을 $\frac{a}{b} = q_1 + \frac{r_1}{b}$에 대입하면, $\frac{a}{b} = q_1 + \frac{1}{q_2+\frac{r_2}{r_1}}$이 된다.

이제 3단계에서 $r_1 = r_2q_3+r_3$의 양변을 r_2로 나누면, $\frac{r_1}{r_2} = q_3+\frac{r_3}{r_2}$이며 $\frac{r_2}{r_1} = \frac{1}{q_3+\frac{r_3}{r_2}}$이다. 이것을 $\frac{a}{b} = q_1 + \frac{1}{q_2+\frac{r_2}{r_1}}$에 대입하면,

$$\frac{a}{b} = q_1 + \frac{1}{q_2 + \frac{1}{q_3+\frac{r_3}{r_2}}}$$

이 된다. 이와 같이 유클리드 알고리즘을 반복하여 얻어진 식을 대입하여 정리하면,

$$\frac{a}{b} = q_1 + \frac{1}{q_2 + \frac{1}{q_3+\cdots+\frac{1}{\frac{r_{n+1}}{r_n}}}}$$

이 된다. 이러한 분수를 연분수라고 부른다. 만약 연분수가 유한이면, 즉 $\frac{b}{a}$가 유한연분수로 나타내지면, 유클리드 알고리즘을 유한 번 사용한 것이므로, a와 b는 최대공약수를 가지며 공통 척도를 가지게 된다.

4. 공통 척도를 가지지 않는 선분

공통 척도로 측정할 수 없는 선분의 발견과 관련된 피타고라스 학파의 이야기로 돌아가자. 피타고라스 학파에서는 피타고라스 음계를 자연수의 비를 이용하여 만드는데 성공하였다. 결국, 피타고라스 학파에서는 세상 모든 것의 바탕에는 자연수와 그들의 비례 관계가 있다고 확신했다. 이러한 신념은 공통 척도를 가지지 않는 두 선분이 발견되면서 깨지게 된다. 공통 척도를 가지지 않는 두 선분을 발견한 것이 바로 피타고라스라고도 하고 피타고라스의 제자인 히파소스라고도 하는데, 명확한 근거가 있지는 않다.

피타고라스 학파에서 어떻게 공통 척도를 가지지 않는 두 선분을 발견했는지에 대한 기록은 없다. 그러나, 정사각형의 한 변과 대각선이 공통 척도를 가지지 않는다는

것을 피타고라스 학파에서 증명했을 것으로 추정하고 있다. 우선, 비례식과 자연수의 홀짝성을 이용하여 정사각형의 한 변과 대각선이 공통 척도를 가지지 않는다는 것을 증명해 보자.

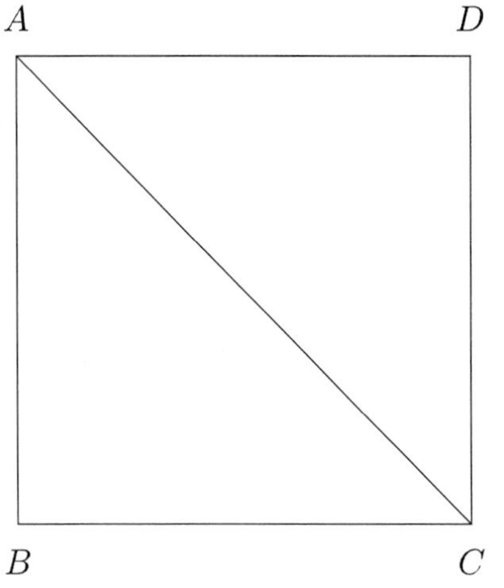

귀류법으로 증명하자. 즉 정사각형의 한 변 AB와 대각선 AC를 공통 척도로 측정할 수 있다고 가정하자. 그러면, 이 두 선분의 길이의 비를 자연수의 비로 표현할 수 있다. 가령, $\overline{AB} : \overline{AC} = p : q$라 하자(단, p, q는 서로소인 자연수).

이제, 비례식 $\overline{AB} : \overline{AC} = p : q$를 제곱하면, $\overline{AB}^2 : \overline{AC}^2 = p^2 : q^2$이며, $q^2 \times \overline{AB}^2 = p^2 \times \overline{AC}^2$이다. 피타고라스 정리에 의해 $\overline{AC}^2 = 2\overline{AB}^2$이므로, $q^2 \times \overline{AB}^2 = 2p^2 \times \overline{AB}^2$, $q^2 = 2p^2$이 된다. 결국, q는 짝수이므로, $q = 2m$이라 놓자. 그러면, $2m^2 = p^2$이 되므로, p도 짝수이다. 그런데, p, q는 서로소인 자연수라고 했으므로, 모순이 발생한다. 결국, 정사각형의 한 변 AB와 대각선 AC를 공통 척도로 측정할 수 없다는 것이 증명된다. □

몇몇 학자들은 피타고라스 학파에서 비례식과 자연수의 홀짝성에 대해 연구했다는 것에 주목하여, 피타고라스 학파에서 살펴본 방법으로 정사각형의 한 변 AB와 대각선 AC를 공통 척도로 측정할 수 없다는 것을 증명했을 것으로 추측한다. 그러나 이 증명이 피타고라스 학파가 붕괴된 이후에 발견된 방법이라고 보는 견해도 있다.

이제, 두 선분의 공통 척도를 찾는 방법인 유클리드 알고리즘을 이용하여 정사각형의 한 변 AB와 대각선 AC가 공통 척도를 가지지 않는다는 것을 보여보자.

대각선 AC에 $\overline{AE} = \overline{AB}$인 점 E를 잡고, 선분 BE를 긋자. 그러면, 삼각형 ABE는 이등변삼각형이며 $\angle ABE = \angle AEB$가 된다. 이제, 점 E를 지나 대각선 AC와 수직인 직선을 그어 변 BC와의 교점을 F라 하자. 그러면, 삼각형 EFC는 이등변삼각형이 된다($\angle EFC = \angle ECF = 45°$이므로). 이로부터 $\overline{EC} = \overline{EF}$이다.

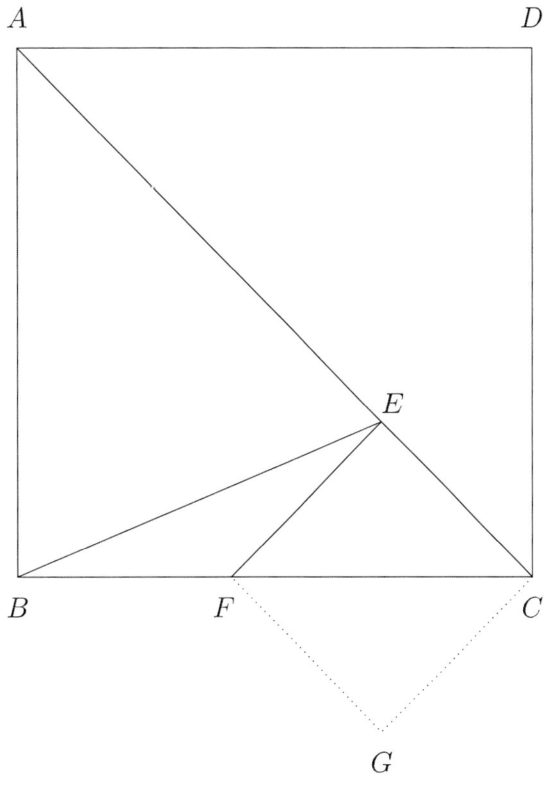

한편, $\angle AEF = \angle ABC = 90°$이고 $\angle ABE = \angle AEB$이므로, $\angle FEB = \angle FBE$가 된다. 그래서 삼각형 FBE도 이등변삼각형이 된다. 결국 $\overline{CE} = \overline{EF} = \overline{FB}$가 된다.

이제, 유클리드 알고리즘을 얻어진 결과와 관련시켜 살펴보자.

1단계. 정사각형 $ABCD$의 대각선 AC에서 한 변 AB를 잘라낸다. 그림에서는 대각선 AC에서 변 AB와 같은 선분 AE를 잘라냈다. 그러면, 선분 EC가 남는다.

2단계. 정사각형의 한 변 AB에서 1단계에서 남은 선분 EC를 잘라낸다. 그림에서는 변 AB와 같은 선분 BC에서 선분 EC와 같은 선분 BF를 잘라냈다. 그러면, 선분 CF가 남는다.

유클리드 알고리즘의 1단계와 2단계를 마치고 나니, 선분 CE와 선분 CF를 가지게 되었다. 이제, 3단계에서는 선분 CE와 CF에 대해 유클리드 알고리즘을 적용해야 한다. 그런데, 선분 CE와 선분 CF는 정사각형 $CEFG$의 한 변과 대각선이다. 결국, 정사각형 $ABCD$의 한 변과 대각선에 대해 유클리드 알고리즘을 적용하였더니, 다시 정사각형 $CEFG$에 유클리드 알고리즘을 적용해야 하는 상황이 되었다.

살펴본 것과 같이, 정사각형의 한 변과 대각선에 대해 유클리드 알고리즘을 적용하면 유클리드 알고리즘이 끝없이 반복되며, 결국 정사각형의 한 변과 대각선을 측정하는 공통 척도인 최대공약수를 얻을 수 없게 된다. 즉, 정사각형의 한 변과 대각선의 공통 척도는 구할 수 없다는 것을 알 수 있다. □

정사각형의 한 변과 대각선이 공통 척도로 측정할 수 없다는 것의 증명은 간단하지만, 이것이 가진 수학사적인 의미는 실로 대단하다고 할 수 있다. 우선은, 피타고라스 학파의 기본 철학인 '모든 것은 수이다'라는 생각이 큰 위협을 받게 되었다. 그래서 처음에는 무리수의 발견을 비밀에 붙였다고 한다. 다른 한편으론, 이 문제를 해결하기 위해 피타고라스 학파에서 무리수에 관련된 연구를 활발히 진행하였다.

다른 무리수의 발견 정사각형의 대각선이 무리수라는 것(즉, 정사각형의 한 변과 대각선을 공통 척도로 측정할 수 없다는 것)이 발견된 이후로, 다른 무리수들이 피타고라스 학파에 의해 발견된다. 피타고라스 학파에 속하며 플라톤의 스승으로 알라진 테오도로스(Theodorus, 기원 전 5세기 경)는 넓이가 $3, 5, 6 \cdots, 15, 17$인 정사각형의 한 변은 단위 정사각형의 한 변(즉 길이가 1인 선분)과 공통 척도로 측정할 수 없다는 것을 보였다. 즉, $\sqrt{3}, \sqrt{5}, \sqrt{6}, \cdots, \sqrt{15}, \sqrt{17}$이 무리수라는 것을 보인 것이다. 그러나, 테오도로스가 어떤 방법으로 이 선분들이 무리수라는 것을 보였는지에 대해서는 구체적으로 알려진 것은 없다.

한편, 테오도로스의 제자인 테아이테토스(Theaetetus)는 제곱수가 아닌 자연수 n에 대해 $\sqrt{n}$인 꼴의 수가 무리수라는 것을 증명하여 무리수가 무한히 많다는 것을 보였다. 이러한 결과를 바탕으로 테오도로스는 선분들을 분류했는데, (1) 단위길이와 공통 척도로 측정할 수 있는 선분, (2) 제곱하여 단위 길이와 공통 척도로 측정할 수 있는 선분으로 분류하였다. 그리고, 그는 후에 제곱수가 아닌 자연수 a, b에 대해 $\sqrt{a} \pm \sqrt{b}, \sqrt{a\sqrt{b}}$도 무리수라는 것을 알아냈으며, 테아이테토스의 무리수 연구는 유클리드 원론의 10권에 반영되었다.

5. 피타고라스 정리

피타고라스 정리를 처음으로 발명한 사람이 피타고라스가 아니라는 것은 잘 알려진 사실이다. 피타고라스가 태어나기 훨씬 전에 고대 이집트나 바빌로니아에서 피타고라스 정리가 알려졌고, 다양한 문제의 해결에 폭넓게 사용되었다. 그렇다면 왜 피타고라스 정리라고 부를까? 피타고라스가 처음으로 이 정리에 대한 수학적인 증명을 제시했기 때문에, 그렇게 부른다는 것이 일반적인 견해이다. 그러나 피타고라스의 증명이 첫 번째 증명인지는 확인할 수 없다. 특히, 피티고라스가 어떤 증명을 제시했는가에 대해서도 자료가 없다.

여기서는 피타고라스 정리의 몇 가지 증명을 살펴보자. 유클리드 원론의 1권 명제 47이 피타고라스 정리인데, 여기에 제시된 증명 방법을 살펴보자. 이 증명 방법은 유클리드가 제안한 것으로 인정받고 있다. 원론의 1권의 앞부분에는 삼각형의 합동 조건이 증명되어 있는데, 유클리드는 삼각형의 합동을 이용하여 피타고라스 정리를 증명하였다.

직각삼각형 ABC의 각 변에 정사각형 $BDEC, CKHA, AGFB$를 바깥쪽에 그렸다. 그리고 점 C와 F, B와 K를 연결하고, 꼭짓점 A에서 변 DE에 수선 AL을 긋자.

그러면, 삼각형 BFC와 BAD가 합동임을 증명할 수 있다. 두 삼각형에서 $\overline{AB} = \overline{BF}, \overline{BD} = \overline{BC}$이며, $\angle FBC = \angle ABC + 90°$이고 $\angle ABD = \angle ABC + 90°$이다. 그러므로 $\angle FBC = \angle ABD$이며, SAS 합동조건에 의해 $\triangle BFC \equiv \triangle BAD$이다.

한편, 삼각형 BFC의 넓이는 정사각형 $BAGF$ 넓이의 절반이고, 삼각형 BAD의 넓이는 직사각형 BDL 넓이의 절반이다. $\triangle BFC \equiv \triangle BAD$이므로, 정사각형 $BAGF$와 직사각형 BDL의 넓이는 같다.

같은 방법으로, 정사각형 $ACKH$와 직사각형 CEL의 넓이가 같다는 것을 보일 수 있다. 결국, 정사각형 $BAGF$와 $CKHA$의 넓이의 합은 정사각형 $BDEC$의 넓이와 같다. 이로부터, 피타고라스 정리가 증명된다. □

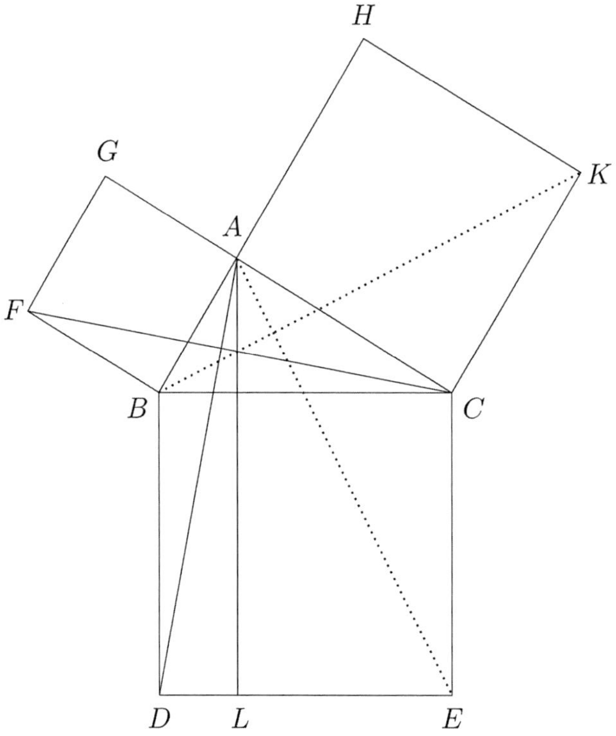

유클리드의 증명 방법은 전형적인 기하학적인 증명 방법이다. 이 증명에서 유클리드는 정사각형 $BAGF$ 넓이의 절반인 삼각형 BFC를 생각했고 이 삼각형과 합동인

삼각형 BAD를 생각하여, 정사각형 $BAGF$의 넓이가 정사각형 $BDEC$의 일부와 같다는 것을 보였다. 같은 방법으로 정사각형 $CKHA$ 넓이가 정사각형 $BDEC$의 부분과 같다는 것을 보여, 작은 두 정사각형의 넓이의 합이 큰 정사각형의 넓이와 같다는 것을 증명했다.

두 번째 증명은 중국의 고대 천문학책인 '주비산경'에 제시된 증명이다. 여기서 '주비'는 주나라 해시계라는 뜻이다. 주비산경의 정확한 저술 연대는 알려지지 않았지만, 기원전 2세기를 전후하여 기술되었다고 보는 견해가 있다.

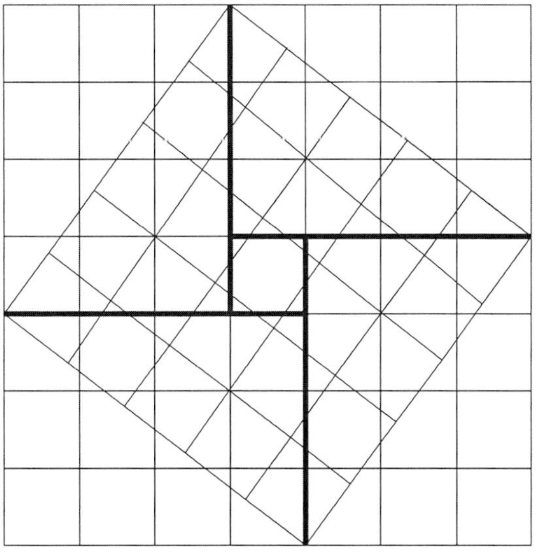

주비산경에서는 이 그림을 '현도'라고 부른다. 중국의 고대 수학책인 구장산술에서 직각삼각형을 '구고'라고 부르고 있으며, 피타고라스 정리를 '구고현 정리'라 부른다. 여기서 '구'는 직각삼각형의 짧은 밑면, '고'는 긴 밑변, '현'은 빗변을 말한다. 그래서 피타고라스 정리가 표현된 이 그림을 '현도'라고 부르는 것이다.

그림에서 굵은 선을 포함하는 직각삼각형을 보면, 짧은 밑변은 3칸, 긴 밑변은 4칸, 빗변은 5칸으로 되어있다. 즉 현도는 직각삼각형에서 $3^2 + 4^2 = 5^2$ 또는 $3 : 4 : 5$를 시각적으로 표현한 것이다.

주비산경의 현도와 유사한 그림을 이용한 피타고라스 정리의 증명 방법이 인도의 수학자 바스카라(1114−1185)의 증명이다. 이 그림은 합동인 직각삼각형 4개, 정사각형 1개로 구성되어 있다. 직각삼각형에서 짧은 밑변의 길이가 a, 긴 밑변은 b, 빗변은 c이다. 그리고 안쪽의 정사각형의 한 변의 길이는 $b-a$이다. 큰 정사각형의 넓이는 c^2이고, 직각삼각형의 넓이는 $\frac{1}{2}ab$, 안쪽의 작은 정사각형의 넓이는 $(b-a)^2$이다. 그러므로, $c^2 = 4 \times (\frac{1}{2}ab) + (b-a)^2$이며, $c^2 = a^2 + b^2$이 성립한다.

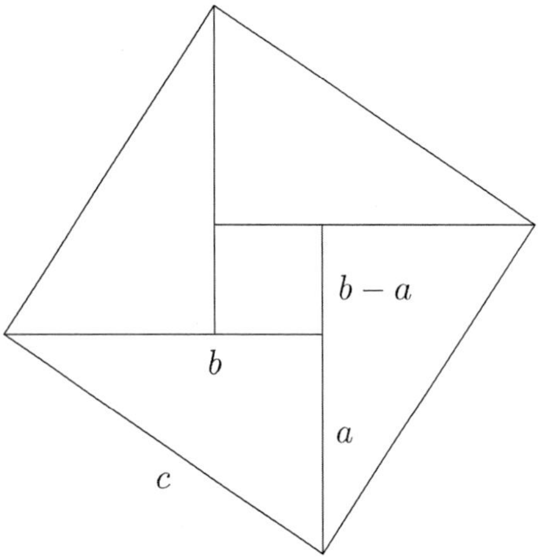

6. 피타고라스 학파와 자연수 이론

10은 $1+2+3+4$이며, 피타고라스 학파에서 10을 신성한 수로 여겼다는 것은 이미 살펴보았다. 피타고라스 학파에서는 자연수에 특별한 의미를 부여하였고, 자연수의 다양한 성질들을 연구했다. 특히 피타고라스 학파에서 연구한 짝수와 홀수의 성질은 다양한 수학적 증명에 사용되었으며, 피타고라스 학파에서 연구한 소수, 합성수, 도형수, 완전수 등은 지금까지 수학자들이 연구하고 있다.

도형수 피타고라스 학파에서 1은 다른 수들과는 다른 의미를 가진다. 피타고라스 학파에서는 수 1을 기하학에서의 점과 같이 생각하였다. 그들에게 수 1은 다른 수들을 만드는 생성원이며, 더 이상 분해되지 않는 원자에 해당했다. 그래서 피타고라스 학파에서는 수의 원자인 '1'로 만들어진 수들을 분해하여 도형의 형태로 표현한다는 생각을 어렵지 않게 할 수 있었다.

피타고라스 학파에서는 선형수를 생각했다. 수직선에 점으로 표현되는 모든 자연수가 선형수이다. 선형수는 수를 '1'의 합으로 분해하여 나타내는 것과 관련된다. 예를 들어, 수 4는 선형수이며, 직선 상에서 4개의 점으로 표현된다. 이것은 $4 = 1+1+1+1$을 기하학적으로 나타낸 것이다.

평면수는 두 인수의 곱으로 표현되는 수를 말한다. 예를 들어, $10 = 2\times5$이므로, 10은 평면수이다. 평면수는 수를 두 인수의 곱으로 인수분해한 것을 직사각형 모양으로 표현한 것이다.

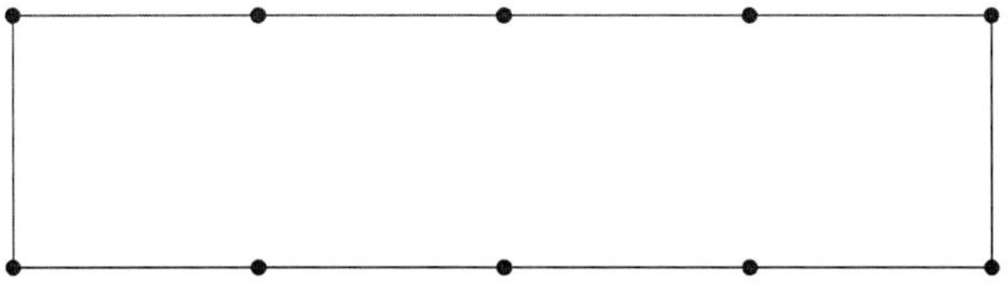

입체수는 세 인수의 곱으로 표현되는 수를 말한다. 예를 들어, $12 = 3 \times 2 \times 2$이므로, 12는 입체수이다. 입체수는 수를 세 인수의 곱으로 인수분해한 것을 직육면체 모양으로 표현한 것이다.

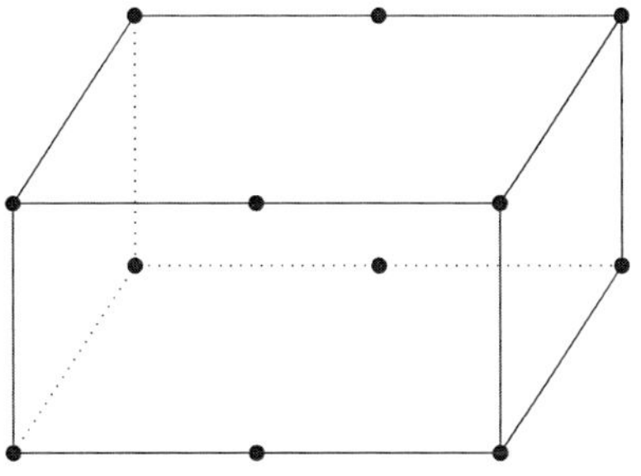

삼각수는 정삼각형의 꼭짓점에 놓인 점의 개수를 표현하는 수이다. 첫 번째 삼각수는 1이다. 두 번째 그림에는 $3 = 1 + 2$인 두 번째 삼각수가 있으며, 세 번째 그림은 $6 = 1 + 2 + 3$인 세 번째 삼각수이다. 네 번째 삼각수는 $10 = 1 + 2 + 3 + 4$이며, 다섯 번째 삼각수는 $15 = 1 + 2 + 3 + 4 + 5$가 되며, 그 이후의 삼각수들은 $21, 27, 35, \ldots$가 있다.

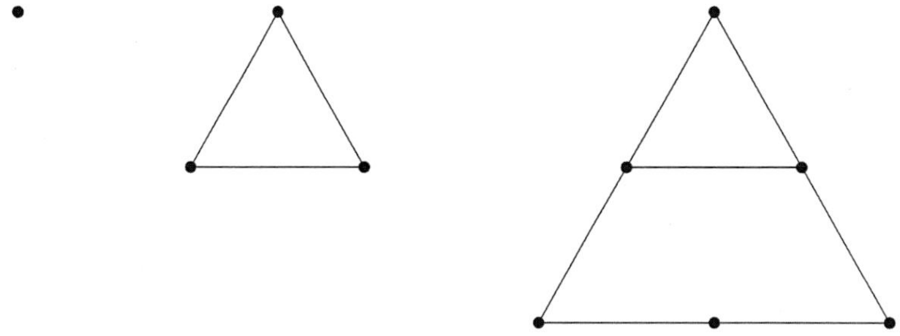

피타고라스 학파에서는 삼각수를 구하는 규칙성을 알고 있었다. n번째 삼각수는 1에서 n까지 수들의 합이며, $1+2+3+\cdots+n = \frac{n(n+1)}{2}$이다. 이 식을 어떻게 발견했는지에 대해서는 다양한 추측이 있는데, 그 중 하나는 점들의 기하학적 배열을 이용하는 것이다. 다음과 같이 가로로 $n+1$개, 세로로 n개를 직사각형 모양으로 배열한다.

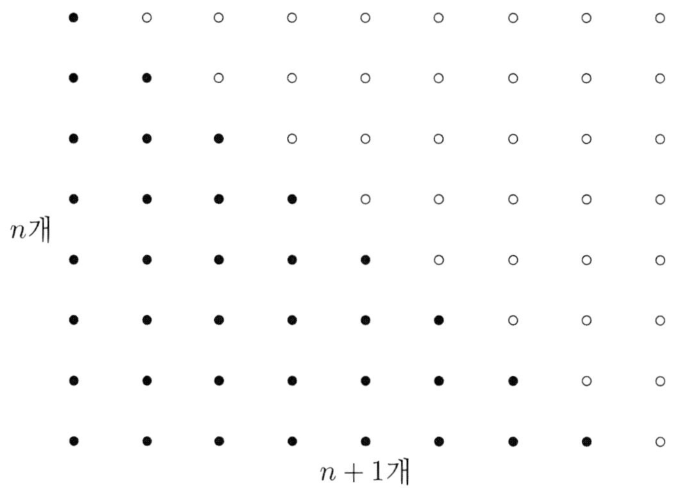

이때, 전체 점의 개수는 $n(n+1)$개이다. 그런데, 검은색 점의 개수는 $1 + 2 + 3 +$

$\cdots+n$이고 흰점의 개수도 $1+2+3+\cdots+n$이다. 결국 $2(1+2+3+\cdots+n) = n(n+1)$, $1 + 2 + 3 + \cdots + n = \frac{n(n+1)}{2}$이 된다. 이것은 고대 바빌로니아 시대부터 잘 알려진 방법이다. 특히, 수체계와 기호 사용이 지금처럼 효과적이지 못했기 때문에, 복잡한 연산은 많은 시간을 필요로 했다. 그래서, 기하학적으로 점을 배치하여 쉽게 합을 구하는 방법을 고안하게 된 것이다.

사각수는 정사각형의 꼭짓점에 놓인 점의 개수를 표현하는 수이다. 첫 번째 사각수는 1이며, 다음의 두 번째 그림은 $4 = 1 + 3$인 두 번째 사각수이며, 세 번째 그림은 $9 = 1 + 3 + 5$인 세 번째 사각수이다. 네 번째 사각수는 $16 = 1 + 3 + 5 + 7$이며, 다섯 번째 사각수는 $25 = 1 + 3 + 5 + 7 + 9$가 되며, 이와 같은 방법으로 사각수들 $36, 49, 64, \ldots$를 찾을 수 있다. 사각수는 제곱수이다. n번째 사각수는 n^2인데, 그림을 보면 $1 + 3 + 5 + \cdots + (2n - 1) = n^2$임을 추측할 수 있다.

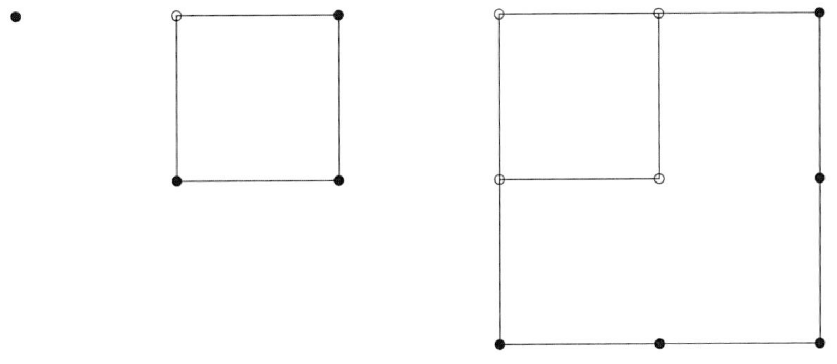

오각수는 정오각형의 꼭짓점에 놓인 점의 개수를 표현하는 수이다. 첫 번째 오각수는 1이며, 다음 두 번째 그림은 두 번째 오각수 $5 = 1 + 4$이며, 세 번째 그림은 $12 = 1+4+7$인 세 번째 오각수이다. 네 번째 오각수는 $22 = 1+4+7+10$이며, 다섯 번째 오각수는 $35 = 5+7+10+13$이 되며, 이와 같은 방법으로 오각수들 $35, 51, 70, \ldots$를 찾을 수 있다. n번째 오각수는 $1 + 4 + 7 + \cdots + (3n - 2) = \frac{n(3n-1)}{2}$로 나타낼 수 있다.

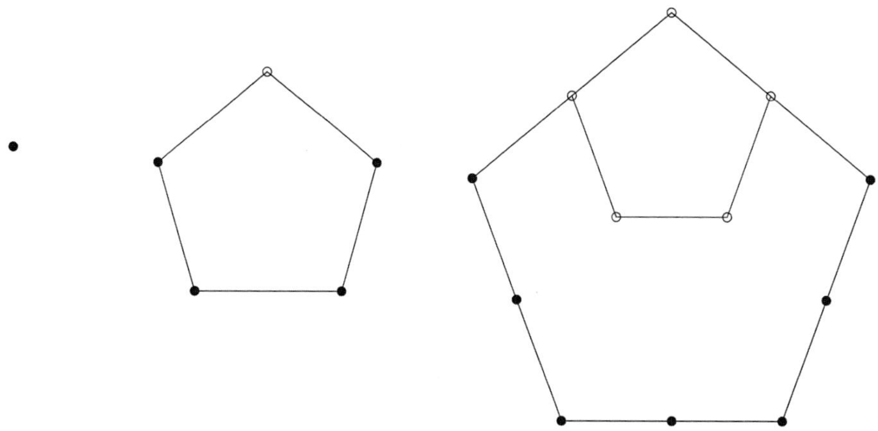

수들을 점으로 표시하고 기하학적으로 배열하여 수들의 규칙성을 찾는 것은 피타고라스 학파의 수학관과도 일치하며, 그 당시의 수체계나 기호 체계의 단점을 극복할 수 있는 효과적인 방법이기도 하였다.

완전수 어떤 수가 자신을 제외한 모든 약수의 합과 같으면, 그 수를 완전수라고 부른다. 예를 들어, 6의 약수는 $1, 2, 3, 6$인데, 6을 제외한 약수들의 합 $1 + 2 + 3$이 6과 같기 때문에 6을 완전수라 부른다. 다른 완전수로는 $28 = 1 + 2 + 4 + 7 + 14$, $496 = 1+2+4+8+31+62+124+248$, 8128, 33550336 등이 있다. 여기서 $6, 28, 496, 8128$은 피타고라스 학파에 의해 발견된 것이다.

유클리드 원론 9권 명제 36에 다음과 같은 완전수의 성질이 제시되어 있다.

> 만약 $1 + 2 + 2^2 + 2^3 + \cdots + 2^n = p$가 소수이면, 수 $(2^{n+1} - 1)2^n = 2^n p$는 완전수이다.

이 명제를 누가 생각해 냈는지 정확히는 알려져 있지 않다. 단지, 피타고라스 학파에서 완전수를 연구했기 때문에, 피타고라스 학파에서 생각했을 것으로 추측하며, 그 증명도 피타고라스 학파에 의해 얻어졌다고 보는 견해도 있다. 이 명제의 증명을 살펴보자.

우선, 증명에 앞서 $2^n p = (2^{n+1}-1)2^n$을 먼저 보이자. $1+2+2^2+\cdots+2^{n-1} = 2^n-1$

이 성립한다.[3] 그러면, $p = 1 + 2 + 2^2 + \cdots + 2^{n-1} + 2^n = 2^n + 2^n - 1 = 2^{n+1} - 1$이 된다. 결국, $2^n p = 2^n(1 + 2 + 2^2 + 2^3 + \cdots + 2^n) = (2^{n+1} - 1)2^n$이 된다.

한편, Vaiman(1961)은 등비수열의 합 $1+2+2^2+\cdots+2^{n-1} = 2^n - 1$을 다음과 같은 점들의 기하학적 배열로 설명하면서, 피타고라스 학파에서 그 합을 찾았을 것으로 설명하였다.

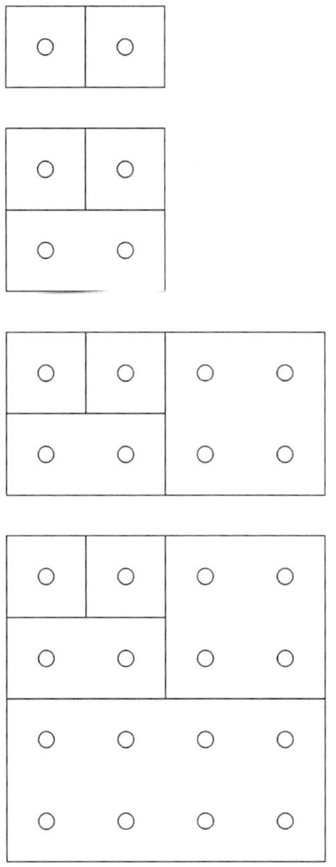

$$1 + 1 = 2$$

$$1 + 1 + 2 = 4$$

$$1 + 1 + 2 + 4 = 8$$

$$1 + 1 + 2 + 4 + 8 = 16$$

이제, 명제 36의 증명으로 돌아가자. $2^n p$의 자신을 제외한 모든 약수의 합이 $2^n p$라는 것을 보이면, $2^n p$가 완전수임이 증명된다. $2^n p$의 모든 약수를 찾자. $1 + 2 + 2^2 + 2^3 + \cdots + 2^n = p$이므로, p는 홀수인 소수이다. 그러므로 p는 $2, 2^2, \cdots, 2^n$과 모두 서로소이다.

[3]van der Waerden(2007)은 등비수열의 합 $1+2+2^2+\cdots+2^{n-1} = 2^n - 1$은 바빌로니아 점토판에 기록되어 있기 때문에, 피타고라스 학파에서도 이 합을 알고 있었을 것으로 추측했다.

결국, 자신을 제외한 $2^n p$의 모든 약수는 2^n의 모든 약수 $1, 2, 2^2, \cdots, 2^n$과 1, 2, 2^2, $\cdots$, 2^{n-1}에 p를 곱한 수들이다. 그러므로 $2^n p$의 자신을 제외한 모든 약수는 다음과 같이 쓸 수 있다.

$$1, 2, 2^2, \cdots, 2^n, p, 2p, 2^2 p, \cdots, 2^{n-1} p$$

이제, $1+2+2^2+\cdots+2^n+p+2p+2^2p+\cdots+2^{n-1}p$를 계산하자. $1+2+2^2+\cdots+2^n+p+2p+2^2p+\cdots+2^{n-1}p = (1+2+2^2+\cdots+2^n)+p(1+2+2^2+\cdots+2^{n-1}) = p+p(2^n-1) = 2^n p$가 된다. 결국, $2^n p$는 완전수라는 것이 증명된다. □

살펴본 유클리드 원론 9권에 있는 완전수에 대한 정리와 증명이 피타고라스 학파에 의해 발견되고 증명되었는지 그렇지 않은지는 확실치 않다. 그러나, 피타고라스 학파의 완전수 연구가 유클리드 원론까지 연결되었다는 것은 확실하다.

제 4 장.

작도문제와 작도불능문제

정사각형의 한 변과 대각선을 공통 척도로 측정할 수 없다는 것이 밝혀지면서, 자연수와 자연수의 비를 기반으로 하여 만들어진 고대의 수학 체계는 큰 장벽에 부딛히게 된다. 모든 유리수는 자연수의 비로 표현할 수 있으며, 이것은 길이가 유리수인 모든 선분은 단위길이 1과 공통인 척도를 이용하여 측정할 수 있다는 것을 의미한다.

그러나 길이가 무리수인(단위길이 1과 공통 척도를 가지지 않는) 선분의 길이는 자(단위길이 1을 이용하여)로 측정할 수 없다. 즉, 무리수인 선분(예를 들어, 한 변이 단위길이 1인 정사각형의 대각선)이 존재하지만, 그 길이를 측정할 수 없다는 것이다. 이것은 정사각형의 대각선을 수로 나타내지 못한다는 것을 의미한다. 결국, 정사각형의 대각선은 그 당시까지 알려진 수학적 지식의 사각지대에 놓이게 된다.

지금은 한 변이 단위길이 1인 정사각형의 대각선을 무리수 $\sqrt{2}$로 표현하고, 무리수의 집합은 유리수의 집합과 서로소이며 무리수 집합과 유리수 집합의 합집합을 실수 집합으로 정의한다. 그리고 중학생들도 $\sqrt{2} \times \sqrt{3} = \sqrt{6}$과 같이 무리수에 대한 연산을 수행할 수 있고, 무리수의 대소 관계 등도 알고 있다. 그러나, 무리수가 처음 발견되었을 당시에는 무리수는 '유리수와 공통 척도로 측정할 수 없는 선분'을 의미했을뿐, 무리수에 대한 연산을 포함하여 무리수에 대한 수학적 연산과 그 구조를 알지 못했다.

결국, 선분의 집합이 유리수의 집합보다는 크다는 것을 알았기 때문에, 수학 전체의 체계를 유리수 중심에서 선분을 포함하는 기하학 중심으로 재구성하게 된다. 이때 중요한 문제로 떠오른 것이 작도문제이다. 흔히 작도문제라 하면, 우리는 삼각형 또는 사각형과 같은 도형을 작도하는 문제를 생각하는데, 그리스 시대에는 그렇지 않았다.

무리수의 발견으로 인해 수들을 선분으로 표시하였고, 수들의 연산, 방정식의 해도 선분으로 표현했다. 예를 들어, 어떤 방정식의 해가 $\sqrt{2}$라면, 이것을 그리스 시대에는 어떻게 구했을까? 보통 이차방정식을 풀면 제곱근으로 표현된 해를 얻게 되는데, 이것을 그 당시 수학자들은 할 수가 없었다. 그래서 유클리드 원론을 보면 이차방정식의 해를 선분으로 표현했고, 결국 이차방정식을 푸는 문제가 선분을 작도하는 작도문제가 되어 버렸다. 그리스 시대의 이러한 기하학적 방법에 의한 대수 연구를 '기하학적 대수'라고 부른다.

1. 기본 작도

작도문제를 풀 때에 작도 도구로는 자와 컴퍼스를 사용했다. 이때 자는 선분을 양 끝으로 연장하거나 두 점이 주어진 경우에 직선을 작도하는 도구이며, 컴퍼스는 중심과 반지름이 주어진 원을 작도하는 도구이다. 작도문제 해결에서는 자와 컴퍼스를 이것 이외의 다른 용도로 사용하는 것은 인정하지 않았고, 다른 작도 도구의 사용도 허용되지 않았다. 이제, 기본적인 작도문제를 풀어보자. 선분 a, b가 주어졌다는 것은 길이가 a, b인 선분이 주어졌다는 것을 의미한다.

예제 4.1. 선분 a, b가 주어졌다. 두 선분의 합 $a + b$를 작도하여라.

선분 a와 선분 b의 합은 선분 a의 연장선에 선분 b를 덧붙여 표시하는 방법을 이용했다. 이때, 선분 a를 연장하는 도구로 자를 사용하였고, 선분 a의 연장선에 선분 b를 덧붙일 때는 컴퍼스를 이용했다. 예제 4.1과 유사한 방법으로 선분 $a - b, ka$도 작도할 수 있다(k는 자연수).

예제 4.2. 선분 a가 주어졌다. 선분 $\frac{a}{p}$를 작도하여라(단, p는 자연수).

예제 4.2는 주어진 선분을 p등분하는 문제이다. 주어진 선분 a를 포함하는 임의의 각을 그린다. 이제, 각의 다른 반직선에 컴퍼스를 이용하여 적당한 반지름을 p번 표시하고, 마지막 점을 B라 하자. 이제, B를 선분 a의 끝점 A와 연결한다. 반직선 OB에 있는 각 점을 지나 선분 BA에 평행한 직선을 그어 반직선 OA와의 교점을 표시한다. 그림에서 선분 OM이 구하는 선분 $\frac{a}{p}$가 된다.

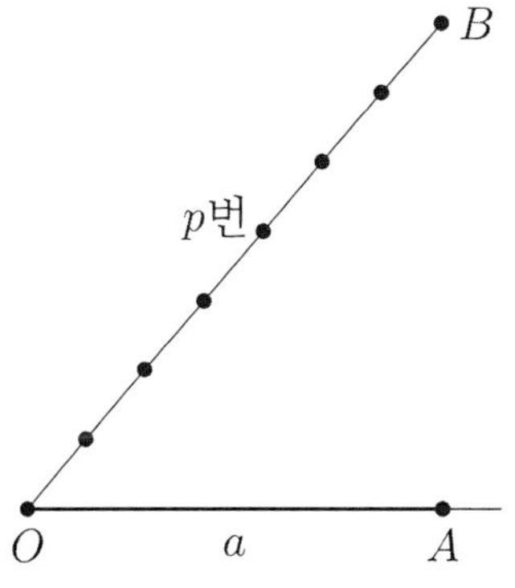

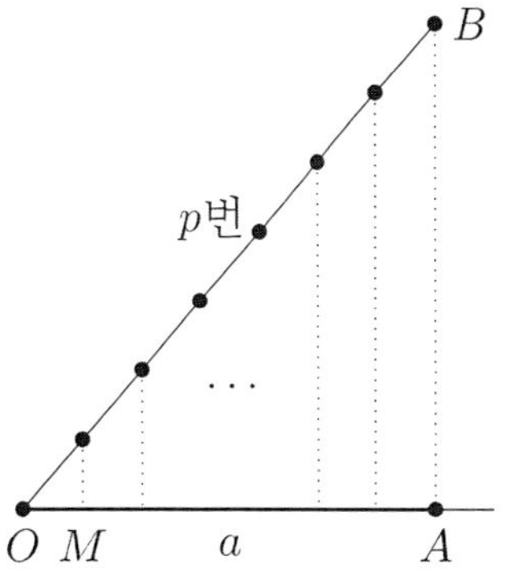

예제 4.2의 결과를 이용하면 $\frac{q}{p}a$인 선분도 작도할 수 있다. 즉 선분 $\frac{a}{p}$를 먼저 작도하고, 얻어진 선분을 q배하면 된다.

예제 4.3. 선분 a, b가 주어졌다. ab를 작도하여라.

선분 a, b가 주어졌을 때, 두 선분의 곱 ab는 2차원의 도형을 나타내기 때문에 기하학적으로는 직사각형을 의미한다. 즉, 변이 각각 a, b인 직사각형을 작도하면 된다.

예제 4.4. 선분 a, b, c가 주어졌다. $\frac{ab}{c}$인 선분을 작도하여라.

선분 $\frac{ab}{c}$를 작도하는 두 가지 방법을 살펴보자. 첫 번째 방법에서는 ab인 직사각형을 먼저 작도한다. 그리고 직사각형의 한 변(가령 a라 하면) a의 연장선에 c를 작도한다. 이제, 선분 c의 끝점 A와 직사각형의 한 꼭짓점 D를 지나는 직선을 그어, 직선 b와의 교점을 C라 하자. 선분 AC를 대각선으로 하는 직사각형 $ABCE$를 작도하자. 그러면, 선분 DF가 구하는 선분 x가 된다. 왜냐하면, 직사각형 $ABCE$는 대각선 AC에 의해 넓이가 2등분되므로, 점 B, D를 꼭짓점으로 하는 직사각형 ab의 넓이와 점 D, F, E를 꼭짓점으로 하는 직사각형 cx의 넓이가 같다. 그러므로 $x = \frac{ab}{c}$이다.

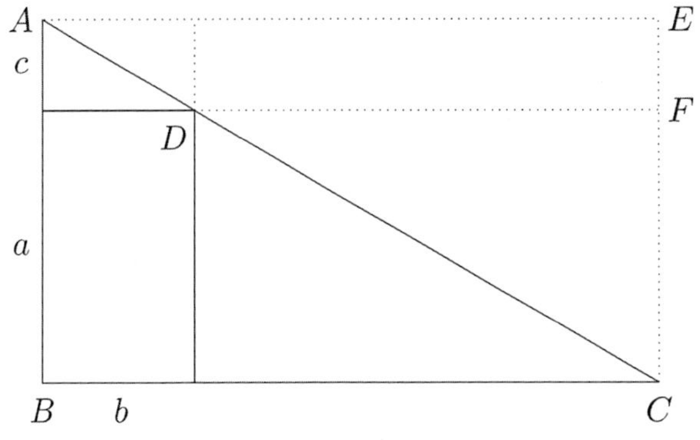

다른 방법은 비례식을 이용하는 방법이다. 가령, 구하는 선분을 x라 하면, $x = \frac{ab}{c}$에서 $\frac{x}{a} = \frac{b}{c}$가 된다. 즉, $a : x = c : b$, $c : b = a : x$인 x를 작도하는 것이다. 이제, 각 O를 작도하여 각의 한 변에 c, b인 선분을, 다른 변에 a인 선분을 표시한다. 이제, 그림에서 점 C와 A를 연결하고, 점 B를 지나며 선분 CA와 평행한 직선을 긋자. 이 직선과 반직선 OA의 교점을 D라 하면, 선분 AD가 구하는 x이다.

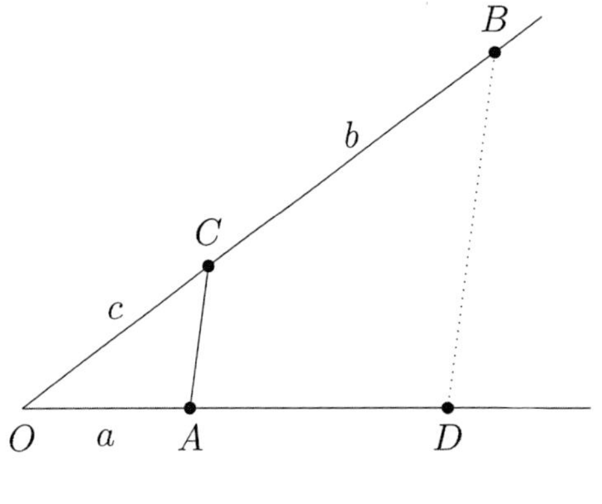

예제 4.4에서 보면, 선분 a, b, c에 대해 $\frac{ab}{c}$는 선분을 나타낸다. 두 선분 a, b의 곱 ab는 2차원 도형이고 선분 c가 1차원 도형이기 때문에, $\frac{ab}{c}$는 1차원 도형인 선분이 된다. 그런데, $\frac{ab}{c}$에서 $c = 1$이라 하면 $\frac{ab}{c} = ab$가 되어 예제 4.3에서 보듯이 직사각형이 된다.

이것은 ab의 이중적인 해석에서 비롯된 것이다. 즉, $ab = \frac{ab}{1}$이다. 이때 ab는 2차원 도형이며, $\frac{ab}{1}$은 2차원 도형 ab와 1차원 도형(길이가 1인 선분)의 비이기 때문에 1차원 도형이 된다. 결국, ab는 2차원 도형인 직사각형으로 해석될 수도 있고, 1차원 도형인 선분으로 해석될 수도 있다.

예제 4.5. 선분 a, b가 주어졌다. $\sqrt{ab}$인 선분을 작도하여라.

예제 4.4에서 보았듯이, 주어진 선분 a, b에 대해 ab는 직사각형이다. $x = \sqrt{ab}$인 선분 x를 작도하는 것은 $x^2 = ab$인 x를 작도하는 것을 의미한다.[1] 결국 직사각형 ab와 넓이가 같은 정사각형의 한 변 x를 작도하는 것이다. 이 문제는 유클리드 원론의 2권 명제 14에 제시되어 있다.

작도를 위해 $\frac{a+b}{2}, \frac{a-b}{2}$인 선분을 작도한다. 이제, 반지름이 $\frac{a+b}{2}$인 반원 O를 작도하고, 반지름에 $\overline{OA} = \frac{a-b}{2}$인 점 A를 표시한다. 점 A를 지나 선분 OA에 수직인 직선을 그어, 반원과의 교점을 B라 하면, 직각삼각형 OAB를 얻는다. 선분 OB는 반지름이므로 $\overline{OB} = \frac{a+b}{2}$이며, 피타고라스 정리에 의해 $\overline{OB}^2 = \overline{OA}^2 + \overline{AB}^2$이다. 이로부터 $\left(\frac{a+b}{2}\right)^2 = \left(\frac{a-b}{2}\right)^2 + \overline{AB}^2, \overline{AB}^2 = ab$가 된다. 결국 $\overline{AB} = \sqrt{ab}$이다.

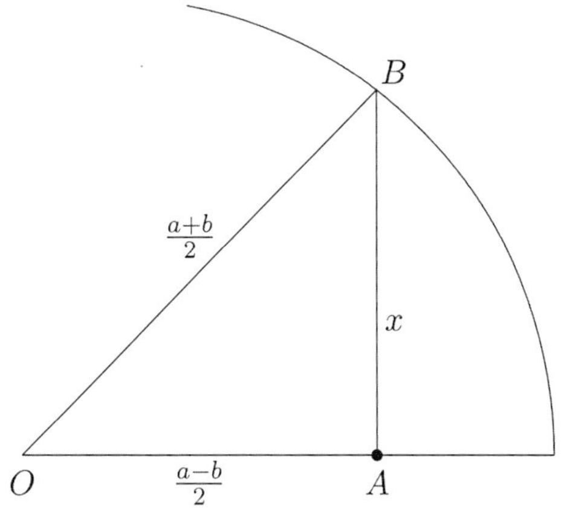

예제 4.5는 여러 가지 방법으로 풀 수 있다. 중학교에서 배우는 삼각형의 닮음을

[1] $x^2 = ab$인 x는 등비수열 a, x, b의 중항 x를 구하는 것이고, 이로부터 x는 a, b의 기하평균이라는 것을 알 수 있다.

이용한 풀이를 살펴보자. 반지름이 $\frac{a}{2}$인 원을 작도하고, 원의 반지름 AO에 $\overline{AD} = b$인 점 D를 잡는다. 이제 점 D를 지나 원의 지름에 수직인 직선을 그어 원과 만나는 점을 C라 하자. 선분 AC, CD를 긋고, $\overline{AC} = x$라 하자. 직각삼각형 CAD와 BAC의 닮음에 의해 $\frac{\overline{AB}}{\overline{AC}} = \frac{\overline{AC}}{\overline{AD}}$이다. 즉, $\overline{AC}^2 = \overline{AD} \times \overline{AB}$이며 $x^2 = ab$, $x = \sqrt{ab}$가 된다.

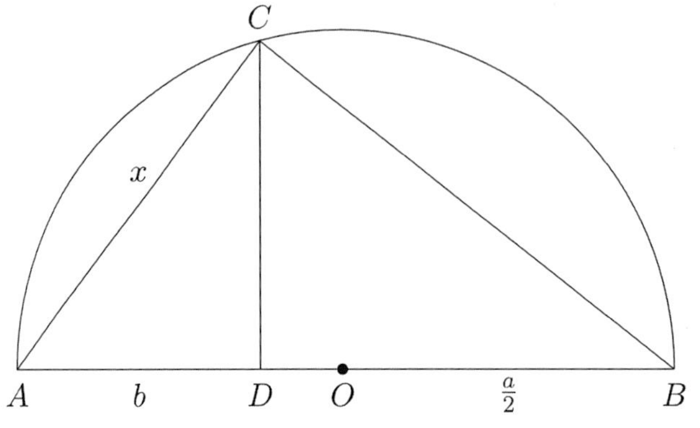

예제 4.5에서 $b = 1$로 두면, $x = \sqrt{a}$인 선분 x를 작도할 수 있다. 즉 어떤 선분이 주어주면, 이 선분의 제곱근을 자와 컴퍼스를 이용하여 작도할 수 있다. 결국, 예제 4.3, 4.4, 4.5를 이용하면, 선분 a, b가 주어지면 a, b의 곱 ab, 몫 $\frac{a}{b}$, 제곱 a^2, b^2, 제곱근 $\sqrt{ab}$를 작도할 수 있다. 그리고, 선분 a, b가 주어지면, $\sqrt{a^2+b^2}, \sqrt{a^2-b^2}, \sqrt[4]{a^4+b^4}$ 등과 같은 선분도 작도할 수 있다. 가령, $\sqrt[4]{a^4+b^4} = \sqrt{\sqrt{a^4+b^4}}$이므로, a, b를 이용하여 $a^2, (a^2)^2, b^2, (b^2)^2, (a^2)^2+(b^2)^2$, $\sqrt{a^4+b^4}$을 작도하여 $\sqrt{\sqrt{a^4+b^4}}$을 작도할 수 있다.

살펴본 기본 작도의 결과를 이용하면, 이차방정식 $ax^2 + bx + c = 0$의 근 $x = \frac{-b \pm \sqrt{b^2-4ac}}{2a}$에서 양수인 근 x를 자와 컴퍼스를 이용하여 작도할 수 있다. 즉, a, b, c를 이용하여 선분 $b^2, 4ac, b^2-4ac, \sqrt{b^2-4ac}$를 작도하고, $-b \pm \sqrt{b^2-4ac}$를 작도하면 x를 작도할 수 있다.

그러나 $x^3 = 2$의 근 $x = \sqrt[3]{2}$에서는 상황이 다르다. 즉, $x = \sqrt[3]{2}$는 자와 컴퍼스를 이용하여 작도할 수 없다. $x = \sqrt[3]{2}$를 자와 컴퍼스를 이용하여 작도하기 위해 많은 수학자들이 2000년 정도를 노력했지만, 후에 자와 컴퍼스로는 작도되지 못한다는 것이 증명되었다. 이것이 유명한 3대 작도불능문제의 하나이다.

2. 3대 작도불능문제

3대 작도불능문제는 3가지 유명한 작도불가능문제라고 작도 문제로 한정하여 생각할 수도 있지만, 다르게 보면 고대 수학의 중요한 세 가지 문제라고 하는 것이 더 타당할 것이다. 단지, 기하학적 대수의 방법으로 인해 이 문제들의 해를 기하학적으로(작도를 이용하여) 구하려고 시도했다는 것을 염두에 두자.

배적문제 배적문제는 주어진 정육면체 부피의 두 배를 부피로 가지는 정육면체의 한 모서리의 길이를 작도하는 것이다. 가령, 주어진 정육면체의 한 모서리의 길이가 1이고, 이 정육면체 부피의 2배, 즉 부피가 2인 정육면체의 한 모서리의 길이를 작도한다고 하자.

부피가 2인 정육면체의 한 모서리 길이를 x라 하면, $x^3 = 2$인 x값을 구하는 문제로, 우리는 $x = \sqrt[3]{2}$라는 것을 알고 있다. 그러나, 고대 수학자들에게 $x^3 = 2$를 만족시키는 x 값을 구하는 것, 특히 x를 자와 컴퍼스를 이용하여 선분으로 나타내는 것은 큰 어려움이 되었다. 우선은 무리수 $\sqrt[3]{2}$가 어떤 수인지도 알지 못했고, 이 무리수를 자와 컴퍼스를 이용하여 선분으로 나타내는 것도 큰 문제였다.

이 문제를 처음에 어떻게 생각하게 되었는가는 정확히 알려진 바는 없다. 넓이가 1인 정사각형 넓이의 두 배인, 즉 넓이가 2인 정사각형의 한 변의 길이를 작도하는 문제를 3차원 공간으로 유추한 것으로 볼 수도 있다.

평면에서 정사각형 넓이의 2배를 가지는 정사각형의 한 변을 작도하는 문제는 이미 널리 알려져 있었다. 한 변이 1인 정사각형 넓이의 2배를 넓이로 가지는 정사각형의 한 변을 x라 하면, $x^2 = 2$, $x = \sqrt{2}$를 작도하는 문제이다. 이 문제는 자와 컴퍼스를 이용하여 해결할 수 있다.

한 변이 1인 정사각형 $ABCD$를 작도하고, 대각선 AC, BD를 작도한다. 이제, 꼭짓점 A, B, C, D를 지나며 대각선에 평행한 직선을 그으면, 정사각형 $LMNP$를 얻게 된다. 이때, 삼각형 LAD와 AOD의 넓이가 같고, 삼각형 AMB와 AOB, BNC와 BCO, DPC와 DOC의 넓이가 같으므로, 정사각형 $LMNP$의 넓이는 2가 된다.

그러므로 선분 LM이 구하는 정사각형의 한 변의 길이가 된다.

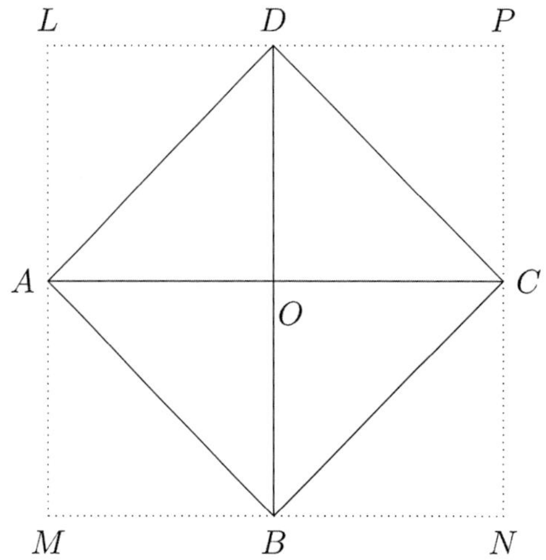

한편, 평면에서 직사각형 ab를 정사각형 $x^2 = ab$로 자와 컴퍼스를 이용하여 등적변형시킬 수 있다는 것을 예제 4.5에서 보았다. 배적문제는 이 문제를 3차원 공간으로 유추한 것으로도 볼 수 있다. 실제로, 히포크라테스(Hippocrates, 기원전 470−410)는 배적문제를 밑면이 a^2이고 높이가 b인 직육면체를 부피가 같은 정육면체로 변형시키는 문제로 보았다. 실제로, $b = 2a$로 잡으면 직육면체의 부피는 $2a^3$이며, 구하는 정육면체의 한 모서리를 x라 하면 $x^3 = 2a^3, x = \sqrt[3]{2}a$가 된다.

배적문제의 해결을 위한 노력들 배적문제의 해결에서 의미있는 첫 번째 시도는 히포크라테스에 의해 이루어졌다. 히포크라테스는 배적문제를 직육면체 a^2b를 정육면체 x^3으로 등적변형하는 문제로 보아, 배적문제를 $x^3 = a^2b$로 변형시켰다. 그리고 이 식을 선분 a, b에 대하여 $a : x = x : y = y : b$인 x, y를 구하는 문제로 생각하였다. 실제로, $a : x = x : y$에서 $ay = x^2$, $x : y = y : b$에서 $y^2 = bx$를 얻을 수 있다. 이제, $ay = x^2$와 $y^2 = bx$를 연립하면 $x^3 = a^2b$가 얻어진다.

히포크라테스의 성과를 바탕으로 하여 배적문제의 해결에 의미있는 성과를 낸 사람이 피타고라스 학파의 수학자였던 아르키타스였다. 아르키타스는 원기둥, 직원뿔,

원환체 등의 공간도형을 이용하여 복잡하지만 기하학적 해법을 찾아냈다. 아르키다스의 해법을 여기서는 자세히 소개하지 않지만, 관심이 있는 독자는 한인기(2005), 김진호, 김용대, 서보억(2011)의 연구를 참고하기 바란다. 그러나 아르키타스의 배적문제 해법은 자와 컴퍼스를 이용한 작도가 아니었기 때문에 배적문제의 해로 인정받지 못했다.

다른 해법으로는 에우독소스(Eudoxus, 기원전 408–355)의 제자인 메나에크무스(Menaechmus, 기원전 380–320)의 방법이 있다. 메나에크무스는 $a : x = x : y = y : b$ 에서 연립방정식 $\begin{cases} x^2 = ay \\ y^2 = bx \end{cases}$ 와 $\begin{cases} x^2 = ay \\ xy = ab \end{cases}$ 를 얻었다. 첫 번째 연립방정식은 두 포물선을 나타내고, 두 번째 연립방정식은 포물선과 쌍곡선을 나타낸다.

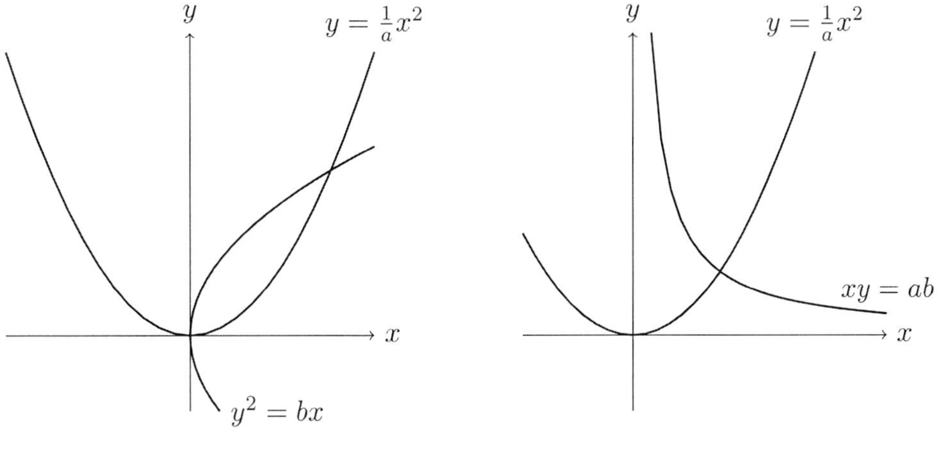

메나에크무스가 우리가 아는 방법처럼 포물선, 쌍곡선을 그린 것은 아니었고, 원뿔곡선의 절단을 이용하여 이들을 작도하였다. 메나에크무스는 각각의 연립방정식에 대해 두 포물선, 포물선과 쌍곡선을 이용하여 해 x를 얻었다. 그러나, 메나에크무스가 x를 얻기 위해 사용한 포물선, 쌍곡선은 자와 컴퍼스로 작도가능한 도형이 아니기 때문에, 배적문제의 해로는 인정받지 못했다(작도문제에서는 자와 컴퍼스를 이용해 해를 작도해야 하므로).

후에, 메나에크무스의 연립방정식 $\begin{cases} x^2 = ay \\ y^2 = bx \end{cases}$ 을 이용하여 배적문제의 해 x를 다른 방법으로 제시한 수학자가 데카르트(Descartes, 1596−1650)이다. 데카르트는 이 연립방정식을 다음과 같이 변형시켰다.

$$\begin{cases} x^2 + y^2 - bx - ay = 0 \\ x^2 = ay \end{cases}$$

$x^2 + y^2 - bx - ay = 0$는 $(x - \frac{b}{2})^2 + (y - \frac{a}{2})^2 = \frac{b^2}{4} + \frac{a^2}{4}$인 원을 나타낸다. 즉, 메나에크무스는 연립방정식의 식을 두 포물선으로 해석했는데, 데카르트는 메나에크무스의 연립방정식을 변형시켜 원과 포물선 문제로 바꾸었다. 데카르트는 원과 포물선을 작도하여 이들의 교점인 x를 작도하였다.

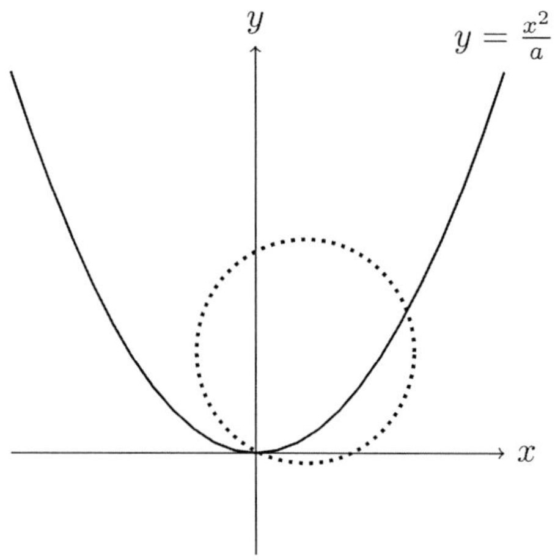

가령, 데카르트의 연립방정식에 $a = 1, b = 2$를 대입하면,

$$\begin{cases} x^2 + y^2 - 2x - y = 0 \\ x^2 = y \end{cases}$$

이 된다. 이제, 이들을 연립하면 $x^4 - 2x = 0, x(x^3 - 2) = 0$이 되며, 그림에서 $x = 0, x = \sqrt[3]{2}$를 구할 수 있다. 그러나, 데카르트의 해법도 자와 컴퍼스로 작도할 수 없는 포물선을 이용했다.

배적문제에 대한 고대 그리스의 다른 해법으로, 아폴로니우스(Apollonius, 기원전 262−190), 필로(Philo, 기원전 280−220), 헤론(Heron, 기원후 10−75)이 제시한 것을 살펴보자.

직사각형 $ABCD$의 대각선의 교점을 O라 하고, 변 BC, BA를 지나는 두 직선을 긋자. 이제, 점 O에서 같은 거리만큼 떨어진 직선 BC, BA의 점 N, M을 잡는데, 이 두 점을 연결한 선분이 점 D를 지나도록 하자.

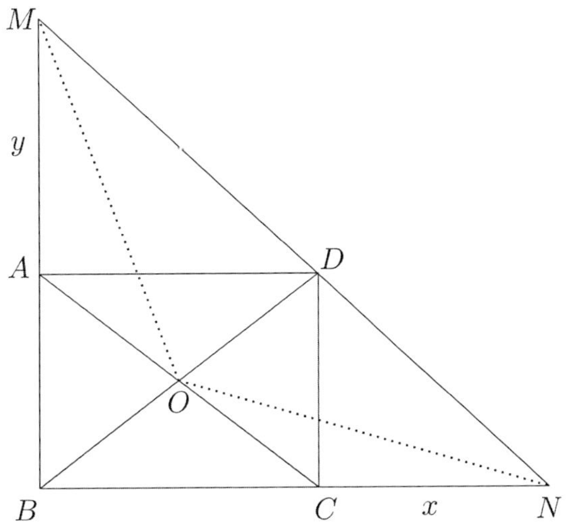

이제, $\overline{AB} = a, \overline{BC} = b, \overline{CN} = x, \overline{AM} = y$라 하자. $\overline{OM} = \overline{ON}$임을 이용하자. 점 O에서 직선 AB, BC에 수선을 그어 피타고라스 정리를 이용하면, $\overline{OM}^2 = (y+\frac{a}{2})^2 + (\frac{b}{2})^2, \overline{ON}^2 = (\frac{a}{2})^2 + (x+\frac{b}{2})^2$이다. $\overline{OM} = \overline{ON}$이므로, $(y+\frac{a}{2})^2 + (\frac{b}{2})^2 = (\frac{a}{2})^2 + (x+\frac{b}{2})^2, y^2 + ay = x^2 + bx$이고 $y(a+y) = x(b+x)$가 된다. 결국 $\frac{x}{y} = \frac{a+y}{b+x}$이다.

한편, 삼각형 MAD와 MBN의 닮음에 의해 $\frac{y}{b} = \frac{y+a}{b+x}$이다. 그리고 삼각형 MAD, DCN의 닮음에 의해, $\frac{y}{b} = \frac{a}{x}$가 성립한다. 이로부터 $\frac{y}{b} = \frac{a}{x} = \frac{y+a}{b+x}$가 성립한다.

결국, $\frac{x}{y} = \frac{a+y}{b+x}$, $\frac{y}{b} = \frac{a}{x} = \frac{y+a}{b+x}$으로부터 $\frac{x}{y} = \frac{y}{b} = \frac{a}{x}$가 되며, $a : x = x : y = y : b$가 성립한다. 이 비례식은 히포크라테스의 배적문제 비례식이다. 즉, $\overline{CN} = x, \overline{AM} = y$

는 배적문제의 해가 되는 히포크라테스의 비례식에서 x, y에 해당한다. 그런데, 그림에서 직사각형 $ABCD$, 점 O에서 같은 거리만큼 떨어진 직선 BC, BA상의 두 점을 자와 컴퍼스를 이용하여 작도할 수는 있지만, 점 O에서 같은 거리만큼 떨어진 두 점의 쌍 중에서 두 점을 연결한 선분이 점 D를 지나도록 두 점을 결정하는 것은 자와 컴퍼스로는 할 수가 없다. 그래서, 이 방법은 배적문제의 해법으로는 인정받지 못하였다.

배적문제의 해결을 위해 많은 수학자들이 노력하였다. 비록 자와 컴퍼스를 이용하여 $\sqrt[3]{2}$인 선분을 작도하지는 못했지만, 그 과정에서 포물선, 쌍곡선, 원 등과 같은 원뿔곡선을 비롯하여 다양한 수학적 개념과 방법들이 문제해결의 도구로 사용되었다. 이를 통해, 수학자들은 새로운 수학적 개념들과 방법들의 유용함을 인식하게 되었고, 이러한 경험은 새로운 수학의 발전을 위한 밑거름이 되었다.

임의의 각의 3등분 문제 예제 4.2에서 선분을 n등분할 수 있음을 보였다. 자와 컴퍼스를 이용하여 선분은 3등분을 할 수 있는데, 각은 3등분이 될까? 어떤 경우에는 가능한데, 항상 그런지는 의문이다. 예를 들어, 평각(크기가 $180°$인 각)에서 수직이등분선을 그으면 $90°$가 작도된다.

이제, $90°$를 3등분한 각인 $30°$를 자와 컴퍼스로 작도가능한지 생각해 보자. 이것은 가능하다. 직각 O의 내부에 정삼각형 AOC를 작도하자. 이때, 정삼각형의 한 각 $\angle AOC = 60°$이므로, 직각에서 $60°$를 뺀 나머지 각의 크기가 $30°$이다. 결국, 직각을 3등분하는 각 $30°$를 작도할 수 있다.

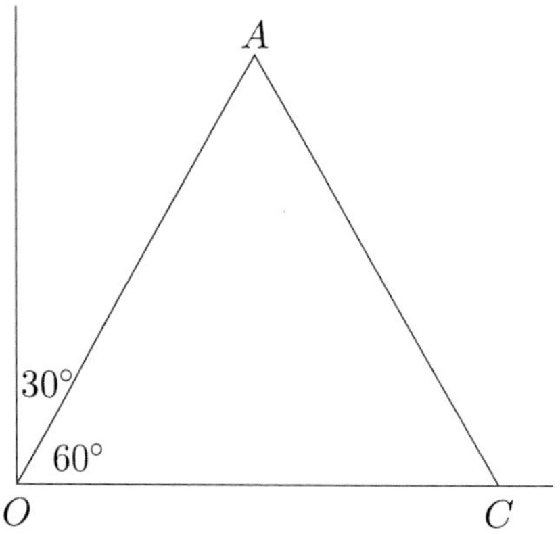

정삼각형의 한 각 $60°$를 3등분하는 각 $20°$는 자와 컴퍼스로 작도가 가능한가? 고대의 많은 수학자들이 이 문제를 해결하려고 노력했지만 해결하지 못했고, 이것은 불가능하다는 것이 후에 증명되었다.

각을 2등분 또는 3등분하는 것은 정다각형의 작도와 관련하여 생각할 수 있다. 오래 전부터 자와 컴퍼스를 이용하여 정삼각형, 정사각형, 정오각형을 작도할 수 있었다. 이들 정다각형에 외접원을 작도하자. 가령, 정삼각형 ABC와 외접원 O를 생각하자. 정삼각형의 세 내각의 이등분선을 각각 그어 외접원과의 교점을 D, E, F라 하자. 이제, 점 A, F, B, D, C, E를 연결하면 정육각형을 얻을 수 있다. 이와 같은 방법으로 정12각형, 정24각형, 정48각형, $\cdots$을 얻을 수 있다.

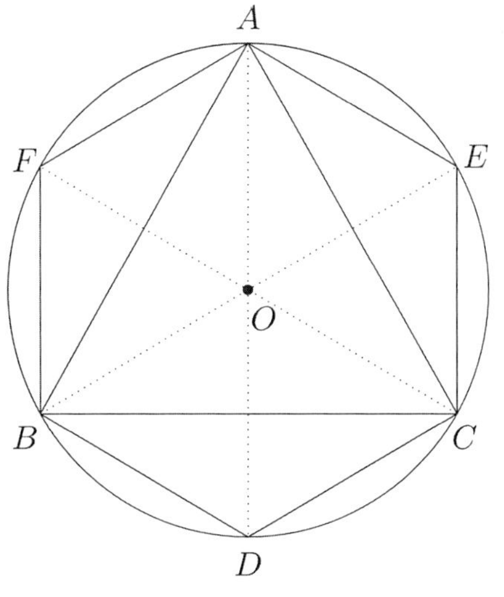

이러한 정다각형의 작도문제를 다르게 표현하면, 자와 컴퍼스를 이용하여 정다각형의 외접원을 3등분, 6등분, 12등분, 24등분, 24등분, $\cdots$을 할 수 있다는 것이다. 즉, 정n각형의 작도 문제는 원을 n등분하는 문제와 동일시 된다.

한편, 원을 n등분하는 것은 실생활 문제에 밀접하게 연결되어 있다. 가령, 수레바퀴를 만든다고 할 때, 수레바퀴 둘레를 n등분해야 수레바퀴의 중심과 연결하여 수레바퀴살을 제작할 수 있다. 이러한 문제 상황은 건축에서도 쉽게 찾아볼 수 있다.

고대 수학자들은 자연스럽게 '만약, 정삼각형의 세 내각에 각각 3등분선을 그을 수 있다면(이것은 불가능함이 후에 증명되었지만), 정9각형, 정27각형, $\cdots$을 작도할 수 있을텐데'라는 생각을 했을 것이다.

한편, 정사각형, 정오각형을 이용하면, 각의 2등분선을 작도하여 정8각형, 정16각형, 정32각형, 정64각형, $\cdots$, 정10각형, 정20각형, 정40각형, $\cdots$을 작도할 수 있다. 그렇다면, 방금 전에 나열한 정다각형에서 빠진 정7각형, 정9각형 등은 자와 컴퍼스로 작도가능한지에 대한 물음이 발생한다. 정n각형을 자와 컴퍼스로 작도가능한지의 문제는 가우스(1777–1855)에 의해 해결되었다. 가우스는 다음 정리를 증명하였다.

> 정n각형을 자와 컴퍼스를 이용하여 작도가능할 필요충분조건은 n을 $n = 2^m \cdot p_1 p_2 \cdots p_k$로 소인수분해할 수 있는 것이다. 이때, m은 음이 아닌 정수(즉, $0, 1, 2, 3, \cdots$)이고, $p_1, p_2, \cdots, p_k$는 $2^{2^k}+1$인 꼴로 나타낼 수 있는 서로 다른 소수이다.

$2^{2^k}+1$인 꼴로 나타낼 수 있는 소수를 페르마 소수라고 부르는데, 현재까지 알려진 페르마 소수는 $k = 0, 1, 2, 3, 4$일 때의 수 $3, 5, 17, 257, 65537$의 5개이고, $k = 5$일 때 $2^{2^5}+1$은 소수가 아니라는 것이 알려졌다.

결국, 정7각형의 '7'은 페르마 소수가 아니기 때문에 자와 컴퍼스를 이용하여 작도할 수 없다. 그리고 정9각형에서 $n = 9 = 3^2$으로 소인수분해되는데, 이것은 서로 다른 페르마 소수의 곱이 아니기 때문에, 정9각형도 자와 컴퍼스로는 작도되지 않는다.

$1°$를 자와 컴퍼스로 작도가 가능한가? 즉, 정360각형은 자와 컴퍼스로 작도가 가능한가? 360을 소인수분해하면 $360 = 2^3 \times 3^2 \times 5$인데, $3^2 \times 5$는 서로 다른 페르마 소수의 곱이 아니다. 그러므로, $1°$는 자와 컴퍼스로 작도되지 않는다.

각의 3등분 문제의 해결을 위한 노력들 고대 수학에서 3대 작도불능문제와 관련하여 주목할 만한 성과가 원적곡선(quadratrix)이다. 원적곡선은 임의의 각의 3등분 문제와 원적문제를 해결하는데 모두 사용되었다. 원적곡선은 히피아스(Hippias, 기원전 약 460–399)에 의해 발명되었으며, 히피아스는 이 곡선을 각의 3등분 문제를 해결하기 위해 사용하였다.

원적곡선은 정사각형 $ABCD$에서 두 가지 이동의 교점에 의해 만들어진다. (1) 정사각형 $ABCD$의 변 AD의 끝점 A, D가 각각 변 AB, DC를 따라 변 BC쪽으로 일정한 속도로 움직인다. (2) 변 AB가 꼭짓점 B를 중심으로 일정한 속도로 변 BC 쪽으로 회전한다. 그리고 (1)의 이동과 (2)의 회전에 의해 변 AD, BA가 변 BC에 동시에 도착한다. 이때 (1)의 이동과 (2)의 회전의 교점이 만드는 자취를 원적곡선이라 부른다.

원적곡선을 그리는 방법을 상세히 살펴보자. (1)의 이동과 (2)의 회전이 같은 비로 이루어져야 (1)의 선분 AD와 (2)의 선분 BA가 동시에 선분 BC에 도착하게 된다. 가령, (1)에서 선분 AD가 선분 AB의 $\frac{1}{9}$만큼, 즉 $\frac{1}{9}\overline{AB}$만큼 아래로 내려오면, 이때 (2)에서는 꼭짓점 B를 중심으로 선분 BA가 $90°$의 $\frac{1}{9}$만큼, 즉 $10°$만큼 회전해야 한다. 이제, $\frac{1}{9}\overline{AB}$만큼 내려온 선분 AD와 $10°$만큼 회전한 선분 BA의 교점을 표시한다.

같은 방법으로, (1)에서 선분 AD가 선분 AB의 $\frac{2}{9}$인 $\frac{2}{9}\overline{AB}$만큼 아래로 내려오면, 이때 (2)에서는 꼭짓점 B를 중심으로 선분 BA가 $90°$의 $\frac{2}{9}$인 $20°$만큼 회전한다. $\frac{2}{9}\overline{AB}$만큼 내려온 선분 AD와 $20°$만큼 회전한 선분 BA의 교점을 표시한다. 이와 같이 점들을 표시하면, 원적곡선을 얻을 수 있다.[2]

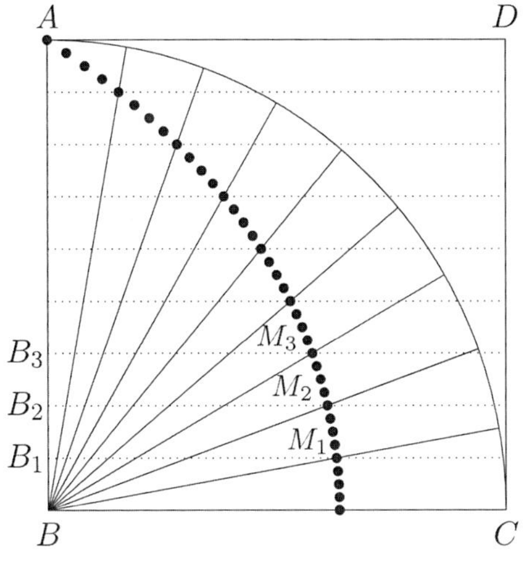

[2] 원적곡선의 방정식도 알려졌는데, $\overline{BC} = r$, 원적곡선의 점을 (x, y)라 하면, $x = y \cot \frac{\pi y}{2r}$이다.

원적곡선의 작도 과정으로부터 각의 3등분선을 생각할 수 있다. 가령, 그림에서 $\frac{1}{9}\overline{BA}$인 점을 점 B로부터 차례로 B_1, B_2, B_3이라 하자. 그리고 이 점에 상응하는 원적곡선의 점을 각각 M_1, M_2, M_3라 하자. 그러면, $\angle M_3BM_2 = \angle M_2BM_1 = \angle M_1BC$가 되어, 각 M_3BC를 3등분하게 된다. 그러나, 이 원적곡선은 자와 컴퍼스로 작도가능한 곡선이 아니기 때문에, 각의 3등분 문제의 해로 인정되지 못했다.

아르키메데스(Archimedes, 기원전 287–212)는 각의 3등분 문제를 해결하기 위해 '삽입'이라는 방법을 사용했다. 삽입방법에서는 자에 원하는 길이의 선분을 표시한 후에, 자를 적당히 움직이면서 표시된 선분의 위치를 문제의 조건에 맞도록 결정하게 된다.

작도문제에서 자는 선분을 연장하거나 직선을 긋는 용도로만 사용이 제한되어 있기 때문에, 이와 같이 자를 움직이면서 문제의 조건에 맞게 선분의 위치를 결정하는 것은 자의 용도에서 벗어난 것이다. 그렇기 때문에, 삽입방법에 의한 각의 3등분선 작도는 작도문제의 해로는 인정되지 못했다. 아르키메데스가 제시한 방법을 살펴보자.

각 ABC가 주어졌고, 이 각을 3등분한다고 하자. 우선, 각의 꼭짓점 B를 중심으로 원을 작도하고, 각의 변 BC를 지나는 직선을 작도하자. 이제 얻어진 그림에 선분을 삽입하면 된다. 자에 원의 반지름 BC와 같은 선분 MN을 표시하자.

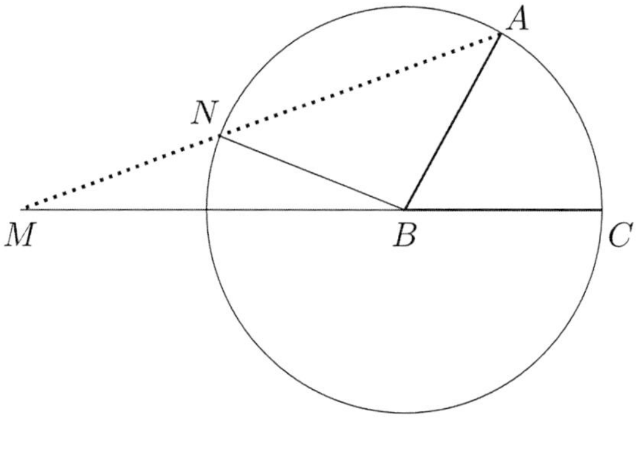

이제, 자를 적당히 움직여가면서 점 M은 직선 BC에 속하고 다른 점 N은 원에 놓이며 점 A가 자에 속하도록(즉, 직선 MN에 속하도록) 위치를 결정하여, 직선 MN

을 긋는다. 점 N과 원의 중심 B를 연결하자. 그러면, $\overline{MN} = \overline{NB} = \overline{BA}$가 된다. 즉 삼각형 NMB, BNA는 이등변삼각형이 된다. $\angle NMB = \alpha$라 두면, $\angle NBM = \alpha, \angle BNA = \angle BAN = 2\alpha$이다. 이제, 삼각형 BAM에서 각 ABC는 삼각형 BAM의 외각이며 $\angle ABC = \angle AMB + \angle BAM = 3\alpha$이다. 결국, $\angle ABC$의 $\frac{1}{3}$인 각 AMB를 작도하였다.

삽입방법은 각의 3등분 문제를 해결하는데 폭넓게 사용되었다. 다음은 이슬람 수학자인 바누 무사(Banu Musa, 기원후 약 803–873)가 삽입방법을 이용하여 제시한 각의 3등분 방법이다.

주어진 각 ABC를 3등분한다고 하자. 점 B를 중심으로 원을 작도하고, 직선 AB가 원과 만나는 다른 점을 D라 하자. 그리고 점 B를 지나는 직선 AB에 대한 수선을 그어 원과의 교점을 E라 하고, 반직선 EC에 원의 반지름과 같은 선분 EF를 표시하자.

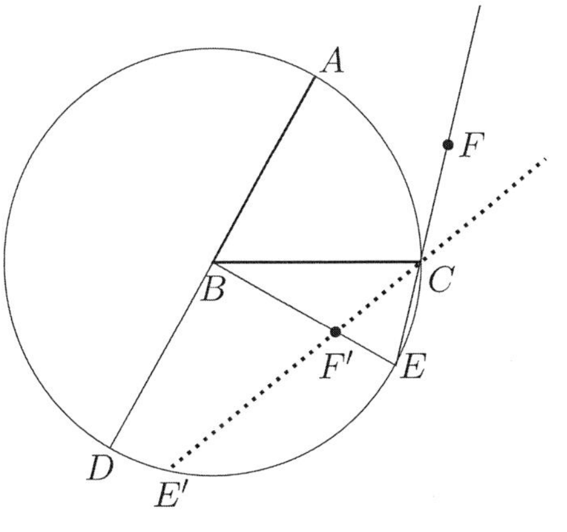

이제, 자에 선분 EF를 표시하여, 점 E를 점 D의 방향으로 원을 따라 이동시키면서 점 F는 선분 BE에 속하고, 자가 점 C를 지나도록 위치를 결정하자. 이때 결정된 점 E의 위치를 E', 점 F의 위치를 F'이라 하자. 그러면, 각 DBE'이 각 ABC의 $\frac{1}{3}$이 된다.

$\angle DBE' = \frac{1}{3}\angle ABC$임을 보이자. 선분 BE'을 그으면, 삼각형 $E'BF'$은 $\overline{BE'} = \overline{E'F'}$이므로 이등변삼각형이고 $\angle E'BF' = \angle E'F'B = \alpha$, $\angle BE'F' = 180° - 2\alpha$이다. 그리고 $\angle DBE = 90°$이므로, $\angle DBE' = 90° - \alpha$이다.

이제, 이등변삼각형 $BE'C$를 보자. $\angle BE'C = \angle BCE' = 180° - 2\alpha$이고, $\angle BE'C + \angle BCE' + \angle E'BF' + \angle CBF' = 2(180° - 2\alpha) + \alpha + \angle CBF' = 180°$이다. 이로부터, $\angle CBF' = 3\alpha - 180°$이다. 한편, $\angle ABE = 90°$이므로, $\angle ABC = 90° - \angle CBF' = 90° - (3\alpha - 180°) = 270° - 3\alpha = 3(90° - \alpha) = 3\angle DBE'$이다.

이제, 각의 3등분에 관련된 정다각형의 작도를 살펴보자. 앞에서 정삼각형의 한 내각 60°를 3등분하면 정9각형을 작도할 수 있다는 것을 언급하였다(정9각형은 자와 컴퍼스로는 작도할 수 없다). 정9각형의 작도에 관련된 알비루니(Al-Biruni, 973−1048)의 연구를 살펴보자.

정9각형과 외접원을 생각하자. 우선 정9각형의 내각에 대해 살펴보자. 정9각형의 한 내각의 크기는 $\frac{180° \times 7}{9} = 140°$이다. 삼각형 $A_1A_2A_3$는 이등변삼각형이므로 $\angle A_2A_1A_3 = \angle A_2A_3A_1 = 20°$이고, $\angle A_4A_3A_5 = \angle A_4A_5A_3 = 20°$이다. 그러므로 $\angle A_1A_3A_5 = 100°$이고, $\angle A_3A_1A_5 = \angle A_3A_5A_1 = 40°$가 된다. 같은 방법으로, $\angle A_9A_1A_6 = 60°$가 된다. 결국, $\angle A_5A_1A_6 = 20°$이다. 그리고 $\angle A_1A_5A_6 = \angle A_1A_6A_5 = 80°$이다.

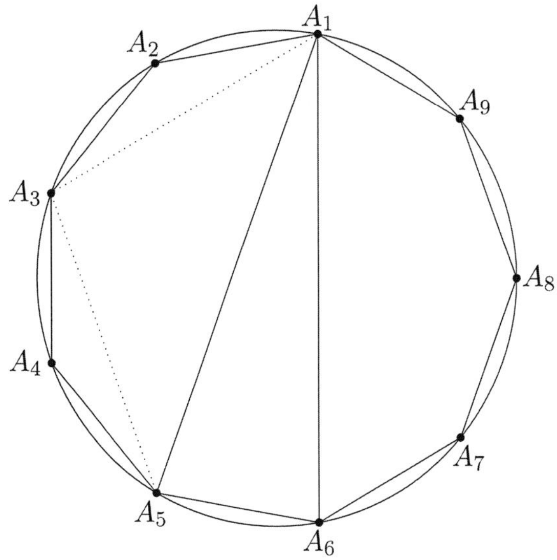

이제, 이등변삼각형 $A_1A_5A_6$을 보자. 꼭짓점 A_1에서 변 A_1A_6에 $\overline{A_1B} = \overline{A_5A_6}$인 점 B를 잡고, 변 A_1A_5에 $\overline{BC} = \overline{A_1B}$인 점 C를 잡고, 변 A_1A_6에 $\overline{BC} = \overline{CD}$인 점

D를 잡자. 그리고 변 A_1A_5에 $\overline{CD} = \overline{DE}$인 점 E를 잡으면, 점 E는 점 A_5와 일치하게 된다. 귀류법을 이용하여, 점 E는 점 A_5와 일치한다는 것을 증명할 수 있는데, 여기서는 상세한 증명은 생략한다.

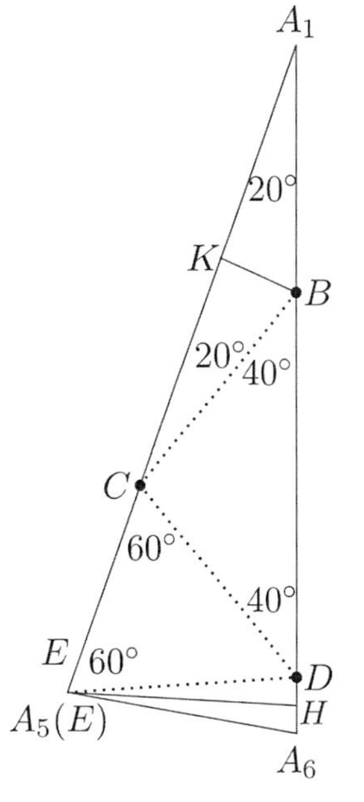

정9각형의 변 A_5A_6의 길이를 x라 하고, x에 대한 식을 구해보자. 우선, 이등변삼각형 BA_1C, A_5A_6D의 꼭짓점 B, A_5에서 대변에 수선 BK, A_5H를 긋자.

이제, 이등변삼각형 $A_1A_5A_6$에서 $\overline{A_1A_5} = \overline{A_1A_6} = 1$이라 하고, 이등변삼각형 $A_1A_5A_6$과 A_5A_6D의 닮음을 생각하자. 그러면, $1 : x = x : \overline{A_6D}$이며 $\overline{A_6D} = x^2$이다. 그리고 $\overline{A_6H} = \frac{x^2}{2}$이다.

한편, 직각삼각형 A_1BK와 직각삼각형 A_1A_5H는 닮음이므로, $\overline{A_1A_5} : \overline{A_1B} = \overline{A_1H} : \overline{A_1K}, 1 : x = (1 - \frac{x^2}{2}) : \overline{A_1K}$, $\overline{A_1K} = x(1 - \frac{x^2}{2})$이 된다. 한편, $\overline{A_1K} = \frac{\overline{A_1A_5} - \overline{CA_5}}{2} = \frac{1-x}{2}$이다. 결국, 다음 등식이 성립한다.

$$x\left(1 - \frac{x^2}{2}\right) = \frac{1-x}{2}, \quad x^3 - 3x + 1 = 0$$

결국, 정9각형의 한 변의 길이 x는 삼차방정식 $x^3 - 3x + 1 = 0$의 해가 된다는 것을 알 수 있다. 그 당시에 알비루니는 이 삼차방정식을 만족시키는 x를 작도하지 못했고, 후에 이 삼차방정식의 해는 자와 컴퍼스로는 작도되지 못한다는 것이 증명된다(이것은 뒤에 있는 정리 4.7과 같은 방법으로 증명할 수 있다). 만약, 정9각형을 자와 컴퍼스로 작도할 수 있었다면, $\angle A_5A_1A_6 = 20°$를 자와 컴퍼스로 작도한 것이 된다. 이것은 정삼각형의 한 내각 60°를 3등분하는 각 20°를 자와 컴퍼스로 작도한 것이 되는 것이다.

원적문제 원적문제는 원의 넓이를 구하는 문제이다. 지금의 관점에서 보면, 반지름이 r인 원의 넓이는 πr^2인데, 이게 왜 문제가 되지? 라는 의문을 가질 수 있다. 이러한 의문은 첫째로 π에 관련된다. 지금은 π가 무리수이며, 분수로는 나타낼 수 없다는 것을 알고 있다. 그러나, 고대 이집트나 바빌로니아에서는 π의 이러한 특징에 대해서는 몰랐다. 고대 수학에서는 π를 단위길이 '1'을 이용하여 측정하고 나타내려 시도하였고, 이집트에서는 π의 근삿값으로 $\frac{256}{81} = 3.16049\cdots$을, 바빌로니아에서는 3을 사용했다. 결국 이들은 원의 정확한 넓이를 구하지는 못했고, 근삿값을 구할 수 있었다.

둘째는 넓이 개념과 관련된다. 넓이의 단위는 cm^2, m^2, km^2 등인데, 도형의 넓이를 구한다는 것은 그 도형에 넓이가 1인 단위 정사각형이 몇 개가 포갬없이 들어가는가를 세는 것이었다. 변의 길이가 $3, 4$인 직사각형에는 단위 정사각형이 $3 \times 4 = 12$개가 들어가므로, 그 넓이가 12이다. 삼각형에 대해서는 그 안에 정사각형을 포갬없이 그리고 남김없이 들어가는 개수를 셀 수가 없었다. 그래서 고대 이집트나 바빌로니아에서는 삼각형을 직사각형으로 그림과 같이 등적변형을 하였고, 직사각형의 넓이를 이용하여 삼각형의 넓이를 구했다.

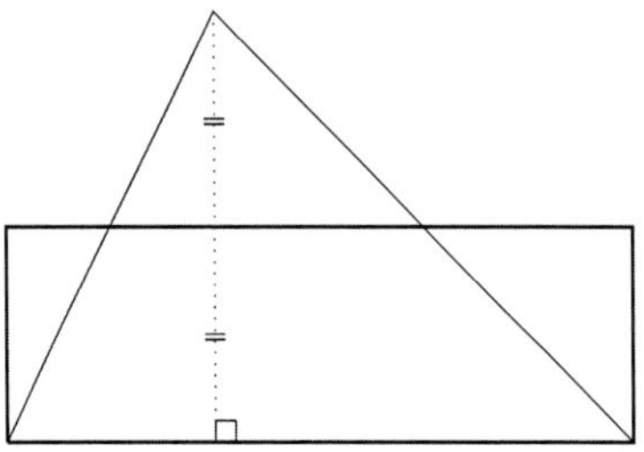

고대 수학자들은 원의 넓이를 정확하게 구하기 위해, 원을 넓이가 같은 정사각형

이나 직사각형으로 등적변형하려고 시도했다. 그래서 원적문제가 '원과 넓이가 같은 정사각형을 작도하는 문제'가 되었다.

특히, 고대에는 태양을 숭배하거나 하늘의 행성들을 관측하고, 일정한 영역을 표시하거나 건축물을 지을 때 원이나 곡선에 관련된 문제에 직면하게 되기 때문에, 원적문제 또는 원의 둘레를 구하는 문제는 중요한 문제로 인식되었다(원적문제나 원의 둘레를 구하는 문제는 π값에 관련되므로, 이들은 밀접하게 관련되어 다루어졌다).

원적문제의 해결을 위한 노력들 고대 이집트와 바빌로니아에서 π의 근삿값으로 각각 3.16049와 3을 사용했으며, 이들이 원의 넓이를 구했던 방법도 자세히 살펴보았다. 특히 이집트에서는 정사각형에 내접하는 원의 넓이를 구하기 위해, 정사각형의 각 꼭짓점에 작은 정사각형들을 그려넣어 정사각형과 내접원의 차이를 줄이는 방법으로 내접원의 넓이를 구했다.

한편, 기원전 약 7–5세기 인도에서는 원에 내접하는 정사각형을 이용하여 원의 넓이를 구했다. 원 O와 이 원에 내접하는 정사각형 $ABCD$를 작도하자. 이제, 원의 중심 O에서 정사각형 변 AD의 중점 M을 지나는 직선을 그어 원과의 교점을 N이라 하자. 선분 MN을 3등분하여, 선분 OM과 $\frac{1}{3}\overline{MN}$의 합인 $\overline{OM}+\frac{1}{3}\overline{MN}$을 반지름으로 하는 원을 작도한다. 이때, 얻어진 원의 넓이가 정사각형 $ABCD$의 넓이와 같다고 생각하였다.

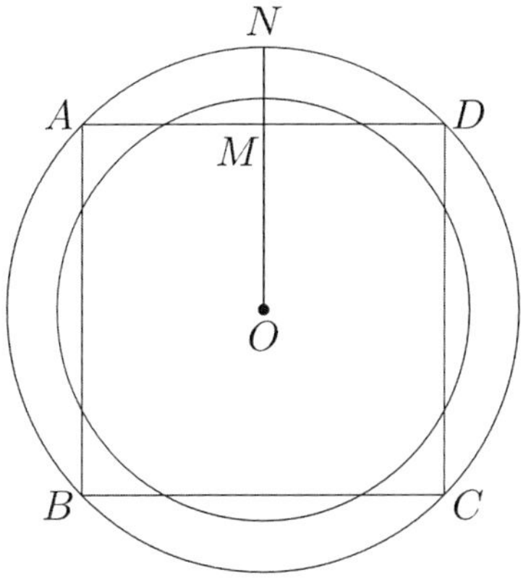

가령, $\overline{ON}=1$이라 놓고, 실제로 작은 원과 정사각형 $ABCD$의 넓이가 얼만큼

차이가 나는지를 살펴보자. $\overline{ON} = 1$이면 정사각형의 한 변의 길이는 $\sqrt{2}$가 되며, 정사각형의 넓이는 2가 된다. $\overline{OM} = \frac{\sqrt{2}}{2}$이며, $\overline{MN} = 1 - \frac{\sqrt{2}}{2}$이다. 결국, 작은 원의 반지름은 $\frac{1+\sqrt{2}}{3}$이며 이 원의 넓이는 $\frac{3+2\sqrt{2}}{9}\pi$이다. 이제, $\frac{3+2\sqrt{2}}{9}\pi = 2$라 놓고, π의 근삿값을 구하면 $3.0883\cdots$이 된다.

살펴본 방법을 발전시킨 것이 원의 내접정다각형과 외접정다각형을 이용하여 원의 넓이를 구하는 것이다. 이 방법은 후에 많은 수학자들에 의해 원의 넓이의 근삿값을 구하는 중요한 방법 중 하나로 자리잡게 된다.

피타고라스 학파의 수학자였던 브리존(Brizon, 기원전 약 5세기경)은 원의 내접정다각형과 외접정다각형을 작도하고, 내접정다각형의 넓이 $S_{\text{내접}}$과 외접정다각형의 넓이 $S_{\text{외접}}$을 각각 구하였다. 그런 다음, 브리존은 이들의 산술평균인 $S = \frac{S_{\text{내접}}+S_{\text{외접}}}{2}$을 원의 넓이 S로 하였다.

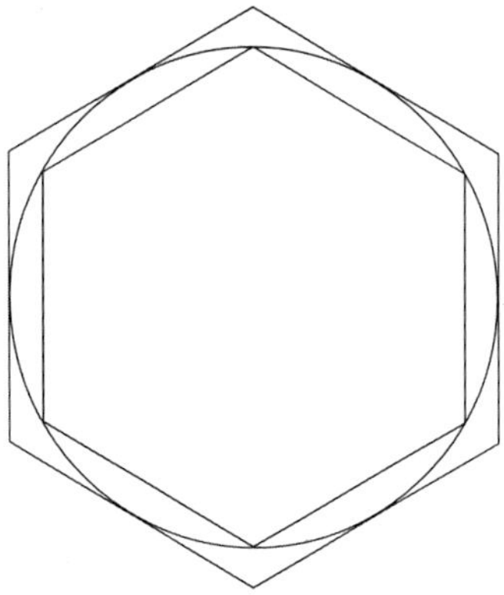

브리존처럼 원의 넓이의 근삿값을 내접정다각형, 외접정다각형의 넓이를 이용하여 구했던 대표적인 수학자가 아르키메데스이다. 아르키메데스는 원의 내접정96각형과 외접정96각형을 이용하여 $3\frac{10}{71} < \pi < 3\frac{1}{7}$을 구했는데, 이 값을 소숫점 아래 6자리까지 구해서 소수로 표시하면 $3.140845 < \pi < 3.142857$이 된다. 이 값을 π값 $3.1415926535\cdots$와 비교하면, 3.14까지는 일치하고 그 이후의 자리의 숫자들도 비교적 정확한 근삿값을 얻었다는 것을 알 수 있다.

후에, 인도의 수학자 아리아바타(Aryabhata, 476–550)는 정384각형을 이용하여 원둘레의 근삿값을 계산하였는데, 이 값은 아르키메데스가 계산한 근삿값보다 더 정확한 값이었다. 아리아바타는 삼각형의 닮음과 피타고라스 정리를 이용하여 정$2n$각형의 변의 길이를 정n각형의 변의 길이로 나타냈다.

정n각형의 한 변 $\overline{AC} = a$, 외접원 O의 반지름 r, 정 $2n$각형의 변의 길이를 $\overline{AB} = \overline{BC} = x$, 점 O에서 정$2n$각형의 변 $\overline{AB}$에 내린 수선의 발을 D, $\overline{OD} = k$라 하자. 그리고 선분 AC, OB의 교점을 E라 하자.

삼각형 AEB와 ODB는 직각삼각형이며, 각 B가 공통이므로, 두 삼각형은 닮음이다. 그러므로 $\overline{AB} : \overline{OB} = \overline{AE} : \overline{OD}, x : r = \frac{a}{2} : k$가 된다. 이로부터 $2xk = ar, k = \frac{ar}{2x}$이다. 한편, 직각삼각형 ODB에서 $r^2 = k^2 + (\frac{x}{2})^2$이며, 여기에 $k = \frac{ar}{2x}$을 대입하자. 그러면, $r^2 = (\frac{ar}{2x})^2 + (\frac{x}{2})^2, x^4 - 4r^2x^2 + a^2r^2 = 0$이다. 근의 공식을 이용하면, $x^2 = 2r^2 \pm r\sqrt{4r^2 - a^2}, x = \sqrt{2r^2 \pm r\sqrt{4r^2 - a^2}}$이 얻어진다.

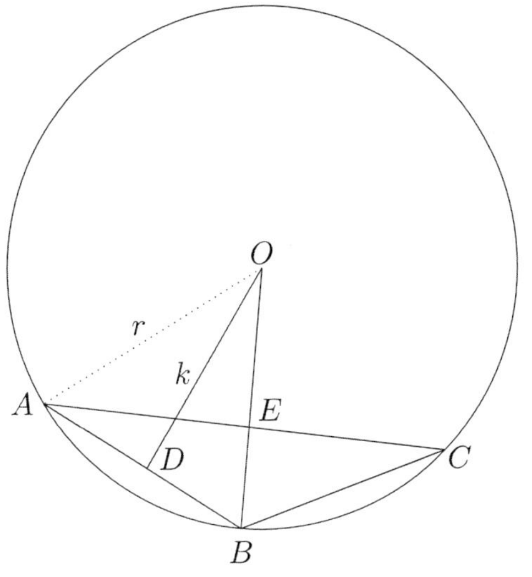

아리아바타는 최초의 정n각형으로 한 변의 길이가 1인 정6각형을 잡았다. 즉, 초기값으로 $a = 1$을 놓았으며, 정6각형의 외접원의 반지름은 정6각형의 한 변의 길이와 같으므로 $r = 1$이다. 그러면 $a_{12} = \sqrt{2 \pm \sqrt{3}}$이다. 이때, 제곱근 안이 +이면, 정12각형의 한 변의 길이가 정6각형의 한 변의 길이보다 크게 되므로, 아리아바타는 $x = \sqrt{2r^2 - r\sqrt{4r^2 - a^2}}$으로 계산하여 $a_{12} = \sqrt{2 - \sqrt{3}}$을 얻었다.

이제 정24각형의 한 변의 길이 a_{24}를 구하면,

$$a_{24} = \sqrt{2 - \sqrt{4 - a_{12}^2}} = \sqrt{2 - \sqrt{4 - (2 - \sqrt{3})}} = \sqrt{2 - \sqrt{2 + \sqrt{3}}}$$

이 된다. 같은 방법으로 $a_{48} = \sqrt{2 - \sqrt{2 + \sqrt{2 + \sqrt{3}}}}$을 얻을 수 있다. 아리아바타는 a_{96}, a_{192}, a_{384}를 계산하여, 다음을 얻었다.

$$a_{384} = \sqrt{2 - \sqrt{2 + \sqrt{2 + \sqrt{2 + \sqrt{2 + \sqrt{2 + \sqrt{3}}}}}}}$$

얻어진 a_{384}를 소숫점 아래 9자리까지 근삿값을 계산하면 $a_{384} \approx 0.016362279$이다.이제, $a_{384} \times 384$를 계산하면, 아리아바타가 계산한 정384각형의 둘레가 나온다. 이것을 소숫점 아래 9자리까지 근삿값을 계산하면 6.283115216이다. 얻어진 값을 반지름이 1인 원둘레의 길이 2π와 비교하기 위해, 2로 나누자. 그러면, 아리아바타는 π의 근삿값으로 3.141557608을 구한 것이 된다. 이 값을 $\pi = 3.141592653\cdots$와 비교하면, 소숫점 아래 4번째 자리까지 일치하는 값이다.

한편, 3대 작도불능문제와 관련하여 원에 대한 내접정다각형과 외접정다각형을 이용하는 방법 이외에 다른 주목할 만한 성과는 원적곡선을 이용하는 것이다. 이미 원적곡선이 각의 3등분 문제를 해결하는데 사용되었다는 것을 살펴보았다. 원적곡선을 원적문제를 해결하기 위해 사용한 수학자는 디노스트라투스(Dinostratus, 기원전 약 390−320)와 니코메데스(Nicomedes, 기원전 약 280−210)였다.

디노스트라투스의 해법을 살펴보자. 원적곡선을 이용하여 호 AC의 길이를 구하자. 이를 위해, $\widehat{AJC} : \overline{BC} = \overline{BC} : \overline{BM}$을 증명하자(이때 $\widehat{AJC}$는 호 AJC를 나타낸다). 귀류법으로 증명하자. 먼저, $\overline{BM}$보다 큰 $\overline{BF}$에 대해 $\widehat{AJC} : \overline{BC} = \overline{BC} : \overline{BF}$라 가정하고 모순을 유도하자. 이때 점 F는 원적곡선의 점 G에 대해 선분 BG를 반지름으로 하는 원과 선분 BC의 교점이다.

같은 중심각에 대한 호의 길이는 원의 반지름에 비례하므로, $\widehat{AJC} : \widehat{HGF} = \overline{BC} : \overline{BF}$가 성립한다. 그리고 귀류법의 가정에서 $\widehat{AJC} : \overline{BC} = \overline{BC} : \overline{BF}$이므로, $\widehat{HGF} = \overline{BC} = \overline{AB}$이다.

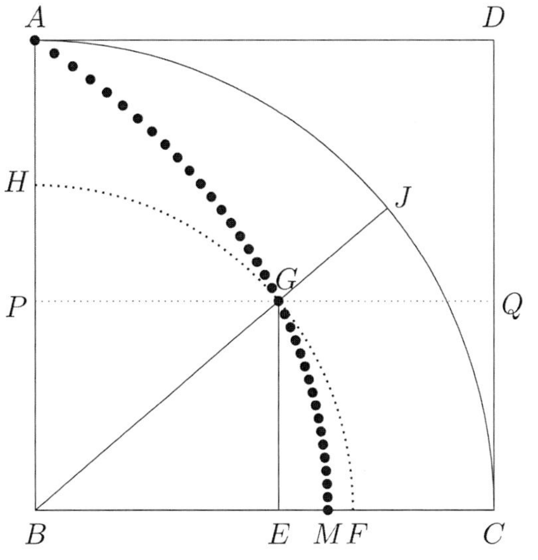

한편, 원적곡선은 (1) 선분 AD가 변 AB를 따라 아래로 움직이는 이동과 (2) 선분 BA가 호 AJC를 따라 움직이는 회전운동이 같은 비율로 진행될때, (1)과 (2)의 교점의 자취이다. 예를 들어, 원적곡선 상의 점 G는 (1) 선분 AD가 변 AB를 따라 아래로 PQ로 움직이고 (2) 선분 BA가 호 AJC를 따라 선분 BJ로 움직였을 때의 교점이다. 이로부터 $\widehat{AJC} : \widehat{JC} = \overline{AB} : \overline{GE}$가 된다.

한편, $\widehat{AJC} : \widehat{JC} = \widehat{HGF} : \widehat{GF}$이며, 앞에서 $\widehat{HGF} = \overline{AB}$가 성립했다. 그러므로, $\widehat{AJC} : \widehat{JC} = \overline{AB} : \widehat{GF}$이다.

결국, 등식 $\widehat{AJC} : \widehat{JC} = \overline{AB} : \overline{GE}$와 $\widehat{AJC} : \widehat{JC} = \overline{AB} : \widehat{GF}$에서 $\overline{GE} = \widehat{GF}$가 된다. 선분 GE와 호 GF는 같을 수가 없으므로, 모순이 유도된다.

이제, $\overline{BM}$보다 작은 선분 $\overline{BE}$에 대해, $\widehat{AJC} : \overline{BC} = \overline{BC} : \overline{BE}$를 가정하고, 모순을 유도하자. 이것도 앞에서와 비슷한 방법으로, 모순을 유도할 수 있다. 이 경우에 대한 증명은 독자에게 남긴다.

결국, 디노스트라투스는 귀류법을 이용하여 $\widehat{AJC} : \overline{BC} = \overline{BC} : \overline{BM}$을 증명하였다. 이로부터, $\widehat{AJC} = \frac{\overline{BC}^2}{\overline{BM}}$이 얻어진다. 이 식은 원둘레의 $\frac{1}{4}$인 호의 길이를 원의 반지름인 $\overline{BC}$와 원적곡선에서 얻어지는 선분 $\overline{BM}$을 이용하여 구할 수 있다는 것을

의미한다.

실제로, 반지름이 $\overline{BC}$인 원의 둘레가 $2\pi \times \overline{BC}$인데, 방금 전에 구한 원의 둘레는 $4 \times \frac{\overline{BC}^2}{\overline{BM}}$이다. 이 두 식을 연립하면, $\pi = \frac{2\overline{BC}}{\overline{BM}}$가 된다. 이와 같은 방법으로 원의 넓이를 구하면, $S = \frac{2\overline{BC}^3}{\overline{BM}}$이 된다.

원적곡선은 3대 작도불능문제를 해결하는 과정에서 새로운 수학적 개념, 수학적 방법, 새로운 곡선이 발생한 것에 대한 좋은 예가 될 수 있다. 새로운 수학적 발명은 현실적 필요와 요구에 의해서 이루어진다는 것을 감안하면, 흥미로운 수학 문제가 수학의 발전에 있어 큰 역할을 한다는 것을 짐작할 수 있을 것이다.

원적문제와 초승달 도형의 넓이 원적문제가 원을 등적변형하여 정사각형으로 변형시키는 문제였지만, 고대 그리스의 수학자들은 원적문제의 해결 과정에서 곡선으로 둘러싸인 도형을 삼각형, 직사각형, 사다리꼴 등과 같은 도형으로 나타내는 문제를 풀었다. 여기서 초승달 도형은 초승달처럼 곡선으로 둘러싸인 도형을 말한다.

고대 바빌로니아의 점토판에도 곡선으로 둘러싸인 도형의 넓이를 구하는 문제가 있었다. Belozerov(1975)에 의하면, 바빌로니아인들이 그림의 A, B, C 영역 넓이와 전체 도형의 넓이를 원의 넓이과 원에 내접하는 정육각형의 넓이를 이용해서 나타냈다.

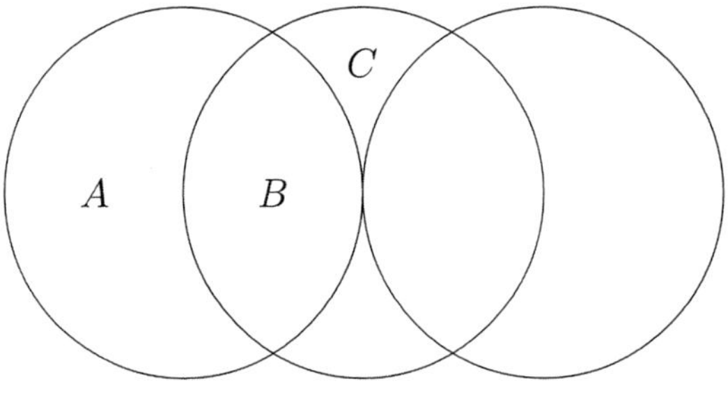

그림의 A, B, C영역의 넓이와 전체 도형의 넓이를 원의 넓이 S와 원에 내접하는 정육각형의 넓이 S_6을 이용하여 구해보자. 이를 위해, 원의 내부에 정육각형과 대각선을 그리고, 일부 영역에 넓이를 표시하자.

A영역의 넓이는 $S-(a+b+x+y+c+d)$이다. 그리고 $(x+c)+(y+d)=\frac{1}{3}S$이다. 이제, $a+b$를 S와 S_6으로 나타내자. $a+b$는 $\frac{1}{3}S$에서 정육각형 넓이의 $\frac{1}{3}$을 빼면 된다. 즉 $a+b=\frac{1}{3}(S-S_6)$이다. 결국, $A=S-\{\frac{1}{3}(S-S_6)+\frac{1}{3}S\}=\frac{1}{3}(S+S_6)$이다.

B영역의 넓이를 구하자. $B=a+b+\frac{1}{3}S$이므로, $B=\frac{1}{3}(S-S_6)+\frac{1}{3}S=\frac{2}{3}S-\frac{1}{3}S_6$이다. C영역의 넓이를 구하자. $2C=S-2B$이므로, $2C=S-2(\frac{2}{3}S-\frac{1}{3}S_6)=\frac{2}{3}S_6-\frac{1}{3}S$이다. 결국 $C=\frac{1}{3}S_6-\frac{1}{6}S$이다. 마지막으로, 전체 도형의 넓이를 구하자. 전체 도형의 넓이는 $2S+2C=2S+\frac{2}{3}S_6-\frac{1}{3}S=\frac{5}{3}S+\frac{2}{3}S_6$이다.

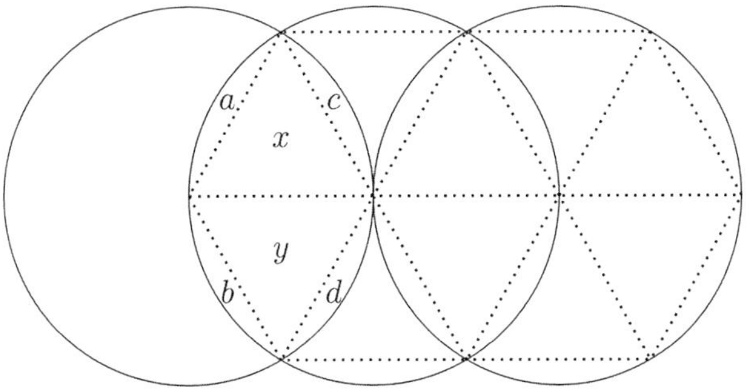

살펴본, 바빌로니아 점토판의 문제에서는 곡선으로 둘러싸인 영역의 넓이를 정사각형, 직사각형, 삼각형 등과 같은 직선도형의 넓이로 완전히 표현하지는 못했지만, 곡선으로 둘러싸인 영역의 넓이를 구했던 의미있는 시도로 볼 수 있다.

이제, 초승달 도형의 넓이를 살펴보자. 초승달 도형의 넓이를 연구한 대표적인 수학자가 히포크라테스(Hippocrates, 기원전 470−410)이다. 히포크라테스가 넓이를 구한 도형들을 살펴보자.

초승달 도형을 만들기 위해 정사각형과 정사각형에 외접하는 원을 작도하였다. 이제, 정사각형의 각 변을 지름으로 하는 4개의 반원을 그리자. 그러면, 4개의 반원과 정사각형의 외접원 사이에 4개의 색칠된 초승달 도형이 생긴다. 히포크라테스는 4개의 초승달 도형의 넓이의 합이 정사각형의 넓이와 같다는 것을 발견하였다.

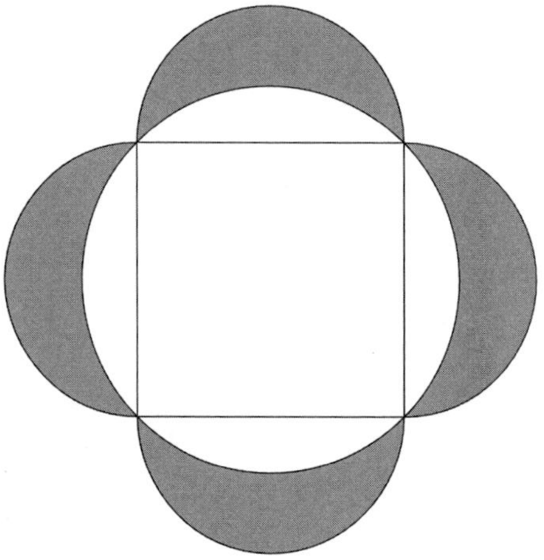

4개의 초승달 도형의 넓이의 합이 정사각형 넓이와 같게 되는 이유를 살펴보자. 정사각형의 한 변의 길이를 $2a$라 하면, 피타고라스 정리에 의해 정사각형에 외접하는 원의 반지름은 $\sqrt{2}a$가 된다. 그러면, 외접하는 원의 넓이는 $\pi(\sqrt{2}a)^2 = 2a^2\pi$이다. 그리고 정사각형의 넓이는 $4a^2$이다. 결국 외접원에서 정사각형을 뺀 영역의 넓이는 $2a^2\pi - 4a^2$이다.

이제 정사각형의 한 변을 지름으로 하는 원의 넓이를 생각하자. 이 원의 반지름은 a이므로 반원의 넓이는 $\frac{1}{2}\pi a^2$이다. 반원이 4개이므로, 반원의 넓이의 합은 $2a^2\pi$이다. 결국, 4개의 초승달 도형의 넓이의 합은 $2a^2\pi - (2a^2\pi - 4a^2) = 4a^2$이다. 이로부터 4개의 초승달 도형의 넓이의 합은 정사각형의 넓이와 같다는 것이 증명된다.

다음의 초승달 도형은 세 변이 같고 나머지 한 밑변은 이 변들의 2배인 사다리꼴의 변들 위에 만들어진다. 이를 위해, 사다리꼴의 각 변을 지름으로 하는 4개의 반원을 작도하자. 그러면 큰 반원과 합동인 작은 반원 3개로 둘러싸여 만들어진 3개의 초승달 도형이 그림과 같이 만들어진다. 이 3개의 초승달 도형 넓이의 합과 작은 반원 하나의 넓이의 합이 사다리꼴의 넓이와 같다는 것을 히포크라테스가 발견하였다.

사다리꼴의 꼭짓점들과 긴 밑변에 외접하는 반원(반지름을 r이라 하자)의 중심을 연결하자. 그러면, 사다리꼴은 3개의 정삼각형으로 분할되며, 사다리꼴의 짧은 변의 길이도 r이라는 것을 알 수 있다. 결국, 사다리꼴의 짧은 변에 외접하는 반원의 반지름은 $\frac{r}{2}$이고 넓이는 $\frac{1}{2}\pi(\frac{r}{2})^2 = \frac{1}{8}\pi r^2$이다. 이러한 반원이 3개이므로, 이들의 넓이의 합은 $\frac{3}{8}\pi r^2$이다.

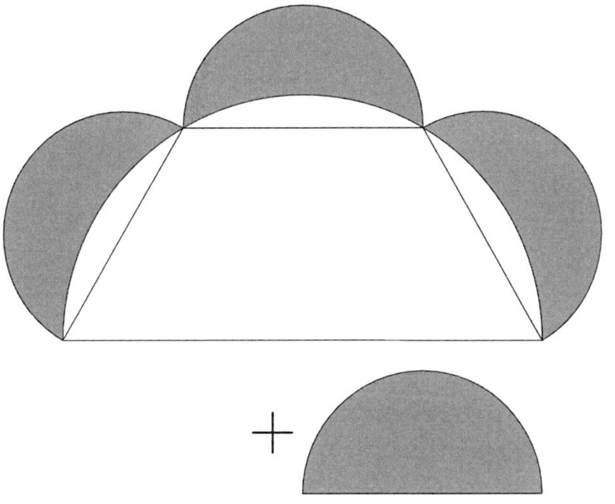

한편, 사다리꼴의 넓이는 한 변이 r인 정삼각형 3개의 넓이의 합과 같으므로, $3 \times \frac{1}{2}r^2 \sin 60^\circ = \frac{3\sqrt{3}}{4}r^2$이다. 그리고 사다리꼴에 외접하는 반원의 넓이는 $\frac{1}{2}\pi r^2$이다. 그러므로, 사다리꼴과 사다리꼴에 외접하는 반원 사이에 있는 3개의 활꼴 넓이의 합은 $\frac{1}{2}\pi r^2 - \frac{3\sqrt{3}}{4}r^2$이다. 이로부터, 3개의 초승달 도형의 넓이의 합을 다음과 같이 구할 수 있다.

$$\frac{3}{8}\pi r^2 - \left(\frac{1}{2}\pi r^2 - \frac{3\sqrt{3}}{4}r^2\right) = \frac{3\sqrt{3}}{4}r^2 - \frac{1}{8}\pi r^2$$

이제, 얻어진 넓이에 사다리꼴의 작은 변을 지름으로 하는 반원의 넓이 $\frac{1}{8}\pi r^2$을 더하면, 사다리꼴의 넓이와 같다는 것을 확인할 수 있다.

히포크라테스 이후에 많은 수학자들이 초승달 도형의 넓이를 구하려고 시도하였다. 이 문제에 관심을 가졌던 중세의 대표적인 수학자 중의 한 명이 이븐 알하이삼(Ibn al-Haytham, 965–1039)이었다. 그는 직각삼각형의 빗변과 밑변을 지름으로 하여 만들어지는 그림과 같은 2개의 초승달 도형의 넓이의 합은 직각삼각형의 넓이와 같다는 것을 보였다.

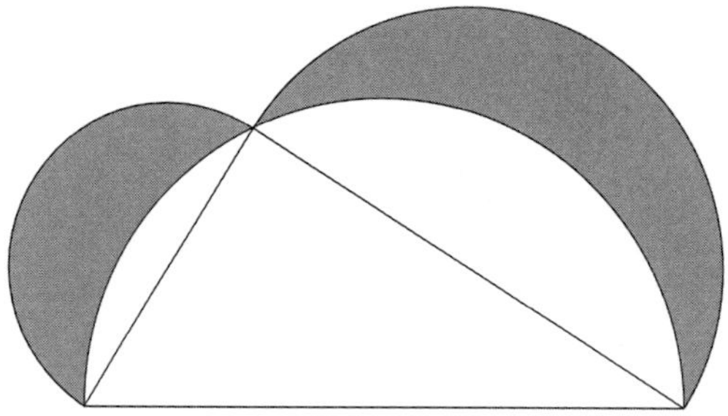

직각삼각형 ABC의 빗변을 BC라 하고, 변 AB, AC의 길이를 각각 $2c, 2b$라 하자. 그러면 직각삼각형의 넓이는 $2bc$이다. 한편, 피타고라스 정리에 의해 빗변 BC의 길이는 $2\sqrt{b^2+c^2}$이며, 직각삼각형의 외접원의 반지름은 $\sqrt{b^2+c^2}$이다. 이로부터 직각삼각형에 외접하는 반원의 넓이는 $\frac{1}{2}(b^2+c^2)\pi$가 된다. 결국 직각삼각형과 외접하는 반원에 의해 만들어진 활꼴의 넓이는 $\frac{1}{2}(b^2+c^2)\pi - 2bc$이다.

이제 직각삼각형의 변 AB, AC를 지름으로 하는 두 반원의 넓이를 구하자. 이 반원들의 반지름은 c, b이며, 넓이는 $\frac{1}{2}c^2\pi, \frac{1}{2}b^2\pi$이다. 이로부터 2개의 초승달 도형의 넓이의 합은 다음과 같이 구할 수 있다.

$$\frac{1}{2}c^2\pi + \frac{1}{2}b^2\pi - \frac{1}{2}(b^2+c^2)\pi + 2bc = 2bc$$

결국 2개의 초승달 도형의 넓이의 합이 직각삼각형의 넓이와 같다는 것이 증명된다.

초승달 도형의 넓이는 그 이후에도 많은 수학자들의 관심을 끌었다. 예를 들어, 근과 계수의 관계로 유명한 프랑스의 수학자 비에트 (Viete, 1540−1603), 유체의 베르누이 방정식으로 유명한 다니엘 베르누이(Daniel Bernoulli, 1700−1782) 등의 유명한 수학자들이 초승달 도형의 넓이와 관련된 두드러진 성과를 얻었다.

3. 3대 작도불능문제의 해결

3대 작도불능문제의 수학적 해결은 1800년대에 대수학 분야에서 얻어졌다. 수학자들은 배적문제, 각의 3등분선 작도, 원적문제를 자와 컴퍼스를 이용하여 해결할 수 없다는 것을 대수적인 방법인 방정식의 해를 이용하여 증명하였다.

기본작도에서 선분 a, b가 주어졌을 때, 이 선분들의 사칙연산의 결과를 자와 컴퍼스를 이용하여 작도할 수 있다는 것을 살펴보았다. 그리고, 주어진 선분 c의 제곱근인 $\sqrt{c}$도 작도하였다. 이때 $\sqrt{c}$가 자와 컴퍼스로 작도가 가능하다는 것은 $\sqrt{\sqrt{c}} = \sqrt[4]{c}$도 작도가능하다는 것이다. 결국 $\sqrt[2^n]{c}$는 자와 컴퍼스로 작도가 가능한 것이다. 그러나 $\sqrt[3]{c}$는 기본작도에서 작도하지 않았는데, c가 어떤 수의 세제곱이 아닌 경우에는 $\sqrt[3]{c}$는 자와 컴퍼스로 작도할 수가 없다(이것이 바로 배적문제에 해당한다). 한편, $\sqrt[6]{c}$는 $\sqrt[3]{\sqrt{c}}$이므로, $\sqrt{c}$가 어떤 수의 세제곱이 아닌 경우에는 자와 컴퍼스로 작도할 수가 없다.

이제, 3대 작도불능문제의 대수적 해법을 간략히 살펴보기로 하자.

정리 4.1. 길이가 $a_1, a_2, \cdots, a_n$인 선분들이 주어졌다. $a_1, a_2, \cdots, a_n$에 대한 대수식을 길이로 가지는 선분을 자와 컴퍼스로 작도가능할 필요충분조건은 대수식이 a_1, a_2, $\cdots$, a_n에 사칙연산과 제곱근만을 유한번 사용하여 표현된다.

정리 4.1의 증명은 생략한다. 이미 기본작도에서 길이가 $a_1, a_2, \cdots, a_n$인 선분에 사칙연산(덧셈, 뺄셈, 곱셈, 나눗셈), 제곱근을 이용하여 얻어진 식을 자와 컴퍼스로 작도하였다. 한 가지 주의할 것은 정리 4.1의 대수식이 양수값을 가지는 경우만을 생각해야 한다.

수체(number field) 추상대수학에서 체(field)라는 개념을 배운다. 수들의 집합에서 체의 개념을 살펴보자. 이를 위해, 수들의 집합 G와 사칙연산을 생각하자. 집합 G가 사칙연산에 의해 닫혀있으면, 집합 G는 덧셈과 곱셈에 대해 체를 이룬다고 말한다. 특별히, 수들의 집합만을 한정하여 그 집합이 체를 이루는 경우에는 '수체(number field)'라고 부르자.

예를 들어, 자연수의 집합은 뺄셈에 대해 닫혀있지 않으므로(1에서 2를 빼면 자연수가 아니다), 자연수의 집합은 덧셈과 곱셈에 대해 수체가 되지 못한다. 정수의 집합은 나눗셈에 대해 닫혀있지 않으므로, 덧셈과 곱셈에 대해 수체가 되지 못한다.

정의 4.1. 수들의 집합 G가 사칙연산에 대해 닫혀있으면, G는 덧셈$(+)$과 곱셈$(\times)$에 대해 수체(number field)라고 한다.

수체가 되는 대표적인 예로 유리수 집합 $\mathbb{Q}$가 있다. 즉 $\mathbb{Q}$는 $+, -, \times, \div$에 대해 닫혀있으므로 수체가 된다. 물론, 실수의 집합 $\mathbb{R}$도 $+, -, \times, \div$에 대해 닫혀있으므로 수체이다.

수체가 되는 다른 집합의 예를 살펴보자. 집합 $\{m_1 + n_1\sqrt{2} \mid m_1, n_1 \in \mathbb{Q}\}$는 사칙연산에 대해 닫혀있으므로 수체가 된다. 실제로, $m_1 + n_1\sqrt{2}$와 $m_2 + n_2\sqrt{2}$에 대해 덧셈, 뺄셈, 곱셈, 나눗셈을 하면 $m + n\sqrt{2}$(이때 $m, n \in \mathbb{Q}$)인 형태로 나타낼 수 있다.

확대체 수체의 범위를 넓혀가는(확장하는) 방법을 살펴보자. 이를 위해, 다음 정리를 생각하자.

정리 4.2. 수체 G에 대해 $m, n \in G, g \in G$이며 $\sqrt{g}$가 G에 속하지 않으면, $m + n\sqrt{g}$ 형태인 수들의 집합 G^*는 덧셈과 곱셈에 대해 수체이다.

정리 4.2의 증명을 간단히 살펴보자. $m_1, m_2, n_1, n_2 \in G, g \in G$이고 $\sqrt{g} \notin G$라 하자. 이제, $m = m_1 + n_1\sqrt{g}, n = m_2 + n_2\sqrt{g}$에 대해 사칙연산을 하자.

(1) $m \pm n$을 계산하면, 다음과 같이 $m \pm n$이 G^*에 속한다.

$$m \pm n = (m_1 + n_1\sqrt{g}) \pm (m_2 + n_2\sqrt{g}) = (m_1 \pm m_2) + (n_1 \pm n_2)\sqrt{g}$$

(2) $m \times n$을 살펴보자.

$$\begin{aligned} m \times n &= (m_1 + n_1\sqrt{g})(m_2 + n_2\sqrt{g}) = m_1m_2 + m_1n_2\sqrt{g} + m_2n_1\sqrt{g} + n_1n_2g \\ &= (m_1m_2 + n_1n_2g) + (m_1n_2 + m_2n_1)\sqrt{g} \end{aligned}$$

가 되므로, $m \times n$은 G^*에 속한다.

(3) $m \div n$을 살펴보자.

$$\begin{aligned} m \div n &= \frac{m_1 + n_1\sqrt{g}}{m_2 + n_2\sqrt{g}} = \frac{(m_1 + n_1\sqrt{g})(m_2 - n_2\sqrt{g})}{(m_2 + n_2\sqrt{g})(m_2 - n_2\sqrt{g})} \\ &= \frac{m_1m_2 - n_1n_2g}{m_2^2 - n_2^2g} + \frac{m_2n_1 - m_1n_2}{m_2^2 - n_2^2g}\sqrt{g} \end{aligned}$$

가 되므로, $m \div n$은 G^*에 속한다.

결국, G^*는 사칙연산에 대해 닫혀있으므로 수체가 된다. □

정리 4.2에서는 수체 G에 대해 G에 속하지 않은 수 $\sqrt{g}$를 결합하여 새로운 수체 G^*를 만들었다. 수체 G^*에서 $\sqrt{g}=0$이면 G가 되므로, 수체 G^*는 수체 G를 포함하고, $\sqrt{g}$도 포함한다.

정의 4.2. 수체 G, 수체 G에 속하지 않는 수 ε이 주어졌다. 수체 G와 ε을 포함하는 최소의 체를 ε의 결합에 의한 수체 G의 확대체라고 부르며, $G(\varepsilon)$으로 나타낸다.

정의 4.2에 의하면, 수체 $G(\sqrt{g})$는 수체 G에 $\sqrt{g}$를 결합시켜 얻어진 최소의 수체이다. $G(\sqrt{g})$가 수체이므로, G의 원소와 $\sqrt{g}$를 사칙연산한 결과가 $G(\sqrt{g})$에 속한다. 그러므로, $G(\sqrt{g})$는 G의 모든 원소를 포함하며 $\sqrt{g}$도 포함하고, G의 원소와 $\sqrt{g}$의 일차결합의 형태도 포함한다.

이제, 수체 G^*와 $G(\sqrt{g})$의 관계를 살펴보자. G^*의 임의의 원소 $m+n\sqrt{g}$는 $m,n\in G(\sqrt{g})$, $\sqrt{g}\in G(\sqrt{g})$이므로, $G(\sqrt{g})$에 속한다. 한편, $G(\sqrt{g})$의 임의의 원소는 G의 원소 a,b와 $\sqrt{g}$의 일차결합의 형태인 $a+b\sqrt{g}$로 표현된다. $a+b\sqrt{g}\in G^*$이다. 결국, 수체 G^*과 $G(\sqrt{g})$는 서로 같다는 것을 알 수 있다. 이로부터, 다음 정리를 얻을 수 있다.

정리 4.3. $G^*=\{m+n\sqrt{g}\mid m,n\in G, g\in G, \sqrt{g}\notin G\}$는 $\sqrt{g}$의 결합에 의한 수체 G의 확대체 $G(\sqrt{g})$와 같다.

이제, 3대 작도불능문제의 대수적 해법을 이해하기 위해 필요한 추상대수학의 지식은 충분히 배웠다. 이제, 삼차방정식에 대해 살펴보자.

a,b,c가 유리수인 삼차방정식 $y^3+ay^2+by+c=0$에서 $y=x-\frac{a}{3}$로 치환하면, x^2의 항이 없는 다음의 삼차방정식이 얻어진다.

$$x^3+\left(b-\frac{a^2}{3}\right)x+\frac{2a^3}{27}-\frac{ab}{3}+c=0$$

결국, $y=x-\frac{a}{3}$라 놓고, $b-\frac{a^2}{3}=t_1, \frac{2a^3}{27}-\frac{ab}{3}+c=t_2$라 치환하면, 삼차방정식 $y^3+ay^2+by+c=0$에서 삼차방정식 $x^3+t_1x+t_2=0$이 얻어진다. 이때, 두 삼차방정식의 계수는 모두 유리수이다.

만약 $y^3+ay^2+by+c=0$의 근이 유리수라면 $x^3+t_1x+t_2=0$의 근도 유리수가 된다. 왜냐 하면, $y^3+ay^2+by+c=0$의 근을 y_1이라 하면, 치환 $y=x-\frac{a}{3}$에 의해 $x_1=y_1+\frac{a}{3}$가 된다. 이때 y_1이 유리수이면 x_1도 유리수이기 때문이다. 그리고, $x^3+t_1x+t_2=0$의 근이 유리수이면, $y^3+ay^2+by+c=0$의 근도 유리수이다. 한편, $y^3+ay^2+by+c=0$의 근이 유리수가 아니면 $x^3+t_1x+t_2=0$의 근도 유리수가 되지 않는다. 물론, 이것의 역도 성립한다.

이제, 3대 작도불능문제의 해결에서 핵심이 되는 정리를 살펴보자.

정리 4.4. 유리수 계수를 가지며 3차항의 계수가 1인 삼차방정식의 어떤 근이 자와 컴퍼스로 작도될 수 있다면, 이 방정식은 적어도 하나의 유리수인 근을 가진다.

정리 4.4는 프랑스 수학자 방첼(Wantzel, 1814–1848)에 의해 증명되었다. 정리 4.4의 의미를 이해하기 위해, 정리 4.4의 대우를 생각하자.

> 유리수인 계수를 가지며 3차항의 계수가 1인 삼차방정식이 유리수인 근을 하나도 가지지 않으면, 이 방정식의 근을 자와 컴퍼스로 작도할 수 없다.

이제 정리 4.4를 증명해 보자. 방정식 $x^3+t_1x+t_2=0$의 한 근 x_1을 자와 컴퍼스로 작도할 수 있다고 가정하자. 정리 4.1에 의해, 이것은 x_1을 단위원 1에 사칙연산과 제곱근을 유한번 사용하여 얻을 수 있다는 것을 의미한다. 만약 x_1을 단위원 1에 사칙연산만 사용하여 얻을 수 있다면, 즉 x_1이 유리수라면 정리가 증명된다.

이제 x_1이 유리수가 아닌 경우를 살펴보자. 만약 방정식 $x^3+t_1x+t_2=0$의 근 x_1이 단위원 1에 사칙연산과 제곱근들을 사용하여 표현된다고 가정하자. 그러면, 유리수체 $\mathbb{Q}$에 이 제곱근들을 순차적으로 결합시켜 유리수체 $\mathbb{Q}$의 확대체 $\mathbb{Q}_1, \mathbb{Q}_2, \mathbb{Q}_3, \cdots$ 등을 만들어서 x_1을 포함하는 수체를 만들 수 있다.

예를 들어, $x_1=\frac{5+\sqrt{11}}{\sqrt{5-7\sqrt{13-\sqrt{13}}}}$이라 하면, 유리수체 $\mathbb{Q}$에 대해, $\mathbb{Q}_1=\mathbb{Q}(\sqrt{11}), Q_2=\mathbb{Q}_1(\sqrt{13}), Q_3=\mathbb{Q}_2(\sqrt{13-\sqrt{13}}), \mathbb{Q}_4=\mathbb{Q}_3(\sqrt{5})$를 만들어, 수체 $\mathbb{Q}_4$가 수 x_1을 포함하도록 할 수 있다.

이제, 확대체 $\mathbb{Q}_1, \mathbb{Q}_2, \mathbb{Q}_3, \cdots$ 중에서 x_1을 포함하는 첫 번째 확대체를 $\mathbb{Q}_{k+1}$이라 하자. x_1은 사칙연산과 제곱근을 유한번 사용하여 얻어진 수이므로(x_1은 $x^3+t_1x+t_2=0$의 근이기도 함), 정리 4.3에 의해 $x_1 = m_k+n_k\sqrt{g}_k$인 꼴을 가진다(이때 수 m_k, n_k, g_k는 바로 이전의 확대체 $\mathbb{Q}_k$에 속하는 수이다).

이제, $x^3+t_1x+t_2=0$에 $x_1 = m_k+n_k\sqrt{g}_k$을 대입하자. 그러면, $(m_k+n_k\sqrt{g_k})^3+t_1(m_k+n_k\sqrt{g_k})+t_2=0$이 된다. 이것을 전개하여 정리하면, 다음이 얻어진다.

$$\left((m_k)^3+3m_k(n_k)^2g_k+t_1m_k+t_2\right)+\left(3(m_k)^2n_k+(n_k)^3g_k+t_1n_k\right)\sqrt{g_k}=0$$

이때, $p_k=(m_k)^3+3m_k(n_k)^2g_k+t_1m_k+t_2, q_k=3(m_k)^2n_k+(n_k)^3g_k+t_1n_k$라 하자. 그러면 p_k, q_k는 유리수 t_1, t_2와 수체 $\mathbb{Q}_k$에 속하는 m_k, n_k, g_k의 사칙연산에 의해 얻어졌으므로 p_k, q_k는 수체 $\mathbb{Q}_k$에 속한다.

한편, $q_k=3(m_k)^2n_k+(n_k)^3g_k+t_1n_k$가 0이 된다는 것을 보일 수 있다. 이것을 귀류법으로 보이자. 이를 위해, $q_k \neq 0$이라 가정하자. 그러면, $p_k+q_k\sqrt{g_k}=0$에서 $\sqrt{g_k}=-\frac{p_k}{q_k}$이며 $\sqrt{g_k}$는 수체 $\mathbb{Q}_k$에 속한다. 그러므로 $x_1=m_k+n_k\sqrt{g_k}$는 수체 $\mathbb{Q}_k$에 속하고, 이것은 $\mathbb{Q}_{k+1}$이 x_1을 포함하는 첫 번째 확대체라는 가정에 모순된다. 결국 $q_k=0$이다. 그리고 $p_k+q_k\sqrt{g_k}=0$으로부터 $p_k=0$이 유도된다.

이제 $p_k=0, q_k=0$으로부터 수 $x_2=m_k-n_k\sqrt{g}_k$도 방정식 $x^3+t_1x+t_2=0$의 근이라는 것을 알 수 있다. 실제로, $x^3+t_1x+t_2=0$에 $x_2=m_k-n_k\sqrt{g}_k$을 대입하자. 그러면, $(m_k-n_k\sqrt{g_k})^3+t_1(m_k-n_k\sqrt{g_k})+t_2=0$이다. 이것을 전개하여 정리하면, 다음이 얻어진다.

$$\left((m_k)^3+3m_k(n_k)^2g_k+t_1m_k+t_2\right)-\left(3(m_k)^2n_k+(n_k)^3g_k+t_1n_k\right)\sqrt{g_k}=0$$

이때, $p_k=(m_k)^3+3m_k(n_k)^2g_k+t_1m_k+t_2=0, q_k=3(m_k)^2n_k+(n_k)^3g_k+t_1n_k=0$이므로, $x_2=m_k-n_k\sqrt{g}_k$도 방정식 $x^3+t_1x+t_2=0$의 근이라는 것을 확인할 수 있다.

이제, 삼차방정식 $x^3+t_1x+t_2=0$의 세 근을 x_1, x_2, x_3라 하고, 이들에 대해 근과 계수의 관계를 생각하자. 그러면 $x_1+x_2+x_3=0$이며, 근 x_3은 $x_3=-(x_1+x_2)=-2m_k$

가 된다. 결국, x_3도 수체 $\mathbb{Q}_k$에 속한다.

이로부터, 삼차방정식 $x^3+t_1x+t_2=0$의 근들 중 하나(예를 들어 x_1)가 수체 $\mathbb{Q}_{k+1}$에 속하면, 방정식의 다른 근 x_3도 수체 $\mathbb{Q}_k$에 속한다는 것을 알 수 있다.

또 삼차방정식 $x^3+t_1x+t_2=0$의 한 근 x_3가 수체 Q_k에 속한다는 것으로부터 이 방정식의 어떤 근이 수체 Q_{k-1}에 속하는 것을 증명할 수 있다. 이러한 과정을 반복하면 삼차방정식 $x^3+t_1x+t_2=0$의 근들 중 하나가 유리수체 $\mathbb{Q}$에 속한다는 것이 증명된다. □

이제, 3대 작도불능문제의 해결을 위한 주된 정리가 증명되었다. 다항식의 성질을 하나 살펴보자.

정리 4.5. 다항식 $P(x)=a_nx^n+a_{n-1}x^{n-1}+\cdots+a_1x+a_0$의 계수는 정수이며, 기약분수인 근 $x_0=\frac{q}{p}$를 가진다. 그러면 a_n은 p로 나누어떨어지고, a_0는 q로 나누어떨어진다.

정리 4.5를 증명하자. $x_0=\frac{q}{p}$를 다항식 $P(x)$에 대입하자. 그러면, $P\left(\frac{q}{p}\right)=a_n\left(\frac{q}{p}\right)^n+a_{n-1}\left(\frac{q}{p}\right)^{n-1}+\cdots+a_1\left(\frac{q}{p}\right)+a_0=0$이다. 식을 양변에 p^n을 곱해서 정리하면, $a_nq^n+a_{n-1}q^{n-1}p+a_{n-2}q^{n-2}p^2+\cdots+a_1qp^{n-1}+a_0p^n=0$, $-a_nq^n=a_{n-1}q^{n-1}p+a_{n-2}q^{n-2}p^2+\cdots+a_1qp^{n-1}+a_0p^n$이 된다.

얻어진 등식에서 우변은 p로 나누어떨어지며 p와 q는 서로소이므로, a_n은 p로 나누어떨어진다. 이제, a_0가 q로 나누어떨어진다는 것을 증명하자. 등식의 좌변은 q로 나누어떨어지며 p와 q는 서로소이므로, a_0는 q로 나누어떨어진다. 이것으로 정리 4.5가 증명된다. □

이제 3대 작도불능문제 중에서 배적문제를 자와 컴퍼스로 해결하지 못한다는 것을 증명하자. 부피가 1인 정육면체가 주어졌다고 하자. 그러면 부피가 2인 정육면체를 작도하는 것이 배적문제이다. 부피가 2인 정육면체를 자와 컴퍼스로 작도하려면, 이 정육면체의 한 모서리 x를 자와 컴퍼스로 작도해야 한다. 이때 x는 $x^3=2$의 한 근이므로, 삼차방정식 $x^3 = 2$의 근을 자와 컴퍼스로 작도할 수 있는지 확인해야 한다.

정리 4.6. 삼차방정식 $x^3 - 2 = 0$의 근을 자와 컴퍼스로 작도할 수 없다.

삼차방정식 $x^3 - 2 = 0$을 풀어보자. $x^3 - 2 = (x - \sqrt[3]{2})(x^2 + \sqrt[3]{2}x + \sqrt[3]{4})$이므로, $x = \sqrt[3]{2}, x = \frac{-\sqrt[3]{2} \pm \sqrt{3\sqrt[3]{4}}i}{2}$이다. 즉 $x^3 - 2 = 0$은 유리수인 근을 가지지 않으므로, 정리 4.4의 대우에 의해 $x^3 - 2 = 0$의 근을 자와 컴퍼스로 작도할 수 없다. □

결국, 정리 4.6에 의해 $x = \sqrt[3]{2}$는 자와 컴퍼스로 작도할 수 없고, 배적문제는 자와 컴퍼스로 해결될 수 없다는 것이 증명된다. 이제, 각의 3등분문제를 살펴보자.

반지름이 1인 단위원에 크기가 α인 각 AOB가 주어졌다고 하자. 그러면, 점 A의 좌표는 $(\cos\alpha, \sin\alpha)$이다.

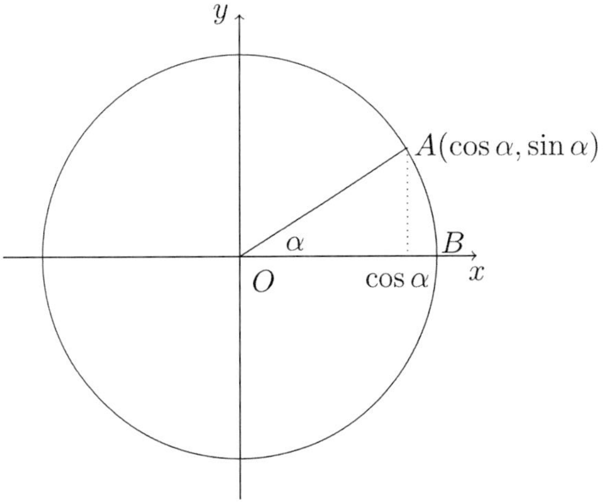

이제, 역으로 단위원에 크기가 α인 각을 작도한다고 하자. 각 α를 작도하기 위해 무엇을 알아야 하는가? 그림에서 $A(\cos\alpha, \sin\alpha)$를 알면 되지만, 실제로는 $\cos\alpha$만 알아도 자와 컴퍼스를 이용하여 각 α를 작도할 수 있다. 왜냐 하면, x축에 좌표가 $\cos\alpha$인 점을 표시하고, 자와 컴퍼스를 이용하여 이 점을 지나며 x축에 수직인 직선을 그어 단위원과 만나는 점을 찾으면, A를 표시할 수 있다.

각의 3등분선을 작도하는 것도 같은 접근을 할 수 있다. 각의 3등분선이 단위원과 만나는 점의 x좌표를 자와 컴퍼스를 이용하여 찾을 수 있으면, 각의 3등분선을 자와 컴퍼스로 작도할 수 있게 된다.

각의 3등분선의 성질을 알아보자. 코사인 3배각 공식에 의해, $\cos 3\alpha = 4\cos^3\alpha - 3\cos\alpha$이다(이것은 코사인 합의 공식인 $\cos(\alpha+\beta) = \cos\alpha\cos\beta - \sin\alpha\sin\beta$를 2번 사용하면 유도할 수 있다). α를 $\frac{\alpha}{3}$로 바꾸어 식을 다시 쓰면, $\cos\alpha = 4\cos^3\left(\frac{\alpha}{3}\right) - 3\cos\left(\frac{\alpha}{3}\right)$이다.

가령, 각 α가 주어졌을 때에 $\frac{\alpha}{3}$를 작도한다고 하자. 이때, $\cos\left(\frac{\alpha}{3}\right)$는 작도해야 할 선분이므로 $\cos\left(\frac{\alpha}{3}\right) = \frac{x}{2}$라 놓고, $\cos\alpha$는 주어진 값이므로 $\cos\alpha = \frac{b}{2}$라 놓자. 그러면 $\cos\alpha = 4\cos^3\left(\frac{\alpha}{3}\right) - 3\cos\left(\frac{\alpha}{3}\right)$는 삼차방정식 $x^3 - 3x - b = 0$이 된다.

이제, $\alpha = 60°$라고 놓으면, $b = 1$이 되며 삼차방정식은 $x^3 - 3x - 1 = 0$이 된다. 이제, 다음 정리를 증명하면 각의 3등분문제가 해결된다.

정리 4.7. 삼차방정식 $x^3 - 3x - 1 = 0$의 근을 자와 컴퍼스로 작도할 수 없다.

정리 4.7을 귀류법으로 증명하자. 가령, $x^3 - 3x - 1 = 0$이 유리수인 근 $\frac{q}{p}$를 가진다고 가정하자(단, p, q는 서로소인 정수, $p \neq 0$). 그러면, 정리 4.5에 의해, x^3의 계수 1은 p로 나누어 떨어지고, 상수항 1은 q로 나누어떨어진다. 그런데, 1을 나누는 서로소인 정수 p, q는 존재하지 않는다. 이로부터, $x^3 - 3x - 1 = 0$이 유리수인 근을 가지지 않는다는 것이 증명된다. □

결국, 정리 4.4의 대우에 의해 60°의 3등분선은 자와 컴퍼스를 이용하여 작도하지 못한다는 것이 증명된다.

제 5 장.

유클리드 원론과 학교수학

역사상 가장 유명한 수학책은 '원론'이다. 지금 우리가 알고 있는 원론은 유클리드(Euclid, 기원전 약 325–265)가 쓴 것인데, 유클리드에 앞서 '원론'이라는 이름의 수학책을 쓴 수학자는 히포크라테스(기원전 470–410)이다. 히포크라테스의 원론은 지금까지 전해지지는 않으며, 히포크라테스 원론의 내용이 유클리드 원론의 4권까지에 포함되었을 것으로 추측하기도 한다.

유클리드 원론은 13권으로 이루어졌으며, 1권에서 4권까지는 평면기하학의 내용을 담고 있으며, 5권은 비례론을, 6권은 다각형의 닮음을, 7권에서 9권까지는 정수론(약수, 배수, 소수, 수들의 비, 홀수, 짝수, 완전수 등의 성질)을, 10권은 무리수를, 11권에서 13권까지는 공간기하학의 내용을 담고 있다. 특히 1권에서 6권까지는 우리나라의 중고등학교 수학교과서 내용들이 많이 포함되어 있다.

유클리드 원론은 1900년대 초까지 수학교과서로 사용되었다. 이 장에서는 유클리드 원론의 13권 중에서 1권에서 6권까지의 내용을 우리나라 수학교과서의 내용과 관련지어 자세히 살펴볼 것이며, 7권에서 13권까지는 일부 명제들만을 살펴보기로 하자.

1. 원론 1권

원론의 1권에는 나머지 12권들과는 달리 공준과 공리가 기술되어 있다. 1권의 기술 순서를 보면, 먼저 정의가 제시되고, 그 다음에 공준, 공리가 온 다음, 명제 1이 시작된다. 공준 1–3에서는 작도 도구(원론의 문제해결 도구)에 대해 약속한다.

공준 1과 2는 자의 역할에 대한 것으로, 공준 1은 '임의의 점에서 다른 임의의 점으로 직선을 그을 수 있다'이며, 공준 2는 '선분을 연속적으로 직선을 따라 연장할 수 있다'고 기술되어 있다. 즉, 공준 1, 2로부터 원론의 문제해결에서 자의 역할은 (1) 두 점이 주어졌을 때, 두 점을 연결하는 선분을 작도하고, (2) 선분이 주어지면 그 선분의 연장선을 작도하는 것임을 알 수 있다. 공준 3은 '임의의 중심과 임의의 반지름으로 원을 작도할 수 있다'고 되어 있다. 즉, 공준 3에 의하면, 어떤 원이든 작도할 수 있는데, 이때 중심과 반지름이 있어야 한다.

공준 4는 '모든 직각들이 서로 같다'는 것이며, 공준 5는 평행선 공준으로 알려진 것으로, 다음과 같이 기술되어 있다.

> 두 직선과 한 직선이 만나서 만들어지는 동측내각들의 합이 2직각보다 작으면, 두 직선은 동측내각들의 합이 2직각보다 작은쪽에서 만난다.

공준 5를 그림을 이용하여 살펴보자. 두 직선 m, n이 직선 l과 만난다. 이때 동측내각은 각 α와 β, γ와 δ이다. 공준 5에 의하면 $\alpha+\beta$가 2직각$(=180^\circ)$보다 작으면, 두 직선 m, n의 연장선이 α와 β쪽에서 만난다는 것이다.

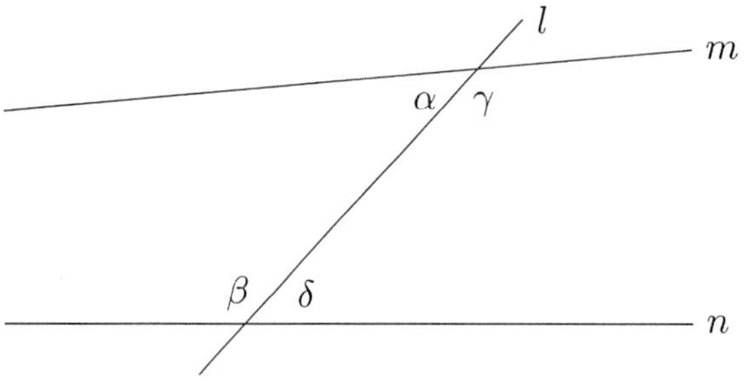

일반적으로 알려진 평행선 공준은 '주어진 직선 밖의 한 점을 지나 주어진 직선에 평행인 직선은 오직 하나 그을 수 있다'는 것이다. 이것은 원론의 공준 5와 동치인 명제로, 이들이 동치라는 것을 플레이페어(Playfair, 1748–1819)가 증명하였다. 동치인 이 명제가 원론의 공준 5보다 표현이 간결하기 때문에, 이것이 평행선 공준으로 널리 알려지게 되었다.

공준 다음에는 공리가 오는데, 공리는 공통개념이라고도 부른다. 공리 1은 '같은 것에 같은 것들은 서로 같다', 공리 2는 '같은 것들에 같은 것을 덧붙이면 전체는 같다', 공리 3은 '같은 것들에서 같은 것을 제거하면 나머지는 같다', 공리 4는 '일치하는 것들은 서로 같다', 공리 5는 '전체는 부분보다 크다'고 기술되어 있다. 이것을 대수적으로 기술하면, 공리 1은 $a=b, a=c$이면 $b=c$이고, 공리 2는 $a=b$이면 $a+c=b+c$이며, 공리 3은 $a=b$이면 $a-c=b-c$이다. 그리고 공리 4에서는 양들의 상등을 일치함(포개짐)으로 약속하며, 공리 5에서는 일반적인 대소관계에 대해 기술하고 있다.

1권의 명제 1에서 명제 26까지는 삼각형의 성질을 다루며, 명제 27에서 34까지는 평행과 관련된 명제들을 다루며, 명제 35에서 46까지는 직선도형의 넓이 변형에 관련된 문제를 다루고 있다. 그리고 명제 47은 피타고라스 정리이고, 명제 48은 피타고라스 정리의 역이다.

명제 1은 주어진 선분을 한 변으로 하는 정삼각형을 작도하는 문제이며, 명제 2는 주어진 선분과 같은 선분을 주어진 점으로부터 작도하는 문제이다. 명제 3은 같지 않은 두 선분이 주어졌을 때 큰 선분으로부터 작은 선분과 같은 선분을 잘라내는 작도 문제이다.

명제 4는 삼각형의 SAS 합동조건인데, 다음과 같이 기술되어 있다.

> [**1권 명제 4**] 두 삼각형에서 한 삼각형의 두 변이 다른 삼각형의 두 변과 서로 같고 두 변의 끼인각이 서로 같으면, 두 삼각형의 세 번째 변이 서로 같고 나머지 각들도 서로 같다.

원론에 소개된 명제 4의 증명을 살펴보자. 삼각형 ABC, DEF가 주어졌으며,

$\overline{AB} = \overline{DE}, \overline{AC} = \overline{DF}, \angle BAC = \angle EDF$라 하자.

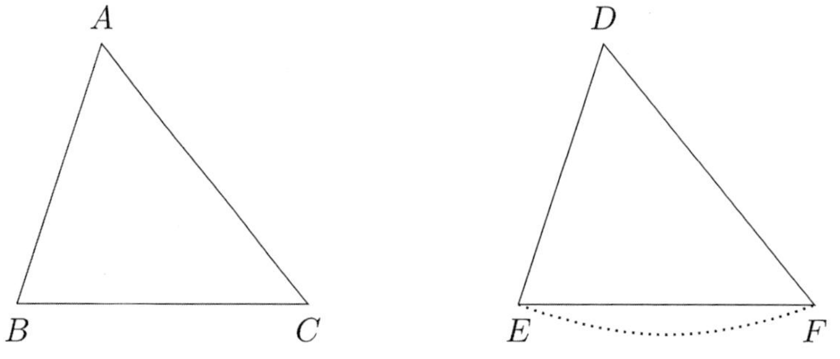

점 A가 점 D에 포개지도록 삼각형 ABC를 삼각형 DEF에 포개면, 선분 AB는 선분 DE에 포개지며, 선분 AB와 DE가 같으므로 점 B는 점 E와 포개진다. 그리고 각 BAC와 각 EDF가 같으므로 선분 AC는 선분 DF에 포개지며, 선분 AC와 DF가 같으므로 점 C와 F가 포개진다.

점 B와 E, 점 C와 F가 포개지므로, 선분 BC와 EF가 포개져야 한다. 만약, 선분 BC와 EF가 포개지지 않으면, 두 선분이 그림과 같이 공간을 포함하게 된다. 이것은 불가능하다. 결국, 선분 BC와 EF가 포개진다는 것이 증명된다. 이로부터 삼각형 ABC와 DEF가 포개지며, 나머지 각들도 모두 같다. □

우리나라의 중학교 수학교과서에서는 삼각형의 합동조건을 증명하지 않고 직관적으로 소개하고 있는데, 원론에서는 합동조건을 증명하고 있다. 학교 수학교과서에서 어떤 명제는 증명하고 어떤 것은 증명없이 직관적으로 다루어야 하는지에 대해서는 일관된 견해는 없다. 예를 들어, 삼각형의 합동조건을 중학교 수학교과서에 증명과 함께 제시하는 나라도 있다. 이러한 학교수학의 엄밀성 수준의 문제는 역사적인 전통과 사회적인 합의가 중요한 역할을 한다.

명제 5에서는 이등변삼각형에서 (1) 두 밑각이 같으며, (2) 두 밑각의 외각들도 서로 같다는 것을 증명하고 있다. 명제 6은 명제 5의 역으로, 삼각형의 두 각이 같으면 이 각들의 대변도 서로 같다는 것이다. 한편, 명제 7은 변 BC를 공유하는 두 삼각형

ABC, DBC에서 변 AB, DB가 같으면, 나머지 변 AC와 DC는 서로 같을 수 없다는 것이다.

명제 8에서는 삼각형의 SSS 합동조건을 귀류법을 이용하여 증명하였다. 명제 8의 증명을 살펴보자. 삼각형 ABC, DEF에서 $\overline{AB} = \overline{DE}, \overline{AC} = \overline{DF}, \overline{BC} = \overline{EF}$라 하자.

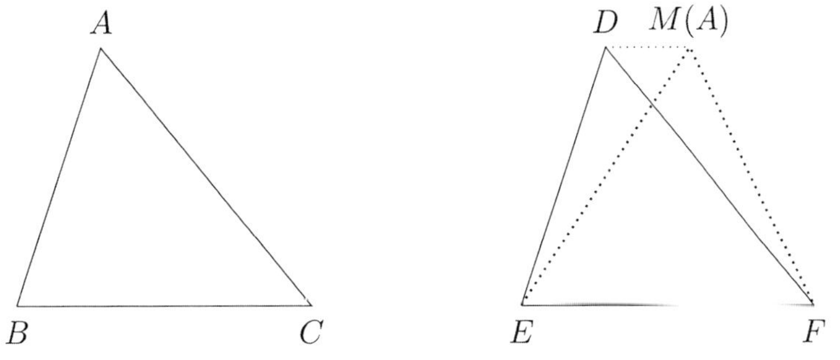

귀류법으로, 각 BAC와 EDF가 같지 않다고 가정하자. 삼각형 ABC를 삼각형 DEF에 포갠다고 하자. 그러면, $\overline{BC} = \overline{EF}$이므로 변 BC는 변 EF에 포개진다. 그리고 각 BAC와 EDF가 같지 않으므로, 꼭짓점 A는 점 D에 포개지지 않고 다른 점 M에 포개진다.

$\overline{DE} = \overline{ME}, \overline{DF} = \overline{MF}$이므로, 삼각형 EDM, FDM은 이등변삼각형이다. 그러므로 $\angle EDM = \angle EMD, \angle FDM = \angle FMD$이다. 한편, 그림에서 $\angle FMD > \angle EMD$이며 $\angle EMD = \angle EDM > \angle FDM$이다. 결국 $\angle FMD > \angle FDM$이 되므로, 모순이다. 이로부터, 각 BAC와 EDF가 같다는 것이 증명되며, 삼각형 ABC와 DEF는 SAS 합동조건에 의해 합동이 된다. □

명제 9부터 12까지는 이등분에 관련된 주제를 다룬다. 명제 9는 주어진 각의 이등분선을 작도하는 것이고, 명제 10은 선분을 이등분하는 것이고, 명제 11은 주어진 직선의 한 점에서 이 직선에 수선을 긋는 문제이고, 명제 12는 직선 밖의 한 점에서 주어진 직선에 수선을 긋는 문제이다.

명제 13에서 15까지는 두 직선이 만나서 생기는 각들에 대해 다루며, 특히 명제 15

에서는 두 직선이 만나 생기는 맞꼭지각이 서로 같다는 것을 증명하였다.

명제 16에서는 삼각형의 한 외각이 이와 이웃하지 않은 다른 내각들보다 크다는 것을 증명하였다. 우리나라 수학교과서에서는 삼각형의 세 내각의 크기가 180°라는 것을 이용하여 '삼각형의 한 외각은 이웃하지 않은 두 내각의 합과 같다'를 증명한다. 그러나, 원론에서는 삼각형의 세 내각의 합을 이용하지 않고 증명하였다.

원론의 증명 방법을 살펴보자. 삼각형 ABC에서 변 BC를 연장하여, 외각 ACD가 각 CAB, CBA보다 크다는 것을 증명하자. 이제, 변 AC의 중점 M을 잡아, 선분 BM의 연장선에 $\overline{BM} = \overline{ME}$인 점 E를 잡자.

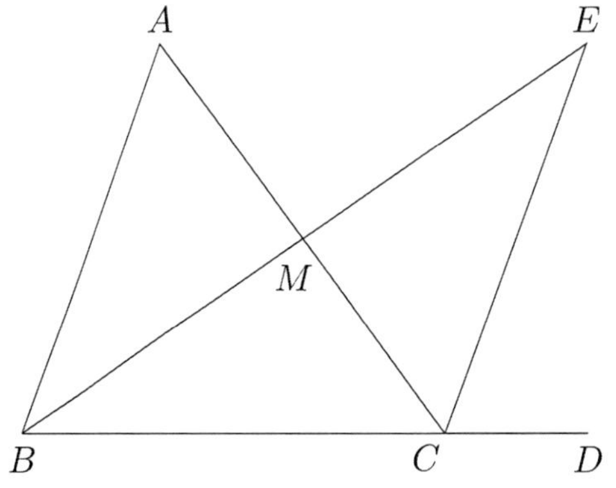

삼각형 ABM과 CEM에서 $\overline{AM} = \overline{MC}, \overline{BM} = \overline{ME}, \angle AMB = \angle EMC$이므로, 삼각형 ABM과 CEM은 합동이다. 그러므로 $\angle MAB = \angle MCE$이다. 그런데, 각 MCD는 각 MCE보다 크므로, 각 MCD는 각 MAB보다 크다. 유사한 방법으로, 각 MCD가 각 ABC보다 크다는 것을 증명할 수 있다. □

명제 17에서는 삼각형의 두 각의 합이 2직각보다 작다는 것을 증명하였다. 그리고, 명제 18에서는 삼각형의 긴 변 맞은 편에 큰 각이 있다는 것을 보였고, 명제 19에서는 명제 18의 역을 증명하였다. 명제 20에서는 삼각형의 두 변의 합이 나머지 한 변보다 크다는 삼각부등식을 증명하였다.

명제 22에서는 주어진 세 선분을 변으로 하는 삼각형을 작도하는 문제를 다루었다. 명제 8에서 삼각형의 SSS 합동조건을 증명하였고, 명제 22에서 세 선분이 주어진 삼각형을 작도하였다. 한 가지 주목할 것은, 우리나라 중학교 수학교과서에서는 반대의 방향으로 기술하고 있다는 것이다. 먼저 주어진 세 선분을 변으로 하는 삼각형을 작도한 후에, 삼각형의 SSS 합동조건을 증명없이 소개하고 있다. 우리나라 수학교과서와 유클리드 원론의 차이는 SSS 합동조건을 증명하는지 증명없이 소개하는지의 차이라고 할 수 있다.

논리적인 순차성을 감안하면, 유클리드처럼 먼저 SSS 합동조건을 증명하고, 그 후에 세 선분이 변으로 주어진 삼각형을 작도하는 문제를 해결하는 것이 타당할 것이다. 그러면, 삼각형 작도 문제의 해결이 타당한지 증명할 수 있다. 그러나 우리나라의 수학교과서에서는 논리적 순차성보다는 직관적 접근을 더 강조한다고 할 수 있다. 우리나라의 수학교과서 접근에서는 SSS 합동조건의 증명에서 발생하는 어려움을 피할 수 있다.

한편, 명제 23은 주어진 각과 같은 각을 작도하는 문제이며, 명제 24와 25에서는 두 삼각형에서 각과 변의 크기를 비교하는 문제를 다루었다.

명제 26은 삼각형의 합동조건에 대한 내용으로, '두 삼각형에서 두 각이 서로 같고, 그리고 같은 두 각의 끼인변이 같거나 또는 같은 두 각들 중 하나의 대변이 서로 같으면, 두 삼각형의 나머지 변들이 서로 같고, 나머지 각도 서로 같다'고 기술되어 있다. 명제 26에서는 두 가지 합동조건을 말하고 있다. 첫 번째는 두 삼각형에서 두 각이 서로 같고 그 끼인변이 같은 경우로 ASA 합동조건을 알려져 있으며, 두 번째는 두 삼각형에서 두 각이 서로 같고 같은 두 각 중 하나의 대변이 서로 같은 경우로 AAS 합동조건으로 알려져 있다. 명제 26으로 삼각형의 성질은 끝나고, 평행에 대한 이론이 따라온다.

명제 27은 두 직선이 한 직선과 만나서 생기는 엇각이 같으면, 두 직선이 평행하다는 것이며, 명제 28은 동위각이 같으면 평행하다는 것, 명제 29에서는 그 역을 증명하고 있다. 명제 30에서는 직선 m이 l에 평행하고 직선 n이 l에 평행하면, 직선 m과 n이 평행하다는 것을 증명하였다. 그리고 명제 31에서는 주어진 점을 지나 주어진 직선에 평행한 직선을 작도하는 문제를 다루었다.

한편, 명제 32에서는 삼각형의 한 외각은 인접하지 않은 두 내각의 합과 같으며, 삼각형의 세 내각의 합은 2직각이 된다는 것을 증명하였다. 증명 방법은 잘 알려진 바와 같이, 엇각과 동위각을 이용하고 있다.

명제 33부터는 평행사변형을 다루고 있다. 명제 33에서는 두 선분 AD, BC가 서로 평행하고 같으면(그림 참고), 이 두 선분을 연결하는 선분 AB, DC가 서로 평행하고 같다는 것을 증명하고 있다.

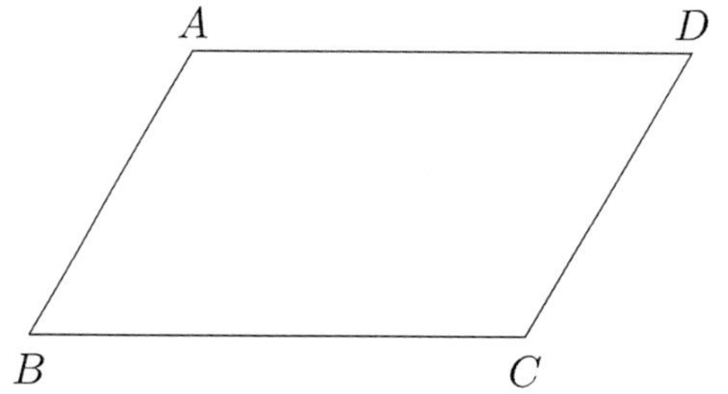

한편, 명제 34에서는 평행사변형에서 대변이 서로 같고, 대각도 서로 같고, 대각선은 서로 다른 것을 이등분한다는 것을 증명한다. 원론에서 다룬 평행사변형의 성질들은 우리나라 중학교 2학년 수학교과서에 제시되어 있다.

명제 35에서 46까지는 직선도형의 넓이에 대한 성질을 다루고 있다. 특히 명제 35에서 38까지는 평행한 두 직선 사이에 놓인 평행사변형들, 삼각형들의 넓이에 대한 것이다. 평행사변형의 넓이에 대한 명제 35는 다음과 같다.

> **[1권 명제 35]** 한 밑변을 가지는 평행사변형들이 평행인 두 직선사이에 놓여있으면, 평행사변형들은 서로 넓이가 같다.

명제 35의 증명을 살펴보자. 한 밑변 BC를 가지는 평행사변형 $ABCD, EBCF$가 평행인 두 직선 AD, BC에 놓여있다고 하자. 이때, 평행사변형 $ABCD, EBCF$가 서로 넓이가 같다는 것을 증명하자.

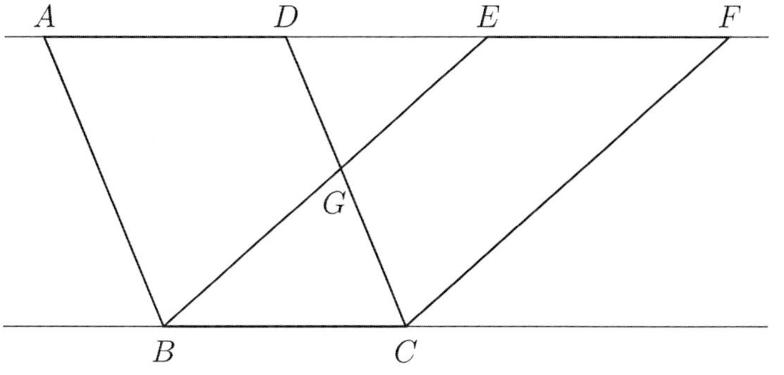

평행사변형의 성질에 의해 $\overline{AD} = \overline{BC} = \overline{EF}$이다. 그러므로, $\overline{AE} = \overline{DF}$가 된다. 한편, $\overline{AB} = \overline{DC}$이다. 그리고 각 FDC, EAB는 평행한 직선에 대한 동위각이므로 $\angle FDC = \angle EAB$이다. 결국, SAS 합동조건에 의해 삼각형 EAB와 FDC는 합동이다.

이제 합동인 두 삼각형 EAB와 FDC에서 공통부분 DGE를 잘라냈다고 하자. 그러면, 남은 부분인 사다리꼴 $DABG$와 $EGCF$는 서로 같다. 여기에 공통인 삼각형 GBC를 덧붙이자. 그러면, 평행사변형 $ABCD$와 $EBCF$가 얻어지며, 서로 넓이가 같다는 것이 증명된다. □

명제 36은 명제 35와 비슷한데, 명제 36에서는 '평행인 두 직선 사이에 있으면서 한 밑변이 아니라 같은 선분들을 각각 밑변으로 가지는 평행사변형들의 넓이가 서로 같다'는 것을 증명하였다. 명제 37에서는 '한 밑면을 가지며 평행한 두 직선사이에 놓인 삼각형들은 넓이가 서로 같다'는 것이 증명되었고, 명제 38은 평행한 두 직선 사이에 있으면서 같은 선분들을 각각 밑변으로 가지는 삼각형들의 넓이가 같다는 것이다. 그리고 명제 39와 40은 명제 37, 38의 역이다.

명제 41에서는 평행인 두 직선 사이에 있으면서 동일한 밑변을 가지는 평행사변형과 삼각형에서 평행사변형의 넓이는 삼각형의 넓이의 2배라는 것을 증명하였다. 명제 42, 44, 45는 주어진 삼각형 또는 직선도형과 넓이가 같은 평행사변형을 작도하는 문제이며, 명제 46은 정사각형을 작도하는 문제이다.

마지막으로 명제 47은 피타고라스 정리이며, 명제 48은 피타고라스 정리의 역이다. 피타고라스 정리와 그 역은 2권에서 대수식을 기하학적으로 증명하거나 이차방정식을 풀기 위해 사용된다. 살펴본 것과 같이, 원론의 1권 내용은 우리나라 중학교 기하영역에서 다루는 평행선과 직선, 각의 이등분선과 선분의 수직이등분선, 삼각형의 합동조건, 삼각형의 성질, 평행사변형의 성질, 삼각형과 평행사변형의 넓이, 피타고라스 정리 등이다.

2. 원론 2권

2권에서는 그리스 수학의 특징인 '기하학적 대수'의 모습을 전형적으로 볼 수 있다. 기하학적 대수는 대수적인 관계를 기하학적인 방법으로 다루는 것을 말한다. 기하학적 대수는 피타고라스 학파에 의해 정사각형의 한 변과 대각선이 공통 척도를 가지지 않는다는 것, 즉 정사각형의 한 변이 유리수일 때 그 대각선은 유리수가 아니라는 것에서 유래한다. 기하학적 대수의 특징은 그리스 수학의 전반에서 나타났으며 중세 아랍 수학에서도 나타난다. 근대로 접어들면서 수식을 중심으로 수학적 관계를 표현할 때까지 기하학적 대수는 수학 연구 방법의 중요한 특징이 되었다. 기하학적 대수에서는 수를 선분으로 표현하며, 수들의 사칙연산을 기하학적으로 수행한다.

2권에는 수들의 연산법칙과 방정식의 해법에 관련된 명제들이 기술되어 있다. 우선, 2권의 명제 1을 살펴보자.

> [**2권 명제 1**] 두 선분이 있고, 이들 중 한 선분을 몇 개의 부분으로 나누었다. 분할되지 않은 처음 두 선분을 변으로 하는 직사각형은 분할되지 않은 선분을 한 변으로 하고 분할된 선분을 다른 변으로 하는 직사각형들의 합과 같다.

가령, 선분 MN과 선분 AD가 주어졌다고 하자. 점 B, C에 의해 선분 AD를 선분 AB, BC, CD로 나누었다. 그러면, 선분 MN과 선분 AB, BC, CD로 직사각형을 만들 수 있다. 명제 1을 그림으로 다음과 같이 나타내자.

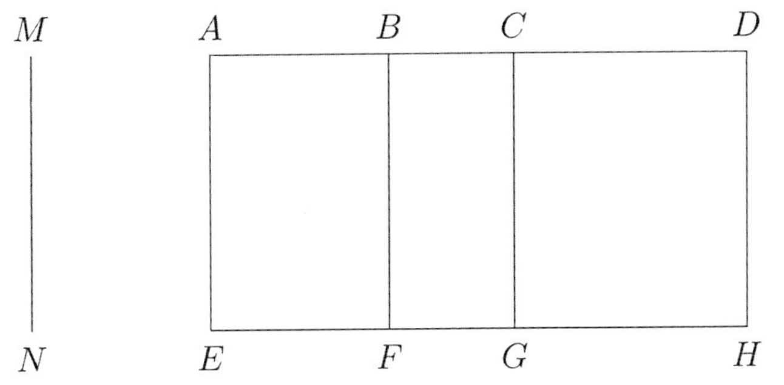

이제, 명제 1을 문자를 이용하여 현대적인 대수적 방법으로 나타내자. $\overline{MN} = \overline{AE} = a, \overline{AB} = b, \overline{BC} = c, \overline{CD} = d$라 하자. 선분 MN, AD에 의해 만들어지는 직사각형의 넓이는 $a(b+c+d)$이고, 분할되어 얻어지는 직사각형의 넓이는 $ab+ac+ad$이다. 결국 $a(b+c+d) = ab+ac+ad$가 증명되며, 명제 1은 분배법칙을 나타낸다.

명제 1에서는 직사각형을 이용하여 $a(b+c+d) = ab+ac+ad$를 증명하였는데, 명제 2와 3에서는 정사각형을 이용하여 $a = b+c$일 때 $a^2 = ab+ac, ac = bc+c^2$을 보였다. 명제 4에서는 곱셈 공식 $(a+b)^2 = a^2+2ab+b^2$을 기하학적으로 증명하였다.

명제 5에서는 $(a+b)(a-b) = a^2-b^2$을 증명하였다. 명제 5는 '주어진 선분 AB에 중점 C를 잡았다. 이제, 선분 CB에 임의의 점 D를 잡자. 그러면, 선분 AD, DB를 변으로 하는 직사각형에 CD를 변으로 하는 정사각형을 더하면, 선분 CB를 변으로 하는 정사각형과 같다'는 것이다. 즉, $\overline{AC} = \overline{CB}$이며 D가 $\overline{BC}$의 점일 때, $\overline{AD} \times \overline{BD} + \overline{CD}^2 = \overline{BC}^2$이 성립한다. 이때, $\overline{AC} = a, \overline{CD} = b$로 놓으면, $\overline{AD} = a+b, \overline{BD} = a-b$이므로, $(a+b)(a-b)+b^2 = a^2, (a+b)(a-b) = a^2-b^2$이 되는 것이다.

한편, $\overline{AD} = m, \overline{DB} = n$이라 놓으면, $\overline{AC} = \overline{CB} = \frac{m+n}{2}, \overline{CD} = \frac{m-n}{2}$이다. 명제 5에 의하면,

$$mn + \left(\frac{m-n}{2}\right)^2 = \left(\frac{m+n}{2}\right)^2, mn = \left(\frac{m+n}{2}\right)^2 - \left(\frac{m-n}{2}\right)^2$$

이 된다. 즉, 명제 5는 등식 $mn = (\frac{m+n}{2})^2 - (\frac{m-n}{2})^2$의 증명이기도 하다.

결국, 명제 5는 $(a+b)(a-b)=a^2-b^2, mn=(\frac{m+n}{2})^2-(\frac{m-n}{2})^2$과 같이 곱을 두 제곱의 차의 형태로 나타낼 수 있다는 것을 보여주고 있다.

유클리드는 명제 5를 증명하기 위해, 다음과 같은 그림을 이용하였다. 그림의 작도 순서를 살펴보자. (1) 선분 AB의 중점 C, $\overline{BC}$에 임의의 점 D를 잡는다. (2) 변이 AD, DB인 직사각형 $AEGD$를 작도한다. (3) 직선 BG를 작도한다. (4) 점 C를 지나 변 AE와 평행한 직선이 직선 BG와 점 I에서 만난다고 하자. (5) 정사각형 $CIKB$를 작도한다. (6) 직선 DJ, FH를 긋는다. 이때, 사각형 $CIKB, FIJG, DGHB$는 정사각형이다.

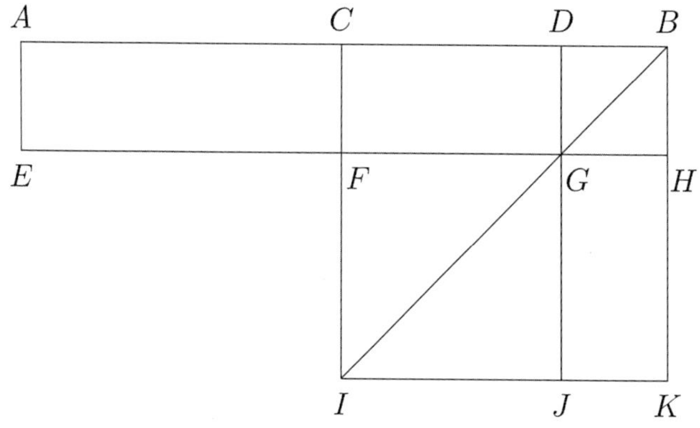

$\overline{BD}=\overline{DG}$이므로, 그림에서 $\overline{AD}\times\overline{BD}$는 직사각형 $AEGD$와 같다. 결국, 직사각형 $AEGD$가 정사각형 $CIKB$에서 정사각형 $FIJG$를 뺀 것과 같다는 것을 보이면 된다 ($\overline{CD}^2$은 선분 $\overline{CD}$를 한 변으로 하는 정사각형이므로, 그림에서는 정사각형 $FIJG$가 된다). 이것은 직사각형 $AEFC$와 $DJKB$가 같다는 것으로부터 유도된다. □

명제 5의 작도를 살펴보자. 주어진 선분 AB의 부분 AD에 직사각형 $AEGD$를 놓은 다음, 나머지 DB에 정사각형을 놓았다. 달리 말하면, 첫째 직사각형 $AEGD$의 한 변이 주어진 선분 AB와 일치하지 않고 부족하게 $AEGD$를 선분 AD에 놓고, 둘째 선분 AB의 나머지 부분과 직사각형 $AEGD$의 다른 변이 정사각형을 이루도록 직사각형 $AEGD$를 선분 AB에 첨부하였다. 이와 같이 직사각형을 선분에 첨부하는 방법을 타원적 방법이라 한다. 타원(ellipse)은 그리스어로 '부족'이라는 뜻이다. 이것을 그림으로 나타내면 다음과 같다.

그림에서 선분 AB가 주어진 선분이고 직사각형 $AEGD$가 부족하게 첨부된 직사각형이며, 정사각형 $DGHB$가 주어진 선분 AB의 남은 부분에 작도한 정사각형이다.

명제 6에서는 곱셈공식 $b(2a+b)+a^2 = (a+b)^2$을 증명하였다. 이때, $b(2a+b)+a^2 = 2ab + b^2 + a^2 = a^2 + 2ab + b^2$이므로, 결국 $(a+b)^2 = a^2 + 2ab + b^2$을 증명한 것이 된다. 원론에는 명제 6이 다음과 같이 기술되어 있다.

> [**2권 명제 6**] 주어진 선분을 이등분하고, 선분을 어떤 점까지 연장하였다. 주어진 선분과 연장선의 합을 한 변으로 하고 연장선을 다른 변으로 하는 직사각형과 주어진 선분을 이등분하여 얻어진 선분을 변으로 하는 정사각형의 합은 주어진 선분의 절반과 연장선의 합을 변으로 하는 정사각형과 같다.

명제 6을 증명하기 위해, 다음 그림을 이용했다. 그림에서 $\overline{AB}$가 주어진 선분이고, C는 이등분점이다. 그리고, $\overline{BD}$가 연장선이다. 이제, $\overline{AB}$의 절반인 $\overline{CB}$와 $\overline{BD}$의 합 $\overline{CD}$를 변으로 하는 정사각형 $CIKD$, 연장선 BD를 변으로 하는 정사각형 $BGHD$를 작도하였다.

$\overline{BD} = \overline{DH}$이므로 주어진 선분과 연장선의 합을 한 변으로 하고 연장선을 다른 변으로 하는 직사각형은 $AEHD$이며, 이등분하여 얻어진 선분을 변으로 하는 정사각형은 $FIJG$이다. 결국, 직사각형 $AEHD$와 정사각형 $FIJG$의 합은 정사각형 $CIKD$와 같다는 것을 보이면 된다.

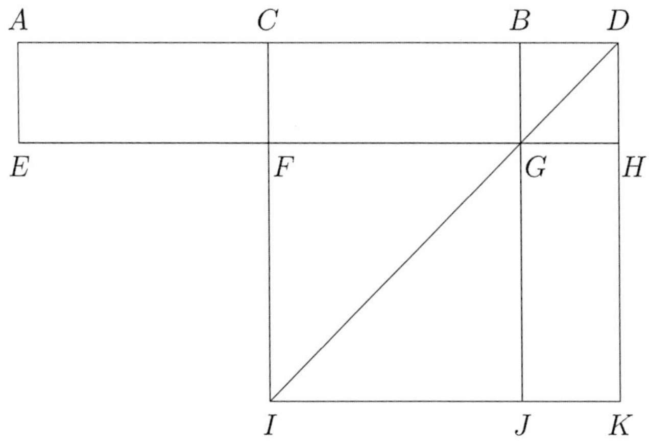

그림에서 직사각형 $AEFC$는 직사각형 $GJKH$와 같다. 그러므로, 직사각형 $CFHD$와 $GJKH$의 합에 정사각형 $FIJG$를 더하면, 정사각형 $CIKD$가 된다. 이로부터 명제가 증명된다. □

명제 6은 $\overline{AE}\times\overline{AD}+\overline{CB}^2=\overline{CD}^2$이며, $\overline{AC}=\overline{CB}=a$, 연장선 $\overline{BD}=b$라 놓으면 $b(2a+b)+a^2=(a+b)^2$이 된다.

명제 6의 작도를 살펴보자. 주어진 선분 AB의 연장선에 직사각형 $AEHD$를 놓았고, 주어진 선분 AB의 연장선 BD에 정사각형 $BGHD$를 놓았다. 명제 5의 그림에서는 주어진 선분의 부분에 직사각형을 놓았는데, 여기서는 주어진 선분의 연장선에 직사각형을 놓았다. 이렇게 주어진 선분보다 과잉되게(넘쳐나게) 직사각형을 첨부하고, 직사각형의 한 변과 연장선이 정사각형을 이루도록 하는 첨부 방법을 쌍곡적 방법이라 한다. 쌍곡선(hyperbola)은 그리스어로 '과잉'이라는 뜻이다. 이것을 그림으로 나타내면 다음과 같다.

그림에서 선분 AB가 주어진 선분이고 직사각형 $AEHD$가 선분 AB와 연장선 BD에 과잉되게 첨부된 직사각형이며, 정사각형 $BGHD$가 선분 AB의 연장선 BD에 작도한 정사각형이다.

명제 7에서는 $a = b + c$일 때에 $a^2 + b^2 = 2ab + c^2$을 증명하였고, 명제 8에서는 $a = b + c$일 때에 $(b + 2c)^2 = 4ac + b^2$, 명제 9에서는 $(a + b)^2 + (a - b)^2 = 2a^2 + 2b^2$, 명제 10에서는 $(2a + b)^2 + b^2 = 2a^2 + 2(a + b)^2$을 증명하였다.

명제 11은 주어진 선분을 분할하는 문제인데, '주어진 선분을 두 부분으로 분할하자. 이때, 전체 선분을 한 변으로 하고 부분들 중의 하나를 다른 변으로 하여 만들어진 직사각형이 나머지 다른 부분을 변으로 하는 정사각형과 같도록, 주어진 선분을 분할하여라'는 것이다. 가령, 주어진 선분을 a, 분할하여 얻어진 부분의 하나를 x라 놓으면, 명제 11은 $a(a - x) = x^2$인 x를 작도하는 이차방정식의 근을 작도하는 문제이다.

유클리드는 명제 11을 해결하기 위해, 다음의 첫 번째 그림과 같은 작도를 하였다. 주어진 선분을 한 변으로 하는 정사각형 $ABCD$를 작도하고, 변 AD의 중점 E를 잡았다. 이제, 변 AD의 연장선에 $\overline{EC} = \overline{EF}$인 점 F를 잡았다. 그리고, 선분 DF를 한 변으로 하는 정사각형을 작도하였다.

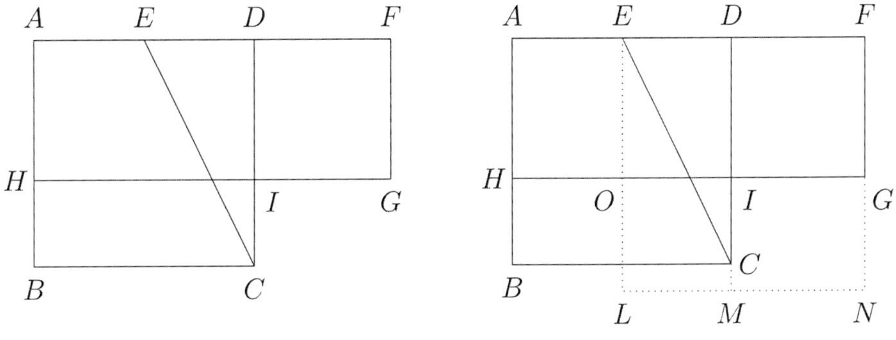

첫 번째 그림에서 주어진 선분 AD를 $\overline{AD} = \overline{DC} = a$, $\overline{DF} = \overline{DI} = x$라 하고, 정사각형 $DIGF$와 직사각형 $HBCI$의 넓이가 같다는 것을 증명하면, $\overline{HI} = a$, $\overline{IC} = a - x$이므로 $x^2 = a(a - x)$가 성립한다. 결국, 점 I에 의한 선분 DC의 분할이 명제의 조건을

만족시키는 분할이 되며, 명제가 해결된다.

이제, 정사각형 $DIGF$와 직사각형 $HBCI$의 넓이가 같다는 것을 증명하자. 첫 번째 그림에서 정사각형 $DIGF$는 주어진 선분 AD의 연장선에 쌍곡적 방법에 의한 영역 첨부에 해당한다. 명제 6의 결과를 이용하기 위해, 두 번째 그림에서와 같이 점선을 보조선으로 작도하자. 두 번째 그림에서 $\overline{EC} = \overline{EF} = \overline{EL}$이며, 사각형 $ELNF, OLMI$는 정사각형이다.

그러면, 명제 6에 의해 $\overline{AH} \times \overline{AF} + \overline{OL}^2 = \overline{EF}^2$이 된다. 이때 $\overline{OL} = \overline{OI} = \overline{ED} = \frac{1}{2}\overline{AD}$이므로, $\overline{AH} \times \overline{AF} + \overline{OL}^2 = \overline{AH} \times \overline{AF} + \frac{1}{4}\overline{AD}^2$이다. 한편, $\overline{EF} = \overline{EC}$이므로 직각삼각형 EDC에서 $\overline{EF}^2 = \overline{EC}^2 = \overline{ED}^2 + \overline{DC}^2 = \frac{1}{4}\overline{AD}^2 + \overline{AD}^2$이다. 얻어진 식들을 $\overline{AH} \times \overline{AF} + \overline{OL}^2 = \overline{EF}^2$에 대입하여 정리하면, $\overline{AH} \times \overline{AF} = \overline{AD}^2$이 된다.

얻어진 식 $\overline{AH} \times \overline{AF} = \overline{AD}^2$은 직사각형 $AHGF$와 정사각형 $ABCD$의 넓이가 같다는 것을 의미한다. 이제, 직사각형 $AHGF$에서 직사각형 $AHID$를 빼고, 정사각형 $ABCD$에서 직사각형 $AHID$를 빼면, 정사각형 $DIGF$와 직사각형 $HBCI$의 넓이가 같다는 것을 알 수 있다. □

명제 11은 영역 첨부의 쌍곡적 방법을 이차방정식의 해결을 위해 사용한 좋은 예라 할 수 있다. 한편, 명제 12와 13에는 코사인 정리가 증명되었다. 즉, 삼각형 ABC에서 $a^2 + 2bc\cos\angle A = b^2 + c^2$이 증명되어 있다(원론에는 $\cos\angle A$라고 기술되어 있지 않고, $c\cos\angle A$를 하나의 선분으로 나타냈다).

2권의 마지막 명제인 명제 14는 주어진 직사각형을 정사각형으로 등적변형하는 문제이다. 즉, 직사각형 ab가 주어졌을 때에, $x^2 = ab, x = \sqrt{ab}$를 만족시키는 정사각형의 한 변 x를 작도하는 문제이다. 직사각형을 정사각형으로 등적변형하는 방법은 앞 장의 예제 4.5에서 살펴보았으므로, 여기서는 설명을 생략한다.

2권과 이차방정식 유클리드는 2권에서 다양한 대수식들을 기하학적 방법으로 증명하였다. 2권의 명제 5, 6, 14는 이차방정식의 해법과 직접적으로 연결되며, 이들을 바탕으로 이차방정식의 풀이를 살펴보자.

명제 5에서 $\overline{AD} \times \overline{BD} + \overline{CD}^2 = \overline{BC}^2$을 증명하였는데, 이를 이차방정식과 관련시키자. 이를 위해, $\overline{AB} = m, \overline{BD} = x$, $\overline{AD} \times \overline{BD} = n$이라 놓자. 그러면, $\overline{AD} \times \overline{BD} + \overline{CD}^2 = \overline{BC}^2$은 $n + (\frac{m}{2} - x)^2 = (\frac{m}{2})^2$, $x^2 - mx + n = 0$이 된다.

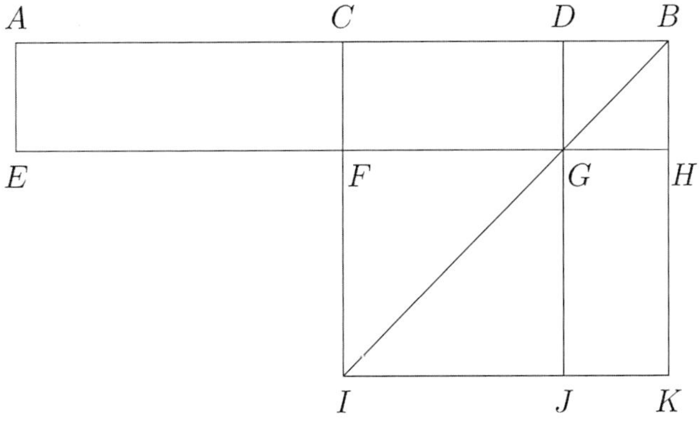

역으로, 이차방정식 $x^2 - mx + n = 0$이 주어지면, 명제 5의 결과를 이용하여 이차방정식의 근을 작도할 수 있다. 이차방정식 $x^2 - mx + n = 0$이 주어졌다는 것은 선분 $\overline{AB} = m$이 주어지고 이 선분에 타원적 방법으로 첨부할 직사각형 $AEGD$의 넓이 n이 주어졌다는 것을 의미한다. 명제 5에 의해, n을 두 식의 제곱의 차로 나타낼 수 있다. 즉, $n = (\frac{m}{2})^2 - (\frac{m}{2} - x)^2$으로 나타낼 수 있다.

이제 $n = t^2$인, 즉 명제 14에 의해 직사각형 $AEGD$를 정사각형으로 등적변형하여 t를 구할 수 있다(자와 컴퍼스를 이용하여 작도할 수 있다). 그러면, $t^2 = (\frac{m}{2})^2 - (\frac{m}{2} - x)^2$, $(\frac{m}{2} - x)^2 = (\frac{m}{2})^2 - t^2$이 성립한다. 이제, 피타고라스 정리를 이용하면, x를 구할 수 있다.

실제로, 컴퍼스를 이용하여 반지름이 $\frac{m}{2}$인 원 O를 작도하자. 이제, 반지름 OM에 $\overline{ON} = t$인 점 N을 표시하자. 점 N을 지나 반지름 OM에 수직인 직선을 작도하여 원과의 교점을 Q라 하자. 그러면, 피타고라스 정리에 의해 $\overline{NQ} = \frac{m}{2} - x$이고, $x = \frac{m}{2} - \overline{NQ}$가 된다. 결국, 이차방정식 $x^2 - mx + n = 0$의 해를 자와 컴퍼스로 작도하게 된다.

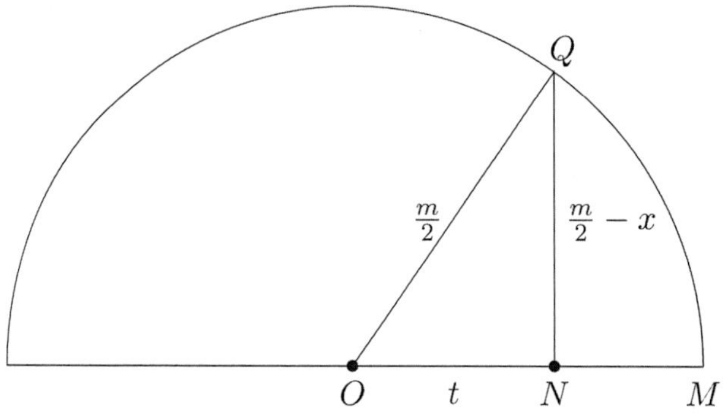

이제, 명제 6을 살펴보자. 명제 6에서 $\overline{AE}\times\overline{AD}+\overline{CB}^2=\overline{CD}^2$을 증명하였다.

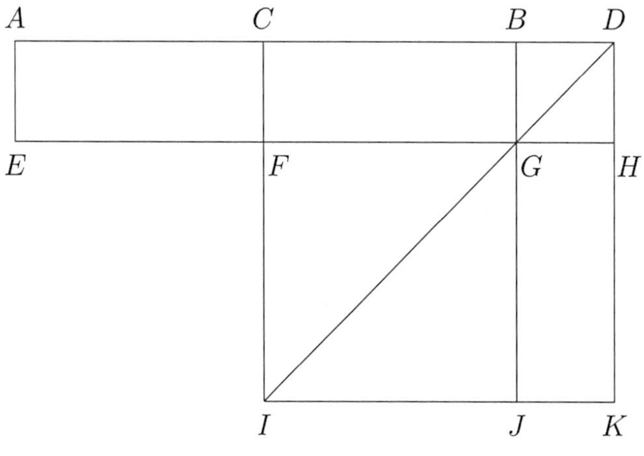

이제, 선분 AB에 쌍곡적 방법으로 첨부하는 직사각형 $AEHD$를 n이라 하고, $\overline{AB}=m,\overline{BD}=x$라 놓자. 그러면, $\overline{AE}\times\overline{AD}=n$이고, $\overline{CB}^2=\left(\frac{m}{2}\right)^2,\overline{CD}^2=\left(\frac{m}{2}+x\right)^2$이므로, $n+\left(\frac{m}{2}\right)^2=\left(\frac{m}{2}+x\right)^2, x^2+mx=n, x^2+mx-n=0$이 된다.

역으로, 이차방정식 $x^2+mx-n=0$이 주어지면, 명제 6의 결과를 이용하여 이차방정식의 근을 작도할 수 있다. 이차방정식 $x^2+mx-n=0$이 주어졌다는 것은 선분 $\overline{AB}=m$이 주어지고 이 선분에 쌍곡적 방법으로 첨부할 직사각형 $AEHD$의 넓이 n이 주어졌다는 것을 의미한다. 명제 6에 의해, $n+\left(\frac{m}{2}\right)^2=\left(\frac{m}{2}+x\right)^2$이다. 이제 $n=t^2$인, 즉 명제 14에 의해 직사각형 $AEHD$를 정사각형으로 등적변형하여 t를 구할 수 있다. 그러면, $t^2 + (\frac{m}{2})^2 = (\frac{m}{2} + x)^2$이 성립한다. 이제, 피타고라스 정리를 이용하면, x를 구할 수 있다.

결국, 2권에서는 이차방정식 $x^2 - mx + n = 0$, $x^2 + mx - n = 0$, $x^2 = ab$의 양수인 근을 피타고라스 정리, 타원적 방법, 쌍곡적 방법을 이용하여 해결하는 수학적 도구를 기하학적 방법으로 기술하고 증명하였다.

3. 원론 3권과 4권

3권에서는 원의 성질에 관련된 명제를 다루었고, 4권에서는 내접, 외접하는 다각형들의 작도 문제를 다루고 있다. 우선 3권의 내용을 살펴보자.

3권 명제 1은 주어진 원의 중심을 찾는 문제이다. 유클리드가 제시한 작도 순서를 살펴보자. (1) 주어진 원에 현 AB를 긋고, 현 AB의 중점 M을 잡자. (2) 점 M을 지나 현 AB와 직교하는 현 DE를 작도한다. (3) 현 DE의 중점 O가 주어진 원의 중심이다.

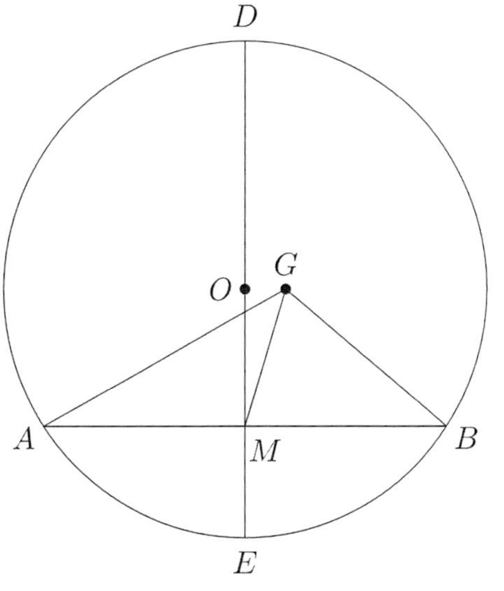

유클리드는 현 DE의 중점 O가 주어진 원의 중심이 된다는 것을 귀류법으로 증명했다. 원의 중심이 O가 아닌 다른 점 G라고 가정하고, 선분 GA, GB, GM을 작도하자.

점 M이 현 AB의 중점이므로 $\overline{AM} = \overline{BM}$이고 G가 원의 중심이므로 $\overline{GA} = \overline{GB}$이며 $\overline{GM}$은 공통이므로, 삼각형 GAM과 GBM은 1권 명제 8(SSS 합동조건)에 의해 합동이다. 이로부터 각 GMA와 GMB가 같다. 결국, 선분 GM이 선분 AB와 만나 서로 같은 인접각 GMA와 GMB를 만들었는데, 직각의 정의[1]에 의해 각 GMA와 GMB는 직각이다. 그런데, 각 OMB도 직각이므로, 직각 OMB가 직각 GMB보다 크게 된다. 이로부터 모순이 발생한다. □

원론에는 다양한 작도문제가 있다. 이때 유클리드가 제시한 작도문제 해결의 특징 중 하나는 작도 순서만 답으로 제시하는 것이 아니라, 제시된 작도의 타당성을 증명하고 있다는 것이다. 우리나라 수학교과서에서는 작도 순서만 제시되어 있는데, 유클리드 원론에서는 제시된 작도 방법이 수학적으로 타당한지에 대한 엄밀한 증명이 함께 제시되어 있다. 결국, 유클리드의 관점에서 작도문제는 단순히 도형을 작도하는 문제가 아니라, 작도 순서를 찾아 그 타당성을 증명하는 증명문제라고 할 수 있다.

명제 2는 원주의 두 점을 연결하는 현을 작도하면, 현은 원의 내부에 속한다는 것이다. 한편, 명제 3에서는 원의 중심을 지나는 현이 원의 중심을 지나지 않는 현을 이등분하면, 두 현은 직교한다는 것을 증명하였고, 명제 4는 중심을 지나지 않는 두 현이 만나면, 이들은 서로를 이등분하지 않는다는 것이다.

명제 5에서는 두 원이 만나면 두 원의 중심이 서로 일치하지 않으며, 명제 6에서는 두 원이 서로 접하면 두 원의 중심이 서로 일치하지 않는다는 것을 증명하였다. 명제 7과 8에서는 원의 내부 또는 외부의 점에서 원주로 선분들을 그었을때, 이 선분들의 대소를 비교하였다. 그리고 명제 9에서는 원의 내부점에서 원주로 3개 이상의 같은 선분을 그으면, 이 내부점은 원의 중심이라는 것을 증명하였다. 명제 10에서는 두 원이 3개 이상의 교점을 가지지 않는다는 것을 귀류법으로 증명하였다.

한편, 명제 11–13에서는 두 원이 내접 또는 외접하는 경우를 다루고 있다. 명제 11

[1]원론에서 직각은 1권 정의 10에 다음과 같이 정의되어 있다: 한 직선 위에서 재건된 직선에 의해 서로 같은 각들이 만들어지면 같은 각들 각각은 직각이고, 재건된 직선을 주어진 직선에 대한 수선이라고 한다.

과 12에서는 두 원이 서로 내접 또는 외접하면 두 원의 중심을 지나는 직선이 두 원의 접점을 지난다는 것을 증명하였고, 명제 13에서는 두 원이 내접 또는 외접하는 경우에 2개이상의 접점을 가지지 않는다는 것을 증명하였다.

명제 14–15는 현의 성질을 다루고 있으며, 명제 16–19에서는 원과 접선의 성질을 다루고 있다. 특히 명제 17은 주어진 점에서 원에 접선을 긋는 작도문제이다. 이 작도문제를 자세히 살펴보자.

원 O와 원 밖의 점 A가 주어졌다고 하자. 명제 17의 작도 순서는 (1) 선분 AO를 긋고, 반지름이 $\overline{AO}$, 중심이 O인 원을 작도한다. (2) 선분 AO와 원 O의 교점 B를 잡는다. (3) 점 B를 지나 선분 AO에 수선을 그어 (1)의 원과의 교점을 D라 하자. (4) 선분 DO를 그어, 주어진 원 O와의 교점을 C라 하자. (5) 직선 AC가 점 A에서 주어진 원 O에 그은 접선이다.

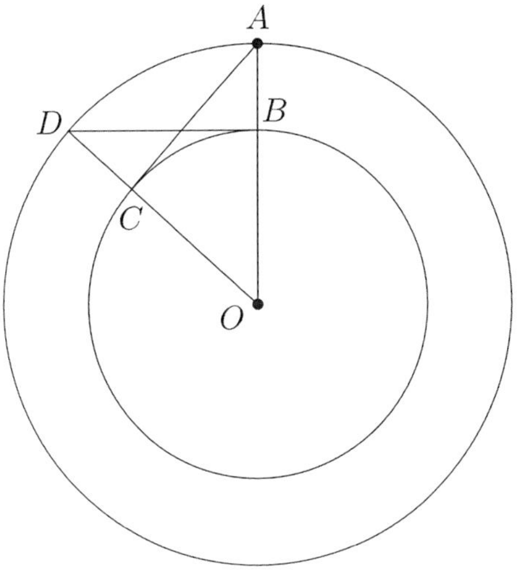

직선 AC가 원 O의 접선이라는 것을 증명하기 위해, 직선 AC와 선분 OC가 직교한다는 것을 보이면 된다. 삼각형 BOD와 COA를 보자. $\overline{OB} = \overline{OC}, \overline{OD} = \overline{OA}$이고 각 O는 공통이므로, SAS 합동조건에 의해 $\triangle BOD \equiv \triangle COA$가 된다. 그런데, $\angle OBD = 90°$이므로 $\angle OCA = 90°$이다. 그러므로 직선 AC가 원 O의 접선이라는 것이 증명된다. □

한편 명제 20–22는 원에서 각의 성질에 대해 다루고 있다. 명제 20은 같은 호에 대한 중심각은 원주각의 2배라는 것이며, 명제 21은 같은 호에 대한 원주각들은 서로 같다는 것이며, 명제 22에서는 원에 내접하는 사각형에서 대각의 합은 2직각이라는 것이 증명되었다.

명제 23–25는 원의 활꼴에 대한 것이고, 명제 26–37은 호와 현의 성질을 다루고 있다. 특히, 명제 32에서는 원의 접선과 현이 이루는 각은 그 현의 원주각과 같다는 명제가 증명되었다. 즉, 원의 한 점 A에서의 접선을 MN, 접점 A에서 그은 현을 AB라 하면, $\angle BAN = \angle BCA$가 성립한다는 것이다. 이 명제는 우리나라 중학교 수학교과서에 중요한 원의 성질로 다루어졌다.

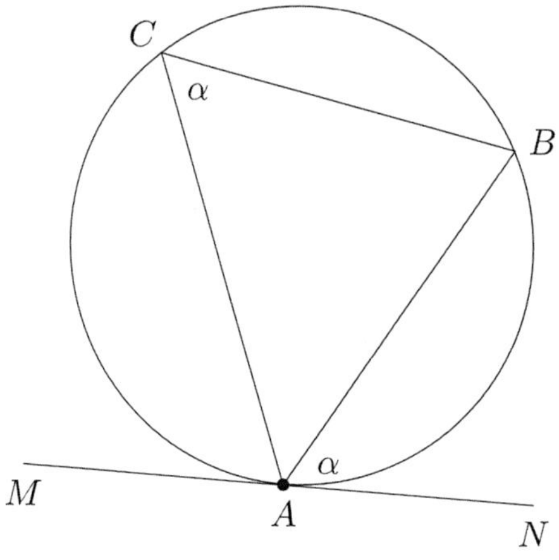

3권의 내용은 우리나라 중학교 3학년에서 전통적으로 다루었던 원의 성질에 해당한다.

4권에서는 주어진 원에 선분, 삼각형, 사각형 등을 내접 또는 외접시키는 작도 문제를 주로 다룬다. 명제 1은 주어진 원에 주어진 선분(원의 지름보다 크지 않은)을 내접시키는 작도 문제이며, 명제 2와 3은 주어진 원에 주어진 삼각형과 같은 각을 가지는 삼각형을 내접, 외접시키는 작도 문제이다. 주어진 원에 삼각형을 내접시키는 문제(명제 2)를 자세히 살펴보자.

원 O와 삼각형 DEF가 주어졌다고 하자. 원 O에 삼각형 DEF와 같은 각을 가지는 삼각형 ABC를 내접시키자. 원론에 제시된 작도 순서는 (1) 원 O의 점 B에서 접선 MN을 작도하고, (2) 반직선 BN에 각 DEF와 같은 각 NBC를 작도한다. (3) 반직선 BM에 각 EFD와 같은 각 MBA를 작도한다. (4) 점 A, C를 연결하여 삼각형 ABC를 작도한다.

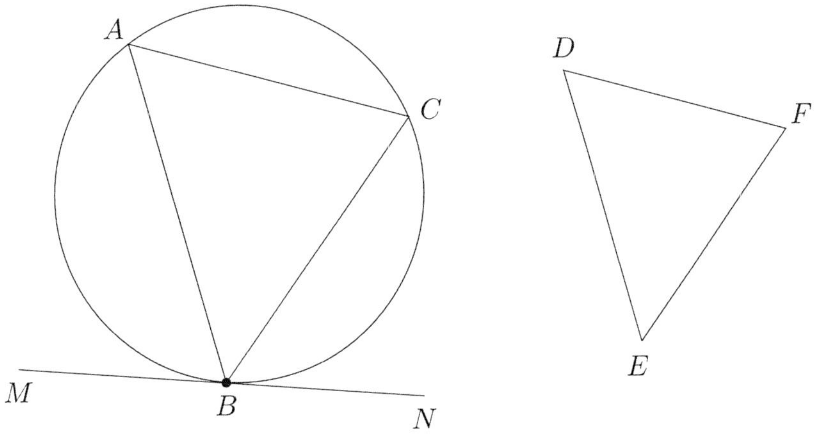

살펴본 작도의 타당성을 증명하자. 3권 명제 32에 의해, 원 O의 점 B에서의 접선과 현 BC가 이루는 각 CBN은 각 CAB와 같고, 각 MBA는 각 BCA와 같다. 그리고 1권 명제 32에서 삼각형의 세 내각의 합이 2직각(180°)이 된다는 것을 증명하였으므로, 나머지 한 각도 주어진 삼각형의 각과 같게 된다. 그러므로 삼각형 ABC의 각들과 삼각형 DEF의 각들이 같다. □

명제 4와 5는 주어진 삼각형에 원을 내접, 외접시키는 문제로, 우리나라에서는 중학교 2학년에서 삼각형의 내접원, 외접원을 작도하는 문제로 소개하고 있다.

명제 6과 7에서는 주어진 원에 정사각형을 내접, 외접시키는 작도문제이며, 명제 8과 9는 주어진 정사각형에 원을 내접, 외접시키는 문제이다. 명제 10에서는 밑변의 각이 꼭지각보다 2배가 큰 이등변삼각형을 작도하는 문제이다.

명제 11과 12에서는 주어진 원에 정오각형을 내접, 외접시키는 문제이며, 명제 13

과 14는 주어진 정오각형에 원을 내접, 외접시키는 문제이다. 명제 11인 주어진 원에 정오각형을 내접시키는 작도문제를 자세히 살펴보자.

원 O와 밑변의 각이 꼭지각보다 2배가 큰 이등변삼각형 LMN을 생각하자. 이제, 원 O에 내접하는 정오각형을 작도하는 순서를 생각하면, (1) 원 O에 이등변삼각형 LMN과 같은 각을 가지는 삼각형 ACD를 내접시킨다(4권 명제 2에 의해 내접시킬 수 있다). (2) 각 ACD, ADC의 이등분선을 그어 원과의 교점을 각각 E, B라 하자. (3) A, B, C, D, E를 연결하면, 정오각형 $ABCDE$를 얻는다.

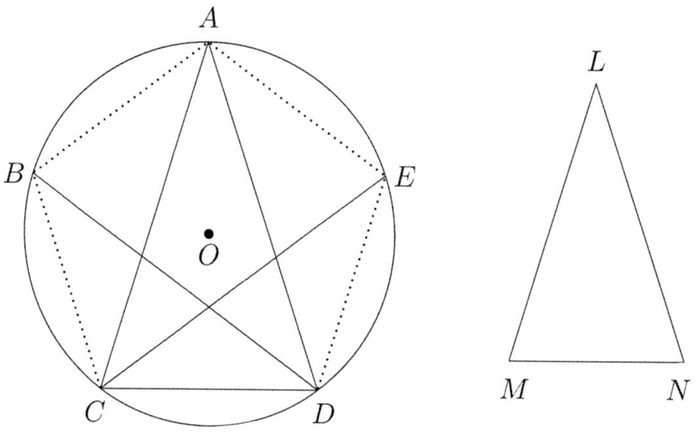

이제, 작도의 타당성을 증명하자. $2\angle CAD = \angle ACD = \angle ADC$인데, 각 ACD, ADC의 이등분선 CE, DB를 그었다. 그러므로 $\angle CAD = \angle ACE = \angle ECD = \angle ADB = \angle BDC$가 된다. 원주각이 같으면 호의 길이도 같으므로, 호 AB, BC, CD, DE, EA는 모두 같다. 그리고 같은 호에 같은 현이 대응되므로, $\overline{AB} = \overline{BC} = \overline{CD} = \overline{DE} = \overline{EA}$가 된다.

이제, 오각형 $ABCDE$의 각들이 같다는 것을 증명하자. 각 A, B, C, D, E의 대응하는 호들을 비교하자. 각 A는 호 $BCDE$의 원주각이고 각 B는 호 $CDEA$의 원주각인데, 호 $BCDE$와 $CDEA$는 같다. 그러므로 각 A와 각 B가 같다. 나머지 각들도 같은 호에 대한 원주각이 되므로, $\angle A = \angle B = \angle C = \angle D = \angle E$이다. 결국, 오각형 $ABCDE$는 정오각형이다. □

한편, 명제 15는 주어진 원에 정육각형을 내접시키는 문제이다. 4권의 마지막 명제인 명제 16은 주어진 원에 정15각형을 내접시키는 문제이다. 명제 16의 작도문제를 자세히 살펴보자.

원 O에 내접하는 정15각형을 작도하는 순서는 (1) 원 O에 정삼각형 ABC를 내접시키고(4권 명제 2에서 작도했음), (2) 한 꼭짓점이 A가 되도록 정오각형 $ADEFG$를 원에 내접시킨다(4권 명제 11에서 작도했음). (3) 호 DB를 2등분하는 점 M을 표시한다. (4) 현 DM을 작도한다. (5) 원주에 현 DM과 같은 현들을 작도한다. (6) 얻어진 현들을 모두 연결하면 정15각형이 작도된다.

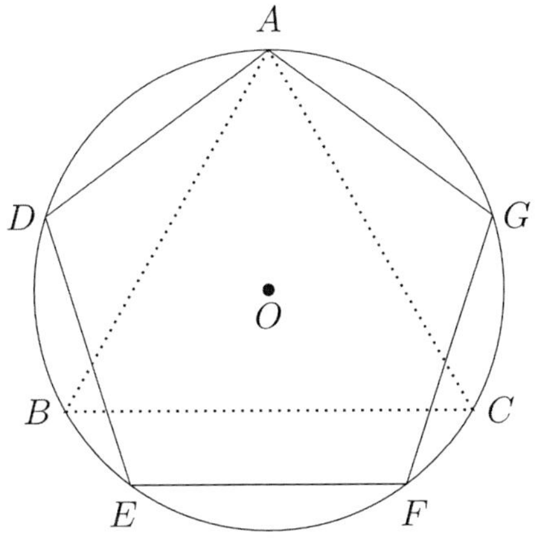

정15각형의 작도 순서를 상세히 살펴보자. 정오각형 $ADEFG$의 각 꼭짓점은 원주를 5등분하므로, 호 AD는 전체 원주의 $\frac{1}{5}$에 해당한다. 한편, 정삼각형 ABC를 중심으로 생각하면, 정삼각형 ABC의 각 꼭짓점은 원주를 3등분하므로 호 AB는 전체 원주의 $\frac{1}{3}$에 해당한다. 그러므로, 호 DB는 원주의 $\frac{2}{15}$에 해당하므로, 호 DB를 2등분하면 정15각형의 한 변을 얻을 수 있다.

호 DB는 2등분할 수 있다. 각 BOD의 이등분선을 작도하여 원주와의 교점을 M이라 하면, 호 DM이 원주의 $\frac{1}{15}$이 된다. 결국 현 DM이 정15각형의 한 변이 되는 것이다. 이제, 현 DM과 같은 현들을 원주에 표시하면 정15각형을 얻을 수 있다. □

유클리드는 호 AD를(각 AOD) 3등분하지 않고, 호 DB를 2등분하여 정15각형을 작도하였다. 호 AD를(각 AOD) 3등분하려고 하면, 각을 3등분하는 문제에 봉착되기 때문에, 유클리드는 이러한 접근을 취한 것으로 생각된다.

앞에서 가우스가 증명한 정n각형의 작도가능성에 대한 정리를 살펴보았다. 정15각형은 $15 = 3 \times 5$와 같이 페르마 소수의 곱으로 소인수분해되기 때문에, 가우스의 정리에 의해 작도가능성이 확인될 수도 있다.

4. 유클리드 원론 5권과 6권

원론 5권에서는 양들의 비에 대한 명제 25개를 다루며, 6권에서는 비를 이용하여 도형들의 닮음에 관련된 성질을 증명한다. 우리나라에서는 삼각형의 닮음을 중학교 2학년에서 다루고 원의 성질을 3학년에서 다루지만, 원론에서는 원의 성질을 먼저 다루고 삼각형의 닮음을 후에 다루고 있다.

이제 5권의 내용을 살펴보자. 원론은 기하학적으로 기술되어 있지만, 여기서는 5권의 설명에서 독자들의 이해를 위해 대수적으로 기술하고 설명할 것이다. 예를 들어, 5권 명제 1은 다음과 같이 원론에 기술되어 있다.

> [**5권 명제** 1] 몇 개의 양들이 있고 이 양들 각각을 똑같은 만큼 배를 하자. 그러면, 처음 양들의 합에 각각의 양들에 했던 만큼의 똑같은 배를 하면 배를 하여 얻어진 양들의 합과 같다.

여기서는 명제 1을 대수적으로 '주어진 양 a, b, c, d를 p배하여 pa, pb, pc, pd를 생각하면 $p(a+b+c+d) = pa+pb+pc+pd$가 성립한다'고 기술할 것이다. 양 a의 p배를 pa로 기술하였다. 이것은 길이가 a인 선분을 p배하여 길이가 pa인 선분을 작도하였다는 것을 의미한다.

5권에 제시된 명제들을 표로 정리하여 살펴보자. 이때 표에서 양들은 a, b, c, e, f, g로 나타냈으며, 이들을 p, q배하여 원론에 제시된 비의 관계를 기술하였다.

명제 №	주어진 양	관계
1	a, b, c, d	$p(a+b+c+d) = pa+pb+pc+pd$
2	a, b, c, e, f, g	$a = pc, b = qc, e = pg, f = qg$이면 $a+b = (p+q)c, e+f = (p+q)g$
3	a, b, c, d	$a = pc, b = pd$이면 $qa = qpc, qb = qpd$
4	a, b, c, d	$a : b = c : d$이면 $pa : qb = pc : qd$
5	a, b, c, e, f, g	$a = pc, b = qc, e = pg, f = qg$이면 $a-b = (p-q)c, e-f = (p-q)g$
6	a, b, c, d	$a = pb, c = pd$이면 $a-c = p(b-d)$
7	a, b, c	$a = b$이면 $a : c = b : c, c : a = c : b$
8	a, b, c	$a > b$이면 $a : c > b : c, c : b > c : a$
9	a, b, c	$a : c = b : c$이면 $a = b$, $c : a = c : b$이면 $a = b$
10	a, b, c	$a : c > b : c$이면 $a > b$, $c : b > c : a$이면 $b < a$
11	a, b, c, d, e, f	$a : b = e : f, c : d = e : f$이면 $a : b = c : d$
12	a, b, c, d, e, f	$a : b = c : d = e : f$이면 $a : b = (a+c+e) : (b+d+f)$
13	a, b, c, d, e, f	$a : b = c : d$, $c : d > e : f$이면 $a : b > e : f$
14	a, b, c, d	$a : b = c : d$일 때 $a > c$이면 $b > d$, $a = c$이면 $b = d$, $a < c$이면 $b < d$
15	a, b	$a : b = pa : pb$
16	a, b, c, d	$a : b = c : d$이면 $a : c = b : d$
17	a, b, c, d	$a : b = c : d$이면 $(a-b) : b = (c-d) : d$
18	a, b, c, d	$a : b = c : d$이면 $(a+b) : b = (c+d) : d$
19	a, b, c, d	$a : b = c : d$, $a > c, b > d$이면 $(a-c) : (b-d) = a : b$
20	a, b, c, e, f, g	$a : b = e : f, b : c = f : g$일 때 $a > c$이면 $e > g$, $a = c$이면 $e = g$, $a < c$이면 $e < g$

명제 №	주어진 양	관계
21	a, b, c, e, f, g	$a : b = e : g, b : c = e : f$일 때 $a > c$이면 $e > g$, $a = c$이면 $e = g$, $a < c$이면 $e < g$
22	a, b, c, e, f, g	$a : b = e : f, b : c = f : g$이면 $a : c = e : g$
23	a, b, c, e, f, g	$a : b = f : g, b : c = e : f$이면 $a : c = e : g$
24	a, b, c, e, f, g	$a : c = e : g, b : c = f : g$이면 $(a+b) : c = (e+f) : g$
25	a, b, c, d	$a : b = c : d$이며 a가 가장 크고, d가 가장 작으면, $a + d > b + c$

표에 있는 5권의 명제들을 살펴보자. 명제 2와 5의 의미는 두 양 a, b가 각각 양 c의 p, q배이고 양 e, f가 각각 양 g의 p, q배이면, 양 $a \pm b, e \pm f$는 각각 c, g의 같은 배, 즉 $(p \pm q)$배라는 것이다. 한편, 명제 3은 두 양 (a, b)가 다른 두 양 (c, d)의 p배[2]라 하면, 양 (a, b)의 q배는 (c, d)의 pq배와 같다는 것을 의미한다. 표를 살펴보면, 명제 1에서 명제 6까지는 양 a, b, c, e, f, g를 p, q배 하였을 때 얻어지는 양들과 양 a, b, c, e, f, g의 관계를 배, 사칙연산, 비례식 등의 관점에서 탐구하고 있다.

한편, 명제 4에서부터는 양들 사이의 비를 다루고 있다. 우선 원론 5권에서 비를 어떻게 정의했는지를 살펴보자. 정의 3에서 비는 같은 종류의 두 양사이의 수량적 측면의 관계로 규정하였다. 가령 두 양 a, b의 비 $a : b$는 양 b에 대한 a의 수량적 측면의 관계를 의미한다. 가령, 선분 OA, AB의 양을 a, b라 하고, $\overline{OA}, \overline{AB}$가 그림과 같다고 하자.

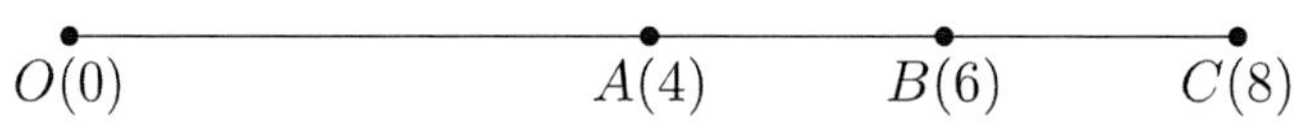

양 a는 4이며, 양 b는 2이다. 그러면 $a : b = 4 : 2$라 쓸 수 있으며, 선분 AB에 대한 선분 OA의 수량적 측면의 관계를 의미한다. 이것을 현대적 표기로 바꾸면, 분수의 형태인 $\frac{4}{2}$로 나타낸다는 것을 알고 있다. 즉 $a : b$를 현대적인 표기로 바꾸면, $\frac{a}{b}$가 된다.

[2]여기서의 배는 n배를 의미하며, 이것을 정수론의 의미로 쓰면 '배수'라고 할 수 있다.

물론, 원론에서는 이것을 분수의 형태로 나타내지는 않았다. 여기서는 필요한 경우에 $a:b$와 $\frac{a}{b}$를 혼용하여 사용할 것이다.

한편, 정의 4에서는 '두 양이 비를 가진다'는 것을 다음과 같이 정의하였다.

> **[5권 정의 4]** 양들이 비를 가진다는 것은 양들을 몇 배하여 다른 양보다 크게 되는 것이다.

5권 정의 4에 의하면, 임의의 두 선분 a, b는 비를 가진다. 가령 $a > b$라 하면, b를 적당히 p배하면, $pb > a$가 되도록 할 수 있기 때문이다. 그러나, 선분 a와 직사각형 ab는 비를 가질 수 없다. 선분 또는 직사각형을 p배 한다고 하여 선분이 직사각형보다 크게 되거나, 직사각형이 선분보다 크게 할 수 없기 때문이다.

한편, 원론의 5권 정의 5에서는 양 a, b, e, f로 만들어지는 비 $a:b, e:f$의 상등을 규정하였다. $a:b, e:f$에서 두 비의 첫 번째 양 a, e의 p배인 ap, ep와 두 번째 양 b, f의 q배인 bq, fq를 생각하자. (1) 적당한 p, q에 대해 $ap > bq$이면 동시에 $ep > fq$이고, (2) 적당한 p, q에 대해 $ap = bq$이면 동시에 $ep = fq$이고, (3) 적당한 p, q에 대해 $ap < bq$이면 동시에 $ep < fq$가 성립하면, 두 비 $a:b, e:f$가 같다고 하고 $a:b = e:f$라 쓴다.

앞에서 비 $a:b = \frac{a}{b}$와 같은 의미로 쓴다고 했다. 그러면 $a:b$와 $e:f$를 $\frac{a}{b}, \frac{e}{f}$로 쓸 수 있다. 현대적인 의미에서 두 분수 $\frac{a}{b}, \frac{e}{f}$가 서로 같다는 것은 분모를 통분했을 때 분자가 서로 같은 것을 말한다. 즉 분수 $\frac{a}{b}, \frac{e}{f}$를 $\frac{af}{bf}, \frac{eb}{fb}$와 같이 변형시켜서 $af = eb$일 때에 $\frac{af}{bf} = \frac{eb}{fb}$라고 한다.

그러나 원론에서 비의 상등은 그 정의가 현대적인 분수의 상등과는 다르다. 원론에서 비의 상등의 의미를 자세히 살펴보자. 예를 들어, 비 $2:5$와 $4:10$을 생각하자. (1) 비의 첫 번째 양인 2와 4에 똑같이 6을 곱하고 두 번째 양인 5와 10에 똑같이 2를 곱하자. 그러면, $2 \times 6 > 5 \times 2$이고 $4 \times 6 > 10 \times 2$가 된다. (2) 비의 첫 번째 양인 2와 4에 똑같이 5을 곱하고 두 번째 양인 5와 10에 똑같이 2를 곱하자. 그러면, $2 \times 5 = 5 \times 2$이고 $4 \times 5 = 10 \times 2$가 된다. (3) 비의 첫 번째 양인 2와 4에 똑같이 4을 곱하고 두 번째 양인 5와 10에 똑같이 2를 곱하자. 그러면, $2 \times 4 < 5 \times 2$이고 $4 \times 4 < 10 \times 2$가 된다. (1), (2), (3)으로부터 $2 : 5 = 4 : 10$이 성립함을 알 수 있다.

그러나 비 $2 : 5$와 $3 : 8$을 생각하면, (1) 첫 번째 양에 9를 곱하고 두 번째 양에 3을 곱하면 $2 \times 9 > 5 \times 3, 3 \times 9 > 8 \times 3$이 성립하고, (2) 첫 번째 양에 5를 곱하고 두 번째 양에 2를 곱하면 $2 \times 5 = 5 \times 2$이지만, $3 \times 5 < 8 \times 2$가 성립하므로, 두 비는 같지 않다.

이제, 두 비의 대소관계를 정의한 정의 7을 살펴보자. 두 비 $a : b, e : f$에서 적당한 p, q에 대해 $ap > bq$이고 $ep \leq fq$이면, 비 $a : b$가 $e : f$보다 크다고 말하고, $a : b > e : f$라 쓴다.

예를 들어, 비 $5 : 6, 1 : 8$을 생각하자. 두 비의 첫 번째 양에 10, 두 번째 양에 3을 곱하자. 그러면 $5 \times 10 > 6 \times 3$이며 $2 \times 10 < 8 \times 3$이 된다. 그러면, 정의 7에 의해 $5 : 6 > 1 : 8$이 된다.

그런데, 비의 첫 번째 양에 30, 두 번째 양에 3을 곱하면, $5 \times 30 > 6 \times 3$이지만 $1 \times 30 \leq 8 \times 3$이 성립하지 않는다. 그러면, 정의 7을 적용할 수 없다. 그러므로, 정의 7을 적용하기 위해서는 적당한 p, q를 찾아야 한다. 즉, 모든 p, q에 대해 정의 7을 따지는 것이 아니라, 정의 7을 만족시키는 p, q가 존재하면 정의 7이 만족된다는 의미이다. 정의 5도 같은 의미로 이해해야 한다.

살펴본 정의 5와 정의 7은 에우독소스(Eudoxus, 기원전 약 408–355)가 쓴 '비례론'에 나오는 두 비 $a : b, c : d$에서 $a : b = c : d$과 $a : b > c : d$의 정의와 일치한다. 즉, 유클리드는 원론에 에우독소스의 비례론의 내용을 포함시켰다고 할 수 있다. 원론 5권의 대부분의 명제들은 살펴본 두 비의 상등관계, 대소관계를 바탕으로 한다.

명제 12를 분수 형태로 표기하자. 양 a, b, c, d, e, f에서

$$\frac{a}{b} = \frac{c}{d} = \frac{e}{f}\text{이면, } \frac{a}{b} = \frac{a+c+e}{b+d+f}$$

가 된다. 명제 12는 '가비의 리'라고도 불린다. 명제 12를 현대적인 의미에서 증명을 간단히 살펴보자. $\frac{a}{b} = \frac{c}{d} = \frac{e}{f} = k$라 놓으면, $a = bk, c = dk, e = fk$이므로, $\frac{a+c+e}{b+d+f} = \frac{bk+dk+ek}{b+d+f} = k$가 된다. $\frac{a}{b} = k$이므로, $\frac{a}{b} = \frac{a+c+e}{b+d+f}$가 성립한다. □

명제 17, 18, 19를 분수꼴로 나타내고 현대적인 방법을 사용하면 유사하게 증명할 수 있다. 가령 명제 19를 현대적인 방법으로 증명하자. $\frac{a}{b} = \frac{c}{d} = k$라 놓으면, $a = bk, c = dk$이다. $\frac{a-c}{b-d} = \frac{bk-dk}{b-d} = k$가 되며 $\frac{a}{b} = k$이므로, $\frac{a-c}{b-d} = \frac{a}{b}$이다. □

이제, 원론 6권을 살펴보자. 6권 명제 1은 높이가 같은 삼각형이나 평행사변형의 넓이의 비는 밑변의 비와 같다는 것이며, 명제 2에서는 삼각형의 한 변에 평행한 직선으로 삼각형 다른 두 변을 자르면, 두 변은 비례하는 선분들로 분할되며, 그 역도 성립한다는 것이 증명되었다. 명제 2를 그림으로 나타내어 살펴보자. 삼각형 ABC의 변 AB, AC에 점 D, E를 잡았다. 이때, $\overline{DE} \parallel \overline{BC}$이면, $\overline{AD} : \overline{DB} = \overline{AE} : \overline{EC}$가 성립하며, 이것의 역도 성립한다는 것이다.

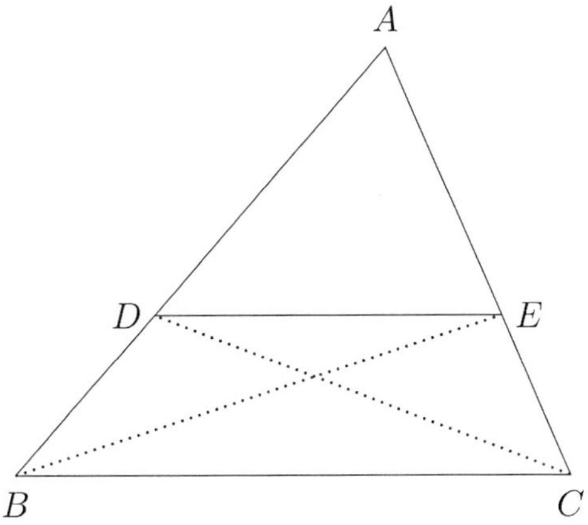

명제 2는 우리나라 중학교 2학년에서 다루어지는 내용인데, 보통 수학교과서에서는 삼각형 ABC와 ADE의 닮음을 이용하여 비례식 $\overline{AD} : \overline{DB} = \overline{AE} : \overline{EC}$를 설명한다. 그런데, 원론에서는 삼각형의 닮음조건이 6권 명제 4에서부터 나오기 때문에, 다른 방법으로 이 비례식을 증명한다. 이를 살펴보자.

우선, $\overline{DE} \parallel \overline{BC}$라고 가정하자. 그러면, 삼각형 DBE, DCE에서 변 DE는 공통이고 꼭짓점 B, C는 $\overline{DE}$에 평행한 직선 BC에 속하므로, $S_{DBE} = S_{DCE}$가 성립한다. 그러므로 $S_{ADE} : S_{DBE} = S_{ADE} : S_{ECD}$가 된다. 이때, 삼각형 ADE, DBE는 변

$\overline{AD}, \overline{DB}$가 $\overline{AB}$에 속하며 다른 꼭짓점 E를 공유하므로, $S_{ADE} : S_{DBE} = \overline{AD} : \overline{DB}$가 된다. 같은 이유로, 삼각형 AED, ECD에서 $S_{ADE} : S_{ECD} = \overline{AE} : \overline{EC}$이다. $S_{ADE} : S_{DBE} = S_{ADE} : S_{ECD}$이므로 $\overline{AD} : \overline{DB} = \overline{AE} : \overline{EC}$가 증명된다.

이제, 역으로 $\overline{AD} : \overline{DB} = \overline{AE} : \overline{EC}$가 성립할 때 $\overline{DE} \parallel \overline{BC}$를 증명하자. $\overline{AD} : \overline{DB} = S_{ADE} : S_{DBE}, \overline{AE} : \overline{EC} = S_{ADE} : S_{ECD}$이므로, $S_{ADE} : S_{DBE} = S_{ADE} : S_{ECD}$가 된다. 얻어진 비례식에서 S_{ADE}가 공통이므로, $S_{DBE} = S_{ECD}$이다. 삼각형 DBE, ECD에서 변 DE가 공통이므로, $S_{DBE} = S_{ECD}$로부터 꼭짓점 B, C가 $\overline{DE}$에 평행한 직선에 속한다는 것이 유도된다. □

명제 3에서는 각의 이등분선의 중요한 성질이 증명되어 있다. 삼각형 ABC에서 각 A의 이등분선 AD를 그으면, $\overline{BD} : \overline{CD} = \overline{AB} : \overline{AC}$가 성립하며, 그 역도 성립한다는 것이다. 여기서는 삼각형 ABC에서 각 A의 이등분선 AD를 그으면, $\overline{BD} : \overline{CD} = \overline{AB} : \overline{AC}$가 성립한다는 것을 원론에서는 어떻게 증명하는지 살펴보자.

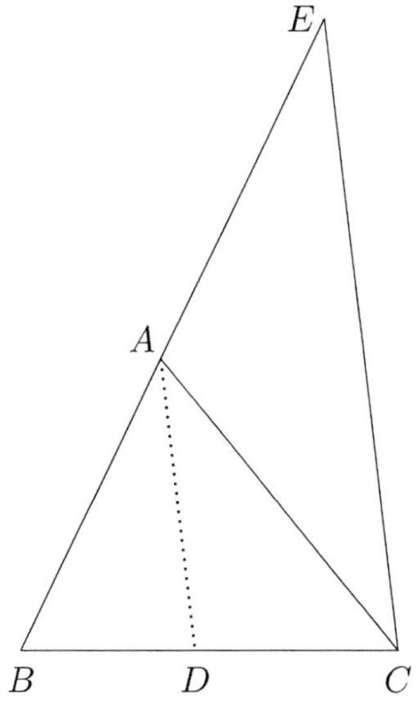

삼각형 ABC에서 각의 이등분선 AD를 긋고, 꼭짓점 C를 지나 AD와 평행한 직선이 변 BA의 연장선과 만나는 점을 E라 하자. 각 ACE와 CAD는 평행한 직선에

서의 엇각이므로 $\angle ACE = \angle CAD$이며, 선분 AD가 각의 이등분선이므로 $\angle ACE = \angle CAD = \angle BAD$이다. 한편, 각 BAD와 AEC는 평행한 직선에서 동위각이므로 서로 같다. 결국 $\angle ACE = \angle AEC$이므로, 삼각형 ACE는 이등변삼각형이고 $\overline{AC} = \overline{AE}$이다.

이제, 6권 명제 2에 의해 삼각형 BCE에서 $\overline{BD} : \overline{DC} = \overline{AB} : \overline{AE}$이며 $\overline{AC} = \overline{AE}$이므로, $\overline{BD} : \overline{DC} = \overline{AB} : \overline{AC}$가 된다. 이것으로 명제 3이 증명된다. □

명제 3은 중등학교 학생들이 도형에 관련된 문제를 해결할 때에 폭넓게 사용하는 각의 이등분선의 성질이다. 명제 3에서는 삼각형의 내각의 이등분선을 다루었는데, 삼각형의 외각의 이등분선에 대해서도 유사한 성질이 성립한다. 삼각형 ABC의 각 A의 외각의 이등분선을 그어 변 BC의 연장선과 점 D에서 만났다고 하자. 그러면 $\angle CAD = \angle DAE$이다.

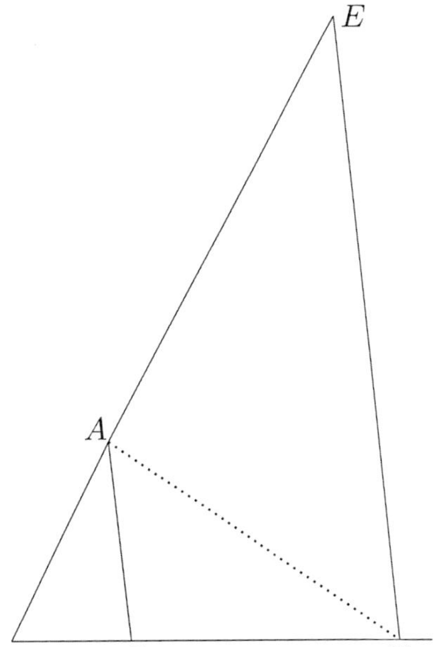

점 D를 지나 변 AC와 평행인 선분 DE를 그었다. 그러면, $\angle CAD = \angle ADE$이므로, $\angle ADE = \angle DAE$이며 삼각형 EAD는 $\overline{EA} = \overline{ED}$인 이등변삼각형이다. 6권 명제

2에 의해 $\frac{\overline{BA}}{\overline{AE}} = \frac{\overline{BC}}{\overline{CD}}$이다. 등식의 양변에 1을 더하면, $\frac{\overline{BA}}{\overline{AE}} + 1 = \frac{\overline{BC}}{\overline{CD}} + 1$, $\frac{\overline{BA}+\overline{AE}}{\overline{AE}} = \frac{\overline{BC}+\overline{CD}}{\overline{CD}}$가 되므로 $\frac{\overline{BE}}{\overline{AE}} = \frac{\overline{BD}}{\overline{CD}}$가 된다. 이때 $\overline{AE} = \overline{ED}$를 생각하면, $\frac{\overline{BE}}{\overline{ED}} = \frac{\overline{BD}}{\overline{CD}}$가 된다. 이제, 삼각형 BAC, BED의 닮음을 생각하면, 명제 3과 유사한 비례식 $\overline{BD} : \overline{CD} = \overline{AB} : \overline{AC}$가 증명된다.

명제 4에서는 세 각에 의한 두 삼각형의 닮음 조건을 증명하였다. 각들이 서로 같은 두 삼각형에서 변들의 비가 서로 같다는 것이다. 명제 4의 증명을 살펴보자.

삼각형 ABC, DEF에서 $\angle A = \angle D, \angle B = \angle E, \angle C = \angle F$라고 가정하자. 그리고 꼭짓점 E가 꼭짓점 C와 일치하도록 두 삼각형을 작도하자.

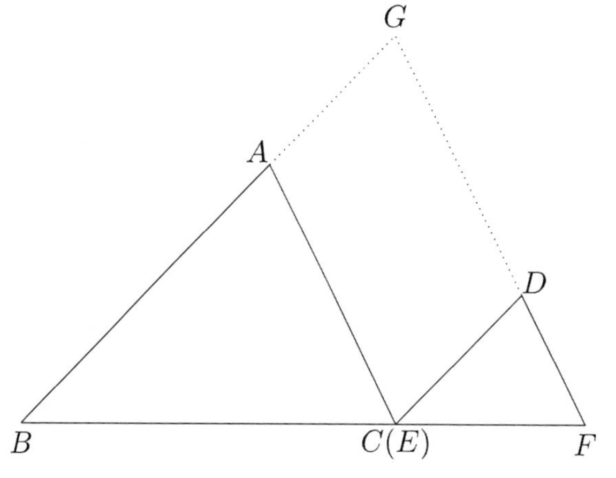

이제, 변 BA, FD의 연장선이 점 G에서 만난다고 하자. $\angle BCA = \angle CFD$이므로, 직선 CA와 FG는 평행이다. 삼각형 BFG에서 변 FG에 평행한 선분 AC를 생각하면, 6권 명제 2에 의해 $\overline{BA} : \overline{AG} = \overline{BC} : \overline{CF}$가 된다. 한편, $\angle ABC = \angle DCF$이므로, 직선 AG와 CD는 평행이다. 즉, 사각형 $GACD$는 평행사변형이고 $\overline{AG} = \overline{CD}$이다. 결국 $\overline{BA} : \overline{AG} = \overline{BC} : \overline{CF}$에서 $\overline{BA} : \overline{CD} = \overline{BC} : \overline{CF}$가 된다.

이제, 삼각형 FGB에서 변 GB에 평행한 선분 CD를 생각하면, $\overline{FC} : \overline{CB} = \overline{FD} : \overline{DG}$가 성립한다. 그리고 사각형 $GACD$가 평행사변형이므로 $\overline{DG} = \overline{AC}$이다. 그러므로, $\overline{FC} : \overline{CB} = \overline{FD} : \overline{AC}$가 된다.

결국, $\overline{BA} : \overline{CD} = \overline{BC} : \overline{CF}$와 $\overline{FC} : \overline{CB} = \overline{FD} : \overline{AC}$로부터 삼각형 ABC, DCF에서 $\overline{AB} : \overline{CD} = \overline{BC} : \overline{CF} = \overline{AC} : \overline{DF}$가 성립함을 알 수 있다. □

한편, 명제 5는 변들의 길이의 비에 의한 닮음 조건으로, 두 삼각형의 변들의 길이의 비가 같으면, 두 삼각형은 각들이 서로 같다는 것이 증명되어 있다. 명제 6은 두 변과 끼인각에 의한 닮음 조건으로, 두 삼각형에서 한 각이 서로 같고 이 각의 변에 있는 두 변의 비가 서로 같으면, 두 삼각형은 각들이 서로 같다는 것이다.

우리나라 중학교 수학교과서에서는 명제 4, 5, 6에 제시된 세 가지 닮음조건을 증명없이 다루고 있다. 그리고 삼각형의 합동도 증명없이 소개하고 있다. 삼각형의 합동조건, 닮음조건은 평면기하학 탐구의 중요한 도구가 되기 때문에, 그 수학적 증명을 학생들이 이해하고 실제로 할 수 있는 것도 수학적으로 의미는 있을 것이다. 그러나, 우리나라에서는 수학교과서에서 이러한 명제들을 증명을 통해 지도하는 것에 대한 충분한 논의가 아직 이루어지지 못하고 있다. 일부에서는 수학적 증명이 어렵기 때문에 직관적으로 도입하고 소개하는 것으로 충분하다는 주장이 있기도 하지만, '배움'의 본질 자체가 어려움을 수반하기 때문에, 어렵기 때문에 증명을 지도하지 말자는 주장에 대해서는 신중한 교수학적 논의가 필요할 것이다.

명제 7에서는 두 삼각형에서 한 각이 같고, 나머지 각들 중의 대응하는 한 각에 놓인 두 변이 비례하며 대응하는 각들이 동시에 직각보다 작거나 또는 직각보다 작지 않으면, 두 삼각형은 각들이 서로 같다는 것을 증명하였다. 명제 7을 수식을 이용하여 나타내면, 두 삼각형 ABC, DEF에서 (1) $\angle A = \angle D$이고, (2) $\angle B$와 $\angle E$에 놓인 대응하는 두 변이 $\overline{AB} : \overline{BC} = \overline{DE} : \overline{EF}$이며, (3) $\angle B$와 $\angle E$, $\angle C$와 $\angle F$가 동시에 직각보다 작거나 또는 직각보다 작지 않으면, 두 삼각형 ABC, DEF는 각들이 서로 같다는 것이다.

명제 8은 직각삼각형의 직각인 꼭짓점에서 빗변에 수선을 내리면, 수선에 의해 만들어진 두 직각삼각형과 큰 직각삼각형이 서로 닮았다는 것이다. 이것을 그림으로 살펴보자. 각 A가 직각인 직각삼각형 ABC에서 빗변 BC에 수선 AD를 그었다. 그러면, 직각삼각형 ABD, ACD가 얻어지는데, 명제 8은 $\triangle ABC \sim \triangle DBA \sim \triangle DAC$가 성립한다는 것이다. 명제 8은 중학교 2학년 수학교과서에서 중요하게 다루어지는 닮음의 성질이다.

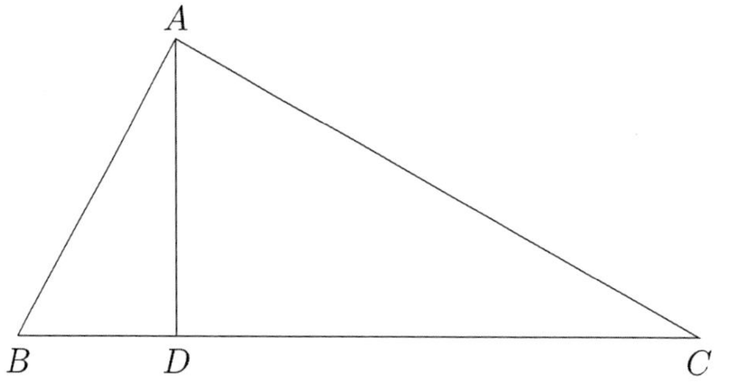

명제 9와 10은 주어진 선분을 일정한 비로 분할하는 작도문제이며, 명제 11은 주어진 두 선분 a, b에 대해 $a : b = b : x$인 선분 x를 구하는 문제이고, 명제 12는 주어진 세 선분 a, b, c에 대해 $a : b = c : x$인 선분 x를 구하는 문제이다. 그리고 명제 13은 주어진 두 선분 a, b에 대해 $a : x = x : b$인 비례중항 x를 구하는 문제이다.

명제 14는 넓이와 각들이 같은 평행사변형들에서 같은 각에 놓인 변들의 길이의 비에 대한 것이고, 명제 15는 넓이가 같고 한 각이 같은 삼각형들에서 같은 각에 놓인 변들의 비를 다룬다.

한편, 명제 16에서는 네 선분 a, b, c, d가 $a : b = c : d$이면, a, d를 변으로 하는 직사각형과 b, c를 변으로 하는 직사각형이 같다는 것을 증명하였다. 즉, $a : b = c : d$가 $ad = bc$와 같다는 것이다. 명제 17에서는 세 선분 a, b, c가 $a : b = b : c$이면, a, c를 변으로 하는 직사각형과 c를 변으로 하는 정사각형이 같다는 것을 증명하였다.

명제 18은 닮은 직선도형을 작도하는 문제이고, 명제 19는 닮음인 삼각형의 비는 변의 길이의 제곱의 비라는 것이다. 명제 20에서는 닮음인 직선도형의 비는 변의 길이의 제곱의 비라는 것을 증명하였다. 즉, 명제 19와 20에서는 닮음인 다각형에서 다각형의 넓이의 비는 변의 길이의 제곱의 비와 같다는 것을 다루고 있다.

명제 21에서는 직선도형 A, B가 직선도형 C와 닮음이면, 직선도형 A와 B는 닮음이라는 것을 증명하였다. 명제 22는 네 선분 a, b, c, d가 $a : b = c : d$이며 선분 a, b에 닮음인 직선도형 A, B를 놓고, 선분 c, d에 닮음인 직선도형 C, D를 놓으면, $A : B = C : D$가 성립하며, 그 역도 성립한다는 것이다.

명제 23은 각들이 같은 평행사변형의 비는 같은 각에 놓인 변들로 만들어진 직사각형의 비와 같다는 것이다. 명제 24에서는 평행사변형 $ABCD$의 대각선 AC에 놓인 두 평행사변형 $AEFG, FHCI$를 생각하였다. 그러면, 평행사변형 $AEFG, FHCI$는 서로 닮음이며, $ABCD$와도 닮음이 된다는 것이 증명되었다.

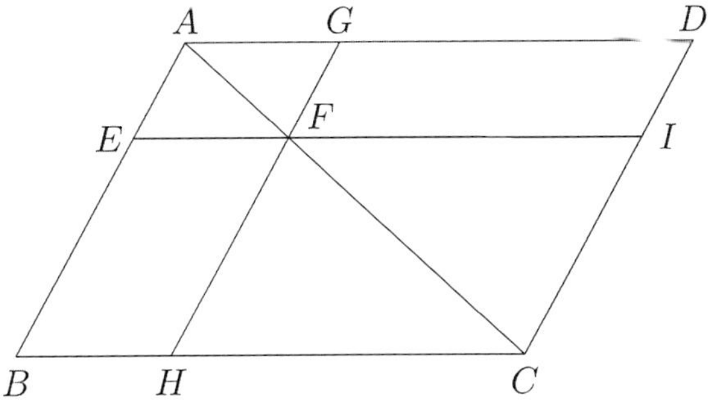

명제 25는 주어진 직선도형과 같은 넓이를 가지며 다른 직선도형과 닮은 직선도형을 작도하는 문제이다. 명제 26은 닮음인 두 평행사변형을 같은 한 각이 일치하도록 포개면, 대각선이 일치한다는 것이다. 이 명제는 명제 24의 역이라고 할 수 있다.

명제 27, 28, 29에서는 일정한 조건을 만족시키는 평행사변형을 작도하는 문제이며, 명제 30은 주어진 선분 AB를 $\overline{AB} : \overline{AC} = \overline{AC} : \overline{BC}$가 되도록 분할하는 점 C를 작도하는 문제이다.

명제 31은 직각삼각형의 각 변에 닮음인 직선도형을 작도하면, 빗변에 있는 직선도형은 다른 두 변에 놓인 직선도형의 합과 같다는 것이다. 이 명제 31은 피타고라스 정리의 일반화라고 할 수 있다.

명제 32에서는 두 삼각형 ABC, DEF에서 $\overline{AB} : \overline{AC} = \overline{DE} : \overline{DF}$, $\angle A = \angle D$이며 꼭짓점 C와 E를 붙여놓았는데, 변 AB와 DE, 변 AC와 DF가 평행하도록 하였다.

그러면 변 BC와 EF는 한 직선에 놓이게 된다는 것을 증명하였다.

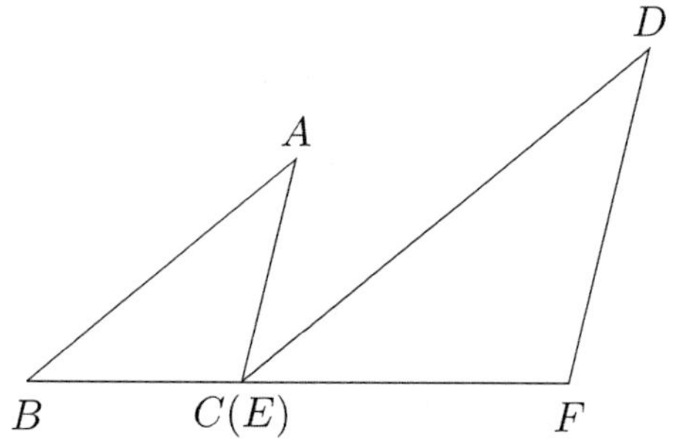

6권의 마지막인 명제 33은 같은 원들에서 원주각이나 중심각들의 비는 이 각들의 호의 비와 같다는 것이다.

우리나라의 수학교과서에서는 닮음과 관련하여서는 삼각형을 주로 다루는데, 원론에서는 삼각형, 평행사변형, 직선도형(다각형), 원에서 원주각이나 중심각의 비 등을 다루고 있다. 한편, 원론에서는 닮음에 관련된 평행사변형의 성질을 비교적 많이 다루고 있는데, 명제 1, 명제 14, 명제 23, 명제 24, 명제 26, 명제 27, 명제 28, 명제 29가 그것이다.

5. 유클리드 원론 7–13권

원론의 7권에서 9권까지에서는 정수론에 관련된 명제들을 다룬다. 7권에서 비로소 '단위'와 '수'가 정의되었다. 7권 정의 1에서 단위는 '단위를 통해 존재하는 것들을 균일하게 센다'라고 정의되었다. 즉, '단위'는 세기의 도구이며, 단위를 이용한 세기의 결과로 만들어지는 것이 수이다. 한편, 정의 2에서 '수는 단위들로 이루어진 모임'으로 정의되었다. 단위 1과 1이 모인 것이 2이고, 2에 단위 1이 결합된 것이 3이고, 3에 단위 1이 결합된 것이 4이다. 결국, 유클리드 원론에서 수는 단위 1을 이용하여 만들어지는 $2, 3, 4, \cdots$ 등의 자연수를 의미한다. 원론의 7–9권을 제외한 나머지 책들에서는 '수'를 다루지 않고, 선분의 '양'을 다루었다.

한편, 정의 5에서 작은 수의 배수는 작은 수로 측정되는 수를 말하며, 정의 6에서 짝수는 똑같은 둘로 나누어지는 수를 말하고, 정의 7에서 홀수는 똑같은 둘로 나누어지지 않거나 짝수와 단위만큼 차이가 나는 수를 말한다.

정의 12에서 소수는 단위 1로만 측정되는 수로 정의되며, 정의 13에서 서로소인 수들은 공통 척도가 단위 1인, 즉 단위 1로만 공통으로 측정되는 수들을 말하며, 정의 14에서 합성수는 어떤 수로 측정되는 수를 말한다.

이제, 7권 명제 2를 살펴보자. 명제 2는 최대공약수를 유클리드 알고리즘으로 구하는 문제이다. 명제 2는 '서로소가 아닌 두 수에 대해 이들의 최대 공통 척도를 구하여라'고 기술되어 있다.

원론을 중심으로 풀이를 살펴보자. 서로소가 아닌 두 수 AB, CD가 주어졌다고 하자. 이때 두 가지가 가능하다. (1) CD가 AB를 측정한다고 하자. 그러면, CD는 자신도 측정하므로, CD는 AB와 CD를 측정하는 공통 척도이다. CD보다 큰 수는 CD를 측정하지 못하므로, CD가 최대 공통 척도가 된다.

(2) CD가 AB를 측정하지 못한다고 하자. 그러면, 작은 수로 큰 수를 계속 잘라내면 어떤 수가 남게 된다. 가령, CD가 AB보다 작다고 하자. CD로 AB를 몇 번 잘라내면 어떤 수 EB가 남는다. 이때 단위는 남지 않는다. 만약 단위가 남게 되면 AB와 CD가 서로소인 수들이 되기 때문이다.

이제, AB에서 CD로 잘라내고 남은 나머지 EB를 생각하자. 나머지 EB로 CF를 측정하면, 나머지 FD가 생긴다. 가령, 나머지 FD가 EB를 측정한다고 하자. 그러면, FD는 자신을 측정하고 또 EB를 측정하고, 그리고 EB는 CF를 측정하므로, FD는 CD를 측정한다. 그리고 CF는 AE를 측정하므로, 결국 FD는 AB, CD를 측정하는 공통 척도이다.

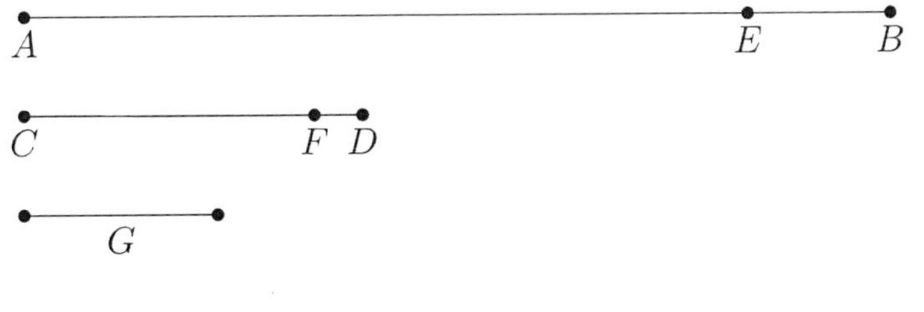

이제, FD가 AB, CD의 공통 척도 중에서 가장 크다는 것을 보이자. 귀류법으로 FD가 AB, CD의 공통 척도 중에서 가장 큰 것이 아니라고 가정하자. 즉, AB, CD를 측정하는 가장 큰 공통 척도를 G라 하자.

G는 CD를 측정하므로, AE를 측정한다. 그리고 G가 AB를 측정하므로, G는 EB도 측정한다. G가 EB를 측정하므로, G는 CF를 측정한다. G가 CD를 측정하므로, G는 FD도 측정한다. 결국, FD보다 큰 G가 FD를 측정하게 되므로, 모순이 발생한다. 결국 FD가 AB, CD를 측정하는 최대 공통 척도라는 것이 증명된다. □

명제 2에서 최대 공통 척도를 현대적인 표현으로 말하면 최대공약수이다. 명제 2와 같이, 두 수의 최대공약수를 구하는 방법을 유클리드 알고리즘이라고 부른다. 유클리드 알고리즘은 이미 3장에서 충분히 설명하였다.

7권 명제 3에는 서로소가 아닌 세 수 a, b, c의 최대 공통 척도를 구하는 문제가 제시되어 있다. 원론에서는 세 수 a, b, c의 최대 공통 척도를 구하기 위해, 우선 두 수 a, b의 최대 공통 척도 f를 잡고, 이제 수 c와 f의 최대 공통 척도를 구하는 방법을 이용했다. 이와 같은 방법을 이용하면, $a, b, c, d, e, f, \cdots$ 등과 같은 많은 수들의 최대 공통 척도를 구할 수 있다.

한편, 7권 명제 31에서는 '모든 합성수는 어떤 소수에 의해 측정된다'는 것이 증명되었다. 이 증명을 살펴보자. 수 A가 합성수라고 하자. 합성수의 정의에 의해, 합성수 A는 어떤 수 B로 측정된다. 이때 두 가지가 가능하다. (1) B가 소수이거나, (2) B가 합성수이다. (1)인 경우에는 증명이 끝나며, (2)인 경우를 생각하자.

B가 합성수이므로, B를 어떤 수 C로 측정할 수 있다. 이때, C가 소수이면 증명이 끝난다. 만약, C가 소수가 아니라면, 다시 C를 측정하는 어떤 수 D가 존재한다. 이와 같이 A를 측정하는 합성수 $B, C, D, \cdots$가 반복되면, A를 측정하는 합성수들이 무한히 작아지게 된다. 이것은 불가능하다. 그러므로, A를 측정할 수 있는 소수가 존재하게 된다. 결국, 모든 합성수는 어떤 소수로 측정된다는 것이 증명된다. □

명제 31에 의하면, 합성수는 어떤 소수로 측정할 수 있으므로 합성수를 이 소수의

n배로 표현할 수 있다. 이때 n이 다시 합성수이면, n을 측정하는 소수를 다시 찾는다. 이와 같은 과정을 반복하면, 합성수를 소수의 곱으로 표현하는 소인수분해가 가능하다는 것을 알 수 있다.

한편 7권 명제 34에는 주어진 두 수에 대해 두 수가 측정하는 가장 작은 수를 찾는 문제가 있다. 즉, 두 수의 최소공배수를 찾는 문제이다. 이 문제의 풀이는 생략한다.

우리나라에서 약수, 배수, 소수, 합성수는 중학교 1학년에서 다룬다. 수학교과서에는 보통 '자연수 a가 자연수 b로 나누어떨어질 때, b를 자연수 a의 약수, a를 b의 배수'로 설명한다. 그리고 '1이 아닌 자연수 중에서 1과 자신만을 약수로 가지는 수를 소수라 하고, 1과 자신 이외의 다른 약수를 가지는 수를 합성수'로 설명한다. 그러나 유클리드 원론에서는 측정을 이용하여 이 개념들을 정의하고 있다. 나누어떨어짐도 측정 활동에서 유래한 개념이라는 것을 생각하면, 우리나라 수학교과서에서 약수, 배수, 소수, 합성수를 소개할 때에 유클리드 원론처럼 측정과 관련하여 제시하는 것도 학생들이 수학적 개념의 발생을 안다는 측면에서 의미있을 것이다.

한편, 원론 8권에서는 수들의 비를 다루며, 9권에서는 홀수, 짝수, 소수, 완전수 등을 다룬다. 특히 9권의 명제 20에는 소수가 무한히 많다는 유명한 정리가 제시되어 있다. 이 증명은 생략하며, 한인기(2005)에 증명이 제시되어 있다.

9권에서는 짝수와 홀수의 연산에 관련된 다양한 정리들이 소개되어 있다. 9권 명제 21에는 짝수와 짝수의 합은 짝수이며, 명제 22에는 홀수와 홀수의 합은 짝수이며, 명제 23에는 홀수들을 홀수개만큼 합하면 홀수가 되며, 명제 24에는 짝수에서 짝수를 빼면 짝수이며, 명제 25에는 짝수에서 홀수를 빼면 홀수가 되며, 명제 26에는 홀수에서 홀수를 빼면 짝수이며, 명제 27에는 홀수에서 짝수를 빼면 홀수가 되며, 명제 28에는 홀수에 짝수를 곱하면 짝수이며, 명제 29에는 홀수에 홀수를 곱하면 홀수이며, 명제 30에는 어떤 홀수가 어떤 짝수를 측정하면, 그 홀수는 그 짝수의 절반도 측정한다는 것이 증명되어 있다.

자연수의 홀짝성에 대한 성질은 피타고라스 학파를 비롯하여 오래 전부터 연구되어 왔다. 특히 피타고라스 학파에서 정사각형의 한 변과 대각선이 공통 척도를 가지지 않는다는 것을 증명할 때에 자연수의 홀짝성을 이용했다는 것을 생각하면, 홀짝성이 고대 수학에서 중요한 역할을 했다는 것을 알 수 있다. 그리고 유클리드 원론에서 자연수의 홀짝성을 폭넓게 다루는 것도 충분히 그 이유를 이해할 수 있을 것이다.

9권의 마지막인 명제 36에서는 피타고라스 학파에서 연구했던 완전수에 대한 성질을 다루었는데, 명제의 내용과 증명은 3장의 끝부분에서 이미 소개하였다.

10권에서는 무리수를 다룬다. 10권에서는 유리수와 무리수를 '수'로 다룬 것은 아니며, 선분의 '양'을 생각하여 기하학적으로 다루었다. 10권은 원론의 내용 중에서 어려운 부분으로 꼽히며, 여기에는 115개의 명제가 제시되어 있다. 여기서는 10권의 무리수 이론에 대해서는 다루지 않을 것이다.

11권에서 13권까지는 공간기하학을 다룬다. 11권에서는 공간기하학의 기초적인 지식들을 다루며, 우리나라의 고등학교 수학교과서에서 다루는 공간기하학의 내용이 11권에 대부분 포함되어 있다. 11권에서는 같은 평면에 속하는 도형들, 직선들과 평면들에 관련된 평행과 수직의 성질, 입체각의 성질, 평행한 평면들에 의해 만들어지는 입체의 부피와 성질을 다룬다.

공간에서 직선과 평면의 수직에 관련된 작도 문제를 원론 11권에서 하나 살펴보자. 평면에서 직선 l 밖의 한 점 O에서 직선 l에 수선을 작도하는 것을 중학교 수학교과서에서 다룬다. 그렇다면, 공간에서 평면 α 밖의 한 점 O에서 평면 α에 수선을 어떻게 작도할까? 이 문제를 11권 명제 11에서 다루고 있다. 이 작도문제를 살펴보자.

평면 α에 속하는 직선 l을 작도하자. 이제, 점 O에서 직선 l에 수선 OA를 긋자(이것은 한 평면에서 직선 밖의 한 점으로부터 그 직선으로 수선을 긋는 문제와 동일한 문제임). 만약, OA가 평면 α에 대한 수선이면, 명제가 해결된다.

직선 OA가 직선 l과는 직교하지만 평면 α에 대한 수선은 아니라고 하자. 이제, (1) 점 A를 지나며 l에 수직인 직선 m을 긋자. (2) 점 O에서 직선 m에 수선 OB를 긋자. (3) 점 B를 지나며 직선 l에 평행한 직선 n을 긋자. 그러면, 직선 OB는 평면 α와 수직을 이루게 된다. 그 이유를 살펴보자.

직선 l은 직선 OA, m과 수직을 이룬다. 그러므로, 직선 l은 직선 OA, m을 포함하는 평면인 평면 OAB와 수직을 이룬다. 그런데, 직선 n이 직선 l과 평행하므로, 직선 n도 평면 OAB와 수직을 이룬다. 이로부터, 직선 OB와 n이 직교한다는 것을 알 수 있다.

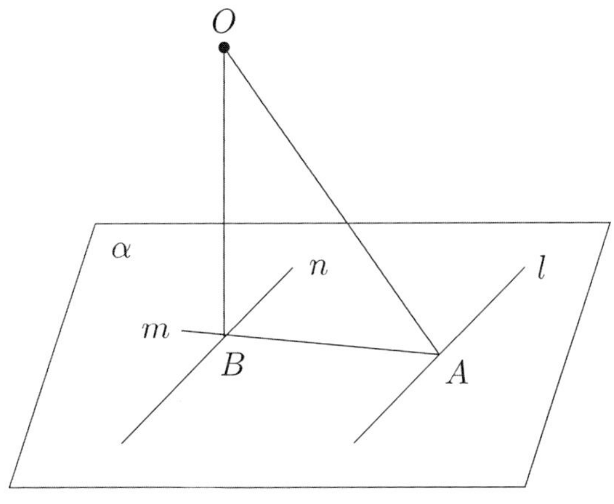

결국, 직선 OB는 점 B를 지나는 평면 α의 두 직선 m, n과 수직을 이루므로, 직선 OB는 평면 α에 대해 수직을 이룬다. 그러므로, 직선 OB는 점 O에서 평면 α에 그은 수선이다.[3] □

한편, 11권 명제 12에서는 주어진 평면 α의 한 점 A에서 평면 α에 수직이 되도록 직선을 작도하는 문제를 다룬다. 이것은 명제 11을 이용하여 쉽게 해결할 수 있다.

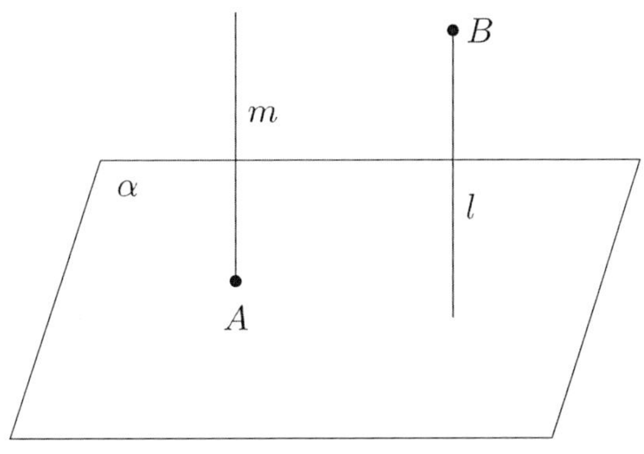

[3]이것은 고등학교 수학교과서에 제시된 삼수선의 정리를 이용하여도 간단히 설명될 수 있다.

가령, 평면 α와 평면 α에 속하는 점 A가 주어졌다고 하자. 그러면, (1) 평면 α에 속하지 않는 임의의 점 B를 잡는다. (2) 명제 11에서와 같이, 점 B에서 평면 α에 수선 l을 긋는다. (3) 점 A를 지나며 직선 l에 평행인 직선 m을 긋는다. 그러면, 직선 m이 점 A를 지나는 평면 α에 대한 수선이 된다. □

11권 명제 11과 12에서는 공간에서 평면에 대한 수선을 긋는 방법을 살펴보았다. 공간에서 수선을 긋는 이러한 방법은 12권과 13권에서 각기둥이나 정다면체를 작도할 때에 중요한 역할을 하게 된다.

12권에서는 각뿔과 각기둥의 부피와 성질을 다룬다. 특히, 밑면과 높이가 같은 각뿔과 각기둥에서 각뿔의 부피는 각기둥 부피의 $\frac{1}{3}$이라는 것이 명제 7의 따름 성질로 제시되어 있다. 명제 7은 '삼각기둥은 부피가 서로 같은 3개의 삼각뿔로 분할된다'는 것이다. 이것의 증명을 살펴보자.

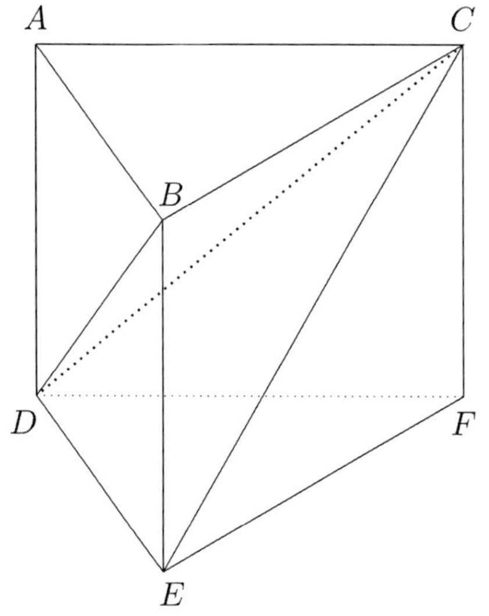

밑면이 ABC, DEF인 삼각기둥 $ABCDEF$를 생각하자. 평행사변형 $ADEB$의 대각선 BD를 긋자. 그러면, 삼각형 ADB와 BDE의 넓이가 같다. 삼각뿔 C-ADB와 C-BDE에서 밑면인 삼각형 ADB와 BDE의 넓이가 같으므로, 삼각뿔 C-ADB와 C-BDE의 부피가 같다.

이제, 평행사변형 $BEFC$에서 대각선 CE를 긋고, 선분 CD를 긋자. 이때, 삼각형 BEC와 CEF의 넓이가 같다. 삼각뿔 D-BEC와 D-EFC에서 밑면인 삼각형 BEC와 CEF의 넓이가 같으므로, 삼각뿔 D-BEC와 D-EFC의 부피가 같다.

그런데, 삼각뿔 C-BDE와 D-BEC는 같은 삼각뿔이므로, 이들의 부피가 같다. 결국, 삼각뿔 C-ADB, C-BDE, D-EFC의 부피가 같다는 것을 알 수 있다. 이로부터 명제 7이 증명된다. □

이제, 밑면이 직선도형인 각기둥을 생각하자. 밑면을 삼각형으로 분할하여, 밑면이 직선도형인 각기둥을 몇 개의 삼각기둥의 합으로 생각할 수 있다. 이제, 각 삼각기둥에 대해 명제 7을 이용하면, 밑면이 직선도형인 모든 각기둥의 부피는 같은 밑면을 가지는 각뿔 부피의 3배라는 것을 알 수 있다.

한편, 12권 명제 10에는 원뿔의 부피가 밑면이 같은 원기둥 부피의 $\frac{1}{3}$이라는 것이 증명되었다. 명제 7과 명제 10으로부터, 밑면이 직선도형이거나 원인 각기둥의 부피는 같은 밑면을 가지는 각뿔 부피의 3배가 된다는 것을 알 수 있다.

13권에서는 정다면체를 다룬다. 명제 13은 주어진 구에 정사면체를 내접시키는 문제로, 이때 구의 지름의 제곱은 내접 정사면체 모서리의 제곱의 1.5배가 된다는 것을 증명하였다. 명제 14는 주어진 구에 정8면체를 내접시키는 문제로, 이때 구의 지름의 제곱은 내접 정8면체 모서리의 제곱의 2배가 된다는 것을 증명하였다.

한편, 명제 15에서는 주어진 구에 정육면체를 내접시키는 문제로, 이때 구의 지름의 제곱은 내접 정육면체 모서리의 제곱의 3배가 된다는 것을 증명하였다. 이것을 자세히 살펴보자.

주어진 구의 지름을 PQ라 하고, 선분 PQ를 $2:1$로 나누는 점 R을 표시하자. 이제, 점 R을 지나면서 선분 PQ에 수직인 직선을 작도하여, 구와의 교점을 S라 하자.

주어진 구의 지름 $\overline{PQ}$와 선분 SQ사이의 관계를 살펴보자. $\overline{RQ} = \frac{1}{3}\overline{PQ}$이므로 $\overline{OR} = \frac{1}{6}\overline{PQ}$이다. 직각삼각형 SOR에서 피타고라스 정리에 의해 $\overline{SR}^2 = \overline{SO}^2 - \overline{OR}^2 = \left(\frac{1}{2}\overline{PQ}\right)^2 - \left(\frac{1}{6}\overline{PQ}\right)^2 = \frac{8}{36}\overline{PQ}^2$이다. 그리고 직각삼각형 SRQ에서 피타고라스

정리에 의해 $\overline{SQ}^2 = \overline{SR}^2 + \overline{RQ}^2 = \frac{8}{36}\overline{PQ}^2 + \frac{1}{9}\overline{PQ}^2 = \frac{1}{3}\overline{PQ}^2$이다.

이제, 한 모서리의 길이가 $\overline{SQ}$인 정육면체 $ABCDEFGH$를 작도하자. 한 모서리를 알면, 자와 컴퍼스를 이용하여 정육면체 $ABCDEFGH$를 작도할 수 있다. 우선 정사각형 $ABCD$를 작도한다. 11권 명제 12에서와 같이, 점 A를 지나며 정사각형 평면 $ABCD$에 수직인 직선을 긋고, $\overline{AB} = \overline{AE}$인 점 E를 표시한다. 이와 같은 방법으로 정육면체의 다른 꼭짓점 F, G, H를 잡을 수 있다. 꼭짓점들을 연결하여, 정육면체 $ABCDEFGH$를 작도한다.

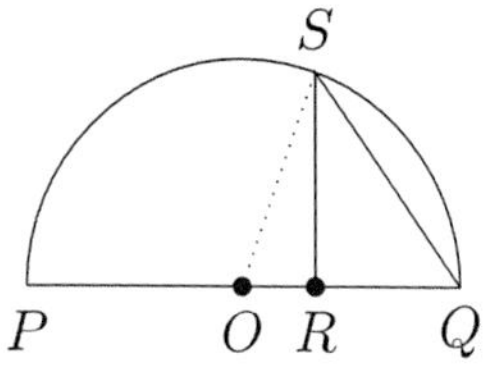

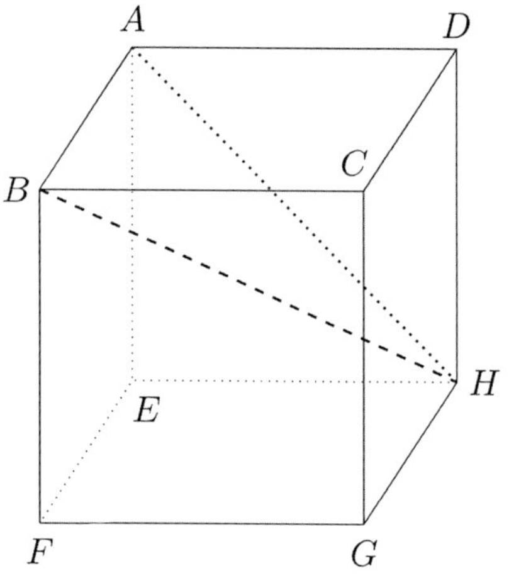

이제, 선분 BH, AH를 작도하고, 선분 BH를 지름으로 하는 원 위에 꼭짓점 A가 속한다는 것을 보이자. 이를 위해, 각 BAH가 직각이라는 것을 보이면 된다. 직선 BA는 평면 $AEHD$와 수직이므로, 직선 BA는 점 A를 지나는 평면 $AEHD$의 모든 직선과 수직이 된다. 그러므로, 직선 BA와 HA는 수직을 이루고, $\angle BAH = 90°$임이 증명된다.

이제, $\angle BDH = 90°$인지 살펴보자. 직선 HD는 평면 $ABCD$와 수직이므로, 직선 HD는 점 D를 지나는 평면 $ABCD$의 모든 직선과 수직이 된다. 그러므로, 직선 HD와 BD는 수직을 이루고, $\angle BDH = 90°$가 된다.

같은 방법으로, $\angle BCH = 90°$, $\angle BEH = 90°$, $\angle BFH = 90°$, $\angle BGH = 90°$라는 것을 증명할 수 있다. 이로부터, 정육면체 $ABCDEFGH$는 지름이 BH인 구에

내접한다는 것이 증명된다.

한편, 삼각형 ADH에서 피타고라스 정리에 의해 $\overline{AH}^2 = \overline{AD}^2 + \overline{DH}^2 = 2\overline{AD}^2$이다. 그리고 삼각형 BAH에서 $\overline{BH}^2 = \overline{BA}^2 + \overline{AH}^2 = \overline{BA}^2 + 2\overline{AD}^2 = 3\overline{AB}^2$이 된다. 이로부터 구의 지름의 제곱은 내접 정육면체 모서리의 제곱의 3배가 된다.

결국 $\overline{BH}$는 주어진 구의 지름 $\overline{PQ}$와 같으며, 정육면체 $ABCDEFGH$이 주어진 구에 내접한다는 것을 알 수 있다. □

명제 16은 주어진 구에 정20면체를 내접시키는 문제이고, 명제 17은 주어진 구에 정12면체를 내접시키는 문제이다. 한편, 13권의 마지막인 명제 18은 5개의 정다면체 모서리의 길이를 서로 비교하는 문제이다.

제 6 장.

아르키메데스

아르키메데스는 수학의 역사에서 가장 환하게 빛나는 별들 중의 하나이다. 유클리드가 이전의 수학적 성과를 집대성하면서 수학의 논리적 구성을 성공적으로 수행했다면, 아르키메데스는 이후의 수학 발전의 길을 새롭게 열었다고 할 수 있다. 아르키메데스는 (1) 역학적 개념(특히 지렛대 원리, 무게중심 등)을 수학의 문제해결에 활용하였고 역으로 수학의 성과를 과학 등의 문제해결에 이용하였으며, (2) 미분과 적분의 초기 생각들을 문제해결에 체계적으로 활용하였고, (3) 이차곡선과 그 회전체에 대한 연구를 수행하였다.

아르키메데스의 대표적인 연구 업적으로는 (1) 구와 원기둥에 대해, (2) 나선에 대해, (3) 포물선의 구적, (4) conoid와 spheroid에 대해, (5) 역학적 정리들에 대해 에라토스테네스에게 보낸 편지(또는 방법), (6) psammites(모레 세는 사람), (7) 원의 측정, (8) 떠다니는 입체에 대해, (9) 다면체에 대해, (10) 평면도형의 평형에 대해(또는 평면도형의 무게중심에 대해) 등이 있다. 여기서는 '포물선의 구적', '나선에 대해', '역학적 정리들에 대해 에라토스테네스에게 보낸 편지'에 있는 명제들을 중심으로 아르키메데스의 수학적 업적과 문제해결에 활용한 수학적 방법을 분석하고, '다면체에 대해'에 소개된 준정다면체에 대해 살펴볼 것이다.

1. 포물선 활꼴의 넓이 구하기

포물선의 기본 성질 '포물선의 구적'에는 포물선의 성질들이 증명없이 또는 증명과 함께 소개되어 있으며, 이 성질들은 포물선 활꼴의 넓이를 구할 때에 사용된다. 포물선의 몇 가지 성질들을 해석기하학적인 방법으로 살펴보자(아르키메데스는 이러한 방법을 이용하지 않았지만, 독자의 이해를 위해 고등학교에서 배운 방법으로 소개한다).

> [**기본 성질 1**] 포물선 $y = ax^2$과 기울기가 m인 직선들이 점 P, Q에서 각각 만난다. 선분 PQ의 중점을 M이라 하면, M의 자취는 포물선의 축에 평행하다.

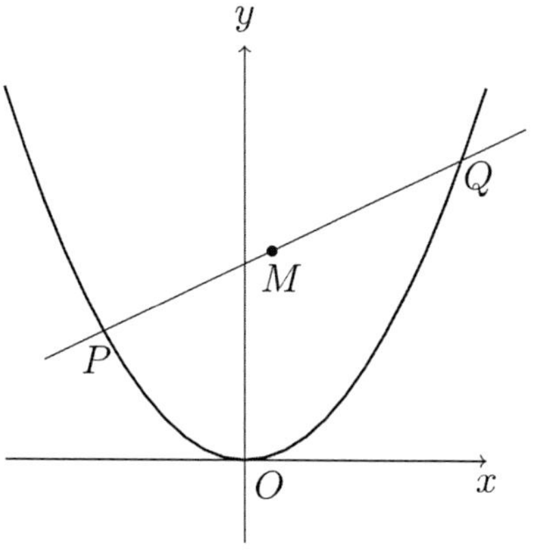

기본 성질 1을 증명하자. 포물선 $y = ax^2$과 만나는 직선의 방정식을 $y = mx + b$라 하자. P, Q의 좌표를 $(x_1, y_1), (x_2, y_2)$라 하면, 중점 M의 좌표는 $\left(\frac{x_1+x_2}{2}, \frac{y_1+y_2}{2}\right)$이다.

이제, $y = ax^2$과 $y = mx + b$를 연립하여 교점의 x좌표를 구하자. $mx + b = ax^2, ax^2 - mx - b = 0$에서 근과 계수의 관계에 의해 $x_1 + x_2 = \frac{m}{a}$이므로, 중점 M의 x좌표는 $\frac{x_1+x_2}{2} = \frac{m}{2a}$이다. 중점 M의 y좌표는 $y = m\left(\frac{m}{2a}\right) + b = \frac{m^2}{2a} + b$이다. 이로부터, $M\left(\frac{m}{2a}, \frac{m^2}{2a} + b\right)$이다.

이때, 중점 M의 위치는 $y = mx + b$의 y절편인 b값에 따라 달라지지만, M의 x좌표는 b와 관계없이 항상 $x = \frac{m}{2a}$이다. 이것은 중점 M의 자취 방정식이 $x = \frac{m}{2a}$이라는 것을 의미한다. 포물선 $y = ax^2$의 축이 y축이므로, 중점 M의 자취는 포물선의 축과 평행하다는 것이 증명된다. □

기본 성질 1의 증명 과정에서 현들의 중점 M의 자취 방정식이 $x = \frac{m}{2a}$이라는 것을 보였다. 이것은 포물선 $y = ax^2$에서 기울기가 m인 접선을 생각하면, 그 접점의 x 좌표가 $\frac{m}{2a}$이라는 것을 의미하기도 한다. 결국, 기본 성질 1로부터 다음을 알 수 있다.

(1) 포물선의 점 A에서의 접선 l에 평행한 직선 $l_1, l_2, \cdots, l_n$으로 포물선을 잘라 얻어진 현 $\overline{P_1Q_1}, \overline{P_2Q_2}, \cdots, \overline{P_nQ_n}$의 중점 $M_1, M_2, \cdots, M_n$을 생각하자. 이 중점들을 지나는 직선은 포물선의 축에 평행하다.

(2) 포물선의 점 A에서의 접선 l에 평행한 직선 $l_1, l_2, \cdots, l_n$으로 포물선을 잘라 얻어진 현 $\overline{P_1Q_1}, \overline{P_2Q_2}, \cdots, \overline{P_nQ_n}$을 생각하자. 점 A를 지나 포물선의 축에 평행한 직선을 그으면, 이 직선과 현 $\overline{P_1Q_1}, \overline{P_2Q_2}, \cdots, \overline{P_nQ_n}$의 교점 $M_1, M_2, \cdots, M_n$은 현의 중점이다.

[기본 성질 2] 포물선 $y = ax^2$의 한 점 $A(t, at^2)$이 주어졌다. 점 A에서의 접선과 평행한 두 직선 l, m이 포물선과 만나 생기는 현을 $\overline{B_1B_2}, \overline{C_1C_2}$라 하고, 이들의 중점을 M_1, M_2라 하자. 그러면, 다음이 성립한다.

$$\frac{\overline{B_1M_1}^2}{\overline{M_1A}} = \frac{\overline{C_1M_2}^2}{\overline{M_2A}}$$

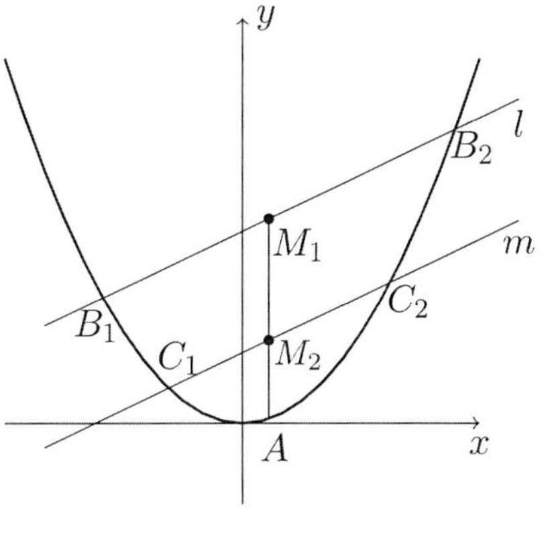

기본 성질 2를 증명하자. 점 B_1, C_1의 좌표를 $B_1(x_1, ax_1^2), C_1(x_2, ax_2^2)$이라 하자. 포물선 $y = ax^2$의 한 점 $A(t, at^2)$에서 접선의 기울기가 $2at$이므로, 직선 l의 방정식은 $y = 2atx - 2atx_1 + ax_1^2$이며 직선 m의 방정식은 $y = 2atx - 2atx_2 + ax_2^2$이다.

직선 l, m의 방정식으로부터 중점 M_1, M_2의 좌표를 구할 수 있다. 중점 M_1, M_2의 x좌표는 t이므로, $M_1(t, 2at^2 - 2atx_1 + ax_1^2)$, $M_2(t, 2at^2 - 2atx_2 + ax_2^2)$이다. $\overline{B_1M_1} = \sqrt{(t-x_1)^2 + (2at^2 - 2atx_1)^2} = \sqrt{(t-x_1)^2 + 4a^2t^2(t-x_1)^2}$이며, 이것을 정리하면 $\sqrt{(1+4a^2t^2)(t-x_1)^2}$이 된다. $\overline{C_1M_2}$도 유사한 방법으로 계산하여 정리하면, 다음을 구할 수 있다.

$$\frac{\overline{B_1M_1}}{\overline{C_1M_2}} = \frac{\sqrt{(t-x_1)^2 + (2at^2 - 2atx_1)^2}}{\sqrt{(t-x_2)^2 + (2at^2 - 2atx_2)^2}} = \frac{\sqrt{(t-x_1)^2}}{\sqrt{(t-x_2)^2}}$$

한편, $\frac{\overline{M_1A}}{\overline{M_2A}}$를 계산하면 다음과 같다.

$$\frac{\overline{M_1A}}{\overline{M_2A}} = \frac{at^2 - 2atx_1 + ax_1^2}{at^2 - 2atx_2 + ax_2^2} = \frac{(t-x_1)^2}{(t-x_2)^2}$$

결국, $\frac{\overline{B_1M_1}^2}{\overline{C_1M_2}^2} = \frac{\overline{M_1A}}{\overline{M_2A}}$이며, $\frac{\overline{B_1M_1}^2}{\overline{M_1A}} = \frac{\overline{C_1M_2}^2}{\overline{M_2A}}$이 성립한다. □

기본 성질 2는 아르키메데스의 '포물선의 구적'에 명제 3으로 제시되어 있는데, 아르키메데스는 이미 알려진 사실이므로 증명을 생략한다고 했다.

[**기본 성질 3**] 포물선 $y = ax^2$의 한 점 $A(t, at^2)$이 주어졌다. 점 A에서의 접선과 평행한 직선 l이 포물선과 만나 생기는 현을 $\overline{B_1B_2}$라 하고, $\overline{B_1B_2}$의 중점을 M이라 하자. 점 B_1을 지나는 접선과 직선 AM의 교점을 C라 하자. 그러면 $\overline{MA} = \overline{AC}$이다.

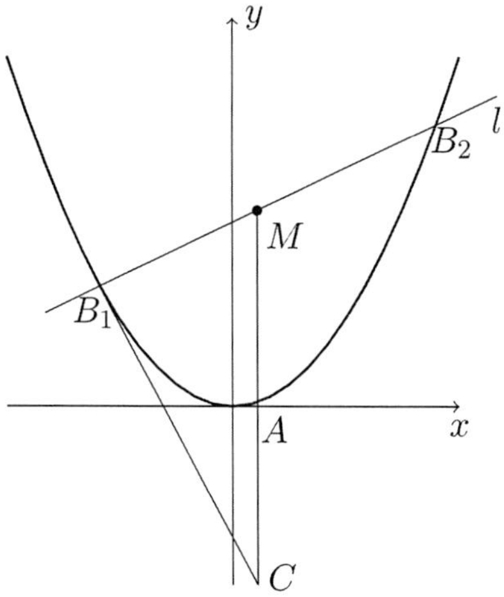

기본 성질 2의 증명 과정을 이용하면, 기본 성질 3을 증명할 수 있다. $\overline{B_1B_2}$의 중점 M의 좌표는 $M(t, 2at^2 - 2atx_1 + ax_1^2)$이므로, $\overline{MA} = 2at^2 - 2atx_1 + ax_1^2 - at^2 = at^2 - 2atx_1 + ax_1^2$이다.

한편, 점 B_1에서의 접선의 방정식은 $y = 2ax_1(x - x_1) + ax_1^2 = 2ax_1x - ax_1^2$이다. 이때 점 C의 좌표는 $(t, 2atx_1 - ax_1^2)$이다. 그러므로 $\overline{AC} = at^2 - 2atx_1 + ax_1^2$이므로, $\overline{MA} = \overline{AC}$가 증명된다. □

기본 성질 3은 아르키메데스의 '포물선의 구적'의 명제 2이며, 이것도 증명이 제시되어 있지 않다.

무게중심을 이용한 포물선 활꼴의 넓이 구하기 '포물선의 구적'에 있는 명제 4를 살펴보자.

> [**명제** 4] 꼭짓점이 P, 축이 PD인 포물선에 선분 AB에 의해 만들어진 활꼴을 생각하자. 선분 AB의 점 C를 지나 포물선의 축에 평행한 선분 CE를 그었다. 선분 AP와 CE의 교점을 F라 하면, $\overline{AD} : \overline{CD} = \overline{CF} : \overline{FE}$이다.

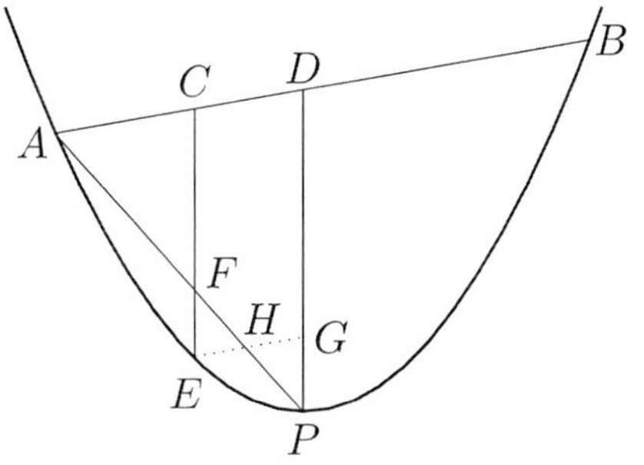

명제 4의 증명을 살펴보자. 점 E를 지나 선분 AB와 평행한 선분 EG를 긋자. 그러면, $\overline{AD} : \overline{CD} = \overline{AD} : \overline{EG}$, 즉 $\frac{\overline{AD}}{\overline{CD}} = \frac{\overline{AD}}{\overline{EG}}$이다. 한편, $\overline{CD} = \overline{EG}$이므로 기본 성질 2에 의해 $\frac{\overline{AD}^2}{\overline{DP}} = \frac{\overline{CD}^2}{\overline{GP}}$이고, 삼각형 APD에서 평행선의 성질에 의해 $\frac{\overline{AD}^2}{\overline{CD}^2} = \frac{\overline{AP}^2}{\overline{PF}^2}$이다. 그러므로, $\frac{\overline{AP}^2}{\overline{PF}^2} = \frac{\overline{DP}}{\overline{GP}}$가 된다. 한편, $\frac{\overline{DP}}{\overline{GP}} = \frac{\overline{PA}}{\overline{PH}}$이므로, $\frac{\overline{AP}^2}{\overline{PF}^2} = \frac{\overline{PA}}{\overline{PH}}$이며 $\frac{\overline{AP}}{\overline{PF}} = \frac{\overline{PF}}{\overline{PH}}$가 된다.

이제, 비례식의 성질을 이용하면 다음을 알 수 있다.

$$\frac{\overline{AP}}{\overline{PF}} = \frac{\overline{PF}}{\overline{PH}} = \frac{\overline{AP} - \overline{PF}}{\overline{PF} - \overline{PH}} = \frac{\overline{AF}}{\overline{FH}} = \frac{\overline{CF}}{\overline{FE}}$$

결국, 다음이 성립한다.

$$\frac{\overline{AD}^2}{\overline{CD}^2} = \frac{\overline{AP}^2}{\overline{PF}^2} = \frac{\overline{CF}^2}{\overline{FE}^2}, \quad \frac{\overline{AD}}{\overline{CD}} = \frac{\overline{CF}}{\overline{FE}}$$

이것으로 명제 4가 증명된다. □

명제 4에서는 점 C가 선분 AD사이에 놓인 경우에 증명을 살펴보았다. 같은 방법으로 점 C가 선분 DB사이에 놓인 경우에 명제 4의 등식 $\frac{\overline{AD}}{\overline{CD}} = \frac{\overline{CF}}{\overline{FE}}$를 증명할 수 있다.

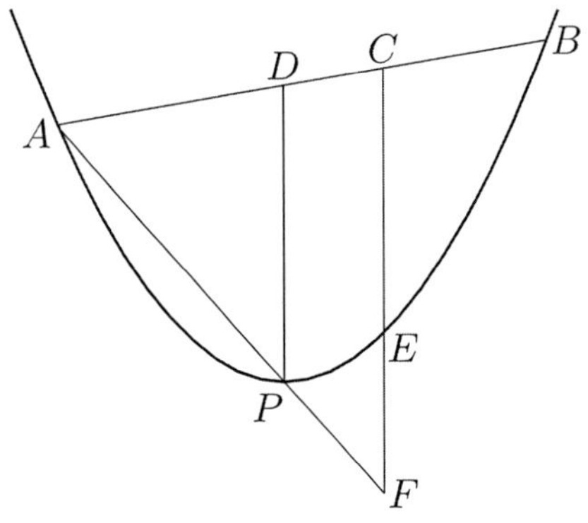

다음 명제 5는 명제 4와 포물선의 접선을 결합하여 얻어지는 성질이다.

[**명제 5**] 꼭짓점이 P, 축이 PD인 포물선에 선분 AB에 의해 만들어진 활꼴을 생각하자. 포물선의 점 E를 지나 축 PD와 평행한 직선이 선분 AB와 점 C에서 만나며 직선 AP와 점 F에서 만나고, 점 A에서의 접선과 점 G에서 만난다고 하자. 그러면, $\overline{AC} : \overline{BC} = \overline{GE} : \overline{CE}$이다.

이제, 명제 5의 증명을 살펴보자. 명제 4에 의해 $\frac{\overline{AD}}{\overline{DC}} = \frac{\overline{CF}}{\overline{EF}}$이며, $\overline{AD} = \overline{BD}$이므로 $\frac{\overline{BD}}{\overline{DC}} = \frac{\overline{CF}}{\overline{EF}}$이다. 한편, $\frac{\overline{BD}}{\overline{DC}} = \frac{\overline{CF}}{\overline{EF}}$에서 비례식의 성질을 이용하면, 다음이 얻어진다.

$$\frac{\overline{BD} - \overline{DC}}{\overline{DC}} = \frac{\overline{CF} - \overline{EF}}{\overline{EF}}, \quad \frac{\overline{BC}}{\overline{DC}} = \frac{\overline{CE}}{\overline{EF}}$$

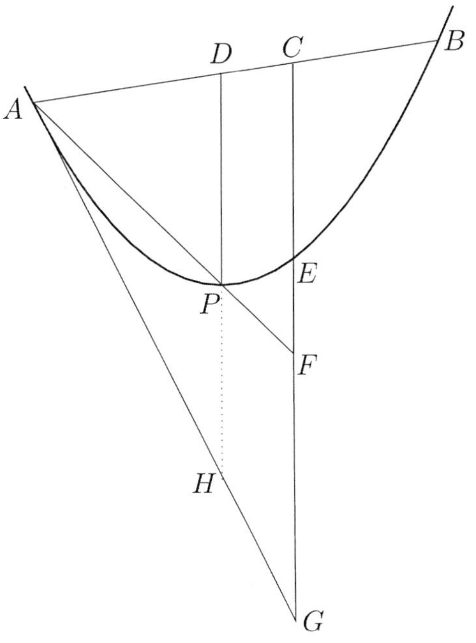

$\frac{\overline{BC}}{\overline{DC}} = \frac{\overline{CE}}{\overline{EF}}$에서 $\frac{\overline{AD}}{\overline{DC}} = \frac{\overline{CF}}{\overline{EF}}$를 변끼리 나누면, $\frac{\overline{BC}}{\overline{AD}} = \frac{\overline{CE}}{\overline{CF}}$, $\frac{\overline{AD}}{\overline{BC}} = \frac{\overline{CF}}{\overline{CE}}$가 된다. 이 비례식의 양변에 2를 곱하면, $\frac{\overline{AB}}{\overline{BC}} = \frac{2\overline{CF}}{\overline{CE}}$가 된다.

한편, 기본 성질 3에 의해 $\overline{DP} = \overline{PH}$이므로, $\overline{CF} = \overline{FG}$, $2\overline{CF} = \overline{CG}$이다. 그러므로, $\frac{\overline{AB}}{\overline{BC}} = \frac{2\overline{CF}}{\overline{CE}}$는 $\frac{\overline{AB}}{\overline{BC}} = \frac{\overline{CG}}{\overline{CE}}$가 되며, 비례식의 성질에 의해 $\frac{\overline{AB}-\overline{BC}}{\overline{BC}} = \frac{\overline{CG}-\overline{CE}}{\overline{CE}}$, $\frac{\overline{AC}}{\overline{BC}} = \frac{\overline{GE}}{\overline{CE}}$가 증명된다. □

아르키메데스는 '포물선의 구적'에서 포물선 활꼴의 넓이를 지렛대의 원리를 이용한 방법과 실진법을 이용한 방법의 2가지로 제시하였다. 우선, 지렛대의 원리를 이용하여 포물선 활꼴의 넓이를 구하는 방법을 살펴보자. 이를 위해, '포물선의 구적'에 나오는 명제 6–7을 살펴보자.

> **[명제 6–7]** 지렛대 MON이 수평으로 놓여있고, O는 지렛대의 중점이다. 삼각형 ABN이 지렛대의 O에서 N에 걸쳐 매달려 있는데, 각 A는 둔각 또는 직각이며, 변 AB는 점 O로부터 수직으로 매달려 있다. 넓이 Z를 M에 매달아 삼각형 ABN과 평형을 이룬다면, Z는 삼각형 ABN 넓이의 $\frac{1}{3}$과 같다.

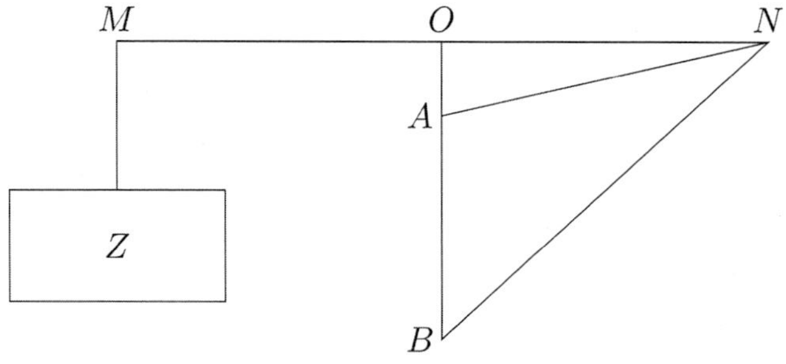

이제, 증명을 살펴보자. 선분 ON을 $1:2$로 나누는 점 D를 잡아, D에서 MN에 대한 수선을 긋자. 이 수선이 삼각형 ABN의 변 AN과 점 E, 변 BN과 점 F에서 만난다고 하자. 삼각형 ABN의 무게중심은 변 AB에 내린 중선을 $2:1$로 나누는 점이므로, 삼각형 ABN의 무게중심은 선분 EF의 중점 G와 일치한다.

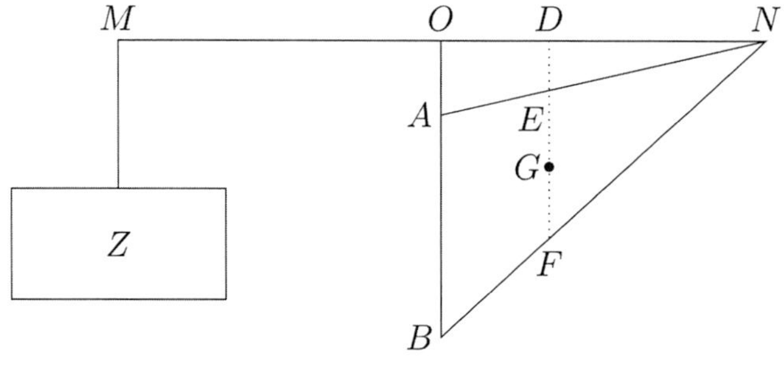

지렛대의 원리에 의해 $Z : S_{ABN} = \frac{1}{3} : 1$이며, $Z = \frac{1}{3}S_{ABN}$이 증명된다. □

명제 6–7의 그림에서 삼각형 ABN이 지렛대의 O에서 N에 걸쳐 매달려 있다. 그렇지만, 지렛대의 원리를 사용할 때는 점 O로부터 삼각형 ABN까지의 거리는 삼각형 ABN의 무게중심 G에서 지렛대 MON에 내린 수선의 발 D로부터 점 O까지의 거리를 의미한다. 그래서 등식 $Z : S_{ABN} = \frac{1}{3} : 1$이 유도된 것이다. 이제, 명제 $14-15$를 살펴보자.

[명제 14–15] 포물선을 선분 AN으로 잘라서 얻어진 활꼴을 생각하자. 선분 AN을 n등분하는 점을 $A_1, A_2, \cdots, A_{n-1}$이라 하고, 점 N을 지나는

포물선의 접선을 긋자. 점 A를 지나 포물선의 축에 평행한 직선을 그어 접선과의 교점을 B라 하자.

점 $A_1, A_2, \cdots, A_{n-1}$을 지나 포물선의 축에 평행한 직선을 그어 지렛대와의 교점을 $H_1, H_2, \cdots, H_{n-1}$이라 하고, 접선과의 교점을 각각 $B_1, B_2, \cdots,$ B_{n-1}이라 하고, 포물선과의 교점을 각각 $C_1, C_2, \cdots, C_{n-1}$이라 하자. 한편, 직선 NC_1과 OA의 교점을 D, NC_2와 H_1C_1의 교점을 D_1, 직선 NC_3와 H_2C_2의 교점을 $D_2, \cdots$, 직선 NC_{n-1}과 $H_{n-2}C_{n-2}$의 교점을 D_{n-2}라 하자. 그러면, 다음이 성립한다.

(1) $S_{ABN} < 3(S_{\text{사다리꼴 } DA_1} + S_{\text{사다리꼴 } D_1A_2} + \cdots + S_{\text{사다리꼴 } D_{n-2}A_{n-1}}$
$+ S_{B_{n-1}A_{n-1}N})$[1]

(2) $S_{ABN} > 3(S_{\text{사다리꼴 } C_1A_2} + S_{\text{사다리꼴 } C_2A_3} + \cdots + S_{\text{사다리꼴 } C_{n-2}A_{n-1}}$
$+ S_{C_{n-1}A_{n-1}N})$

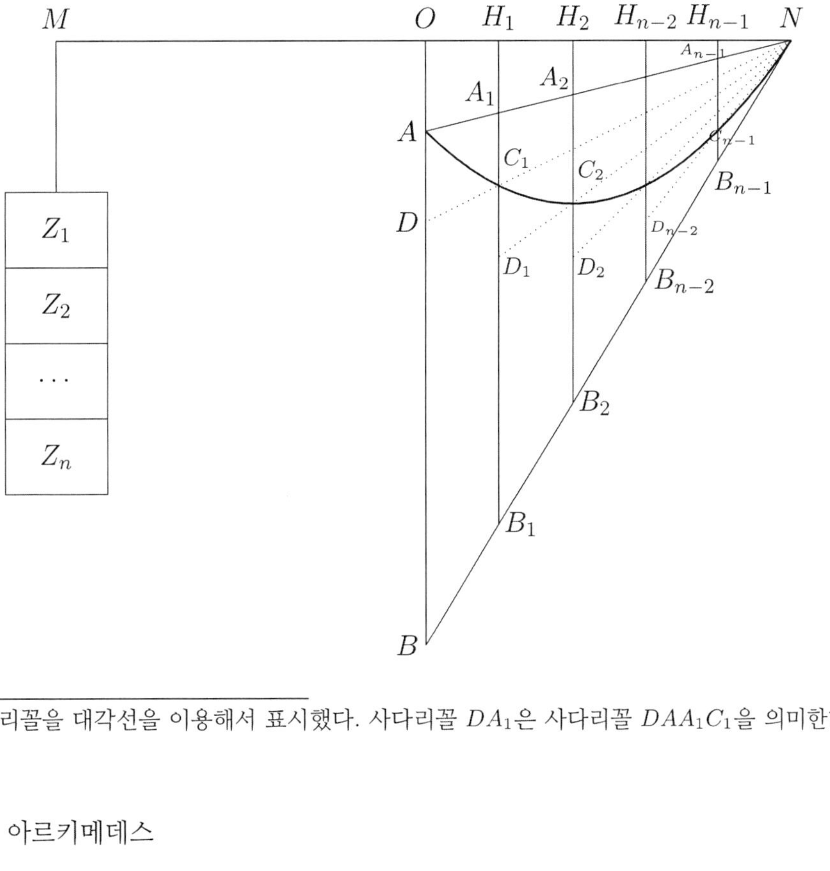

[1]사다리꼴을 대각선을 이용해서 표시했다. 사다리꼴 DA_1은 사다리꼴 DAA_1C_1을 의미한다.

명제 14 − 15를 증명하자. 그림에서와 같이, 지렛대 MON이 수평으로 놓여있고 O는 지렛대의 중점이라고 하자. 활꼴이 지렛대 O에서 N에 걸쳐 매달려 있다. 지렛대에 사다리꼴 BA_1과 Z_1을 놓았는데, 이때 사다리꼴 BA_1과 Z_1이 평형을 이루도록 Z_1을 잡았다고 하자. 같은 방법으로, 사다리꼴 B_1A_2는 Z_2와 평형을 이루며, 사다리꼴 $B_{n-2}A_{n-1}$은 Z_{n-1}과 평형을 이루고, 삼각형 $B_{n-1}A_{n-1}N$은 Z_n과 평형을 이루도록 하였다.

비 $\frac{\overline{MO}}{\overline{OH_1}}$를 생각하자. (1) $\overline{MO} = \overline{NO}$, (2) 평행한 직선 OA, H_1A_1의 성질, (3) 명제 5를 순서대로 생각하면, 다음 등식을 차례로 얻을 수 있다.

$$\frac{\overline{MO}}{\overline{OH_1}} = \frac{\overline{NO}}{\overline{OH_1}} = \frac{\overline{NA}}{\overline{AA_1}} = \frac{\overline{A_1B_1}}{\overline{A_1C_1}}$$

이제, 사다리꼴 BA_1과 사다리꼴 DA_1의 넓이의 비를 살펴보자. 사다리꼴 BA_1의 넓이는 $\frac{\overline{AB}+\overline{A_1B_1}}{2} \times \overline{OH_1}$이고 사다리꼴 DA_1의 넓이는 $\frac{\overline{DA}+\overline{A_1C_1}}{2} \times \overline{OH_1}$이다. 그러므로, $\frac{S_{사다리꼴\ BA_1}}{S_{사다리꼴\ DA_1}} = \frac{\overline{AB}+\overline{A_1B_1}}{\overline{DA}+\overline{A_1C_1}}$이다. 이때 $\frac{\overline{A_1B_1}}{\overline{A_1C_1}} = k$라 놓으면, $\frac{\overline{AB}}{\overline{AD}} = k$가 된다. 그러므로, $\frac{S_{사다리꼴\ BA_1}}{S_{사다리꼴\ DA_1}} = k$가 되며, $\frac{\overline{A_1B_1}}{\overline{A_1C_1}} = \frac{S_{사다리꼴\ BA_1}}{S_{사다리꼴\ DA_1}}$이 성립한다.

한편, Z_1은 지렛대 MON의 주어진 위치에서 사다리꼴 BA_1과 평형을 이루도록 잡았다. 가령, 사다리꼴 BA_1의 무게중심이 점 O와 H_1사이의 점 G_1의 수직 방향 아래에 있다면, $\overline{MO} : \overline{OG_1} = S_{사다리꼴\ BA_1} : Z_1$, 즉 $\frac{\overline{MO}}{\overline{OG_1}} = \frac{S_{사다리꼴\ BA_1}}{Z_1}$이 성립한다. 이 비례식을 비례식 $\frac{\overline{MO}}{\overline{OH_1}} = \frac{S_{사다리꼴\ BA_1}}{S_{사다리꼴\ DA_1}}$과 비교하자. $\overline{OG_1} < \overline{OH_1}$이므로 $Z_1 < S_{사다리꼴\ DA_1}$이 성립한다.

Z_1에서와 같은 방법으로, Z_2에 대해 살펴보자. Z_2는 지렛대 MON의 주어진 위치에서 사다리꼴 B_1A_2와 평형을 이루도록 잡았다. 가령, 사다리꼴 B_1A_2의 무게중심이 점 H_1과 H_2사이의 점 G_2의 수직 방향 아래에 있다면, $\frac{\overline{MO}}{\overline{OG_2}} = \frac{S_{사다리꼴\ B_1A_2}}{Z_2}$가 성립한다.

한편, $\frac{\overline{MO}}{\overline{OH_1}} = \frac{\overline{A_1B_1}}{\overline{A_1C_1}} = \frac{S_{사다리꼴\ B_1A_2}}{S_{사다리꼴\ C_1A_2}}$가 성립하고, $\frac{\overline{MO}}{\overline{OH_2}} = \frac{\overline{NO}}{\overline{OH_2}} = \frac{\overline{A_2B_2}}{\overline{A_2C_2}} = \frac{S_{사다리꼴\ B_1A_2}}{S_{사다리꼴\ D_1A_2}}$가 성립한다.

비례식 $\frac{\overline{MO}}{\overline{OG_2}} = \frac{S_{사다리꼴\ B_1A_2}}{Z_2}$와 $\frac{\overline{MO}}{\overline{OH_1}} = \frac{S_{사다리꼴\ B_1A_2}}{S_{사다리꼴\ C_1A_2}}$에서 $\overline{OG_2} > \overline{OH_1}$이므로 $Z_2 > S_{사다리꼴\ C_1A_2}$가 성립한다. 그리고 비례식 $\frac{\overline{MO}}{\overline{OG_2}} = \frac{S_{사다리꼴\ B_1A_2}}{Z_2}$와 $\frac{\overline{MO}}{\overline{OH_2}} = \frac{S_{사다리꼴\ B_1A_2}}{S_{사다리꼴\ D_1A_2}}$

에서 $\overline{OG_2} < \overline{OH_2}$이므로 $Z_2 < S_{사다리꼴\ D_1A_2}$가 성립한다. 결국, Z_2에 대해 다음이 성립한다.

$$S_{사다리꼴\ C_1A_2} < Z_2 < S_{사다리꼴\ D_1A_2}$$

같은 방법으로, $S_{사다리꼴\ C_2A_3} < Z_3 < S_{사다리꼴\ D_2A_3}$가 성립한다는 것을 증명할 수 있으며, $S_{C_{n-1}A_{n-1}N} < Z_n < S_{B_{n-1}A_{n-1}N}$이 성립한다.

이제, 얻어진 부등식들을 변끼리 모두 더하자. 그러면, 다음을 얻을 수 있다.

(1) $S_{사다리꼴\ DA_1} + \cdots + S_{사다리꼴\ D_{n-2}A_{n-1}} + S_{B_{n-1}A_{n-1}N} > Z_1 + Z_2 + \cdots + Z_n$

(2) $S_{사다리꼴\ C_1A_2} + \cdots + S_{사다리꼴\ C_{n-2}A_{n-1}} + S_{C_{n-1}A_{n-1}N} < Z_1 + Z_2 + \cdots + Z_n$

한편, 사다리꼴 $BA_1, B_1A_2, \cdots, B_{n-2}A_{n-1}$과 삼각형 $B_{n-1}A_{n-1}N$은 삼각형 ABN이 되며, 결국 삼각형 ABN이 $Z_1 + Z_2 + \cdots + Z_n$과 평형을 이루게 된다. 그러면, 명제 $6-7$에 의해, $Z_1 + Z_2 + \cdots + Z_n = \frac{1}{3}S_{ABN}$이다. 이로부터, 다음이 성립한다.

$$(1)\ S_{사다리꼴\ DA_1} + \cdots + S_{사다리꼴\ D_{n-2}A_{n-1}} + S_{B_{n-1}A_{n-1}N} > \frac{1}{3}S_{ABN}$$
$$(2)\ S_{사다리꼴\ C_1A_2} + \cdots + S_{사다리꼴\ C_{n-2}A_{n-1}} + S_{C_{n-1}A_{n-1}N} < \frac{1}{3}S_{ABN}$$

명제 $14-15$가 증명되었다. □

명제 $14-15$의 (1)에서 $S_{사다리꼴\ DA_1} + S_{사다리꼴\ D_1A_2} + \cdots + S_{사다리꼴\ D_{n-2}A_{n-1}} + S_{B_{n-1}A_{n-1}N}$은 포물선의 활꼴을 밖에서 포함하는 직선도형들의 합으로 현대적 용어로는 상합(upper sum)이라 부르며, (2)에서 $S_{사다리꼴\ C_1A_2} + S_{사다리꼴\ C_2A_3} + \cdots + S_{사다리꼴\ C_{n-2}A_{n-1}} + S_{C_{n-1}A_{n-1}N}$은 포물선의 활꼴에 포함되는 직선도형들의 합으로 하합(lower sum)이라고 불린다. 상합과 하합의 개념은 고등학교에서 배우는 구분구적법 개념의 바탕이 된다. 구분구적법은 상합과 하합에 극한을 취해서 그 극한값을 도형의 넓이로 한다. 아르키메데스는 극한, 구분구적법의 개념이 발명되기 전인 기원전에 상합과 하합을 이용하여 포물선 활꼴의 넓이를 구했다.

상합, 하합에 관련된 예를 살펴보자. 곡선 $y = x^2$과 x축, $x = 1$로 둘러싸인 영역의 상합과 하합을 구한다고 하자.

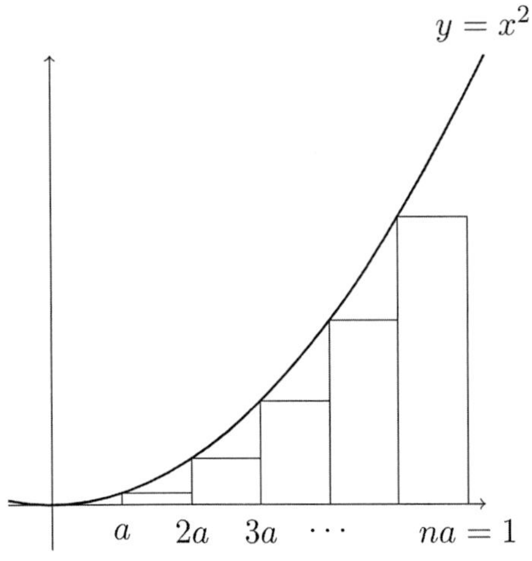

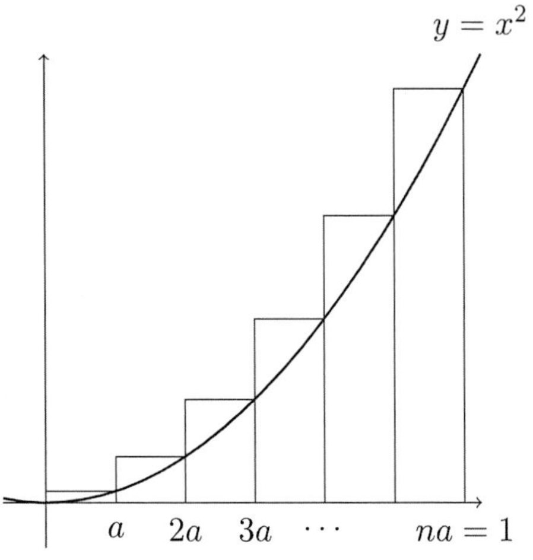

첫 번째 그림은 하합을 나타낸 것이고, 두 번째 그림은 상합을 나타낸 것이다. 하합 S_1과 상합 S_2를 각각 구하면 다음과 같다. 이때, $a = \frac{1}{n}$임을 염두에 두자.

$$\begin{aligned} S_1 &= a\left\{0 + a^2 + (2a)^2 + (3a)^2 + \cdots + [(n-1)a]^2\right\} \\ &= a^3\left\{1^2 + 2^2 + 3^2 + \cdots + (n-1)^2\right\} \\ &= \left(\frac{1}{n}\right)^3 \times \frac{(n-1)n(2n-1)}{6} = \frac{1}{6}\left(1 - \frac{1}{n}\right)\left(2 - \frac{1}{n}\right) \end{aligned}$$

$$\begin{aligned} S_2 &= a\left\{a^2 + (2a)^2 + (3a)^2 + \cdots + (na)^2\right\} \\ &= a^3\left\{1^2 + 2^2 + 3^2 + \cdots + n^2\right\} \\ &= \left(\frac{1}{n}\right)^3 \times \frac{n(n+1)(2n+1)}{6} = \frac{1}{6}\left(1 + \frac{1}{n}\right)\left(2 + \frac{1}{n}\right) \end{aligned}$$

이제, 구하는 넓이 S는 $S_1 < S < S_2$이므로, $\lim_{n\to\infty} S_1 \le S \le \lim_{n\to\infty} S_2$이다. 그리고, $\lim_{n\to\infty} S_1 = \frac{1}{3}$, $\lim_{n\to\infty} S_2 = \frac{1}{3}$이므로, $S = \frac{1}{3}$이 된다. 이와 같이, 영역의 넓이를 구하는 방법을 구분구적법으로 배웠다. 즉, 구분구적법에서는 (1) 상합과 하합을 구해서, (2) 극한을 이용하여 극한값을 구해 넓이를 구한다.

그러나, 아르키메데스는 문제 14 – 15에서 상합과 하합까지는 구했지만, 이것의 극한값을 이용하여 포물선의 활꼴의 넓이가 $\frac{1}{3}S_{ABN}$이 된다는 결론에 도달하지는 못했다. 그 이유는 고대 수학에서는 극한 개념이 정립되지 못했기 때문이다.

아르키메데스는 명제 16에서 다른 방법으로 포물선의 활꼴의 넓이가 $\frac{1}{3}S_{ABN}$이라는 것을 증명하였다.

> **[명제 16]** 포물선을 선분 AN으로 잘라서 얻어진 활꼴을 생각하자. 점 A가 점 N보다 포물선의 꼭짓점으로부터 더 가깝다. 점 A를 지나 포물선의 축에 평행한 직선을 긋고 점 N에서 포물선의 접선을 그어, 이들의 교점을 B라 하자. 그러면, 활꼴의 넓이는 $\frac{1}{3}S_{ABN}$이다.

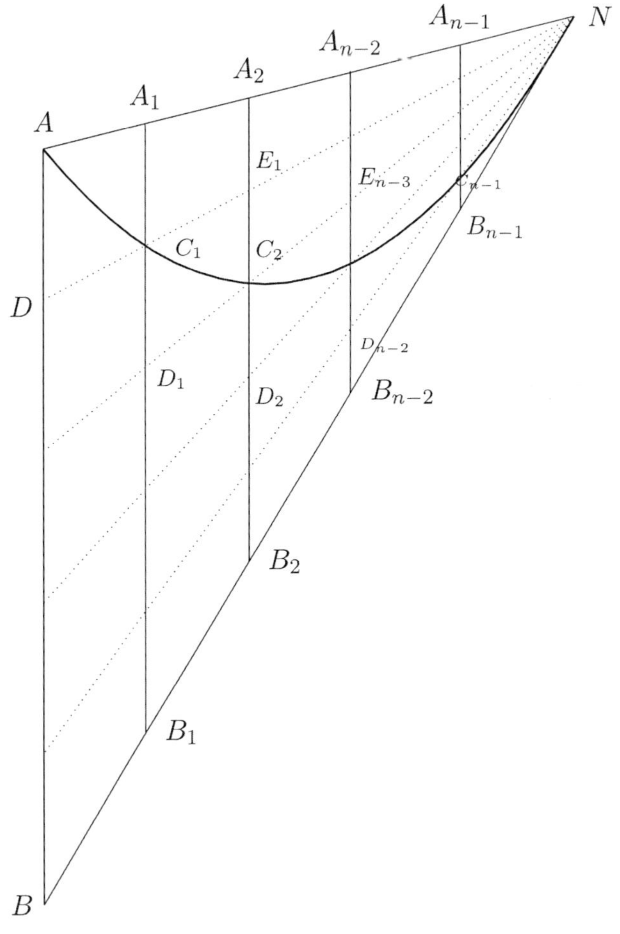

명제 16의 증명을 살펴보자. 활꼴의 넓이를 Z라 하면, 아르키메데스는 (1) $Z > \frac{1}{3}S_{ABN}$인 경우, (2) $Z < \frac{1}{3}S_{ABN}$인 경우로 나누어서 모두 모순이 유도된다는 것을

보여 $Z = \frac{1}{3}S_{ABN}$을 증명하였다.

(1)의 경우를 살펴보자. $Z > \frac{1}{3}S_{ABN}$이므로 $Z - \frac{1}{3}S_{ABN} > 0$이다. 그러면, 자연수 n이 존재하여 $n\left(Z - \frac{1}{3}S_{ABN}\right) > S_{ABN}$이 성립하도록 할 수 있다. $n\left(Z - \frac{1}{3}S_{ABN}\right) > S_{ABN}$에서 $Z-\frac{1}{3}S_{ABN} > \frac{S_{ABN}}{n}$이 된다. 그림에서 $\overline{AB}$를 n등분하자. 그러면, $S_{ADN} = \frac{S_{ABN}}{n}$이며 $Z-\frac{1}{3}S_{ABN} > \frac{S_{ABN}}{n}$이므로, $S_{ADN} < Z-\frac{1}{3}S_{ABN}$이 성립한다. 즉, $\frac{1}{3}S_{ABN} < Z - S_{ADN}$이다.

한편, $S_{ADN} = S_{\text{사다리꼴 } DA_1} + S_{\text{사다리꼴 } C_1A_2} + S_{\text{사다리꼴 } E_1A_3} + \cdots$이다. 그런데, $\overline{A_1C_1} = \overline{D_1C_1}$, $\overline{E_1A_2} = \overline{D_2C_2}, \cdots$이므로, $S_{ADN} = S_{\text{사다리꼴 } DA_1} + S_{\text{사다리꼴 } D_1E_1} + S_{\text{사다리꼴 } D_2E_2} + \cdots + S_{\text{사다리꼴 } D_{n-2}E_{n-2}} + S_{B_{n-1}C_{n-1}N}$이다.

그런데, $Z < S_{\text{사다리꼴 } DA_1} + S_{\text{사다리꼴 } D_1A_2} + \cdots + S_{\text{사다리꼴 } D_{n-2}A_{n-1}} + S_{B_{n-1}A_{n-1}N}$이다. 이 부등식의 양변에서 S_{ADN}에 대한 등식을 각각 빼면, 다음이 얻어진다.

$$Z - S_{ADN} < S_{\text{사다리꼴 } C_1A_2} + \cdots + S_{\text{사다리꼴 } C_{n-2}A_{n-1}} + S_{C_{n-1}A_{n-1}N}$$

그런데, 명제 14−15의 (2)에서 $S_{\text{사다리꼴 } C_1A_2} + \cdots + S_{\text{사다리꼴 } C_{n-2}A_{n-1}} + S_{C_{n-1}A_{n-1}N} < \frac{1}{3}S_{ABN}$이므로, $Z - S_{ADN} < \frac{1}{3}S_{ABN}$이 된다. 이것은 $\frac{1}{3}S_{ABN} < Z - S_{ADN}$에 모순된다.

(2) $Z < \frac{1}{3}S_{ABN}$인 경우를 살펴보자. $Z < \frac{1}{3}S_{ABN}$이므로 $\frac{1}{3}S_{ABN} - Z > 0$이다. 이제, 살펴본 (1)의 경우와 같은 방법으로 $S_{ADN} < \frac{1}{3}S_{ABN} - Z$인 삼각형 ADN을 생각하자. 그러면, $S_{ADN} + Z < \frac{1}{3}S_{ABN}$이다.

한편, 명제 14−15의 (1)에 의하면, $\frac{1}{3}S_{ABN} < S_{\text{사다리꼴 } DA_1} + \cdots + S_{\text{사다리꼴 } D_{n-2}A_{n-1}} + S_{B_{n-1}A_{n-1}N}$이므로, $S_{ADN} + Z < S_{\text{사다리꼴 } DA_1} + \cdots + S_{\text{사다리꼴 } D_{n-2}A_{n-1}} + S_{B_{n-1}A_{n-1}N}$, $S_{ADN} < S_{\text{사다리꼴 } DA_1} + \cdots + S_{\text{사다리꼴 } D_{n-2}A_{n-1}} + S_{B_{n-1}A_{n-1}N} - Z$이다. 이로부터, 다음이 얻어진다.

$$S_{ADN} < S_{\text{사다리꼴 } DA_1} + \cdots + S_{\text{사다리꼴 } D_{n-2}A_{n-1}} + S_{B_{n-1}A_{n-1}N} - Z$$

$$S_{ADN} < S_{\text{영역 } DAC_1} + \cdots + S_{\text{영역 } D_{n-2}C_{n-2}C_{n-1}} + S_{\text{영역 } B_{n-1}C_{n-1}N}$$

$$S_{ADN} < S_{\text{사다리꼴 } DA_1} + \cdots + S_{\text{사다리꼴 } D_{n-2}E_{n-2}} + S_{B_{n-1}C_{n-1}N}$$

그런데, 앞의 (1)의 경우를 증명할 때에 $S_{ADN} = S_{\text{사다리꼴 }DA_1} + S_{\text{사다리꼴 }D_1E_1} + S_{\text{사다리꼴 }D_2E_2} + \cdots + S_{\text{사다리꼴 }D_{n-2}E_{n-2}} + S_{B_{n-1}C_{n-1}N}$임을 보였다. 그러므로, $S_{ADN} < S_{\text{사다리꼴 }DA_1} + \cdots + S_{\text{사다리꼴 }D_{n-2}E_{n-2}} + S_{B_{n-1}C_{n-1}N}$은 불가능하며 모순이 발생한다.

결국, (1)과 (2)의 경우에 의해 활꼴의 넓이는 $\frac{1}{3}S_{ABN}$이 증명된다. □

아르키메데스는 $\lim_{n\to\infty}$와 같은 극한을 이용해서 문제를 해결할 수 없었기 때문에, 명제 16에서는 $d = Z - \frac{1}{3}S_{ABN}$인 양수값 d에 대해 $d > \frac{S_{ABN}}{n}$을 만족하는 충분히 큰 n 값을 잡아 $\overline{AB}$를 n등분하였다. 이를 통해 부등식 $\frac{1}{3}S_{ABN} < Z - S_{ADN}$을 유도하였고, 명제 14 – 15의 결과를 이용하여 모순을 유도하였다.

아르키메데스는 명제 14 – 15에서와 같이 상합과 하합을 구한 다음, 극한을 이용하지 않고 귀류법으로 상합과 하합의 극한값에 대한 결론을 유도하는 방법을 다른 연구에서도 폭넓게 사용했다.

아르키메데스의 다른 저술인 'conoid와 spheroid에 대하여'에서는 회전하는 포물면체, 쌍곡면체, 타원면체의 성질을 다루고 있는데, 아르키메데스는 이 회전체들의 절단면의 부피를 상합, 하합, 귀류법을 이용하여 구했다.

고대 수학에서는 상합, 하합, 극한값을 이용하여 정적분의 엄밀한 개념까지는 도달하지 못했지만, 도형의 넓이나 부피를 구할 때에 상합과 하합의 개념을 이용했으며, 현대의 극한값에 해당하는 값을 귀류법을 이용하여 구했다. 결국, 고대의 수학자들은 문제해결에서 상합, 하합의 개념이 유용하게 사용될 수 있다는 것을 알게 되었고, 이러한 문제해결의 경험이 축적되어 결국엔 이를 형식화하여 수학적 개념인 극한, 구분구적법으로 발전할 수 있었던 것이다.

이것이 수학적 개념 발생의 일반적인 경로라 할 수 있다. 즉, 개념이 먼저 만들져서 이 개념이 문제해결에 활용되는 것이 아니라, 수학 문제해결을 위해 어떤 유용한 수학적 방법이 만들어지고, 비록 불완전하지만 암묵적인 형태로 이 방법이 사용되다가 문제해결의 경험이 폭넓게 축적되고, 결국엔 시간이 흐른 후에 관련된 개념들이 형식화된다.

기하학적 방법으로 포물선 활꼴의 넓이 구하기 아르키메데스는 곡선과 선분으로 만들어지는 활꼴의 받침, 높이, 꼭짓점을 정의했다. 활꼴을 만드는 선분을 받침이라 부르며, 곡선에서 받침에 그은 가장 긴 수선을 활꼴의 높이, 높이를 그은 곡선의 점을 꼭짓점이라 부른다. 포물선과 선분 AB로 만들어지는 활꼴에서 선분 AB가 활꼴의 받침이다.

이제, 활꼴의 높이를 작도하자. 이를 위해, 선분 AB와 평행한 포물선의 접선을 작도해야 한다. 이때 접점 N이 활꼴의 받침 AB에서 가장 멀리 떨어진 포물선의 점이 되므로, 점 N이 활꼴의 꼭짓점이다(활꼴의 꼭짓점은 포물선의 꼭짓점과 일치할 수도 있고, 그렇지 않을 수도 있다. 그림의 활꼴에서는 포물선의 꼭짓점과 활꼴의 꼭짓점이 일치하지 않는 경우이다). 점 N에서 선분 AB로 수선 NH를 그으면, 선분 NH가 활꼴의 높이가 된다.

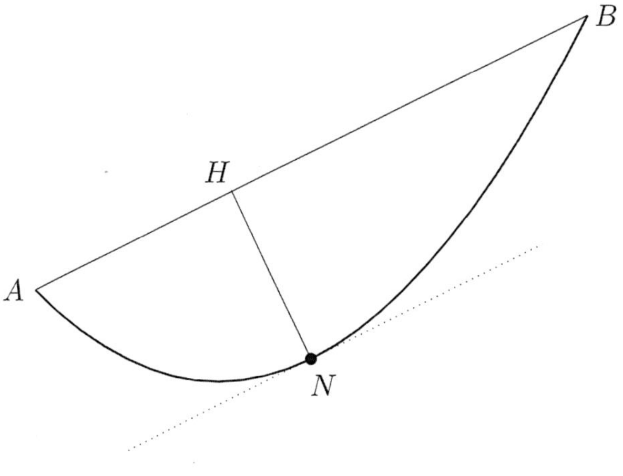

한편, 현 AB의 중점 M을 잡아 활꼴의 꼭짓점 N과 연결하면, 기본 성질 1에 의해 선분 MN은 포물선의 축과 평행하게 된다. 역으로 생각하면, 활꼴의 받침 AB의 중점 M을 잡아 포물선의 축에 평행한 직선을 그어 포물선과의 교점 N을 잡으면, 이 교점 N이 활꼴의 꼭짓점이 된다.

명제 17에서는 명제 16을 이용하여 포물선 활꼴의 넓이는 활꼴의 받침 $\overline{AB}$를 밑변으로 하고 활꼴의 높이를 높이로 하는 삼각형 ANB 넓이의 $\frac{4}{3}$가 된다는 것을 증명하였다.

명제 17의 증명을 살펴보자. 우선, 활꼴의 점 B에서의 접선 BC를 긋고, 활꼴의 받침 $\overline{AB}$의 중점 M을 잡아 직선 MN과 BC의 교점을 D라 하자. 그리고 직선 MN과 평행한 직선 AC를 긋자.

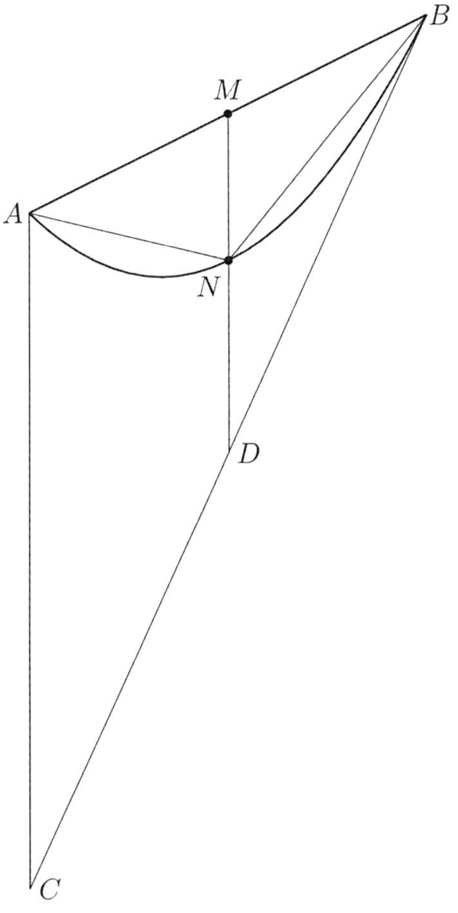

점 M이 선분 AB의 중점이므로, $S_{BMN} = S_{AMN}$이며 기본 성질 3에 의해 $\overline{MN} = \overline{ND}$이다. 그러므로 $S_{BMN} = S_{AMN} = S_{BND}$이다.

삼각형 BMD와 BAC는 닮음이고 닮음비가 $1:2$이므로, $S_{BMD} : S_{BAC} = 1:4$이다. 결국 $4S_{BMD} = S_{BAC}$, $4S_{BAN} = S_{BAC}$이다. 한편, 명제 16에 의해 활꼴의 넓이는 $\frac{1}{3}S_{BAC}$이므로, 활꼴의 넓이는 $\frac{4}{3}S_{BAN}$이 증명된다. □

'포물선의 구적'에 있는 명제 18 – 24에서는 실진법을 이용하여 포물선 활꼴의 넓이를 구했다. 우선, 명제 19를 살펴보자.

> **[명제 19]** 포물선 활꼴의 받침 AB의 중점 M을 잡고, 점 M을 지나 포물선의 축에 평행한 직선을 그어 활꼴의 꼭짓점 N을 잡았다. 선분 AM의 중점 C를 잡아, C를 지나 $\overline{MN}$에 평행한 직선이 포물선과 점 D에서 만난다고 하자. 그러면, $\overline{MN} = \frac{4}{3}\overline{CD}$이다.

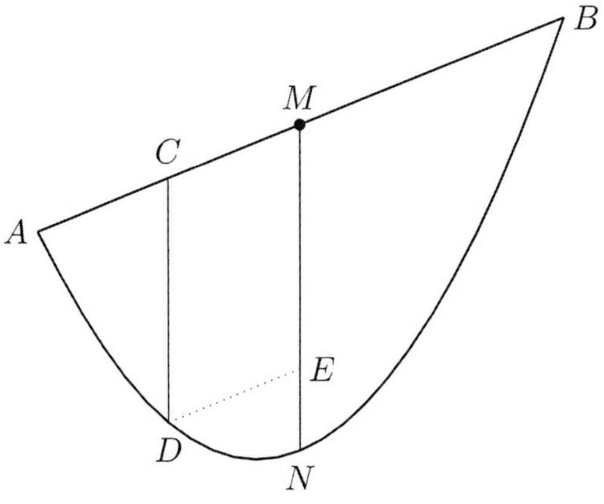

명제 19를 증명하자. 기본 성질 2에 의해 $\frac{\overline{AM}^2}{\overline{MN}} = \frac{\overline{DE}^2}{\overline{EN}}$이며, $\overline{DE} = \overline{CM} = \frac{1}{2}\overline{AM}$이므로 $\frac{\overline{AM}^2}{\overline{MN}} = \frac{\overline{AM}^2}{4\overline{EN}}, 4\overline{EN} = \overline{MN}$이다.

한편, $\overline{EN} = \overline{MN} - \overline{ME} = \overline{MN} - \overline{CD}$이므로, $4(\overline{MN} - \overline{CD}) = \overline{MN}, 3\overline{MN} = 4\overline{CD}, \overline{MN} = \frac{4}{3}\overline{CD}$가 증명된다. □

> **[명제 21]** 포물선 활꼴의 받침 AB의 중점 M을 잡고, 점 M을 활꼴의 꼭짓점 N과 연결하는 선분 MN을 긋자. 선분 AM, MB의 중점 C, P를 잡아, C와 P를 각각 지나 $\overline{MN}$에 평행한 직선이 포물선과 점 D, Q에서 만난다고 하자. 그러면, $S_{ANB} = 8S_{ADN}, S_{ANB} = 8S_{NQB}$이다.

명제 21의 등식 $S_{ANB} = 8S_{ADN}$을 증명하자. 점 C가 $\overline{AM}$의 중점이므로 $S_{ANC} = S_{CNM}$이며, $S_{ANB} = 4S_{ANC}$이다. 그리고, 중점연결정리에 의해 점 F는 $\overline{AN}$의 중점이며 $2\overline{CF} = \overline{MN}$이다. 이로부터 $S_{AFC} = S_{CFN}$이며 $S_{ANB} = 8S_{AFC}$이다. 또한, 점 F가 $\overline{AN}$의 중점이라는 것으로부터 $S_{ADF} = S_{FDN}$이 성립한다.

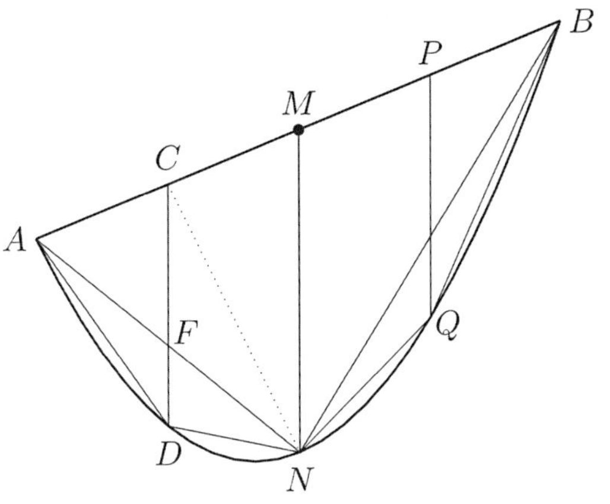

한편, 명제 19에 의해 $\overline{MN} = \frac{4}{3}\overline{CD}$이며 $2\overline{CF} = \overline{MN}$이므로, $2\overline{CF} = \frac{4}{3}\overline{CD}, \overline{CF} = \frac{2}{3}\overline{CD}$이다. 이로부터 $\overline{CF} : \overline{FD} = 2 : 1$이므로 $S_{AFC} = 2S_{ADF}$이고 $S_{ADF} = S_{FDN}$이다. $S_{ADF} + S_{FDN} = S_{ADN}$이므로, $S_{AFC} = S_{ADN}$이다. 그런데, $S_{ANB} = 8S_{AFC}$이므로 $S_{ANB} = 8S_{ADN}$이 증명된다.

한편, $S_{ANB} = 8S_{NQB}$도 $S_{ANB} = 8S_{ADN}$과 같은 방법으로 증명할 수 있다. □

명제 21과 그림에서 다음을 알 수 있다.

(1) 두 변이 $\overline{AM}$과 $\overline{MN}$, $\overline{MN}$과 $\overline{MB}$인 평행사변형을 각각 생각하면, S_{ANB}는 활꼴 ANB 넓이의 $\frac{1}{2}$보다 크다.

(2) 점 F가 선분 AN의 중점이므로, 점 D는 활꼴 ADN의 꼭짓점이다. 마찬가지로, 점 Q는 활꼴 NQB의 꼭짓점이다.

(3) $S_{ANB} = 8S_{ADN}, S_{ANB} = 8S_{NQB}$가 성립하므로, $S_{ADN} = S_{NQB}$가 된다. 가령, $S_{ANB} = k_1, S_{ADN} + S_{NQB} = k_2$라 하면, $k_1 = 4k_2$이다.

한편, 활꼴 AD, DN의 꼭짓점 G_1, G_2를 잡아, 명제 21에서 했던 것과 같이 삼각형 AG_1D, DG_2N을 작도하면 $S_{ADN} = 4(S_{AG_1D} + S_{DG_2N})$이 된다. 활꼴 NQ, QB의 꼭짓점 R_1, R_2를 잡아, 명제 21에서 했던 것과 같이 삼각형 NR_1Q, QR_2B를 작도하면 $S_{NQB} = 4(S_{NR_1Q} + S_{QR_2B})$가 된다. 결국, $S_{ADN} + S_{NQB} = 4(S_{AG_1D} + S_{DG_2N} + S_{NR_1Q} + S_{QR_2B})$가 된다. $S_{AG_1D} + S_{DG_2N} + S_{NR_1Q} + S_{QR_2B} = k_3$라 하면, $k_2 = 4k_3$

가 된다.

명제 21에서와 같이, 활꼴의 꼭짓점을 잡아서 활꼴의 받침과 꼭짓점을 연결하여 삼각형을 만드는 방법으로 순차적으로 활꼴에 삼각형들을 내접시키면, 내접하는 삼각형들의 넓이 사이에는 $k_1 = 4k_2, k_2 = 4k_3, \cdots$의 관계가 성립한다.

아르키메데스는 이러한 수열 k_i의 합을 구하는 문제를 명제 23으로 제시하였다. 즉, $k_1, k_1 = 4k_2, k_2 = 4k_3, k_{n-1} = 4k_n$인 수열에 대해 아르키메데스는 다음의 합이 성립함을 증명하였다.

$$k_1 + k_2 + k_3 + \cdots + k_n + \frac{1}{3}k_n = \frac{4}{3}k_1$$

여기서는 고등학교에서 배운 등비수열의 합의 공식을 이용하여 간단히 살펴보자(아르키메데스는 다른 방법으로 증명하였다). $k_2 = \frac{1}{4}k_1$, $k_3 = \frac{1}{4}k_2 = \left(\frac{1}{4}\right)^2 k_1$, $k_4 = \left(\frac{1}{4}\right)^3 k_1$, $\cdots$, $k_n = \left(\frac{1}{4}\right)^{n-1} k_1$이므로, 다음이 성립한다.

$$\begin{aligned} & k_1 + k_2 + k_3 + \cdots + k_n + \frac{1}{3}k_n \\ & \quad = k_1 + \frac{1}{4}k_1 + \left(\frac{1}{4}\right)^2 k_1 + \cdots + \left(\frac{1}{4}\right)^{n-1} k_1 + \frac{1}{3}\left(\frac{1}{4}\right)^{n-1} k_1 \\ & \quad = \frac{k_1\left(1 - (\frac{1}{4})^n\right)}{1 - \frac{1}{4}} + \frac{1}{3}\left(\frac{1}{4}\right)^{n-1} k_1 \\ & \quad = \frac{4}{3}k_1\left(1 - \left(\frac{1}{4}\right)^n\right) + \frac{1}{3}\left(\frac{1}{4}\right)^{n-1} k_1 = \frac{4}{3}k_1 \end{aligned}$$

이제, '포물선의 구적'의 마지막 명제인 명제 24를 살펴보자.

[명제 24] 포물선에서 활꼴의 받침이 AB이고 꼭짓점이 N이다. 그러면, 활꼴의 넓이는 $\frac{4}{3}S_{ANB}$이다.

활꼴의 넓이를 $Z, S_{ANB} = k_1$이라 하면, $Z = \frac{4}{3}k_1$을 증명하면 된다. 아르키메데스는 (1) $Z > \frac{4}{3}k_1$, (2) $Z < \frac{4}{3}k_1$이라 놓고 모순을 유도하여, $Z = \frac{4}{3}k_1$을 증명하였다.

(1) $Z > \frac{4}{3}k_1$이라 가정하자. 그러면, $Z - \frac{4}{3}k_1 > 0$이다. 명제 21과 같이, 활꼴과 삼각형들의 합의 차가 $Z - \frac{4}{3}k_1$보다 작을 때까지 활꼴에 넓이의 합이 $k_1, k_2, k_3, \cdots, k_n$

인 삼각형들을 내접시키자. 그러면, 다음이 성립한다.

$$Z-(k_1+k_2+k_3+\cdots+k_n)<Z-\frac{4}{3}k_1$$

이로부터 $k_1+k_2+k_3+\cdots+k_n>\frac{4}{3}k_1$이 얻어진다. 그런데, 명제 23에 의하면 $k_1+k_2+k_3+\cdots+k_n+\frac{1}{3}k_n=\frac{4}{3}k_1$이므로, $k_1+k_2+k_3+\cdots+k_n>\frac{4}{3}k_1$은 불가능하다.

(2) $Z<\frac{4}{3}k_1$이라 가정하자. 그러면 $\frac{4}{3}k_1-Z>0$이다. $\frac{1}{3}k_n$이 $\frac{4}{3}k_1-Z$보다 작을 때까지 활꼴에 넓이의 합이 $k_1,k_2,k_3,\cdots,k_n$인 삼각형들을 내접시키자. 즉, $\frac{1}{3}k_n<\frac{4}{3}k_1-Z$가 성립하며, 이 부등식에 명제 23의 $k_1+k_2+k_3+\cdots+k_n+\frac{1}{3}k_n=\frac{4}{3}k_1$을 대입하자. 그러면, 다음이 성립한다.

$$\frac{1}{3}k_n<\left(k_1+k_2+k_3+\cdots+k_n+\frac{1}{3}k_n\right)-Z$$

이로부터, $Z<k_1+k_2+k_3+\cdots+k_n$가 얻어진다. 그런데, $k_1+k_2+k_3+\cdots+k_n$은 활꼴에 내접하는 삼각형들의 넓이의 합이므로, Z보다 클 수가 없다.

결국, (1)과 (2)로부터 명제 24가 증명된다. □

'포물선의 구적'의 명제 18 – 24에 사용된 방법을 실진법(method of exhaustion)이라 부른다. 실진법은 넓이나 부피를 구할 때에 사용했던 극한의 방법이다.

아르키메데스는 활꼴의 넓이를 구하기 위해, 넓이의 합이 $k_1,k_2,\cdots,k_n$인 삼각형들을 활꼴에 내접시켰다. 이때, 내접하는 삼각형의 넓이는 활꼴의 넓이의 $\frac{1}{2}$보다 크다. 즉, 활꼴에서 내접하는 삼각형을 빼면, 활꼴 넓이의 $\frac{1}{2}$보다 작은 영역이 남게 된다.

이때, '활꼴 Z에서 $\frac{1}{2}$보다 큰 넓이의 삼각형들을 계속 제거해 가면, $Z-(k_1+k_2+k_3+\cdots+k_n)$를 원하는 만큼 작게 만들 수 있다'는 것을 이용하게 된다(이 사실은 에우독소스가 증명하였고, 유클리드 원론 10권의 명제 1로 소개되어 있다). 실제로, 아르키메데스는 명제 24의 증명 과정에서 (1)의 경우에서 $Z-(k_1+k_2+k_3+\cdots+k_n)$을 $Z-\frac{4}{3}k_1$보다 작게 하는 n을 잡아서 증명의 첫 번째 부분을 완성하였다.

명제 24의 증명 (2)에서는 활꼴 Z에 내접하는 삼각형의 넓이의 합 $k_1+k_2+k_3+\cdots+k_n$이 Z보다 작다는 것을 이용하여, 모순을 유도했다. 결국, 명제 24의 증명에서는

(1)의 경우와 (2)의 경우 모두가 모순이 발생하므로, $Z = \frac{4}{3}k_1$이라는 결론을 유도했다.

2. 구와 타원면체의 부피 구하기

'역학적 정리들에 대해 에라토스테네스에게 보낸 편지'에는 지렛대 원리를 이용하여 입체들의 부피 사이의 관계를 구하는 문제들이 제시되어 있다. '역학적 정리들에 대해 에라토스테네스에게 보낸 편지'는 아르키메데스의 '방법'이라는 이름으로도 알려져 있다. 여기서는 '역학적 정리들에 대해 에라토스테네스에게 보낸 편지'에 있는 구와 타원면체의 부피를 원기둥, 원뿔의 부피로 나타내는 명제들을 살펴보자.

[명제 2] 구의 부피는 밑면의 반지름이 구의 반지름과 같고 높이가 구의 반지름과 같은 원뿔의 부피의 4배와 같고, 밑면의 반지름이 구의 반지름과 같고 높이가 구의 지름과 같은 원기둥의 부피는 구의 부피의 $\frac{3}{2}$배와 같다.

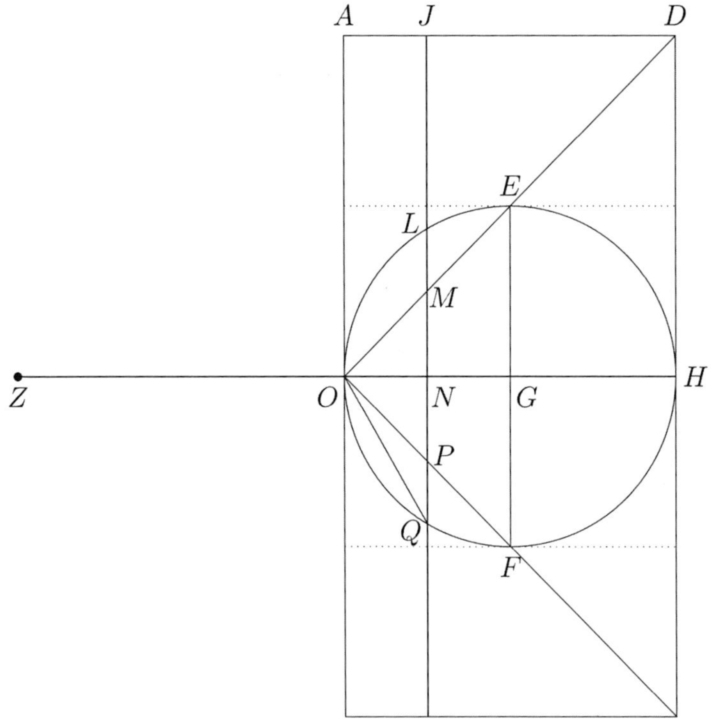

우선, 그림에 있는 도형들을 살펴보자. (1) 중심이 G인 원 $OFHE$가 주어졌고, 지름 OH와 EF가 직교한다. (2) 지름이 EF이며 원 $OFHE$와 직교하는 원을 생각하여, 이 원을 밑면으로 하고 꼭짓점이 O인 원뿔을 생각하자. (3) (2)의 원뿔의 옆면을 연장하고, 점 H를 지나며 원뿔의 밑면에 평행한 평면으로 원뿔을 절단하면 절단면은 직선 OH에 수직이며 지름이 CD인 원이다. (4) (3)의 원에 축이 OH인 원기둥을 작도하면 선분 CB, DA가 원기둥의 옆모서리가 된다. (5) 선분 HO를 연장하여 $\overline{HO}$와 같은 선분 OZ를 표시하고, 선분 HZ를 중심이 O인 지렛대로 생각하자. (6) $\overline{EF}$와 평행하게 임의의 직선 JK를 긋고, 이 직선이 원 $OFHE$와 점 Q, L에서 만나고, 지름 OH와 점 N에서 만나고, 직선 OC, OD와 점 P, M에서 만난다. (7) 직선 JK를 포함하며 선분 OH와 수직인 평면을 작도한다. (8) (7)의 평면에 의한 원기둥의 절단면은 지름이 JK인 원이고, 구 $OFHE$의 절단면은 지름이 LQ인 원이며, 원뿔 OCD의 절단면은 지름이 MP인 원이다.

이제, 얻어진 도형들 사이의 관계를 살펴보자. 직각삼각형 OQH와 ONQ가 닮음이므로 $\overline{OQ}^2 = \overline{ON} \times \overline{OH}$이다. 그리고 $\overline{OQ}^2 = \overline{ON}^2 + \overline{NQ}^2$이고, 직각이등변삼각형 NOP에서 $\overline{ON} = \overline{NP}$를 생각하면 $\overline{OQ}^2 = \overline{NP}^2 + \overline{NQ}^2$이 된다. 그러므로, $\overline{ON} \times \overline{OH} = \overline{NP}^2 + \overline{NQ}^2$이다. 그리고 $\overline{OH} = \overline{KN}$이므로 $\overline{ON} \times \overline{OH} = \overline{KN} \times \overline{NP} = \overline{NP}^2 + \overline{NQ}^2$이 된다.

한편, $\frac{\overline{ZO}}{\overline{ON}} = \frac{\overline{OH}}{\overline{ON}} = \frac{\overline{KN}}{\overline{NP}}$이므로, $\frac{\overline{ZO}}{\overline{ON}} = \frac{\overline{KN}}{\overline{NP}} = \frac{\overline{KN}^2}{\overline{KN} \times \overline{NP}} = \frac{\overline{KN}^2}{\overline{NP}^2 + \overline{NQ}^2}$이 된다. 결국, $\frac{\overline{ZO}}{\overline{ON}} = \frac{\overline{KN}^2}{\overline{NP}^2 + \overline{NQ}^2}$이다. 이때 $\pi \times \overline{KN}^2$은 위의 작도 순서 (8)에서 원기둥의 절단면의 넓이이며, $\pi \times \overline{NP}^2$은 원뿔의 절단면의 넓이, $\pi \times \overline{NQ}^2$은 구의 절단면의 넓이이다.

이제, $\frac{\overline{ZO}}{\overline{ON}} = \frac{\overline{KN}^2}{\overline{NP}^2 + \overline{NQ}^2}$을 지렛대의 원리로 해석하면, 중심이 O인 지렛대 ZON에서 점 Z의 아래에 원뿔의 절단면과 구의 절단면이 매달려 있고, 점 N의 아래에 원기둥의 절단면이 매달려 평형을 이루는 상태이다.

작도 순서 (7)의 절단 평면 JK를 AB에서 DC사이의 모든 위치에서 생각하면, 지렛대 ZON에서 점 Z의 아래에는 원뿔의 절단면과 구의 절단면들(이들의 모두 합하면 원뿔과 구가 되는)이 매달리게 되고, 점 O에서 H사이에는 원기둥의 절단면들(모두 합하면 원기둥이 되는)이 매달리게 되며, 지렛대는 점 O를 중심으로 평형을 이룬다 (이때, 이 원뿔은 밑면의 지름이 $\overline{DC}$이며 높이가 구의 지름과 같은 원뿔이므로 원뿔 DC라 하자).

이때, O에서 N사이에 놓여있는 원기둥의 무게중심은 $\overline{ON}$의 중점인 G가 된다. 이제, 원기둥의 부피를 $V_{원기둥}$, 원뿔의 부피를 $V_{원뿔\ DC}$, 구의 부피를 $V_{구}$라 하면, 다음과 같이 쓸 수 있다.

$$\frac{\overline{ZO}}{\overline{OG}} = \frac{V_{원기둥}}{V_{원뿔\ DC} + V_{구}}, \quad \frac{\overline{ZO}}{\frac{1}{2}\overline{OH}} = \frac{V_{원기둥}}{V_{원뿔\ DC} + V_{구}}, \quad \frac{2}{1} = \frac{V_{원기둥}}{V_{원뿔\ DC} + V_{구}}$$

결국, $2(V_{원뿔\ DC} + V_{구}) = V_{원기둥}$이다. $3V_{원뿔\ DC} = V_{원기둥}$이므로, $2V_{구} = V_{원뿔\ DC}$이다. 한편, 명제 2에서 말하는 밑면의 반지름이 구의 반지름과 같고 높이가 구의 반지름과 같은 원뿔은 밑면의 지름이 $\overline{EF}$이고 높이가 $\overline{OG}$인 원뿔 EF인데, 원뿔 DC와 원뿔 EF의 닮음비가 $2:1$이므로 원뿔 DC의 부피는 원뿔 EF 부피의 8배이다. 그러므로, $2V_{구} = V_{원뿔\ DC}$와 $V_{원뿔\ DC} = 8V_{원뿔\ EF}$로부터 $V_{구} = 4V_{원뿔\ EF}$가 증명된다.

한편, $2(V_{원뿔\ DC} + V_{구}) = V_{원기둥}$과 $V_{원뿔\ DC} = \frac{1}{3}V_{원기둥}$으로부터 $V_{구} = \frac{1}{6}V_{원기둥}$이 얻어진다. 그런데, 살펴본 원기둥은 반지름이 구의 지름과 같고 높이가 구의 지름과 같은데, 명제 2에서 말하는 원기둥은 밑면의 반지름이 구의 반지름과 같고 높이가 구의 지름과 같기 때문에, 이 두 원기둥의 부피의 비는 $4:1$이다. 이로부터 명제가 증명된다. □

명제 2를 현대적인 표기와 방법으로 확인해 보자. 구의 반지름을 r이라 하면 구의 부피는 $\frac{4}{3}\pi r^3$이며, 밑면의 반지름이 구의 반지름(r)이며 높이가 구의 지름($2r$)인 원기둥의 부피는 $\pi r^2 \times (2r) = 2r^3\pi$이다. 그리고 밑면의 반지름이 구의 반지름($r$)이며 높이가 구의 반지름($r$)인 원뿔의 부피는 $\frac{1}{3}\pi r^2 \times r = \frac{1}{3}\pi r^3$이다. 그러면, 구의 부피는 원뿔 부피의 4배이며, 원기둥의 부피는 구의 부피의 $\frac{3}{2}$배가 됨을 확인할 수 있다.

이제, 명제 3에서 타원면체와 원기둥, 원뿔의 부피사이의 관계를 살펴보자. 명제 3의 증명을 이해하기 위해, 타원의 성질을 살펴보자. $x^2 + y^2 = a^2$인 원과 $\frac{x^2}{a^2} + \frac{y^2}{b^2} = 1$인 타원을 작도하였다.

우선, $\frac{\overline{PR}}{\overline{QR}} = \frac{a}{b}$를 증명하자. 여기서는 고등학교에서 배우는 해석기하학적인 방법으로 증명하자('역학적 정리들에 대해 에라토스테네스에게 보낸 편지'에는 이 성질의 증명이 제시되지 않았음).

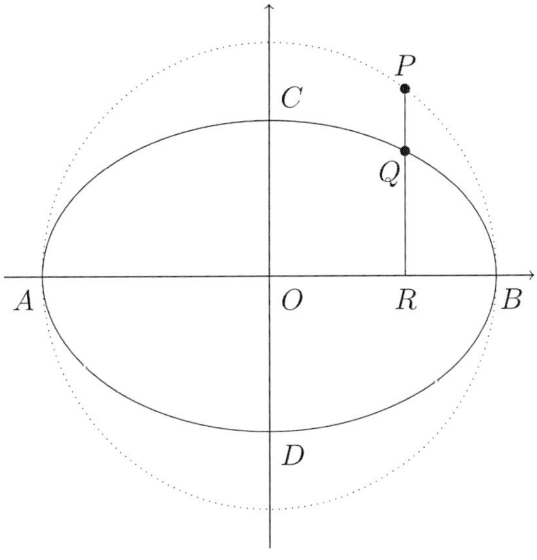

P의 좌표를 (x_1, y_1)이라 하면, Q의 좌표를 (x_1, y_2)라 놓을 수 있다. 점 P는 원의 점이므로, $x_1^2 + y_1^2 = a^2, y_1^2 = a^2 - x_1^2$이다. 그리고 점 Q는 타원의 점이므로, $\frac{x_1^2}{a^2} + \frac{y_2^2}{b^2} = 1, y_2^2 = \frac{b^2(a^2-x_1^2)}{a^2}$이다. 이로부터, 다음을 알 수 있다.

$$\frac{y_1^2}{y_2^2} = \frac{a^2 - x_1^2}{\frac{b^2(a^2-x_1^2)}{a^2}} = \frac{a^2}{b^2}, \quad \frac{\overline{PR}}{\overline{QR}} = \frac{y_1}{y_2} = \frac{a}{b}$$

$\frac{\overline{PR}}{\overline{QR}} = \frac{a}{b}$를 이용하면, 타원의 성질 $\frac{\overline{QR}^2}{\overline{RB} \times \overline{RA}} = \frac{\overline{OC}^2}{\overline{OB}^2}$을 증명할 수 있다. $\frac{\overline{PR}}{\overline{QR}} = \frac{a}{b}$에서 $\frac{\overline{PR}^2}{\overline{QR}^2} = \frac{a^2}{b^2}$이다. 그리고 점 P가 원의 점이므로, $\overline{PR}^2 = \overline{RB} \times \overline{RA}$이다. 이로부터, 다음을 얻을 수 있다.

$$\overline{QR}^2 = \frac{b^2}{a^2} \times \overline{RB} \times \overline{RA}, \quad \frac{\overline{QR}^2}{\overline{RB} \times \overline{RA}} = \frac{b^2}{a^2}, \quad \frac{\overline{QR}^2}{\overline{RB} \times \overline{RA}} = \frac{\overline{OC}^2}{\overline{OB}^2}$$

증명한 등식 $\frac{\overline{QR}^2}{\overline{RB} \times \overline{RA}} = \frac{\overline{OC}^2}{\overline{OB}^2}$은 원에서 성립하는 $\overline{PR}^2 = \overline{RB} \times \overline{RA}$에 대응하는 타원의 성질이라 할 수 있다. $\frac{\overline{QR}^2}{\overline{RB} \times \overline{RA}} = \frac{\overline{OC}^2}{\overline{OB}^2}$에서 원이 되는 경우에는 $\overline{OB} = \overline{OC}$이므로, 이로부터 해당하는 원의 성질이 유도된다. 이제, 명제 3을 살펴보자.

[**명제 3**] 밑면이 타원면체의 가장 큰 원[2]과 같고 높이가 타원면체의 장축과 같은 원기둥의 부피는 이 타원면체 부피의 $\frac{3}{2}$배와 같다. 이 타원면체의 중심을 지나며 장축에 수직인 평면으로 잘라 얻어진 절반 타원면체의 부피는 절반 타원면체의 밑면을 밑면으로 가지며 절반 타원체의 장축을 축으로 가지는 원뿔 부피의 2배와 같다.

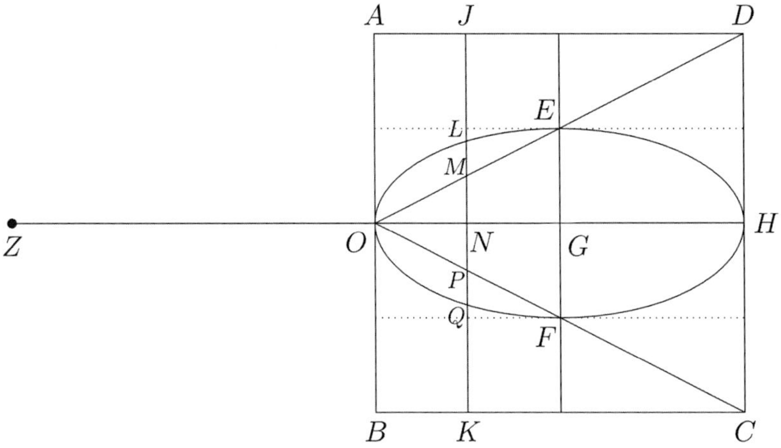

우선, 그림에 있는 도형을 살펴보자. (1) 주어진 타원면체의 축을 지나는 평면으로 타원면체를 자르면, 타원면체의 표면에 타원 $OFHE$가 생긴다. 이 타원의 지름을 OH, FE라 하고 중심을 G라 하자. (2) 타원면체에서 OH에 수직이며 지름이 EF인 원을 잡는다. (3) (2)의 원을 밑면으로 하고 꼭짓점이 O인 원뿔을 생각한다. (4) (3)의 원뿔의 옆면을 연장하고, 점 H를 지나며 원뿔의 밑면에 평행한 평면으로 원뿔을 절단하면 절단면은 직선 OH에 수직이며 지름이 CD인 원이 된다. (5) 밑면이 (4)의 원이며 축이 OH인 원기둥을 작도한다. (6) 선분 HO를 연장하여 $\overline{HO}$와 같은 선분 OZ를 표시하고, 선분 HZ를 중심이 O인 지렛대로 생각하자. (7) 직사각형 $ABCD$에서 CD에 평행하도록 임의의 직선 JK를 긋고, 직선 JK를 포함하며 선분 OH와 수직인 평면을 작도한다. (8) (7)의 평면에 의한 (5)의 원기둥의 절단면은 지름이 JK

[2]즉, 타원의 단축을 지름으로 하는 원

인 원이고, 타원면체의 절단면은 지름이 LQ인 원이며, 원뿔의 절단면은 지름이 MP 인 원이다.

삼각형 ODH와 OMN의 닮음에 의해 $\frac{\overline{OH}}{\overline{ON}} = \frac{\overline{OD}}{\overline{OM}} = \frac{\overline{DH}}{\overline{MN}} = \frac{\overline{JN}}{\overline{MN}}$이다. 그리고 $\overline{OH} = \overline{ZO}$이므로, $\frac{\overline{ZO}}{\overline{ON}} = \frac{\overline{OH}}{\overline{ON}} = \frac{\overline{JN}}{\overline{MN}} = \frac{\overline{JN}^2}{\overline{JN}\times\overline{MN}}$이다. 결국, $\frac{\overline{ZO}}{\overline{ON}} = \frac{\overline{JN}^2}{\overline{JN}\times\overline{MN}}$이다.

한편, 앞에서 살펴본 타원의 성질에 의해 $\frac{\overline{LN}^2}{\overline{ON}\times\overline{NH}} = \frac{\overline{GE}^2}{\overline{OG}^2} = \frac{\overline{NM}^2}{\overline{ON}^2}$이다. 이로부터 $\frac{\overline{NM}^2}{\overline{LN}^2} = \frac{\overline{ON}^2}{\overline{ON}\times\overline{NH}} = \frac{\overline{ON}}{\overline{NH}}$이 된다.

그런데, $\frac{\overline{ON}}{\overline{OH}} = \frac{\overline{NM}}{\overline{NJ}} = \frac{\overline{NM}}{\overline{NM}+\overline{MJ}}$이고 $\frac{\overline{ON}}{\overline{OH}} = \frac{\overline{ON}}{\overline{ON}+\overline{NH}}$이므로, $\frac{\overline{ON}}{\overline{ON}+\overline{NH}} = \frac{\overline{NM}}{\overline{NM}+\overline{MJ}}$, $\frac{\overline{ON}+\overline{NH}}{\overline{ON}} = \frac{\overline{NM}+\overline{MJ}}{\overline{NM}}$이다. 그러므로 $\frac{\overline{NH}}{\overline{ON}} = \frac{\overline{MJ}}{\overline{NM}}$이다. 결국 $\frac{\overline{NM}^2}{\overline{LN}^2} = \frac{\overline{ON}}{\overline{NH}} = \frac{\overline{NM}}{\overline{MJ}} = \frac{\overline{NM}^2}{\overline{MJ}\times\overline{NM}}$이 성립한다. 이로부터 $\overline{LN}^2 = \overline{MJ} \times \overline{NM}$이 되며, 양변에 $\overline{NM}^2$을 더하면, 다음이 얻어진다.

$$\overline{LN}^2 + \overline{NM}^2 = \overline{NM}^2 + \overline{MJ} \times \overline{NM} = \overline{NM}(\overline{NM} + \overline{MJ}) = \overline{NM} \times \overline{NJ}$$

이제, 얻어진 등식 $\overline{LN}^2 + \overline{MN}^2 = \overline{MN} \times \overline{JN}$과 $\frac{\overline{ZO}}{\overline{ON}} = \frac{\overline{JN}^2}{\overline{JN}\times\overline{MN}}$으로부터 $\frac{\overline{ZO}}{\overline{ON}} = \frac{\overline{JN}^2}{\overline{LN}^2+\overline{MN}^2}$을 유도할 수 있다. 작도 순서 (7)의 평면으로 반지름이 $\overline{DH}$이고 높이가 $\overline{AD}$인 원기둥을 자르면 절단면의 넓이가 $\overline{JN}^2\pi$가 되며, 타원면체의 절단면의 넓이는 $\overline{LN}^2\pi$가 되고, 원뿔의 절단면의 넓이는 $\overline{MN}^2\pi$가 된다. 그러므로, 다음을 알 수 있다.

$$\frac{\overline{JN}^2}{\overline{LN}^2 + \overline{MN}^2} = \frac{\text{원기둥 절단면의 넓이}}{\text{타원면체 절단면의 넓이} + \text{원뿔 절단면의 넓이}}$$

$\frac{\overline{ZO}}{\overline{ON}} = \frac{\overline{JN}^2}{\overline{LN}^2+\overline{MN}^2}$을 지렛대 원리를 이용하여 해석하면, 중심이 O인 지렛대 ZOH에서 점 Z의 밑에 타원면체의 절단면과 원뿔 DC(밑면의 지름이 DC인)의 절단면을 놓고, 점 N에 원기둥의 절단면을 놓으면 지렛대가 평형을 이룬다는 것이다.

이제, N을 O에서 H까지 이동하면서 원기둥, 타원면체, 원뿔의 절단면을 생각하여, 원기둥의 절단면은 점 N의 밑에, 타원면체와 원뿔의 절단면은 점 Z의 아래에 놓는다. 그리고 이 절단면들을 모두 더하면, 원기둥, 타원면체, 원뿔이 된다. 이때 원기둥은 점 O에서 H까지 놓이게 되므로, 무게중심은 선분 OH의 중점인 G에 있게 된다. 결국,

지렛대 원리에 의해 다음을 알 수 있다.

$$\frac{\overline{ZO}}{\overline{OG}}=\frac{V_{\text{원기둥}}}{V_{\text{타원면체}}+V_{\text{원뿔}DC}},\quad \frac{\overline{ZO}}{\frac{1}{2}\overline{OH}}=\frac{V_{\text{원기둥}}}{V_{\text{타원면체}}+V_{\text{원뿔}DC}},\quad \frac{2}{1}=\frac{V_{\text{원기둥}}}{V_{\text{타원면체}}+V_{\text{원뿔}DC}}$$

결국, $2(V_{\text{타원면체}}+V_{\text{원뿔}DC})=V_{\text{원기둥}}$이며 $V_{\text{원기둥}}=3V_{\text{원뿔}DC}$이므로, $2V_{\text{타원면체}}=V_{\text{원뿔}DC}$이다. 그런데, 명제 3의 원뿔은 밑면의 지름이 EF이므로, 닮음에 의해 $8V_{\text{원뿔}EF}=V_{\text{원뿔}DC}$이고 $V_{\text{타원면체}}=4V_{\text{원뿔}EF}$이다. 결국, 절반 타원면체의 부피는 원뿔 EF의 부피의 2배가 된다.

한편, 명제 3에서 말하는 원기둥은 밑면 지름이 EF이고 높이가 OH인데, 이 원기둥 부피의 절반은 원뿔 EF 부피의 3배가 된다. 그러므로, 이 원기둥 부피는 원뿔 EF 부피의 6배이다. 그리고 절반 타원면체의 부피는 원뿔 EF의 부피의 2배이므로, 타원면체의 부피는 원뿔 EF의 부피의 4배이다. 그러므로, 원기둥의 부피는 타원면체 부피의 $\frac{3}{2}$배가 된다. □

명제 2와 3에서 아르키메데스는 (1) 회전체인 입체도형(원기둥, 원뿔, 구, 타원면체)을 평면으로 절단하여 절단면인 원, 직각삼각형, 타원을 만들었고, (2) 원, 직각삼각형, 타원의 성질을 이용하여 관계식을 만들고, (3) 절단면인 원, 직각삼각형, 타원을 회전시켜 얻어지는 원판들을 결합하여 다시 원기둥, 원뿔, 구, 타원면체를 만들고, (4) (2)에서 만들어진 관계식을 지렛대 원리로 해석하여, 원기둥, 원뿔, 구, 타원면체 사이의 부피 관계를 구했다.

이와 같이, 원기둥, 원뿔, 구, 타원면체 등과 같은 입체를 n등분하여 원판으로 자른 후에, 이 원판들을 결합하여 원기둥, 원뿔, 구, 타원면체의 부피를 구한다는 생각은 구분구적법 개념의 초기 아이디어라 할 수 있다.

우리는 미분과 적분을 뉴턴과 라이프니츠가 발명했다는 것은 잘 알고 있지만, 뉴턴과 라이프니츠에 의해 미분과 적분이 발명될 때까지의 수학적 개념들, 방법들이 어떻게 축적되고 발전되어 왔는지에 대한 연구는 충분하지 않다.

단순하게 생각하면, 뉴턴과 라이프니츠가 제로상태에서 출발하여 미분과 적분을 발명하였다고도 생각할 수 있다. 그러나 이것은 그렇지 않다. 살펴본 아르키메데스의 연구도 적분 개념의 발생, 발전에서 중요한 역할을 하였기 때문이다.

3. 아르키메데스 나선

아르키메데스 나선 아르키메데스 나선은 원적곡선과 마찬가지로, 다음과 같은 두 가지 운동에 의해 만들어진다. (1) 점 O를 중심으로 반직선 OA가 일정한 속도로 시계 반대방향으로 회전한다. (2) 점 M이 점 O에서 출발하여 일정한 속도로 반직선 OA를 따라 이동한다. 이때, 동시에 일정한 속도로 이루어지는 (1)의 회전과 (2)의 이동에서 점 M의 자취가 아르키메데스 나선이다.

운동 (1)과 (2)에 의해 만들어지는 점들을 표시하면, 다음 그림과 같다.

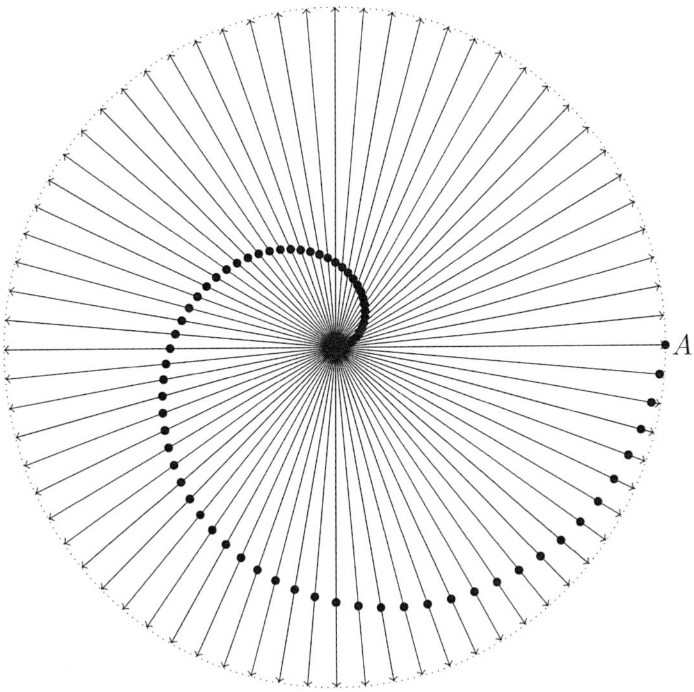

이제, 점들을 연결하여 아르키메데스 나선을 만들어, 아르키메데스 나선의 성질을 살펴보자. 아르키메데스 나선의 두 점 M, N을 잡고, 반지름이 $\overline{OA}$인 원과 직선 OM, ON의 교점을 M', N'이라 하자. 이때, (1)의 회전에서 반직선 OA가 OM', ON'

까지 각각 회전할 때 (2)의 이동에서는 점이 $\overline{OM}, \overline{ON}$만큼 이동한 것이 된다. 그러므로, 선분 OM, ON의 길이는 호 AM', AN'의 길이와 비례하며, $\overline{OM} : \overline{ON} = \widehat{AM'} : \widehat{AN'}$이 성립한다.

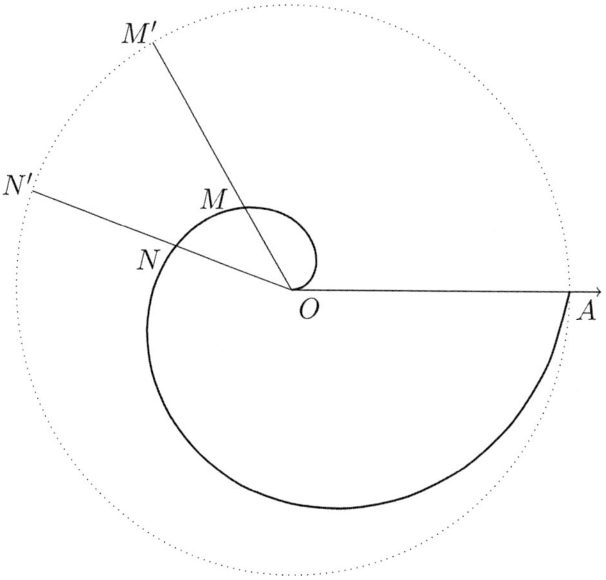

아르키메데스 나선의 접선과 미분적 방법 아르키메데스는 명제 13에서 어떤 직선이 나선에 접하면, 그 직선은 오직 한 점에서만 접한다는 것을 증명하였다.

한편, 아르키메데스는 '나선에 대해'의 명제 20에서 아르키메데스 나선의 임의의 점에서 접선을 긋는 방법을 제시하였다. 명제 20을 증명하기 위해, '나선에 대해'에 있는 명제들을 살펴보자. 우선, 명제 20의 해결에 필요한 명제 7을 살펴보자.

> **[명제 7]** 중심이 O인 원에 지름보다 작은 현 AB가 주어졌고, 현 AB에 수선 OH를 그었다. 만약, $\overline{BH} : \overline{OH}$보다 큰 비 $m : n$이 주어지면, $\overline{CD} : \overline{BC} = m : n$이 되도록 직선 OCD를 그을 수 있다. 이때, 점 C는 원 O와 직선 OD의 교점이다.

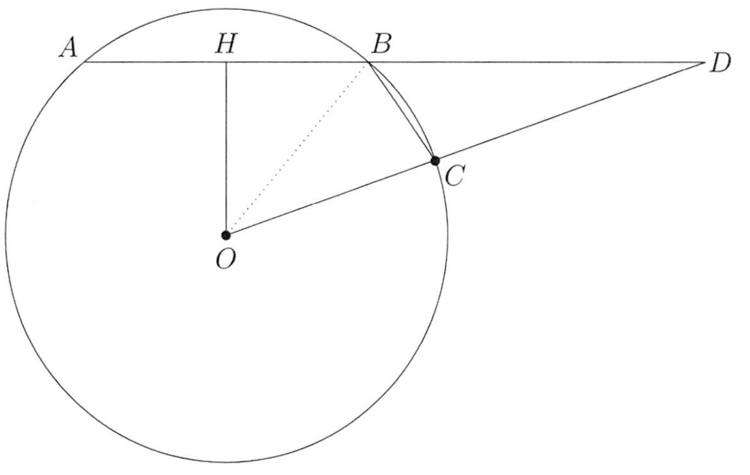

아르키메데스는 이 문제를 삽입의 방법을 사용하여 해결하였다. 직선 OCD의 삭도 순서는 (1) 점 O를 지나며 직선 AB에 평행한 직선 OF를 긋는다. (2) $\angle OBE = 90°$가 되도록 직선 BE를 긋는다. (3) 선분 CG를 긋는데, 점 C는 원 O에 속하고 점 G는 직선 OF에 속하며, 직선 CG가 점 B를 지나면서 $\overline{OC} : \overline{CG} = m : n$이 되도록 한다. (4) 직선 OC와 직선 AB가 만나는 점을 D라 하면, 직선 OCD가 구하는 직선이다.

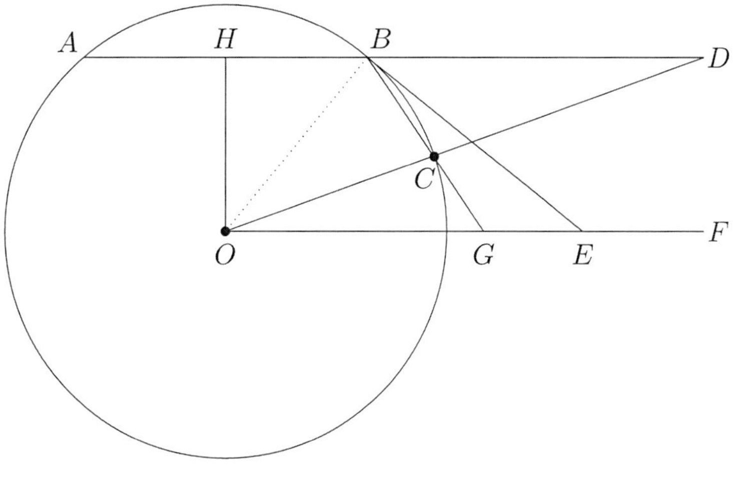

위의 작도에서 얻어진 직선 OCD가 명제 7의 조건을 만족시킨다는 것을 보이자. 이를 위해, $\overline{BH} : \overline{OH} < \overline{CD} : \overline{BC}$를 증명하자. 이 비를 분수꼴로 나타내면 $\frac{\overline{BH}}{\overline{OH}} < \frac{\overline{CD}}{\overline{BC}}$이다. 작도 (2)에 의해 $\angle EBO = 90°$이다. 그리고 작도 (1)에 의해 $\angle BEO = \angle EBD$

이다. 한편 $\angle HBO + \angle HOB = 90°$이며 $\angle HBO + \angle EBD = 90°$이므로, $\angle HOB = \angle EBD = \angle BEO$가 된다. 결국, 직각삼각형 BHO와 OBE는 닮음이다. 이로부터 $\frac{\overline{BH}}{\overline{OH}} = \frac{\overline{OB}}{\overline{EB}}$이다. 한편, 삼각형 CBD와 CGO의 닮음으로부터, $\frac{\overline{CD}}{\overline{BC}} = \frac{\overline{CO}}{\overline{CG}}$가 성립한다.

결국, 증명하려는 부등식 $\frac{\overline{BH}}{\overline{OH}} < \frac{\overline{CD}}{\overline{BC}}$는 $\frac{\overline{OB}}{\overline{EB}} < \frac{\overline{CO}}{\overline{CG}}$가 된다. 이때, $\overline{OB} = \overline{CO}$이므로 $\overline{CG} < \overline{BE}$를 보이면 된다. 삼각형 BGE에서 큰 각의 맞은편에 긴 변이 놓이므로 $\overline{BG} < \overline{BE}$이다. 그리고 $\overline{CG} < \overline{BG}$이므로 $\overline{CG} < \overline{BE}$가 되며, 부등식 $\frac{\overline{OB}}{\overline{EB}} < \frac{\overline{CO}}{\overline{CG}}$가 성립한다. 그리고, 작도 (3)에서 $\overline{OC} : \overline{CG} = m : n$이므로, $\frac{\overline{BH}}{\overline{OH}} < \frac{m}{n}$이며 직선 OCD는 문제의 조건을 만족시킨다. □

명제 7의 작도 과정 (3)에서 문제의 조건을 만족시키는 선분 CG를 작도하기 위해, 아르키메데스는 삽입의 방법을 이용했다. 삽입의 방법은 3대 작도불능문제 중 각의 3등분 문제의 해결에서도 사용되었다는 것을 기억하자.

이제, 명제 20을 살펴보자. 명제 20은 시작선이 $\overrightarrow{OA}$인 아르키메데스 나선의 한 점 M에서 접선을 긋고, 선분 OM에 수직인 직선이 접선과 F에서 만날 때, $\overline{OF}$의 길이를 구하는 문제이다.

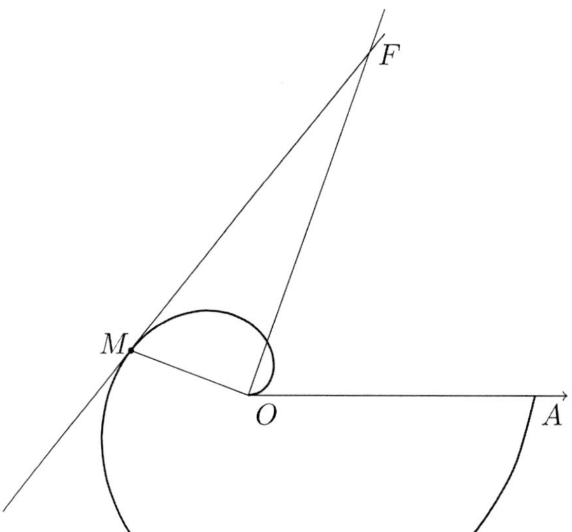

실제로, $\overline{OF}$의 길이를 알 수 있다면, 아르키메데스 나선의 임의의 점 M에서 다음

과 같은 순서로 접선을 그을 수 있다. (1) 선분 MO를 작도한다. (2) $\overline{MO}$와 직교하는 직선을 긋는다. (3) (2)에서 그은 직선에 $\overline{OF}$인 점 F를 표시한다. (4) 점 M과 F를 연결하면, 점 M에서 아르키메데스 나선에 대한 접선이 얻어진다.

> **[명제 20]** 나선의 임의의 점 M에서 접선을 긋고, 점 O를 지나며 선분 OM에 수직인 직선과 접선의 교점을 F라 하자. 이제, 중심이 O이고 반지름이 OM인 원을 그어 나선의 시작선 $\overrightarrow{OA}$와 점 D에서 만난다고 하자. 그러면, 선분 OF는 나선 앞방향의 호 DM과 같다.

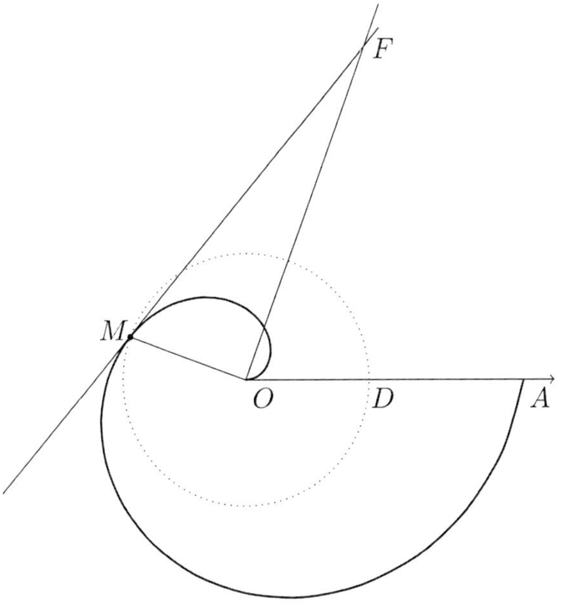

아르키메데스는 명제 20을 귀류법으로 증명하였다. 우선, 선분 OF가 호 DM보다 크다고 가정하자. 그러면, 선분 OF에 $\overline{OG}$가 호 DM보다는 크지만 $\overline{OG} < \overline{OF}$인 점 G를 잡을 수 있고, $\frac{\overline{MO}}{\overline{OG}} > \frac{\overline{MO}}{\overline{OF}}$가 된다.

이제, 접선 FM과 원 O의 다른 교점을 N이라 하고, 중심 O에서 현 MN에 수선 OH를 긋자. 그러면 직각삼각형 MHO와 MOF는 닮음이며, $\frac{\overline{MH}}{\overline{HO}} = \frac{\overline{MO}}{\overline{OF}}$가 된다.

명제 7을 이용하자. $\frac{\overline{MH}}{\overline{HO}} = \frac{\overline{MO}}{\overline{OF}}$이고 $\frac{\overline{MO}}{\overline{OF}} < \frac{\overline{MO}}{\overline{OG}}$이므로, 명제 7에 의해 $\frac{\overline{BE}}{\overline{BM}} = \frac{\overline{MO}}{\overline{OG}}$인 직선 OBE를 그을 수 있다.

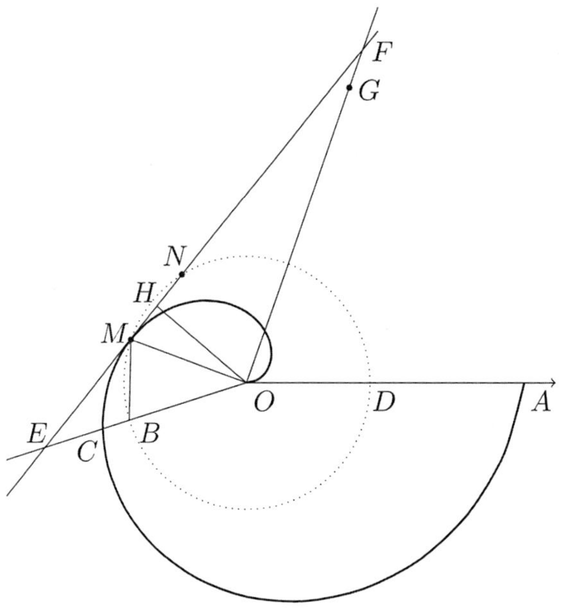

비례식 $\frac{\overline{BE}}{\overline{BM}} = \frac{\overline{MO}}{\overline{OG}}$에서 $\frac{\overline{BE}}{\overline{MO}} = \frac{\overline{BM}}{\overline{OG}}$이며, $\overline{MO} = \overline{BO}$이므로 $\frac{\overline{BE}}{\overline{BO}} = \frac{\overline{BM}}{\overline{OG}}$이 된다. 그런데, 선분 BM은 호 BM보다 작고 선분 OG는 호 DM보다 크다고 했으므로, $\frac{\overline{BE}}{\overline{BO}} = \frac{\overline{BM}}{\overline{OG}} < \frac{\widehat{BM}}{\widehat{DM}}$이며 $\frac{\overline{BE}}{\overline{BO}} < \frac{\widehat{BM}}{\widehat{DM}}$이 성립한다.

한편, $\frac{\overline{BE}}{\overline{BO}} < \frac{\widehat{BM}}{\widehat{DM}}$으로부터 $\frac{\overline{BE}+\overline{BO}}{\overline{BO}} < \frac{\widehat{BM}+\widehat{DM}}{\widehat{DM}}$이 유도된다. 이제, $\frac{\widehat{BM}+\widehat{DM}}{\widehat{DM}}$의 의미를 살펴보자. $\widehat{BM} + \widehat{DM} = \widehat{DB}$가 되며, 호의 비 $\widehat{DB} : \widehat{DM}$는 중심각의 비 $\angle DOB : \angle DOM$과 같다. 그리고 나선에서 각의 비 $\angle DOB : \angle DOM$는 O에서 나선의 점 C, M까지의 거리의 비 $\overline{OC} : \overline{OM}$과 같다. 결국, $\frac{\overline{OE}}{\overline{BO}} < \frac{\overline{OC}}{\overline{OM}}$가 얻어진다. 그런데, $\frac{\overline{OE}}{\overline{BO}} < \frac{\overline{OC}}{\overline{OM}}$에서 $\overline{BO} = \overline{OM}$이므로 $\overline{OE} < \overline{OC}$가 되며, 이것은 불가능하다. 결국, 선분 OF가 호 DM보다 크다는 가정으로부터 모순을 유도했다.

한편, 아르키메데스는 유사한 방법으로 $\overline{OF}$가 $\widehat{DM}$보다 작다는 가정으로부터 모순을 유도할 수 있다고 하면서, $\overline{OF}$가 $\widehat{DM}$과 같다는 것을 증명했다. □

현대의 수학사 연구자들은 아르키메데스가 명제 20을 어떻게 생각해 냈을까를 고민하였다. 이를 위해, 증명 과정을 결론을 중심으로 역으로 분석해 보자. 즉, 결론에서 $\widehat{DM} < \overline{OG} < \overline{OF}$인 점 G를 잡을 수 있다는 가정에 모순을 유도했다. 그렇다면,

$\overline{OG} = \overline{OF}$라고 생각하고 증명 과정을 분석해 보자.

전체 증명 과정은 명제 7로부터 얻어진 비례식 $\frac{\overline{BE}}{\overline{BM}} = \frac{\overline{MO}}{\overline{OG}}$에서 출발한다. 이 등식에서 $\overline{OG} = \overline{OF}$를 생각하면, $\frac{\overline{BE}}{\overline{BM}} = \frac{\overline{MO}}{\overline{OF}}$가 된다. 이 등식은 삼각형 MBE와 FOM의 닮음에서 얻어질 수 있는 비례식이다. 어떠한 경우에 삼각형 MBE와 FOM이 닮음이 될 수 있는가?

이것은 점 M이 원을 따라 B로 가까이 가는 경우를 생각하면 된다. 실제로, 점 M이 원을 따라 B로 가까이 가면 $\angle MBO \approx 90°$가 된다. 그리고 점 M이 원을 따라 B로 가까이 간다는 것은 역으로 점 B가 원을 따라 M에 가까이 가는 것으로 생각할 수 있으며, 이때 $\angle BMO \approx 90°$이다. 결국, 점 M이 원을 따라 B로 가까이 가면 $\angle MBO = \angle BMO \approx 90°$가 된다.

한편, 직각삼각형 MOF와 MHO가 닮음임을 생각하면 $\angle MFO = \angle MOH = \alpha$이고 $\angle OMH = 90° - \alpha$이다. $\angle BMO \approx 90°$이므로 $\angle BME \approx \alpha$가 된다. 결국, 점 M이 점 B로 원을 따라 가까이 가면 삼각형 FOM과 삼각형 MBE는 근사적으로 닮음이 된다.

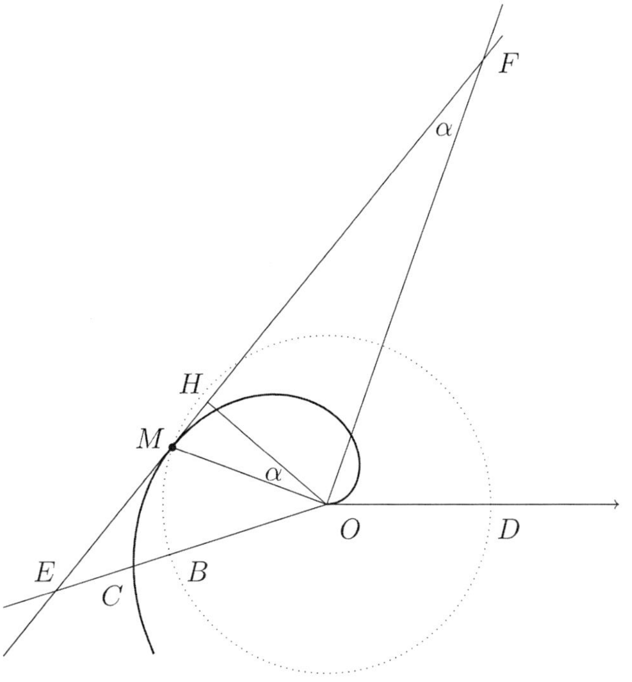

살펴본 것과 같이, 아르키메데스는 점 M이 점 B로 원을 따라 가까이 가면서 충분히 작은 곡선 삼각형 MBE를 생각하여, 명제 20을 만들었을 것으로 추측한다.

이제, 충분히 작은 곡선 삼각형 MBE와 삼각형 FOM의 닮음으로부터 현대적인 개념과 표기를 이용하여 명제 20을 유도해 보자.

곡선 삼각형 MBE와 삼각형 FOM의 닮음으로부터 $\frac{\overline{EB}}{\widehat{MB}} = \frac{\overline{MO}}{\overline{OF}}$이다. 현대적인 표기로, 아르키메데스 나선의 극좌표 방정식은 $\rho = \varphi$이다(이때, ρ는 O에서 나선의 점까지의 거리이고, φ는 $\overrightarrow{OA}$로부터 나선의 점까지의 각을 라디안으로 표시한 것이다). 그러므로, $\overline{MO} = \overline{BO} = \rho, \angle MOB = \Delta\varphi$라 하자. 그리고, 곡선직각삼각형 MBO에서 $\tan\Delta\varphi = \frac{\widehat{MB}}{\overline{BO}}, \widehat{MB} = \rho\tan\Delta\varphi$가 된다. 그런데, $\lim\limits_{\Delta\varphi\to 0}\frac{\tan\Delta\varphi}{\Delta\varphi} = 1$이므로, $\widehat{MB} = \rho\tan\Delta\varphi = \rho\Delta\varphi$이다. 한편 $\overline{EB} = \overline{EO} - \overline{OB} = \overline{EO} - \rho = \Delta\rho$라 하자. 그러면, 다음이 성립한다.

$$\frac{\overline{EB}}{\widehat{MB}} = \frac{\overline{MO}}{\overline{OF}}, \quad \overline{OF} = \frac{\overline{MO}\times\widehat{MB}}{\overline{EB}} = \frac{\rho\times\rho\Delta\varphi}{\Delta\rho} = \frac{\rho^2\Delta\varphi}{\Delta\rho}$$

아르키메데스 나선의 방정식으로부터 $\Delta\rho = \Delta\varphi$이므로, $\overline{OF} = \rho^2 = \rho\varphi$가 된다. 이때 $\rho\varphi$에서 ρ는 $\widehat{OM}$의 길이, φ는 $\angle DOM$이므로, $\rho\varphi$는 $\widehat{DM}$의 길이가 된다.

4. 준정다면체

아르키메데스의 '다면체에 대해'에는 13종류의 준정다면체가 소개되어 있으며, 준정다면체를 아르키메데스 다면체라고도 부른다. 정다면체는 플라톤 다면체라고도 불리는데, 모든 면들이 합동인 한 종류의 정다각형으로 이루어졌다. 반면에 준정다면체는 (1) 면이 두 종류 이상의 합동인 정다각형들로 구성되며, (2) 꼭짓점들의 임의의 쌍이 서로 대칭이 된다. 즉, 모든 꼭짓점에서 다면각들이 서로 합동이 되어야 한다.

'다면체에 대해'에서 아르키메데스는 어떻게 준정다면체를 만들었는지에 대해서는 기술하지 않았지만, 일반적으로 준정다면체는 정다면체를 평면으로 절단하여 얻어지는 것으로 알려져 있다.

정다면체를 절단하여 준정다면체를 만드는 간단한 경우를 살펴보자. 정사면체가 주어졌다고 하자. 정사면체의 모서리를 3등분하여, 이 3등분점을 지나는 평면으로 정사면체의 각 꼭짓점을 자르자. 그러면, 정삼각형 4개, 정육각형 4개의 면으로 된 8면체인 준정다면체가 만들어진다.

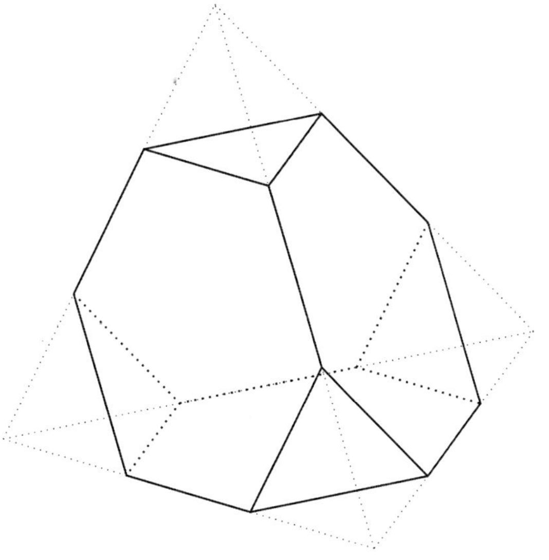

한편, 정육면체를 절단하여 만들어지는 준정다면체를 살펴보자. 주어진 정육면체의 각 모서리의 중점을 잡아, 이 중점들을 지나는 평면으로 정육면체의 각 꼭짓점을 잘라내자. 그러면, 정삼각형 8개, 정사각형 6개로 구성된 14면체인 준정다면체가 얻어진다.

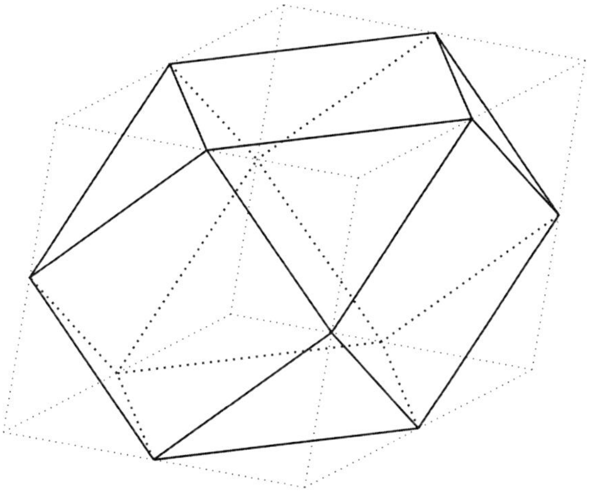

방금 전에 살펴본 14면체인 준정다면체에서 정육면체를 각 모서리의 중점을 지나는 평면으로 절단하였더니, 각 꼭짓점에서는 절단면으로 정삼각형이 얻어지고 정육면체의 각 면에는 정사각형이 하나씩 남았다.

이제, 모서리가 a인 정육면체의 모서리에 각 꼭짓점으로부터 $\frac{(2-\sqrt{2})a}{2}$인 점들을 표시하자. 이 점들을 지나는 평면으로 각 꼭짓점을 절단하면, 정삼각형 8개, 정8각형 6개로 구성된 14면체인 준정다면체가 얻어진다. 이 준정다면체의 한 모서리의 길이는 $(\sqrt{2}-1)a$이다. 아르키메데스가 준정다면체의 모서리의 길이를 구하지는 않았다.

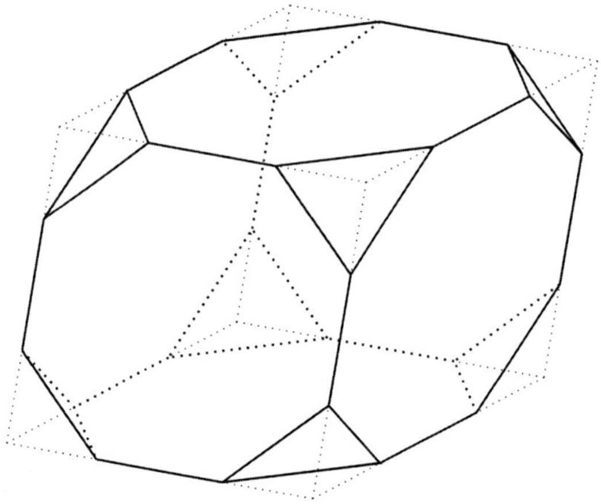

14면체인 준정다면체를 하나 더 살펴보자. 이 다면체는 정8면체의 각 꼭짓점을 평면으로 절단하여 얻어진다.

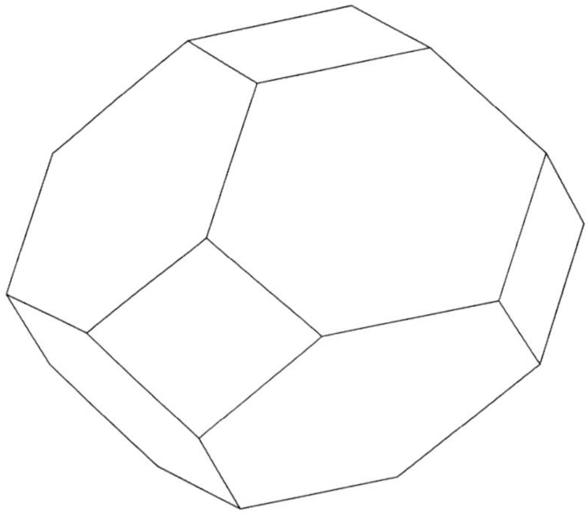

이때, 정8면체의 꼭짓점을 잘라내면 절단면은 정사각형이 되며, 정8면체의 면은 정육각형이 된다. 결국, 정사각형 6개, 정육각형 8개로 구성된 준정다면체가 만들어진다. 14면체인 정다면체는 살펴본 3가지 종류가 전부이다.

이제 26면체인 준정다면체를 살펴보자. 26면체인 준정다면체는 다음 두 종류가 있는데, 정육면체를 여러 번 절단하여 얻어진다.

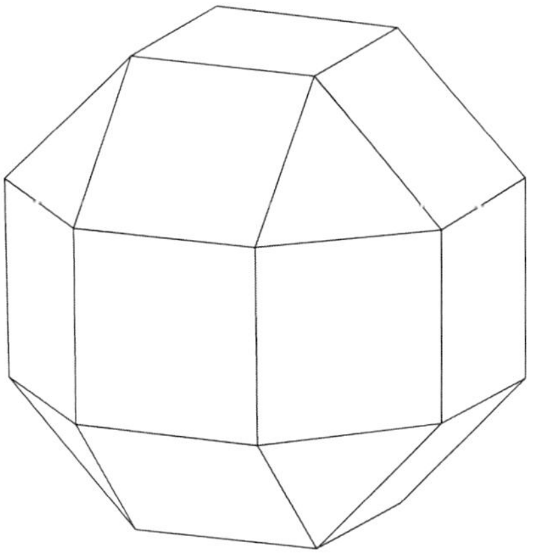

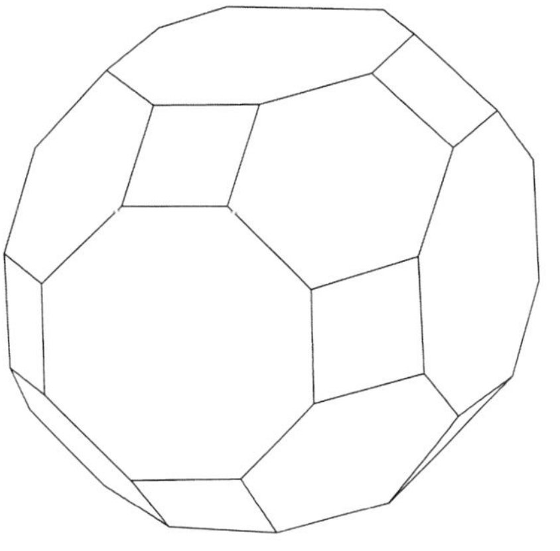

32면체인 준정다면체는 세 종류가 있다. 첫 번째 준정다면체는 정12각형에서 만들어지며, 두 번째 것은 정20면체에서 만들어진다.

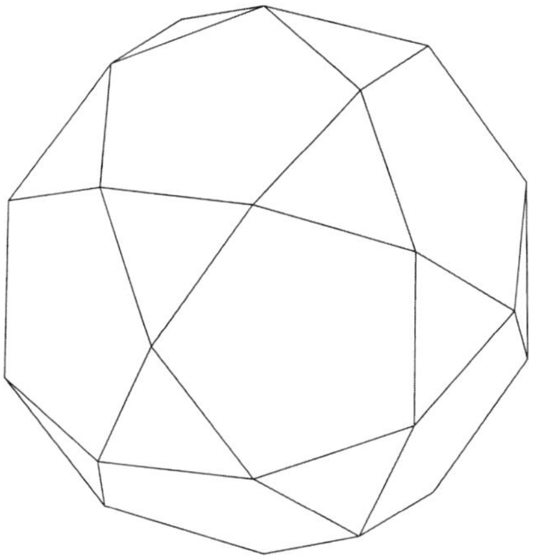

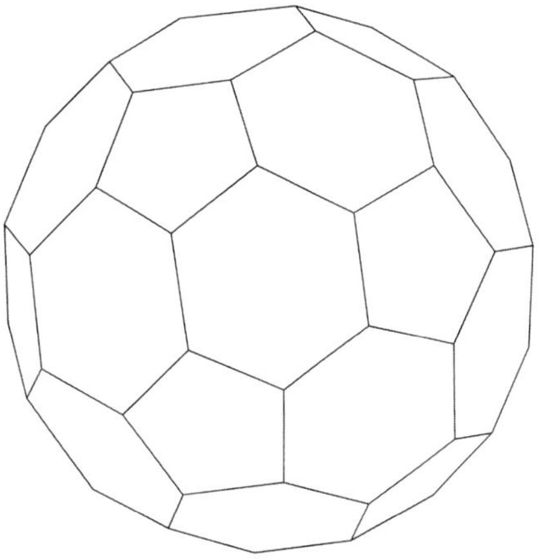

32면체인 준정다면체의 두 번째 것이 축구공 다면체이다. 즉, 일반적인 축구공이 이러한 뼈대를 가지고 있다. 가끔씩 32면체인 준정다면체의 첫 번째 것과 같은 구조를 갖는 축구공도 찾아볼 수 있다. 이 두 종류의 32면체인 준정다면체가 대표적으로 축구공과 같은 구조를 가지는 다면체이다. 32면체인 준정다면체의 세 번째 것은 정12면체로부터 만들어지는데, 정삼각형 20개, 정10각형 12개로 구성되어 있다.

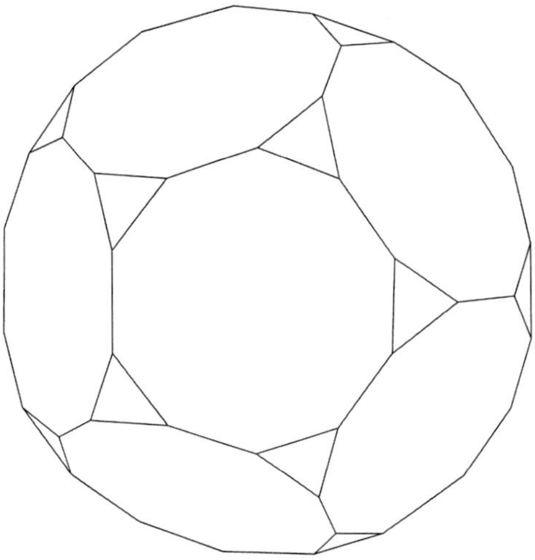

다음의 준정다면체는 정육각형을 기반으로 만들어지는 38면체인 준정다면체이다. 이 준정다면체는 정삼각형 32개, 정사각형 6개로 구성되어 있다.

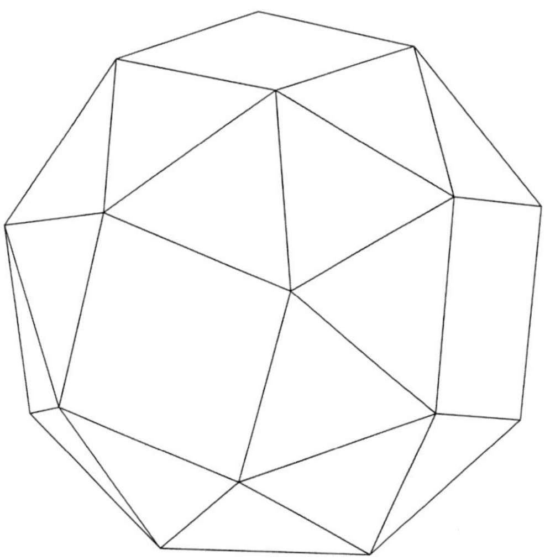

이제, 62면체인 두 종류의 준정다면체를 살펴보자. 이 준정다면체는 모두 정12각형으로부터 얻어진다. 첫 번째 것은 정삼각형 20개, 정사각형 30개, 정오각형 12개로 구성되며, 꼭짓점은 60개, 모서리가 120개인 다면체이다. 그리고 두 번째 것은 정사각형 30개, 정육각형 20개, 정10각형 12개로 구성되었으며, 꼭짓점이 120개, 모서리가 180개인 준정다면체이다.

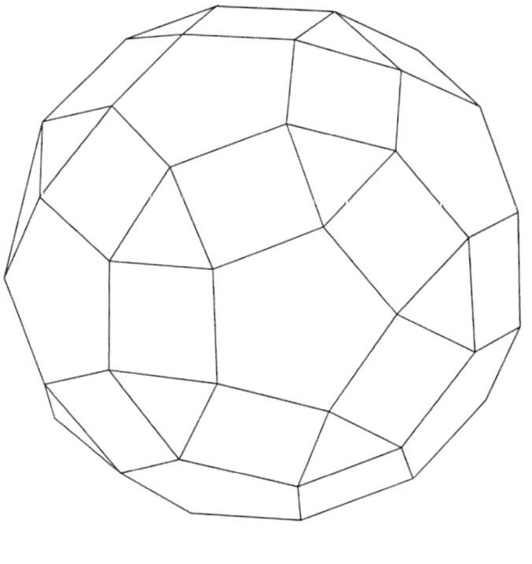

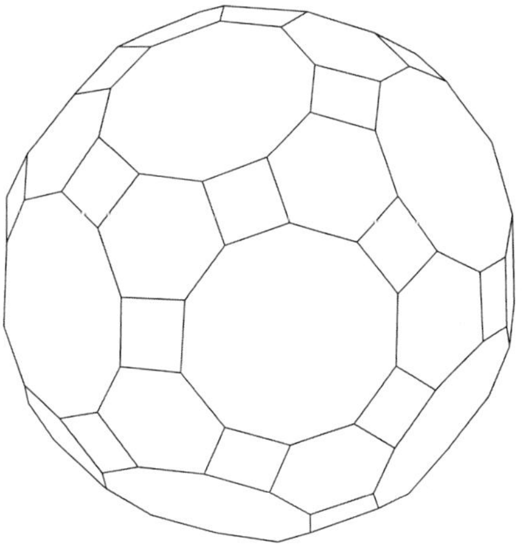

이제 마지막으로 92면체인 준정다면체를 살펴보자. 이 다면체는 정20면체로부터 만들어지며, 정삼각형 80개, 정5각형 12개로 구성된다.

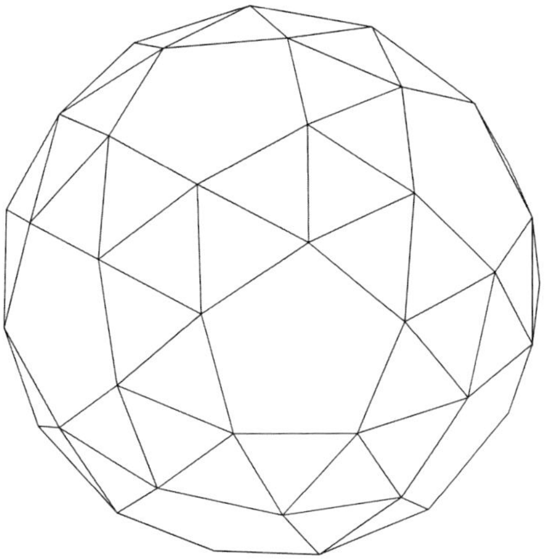

제 7 장.

아폴로니우스

1. 아폴로니우스와 '원뿔곡선'

아폴로니우스(Apollonius)는 기원전 262년에 태어나 190년까지 살았던 것을 알려져 있다. 기원전 287년에 태어난 아르키메데스보다는 젊었지만, 아폴로니우스는 아르키메데스만큼 실력있는 수학자로 인정을 받고 있다.

아폴로니우스는 원뿔곡선 또는 원추곡선으로 알려진 원, 타원, 포물선, 쌍곡선의 연구를 하였다. 이미 기원전 408 – 355년에 살았던 메나에크무스는 포물선과 쌍곡선을 이용하여 삼차방정식 $x^3 = 2$의 기하학적 해법을 발견하였다. 비록 포물선과 쌍곡선이 자와 컴퍼스를 이용하여 작도가능한 도형은 아니었지만, 메나에크무스가 삼차방정식의 기하학적 해법이라는 새로운 씨앗을 뿌렸다는 것에는 이견이 없다. 즉, 원뿔곡선은 삼차방정식의 해법에 관련된 수학 이론이라고 할 수 있다.

유클리드는 자와 컴퍼스를 이용하여 기하학적 대수의 방법으로 이차방정식의 기하학적 해법을 제시하였지만, 아폴로니우스는 원뿔곡선의 연구를 통해 삼차방정식의 기하학적 해법을 찾는 수학의 이론적 기반을 만들었다고 할 수 있다. 후에, 아폴로니우스의 연구 결과를 바탕으로 이슬람의 수학자 오마르 하이얌(Omar Khayyam, 1048 – 1131)은 삼차방정식의 기하학적 해법을 체계적으로 정리하여 제시하였다.

아폴로니우스가 쓴 '원뿔곡선'은 8권으로 이루어졌는데, 지금은 1 – 7권만 전해지고 있다. '원뿔곡선'에서는 평면에 의한 원뿔의 절단선인 원, 타원, 쌍곡선, 타원을 연구하였고, 원뿔곡선의 할선, 점근선, 접선, 이에 관련된 도형의 넓이, 원뿔곡선의 공통 접선, 원뿔곡선에 관련된 최단거리 문제, 원뿔곡선의 공액지름, 축 등에 관련된 개념들이 체계적으로 연구되었다.

2. 원뿔의 절단과 원뿔곡선

원뿔곡선 1권은 유클리드 원론처럼 정의로 시작한다(원뿔곡선에는 공리와 공준은 제시되어 있지 않다). 정의 1에서는 원뿔면, 축, 원뿔의 밑면 등을 정의하였다. 한 점이 주어졌고, 이 점과 같은 평면에 있지 않은 원이 있다. 이 점으로부터 원의 둘레의 한 점을 연결하는 직선을 양방향으로(점을 중심으로 위, 아래로) 그었다. 점은 고정시킨 채 직선을 원의 둘레를 따라 회전시켜 출발점까지 도달하였다. 그러면, 수직으로 반대위치에 놓인 두 표면이 생성된다. 이때, 표면은 직선을 무한히 연장시키면 무한히 증가한다. 아폴로니우스는 표면을 원뿔면, 점을 원뿔면의 꼭짓점, 꼭짓점에서 원의 중심까지의 선분을 축으로 정의했다.

한편, 정의 2에서는 원의 둘레와 꼭짓점 사이의 원뿔면과 원에 의해 만들어지는 도형을 원뿔로 정의했고, 원뿔면의 꼭짓점을 원뿔의 꼭짓점, 꼭짓점에서 원의 중심까지의 선분을 원뿔의 축, 원을 원뿔의 밑면으로 정의했다.

정의 4에서는 곡선의 지름, 곡선의 꼭짓점, 지름에 대한 세로축을 정의했다. 곡선이 주어졌고, 이 곡선에 속한 어떤 선분에 평행인 곡선의 선분들을 생각하자. 이 선분들을 이등분하는 직선을 지름이라 부르며, 이 평행한 선분들은 지름에 대해 세로축에 있다고 하거나 지름에 대한 세로축이라고 한다. 그리고 지름의 끝점을 곡선의 꼭짓점이라 한다. 한편, 정의 6에서는 공액지름을 정의했는데, 지름인 두 선분에서 한 지름이 다른 지름에 평행한 선분들을 이등분하면, 이 두 지름을 곡선의 공액지름들이라 부른다.

예를 들어, 원의 지름을 살펴보자. 원에서 지름은 원의 중심을 지나는 현으로 알려져 있다. 아폴로니우스에 의하면, 원의 지름은 원의 평행인 현들을 이등분하는 현을 의미한다. 실제로, 원에서 평행인 현들을 이등분하는 현을 작도하면, 우리가 알고 있는 원의 중심을 지나는 현이 된다. 중심이 O인 원에서 현 A_1A_2에 평행인 현들의 중점을 지나는 현 AB가 원 O의 지름이다. 그리고, 지름 CD는 현 A_1A_2에 평행하므로, 지름 AB와 CD는 공액지름들이다. 유사한 방법으로, 타원, 포물선, 쌍곡선에서도 지름, 공액지름을 정의한다.

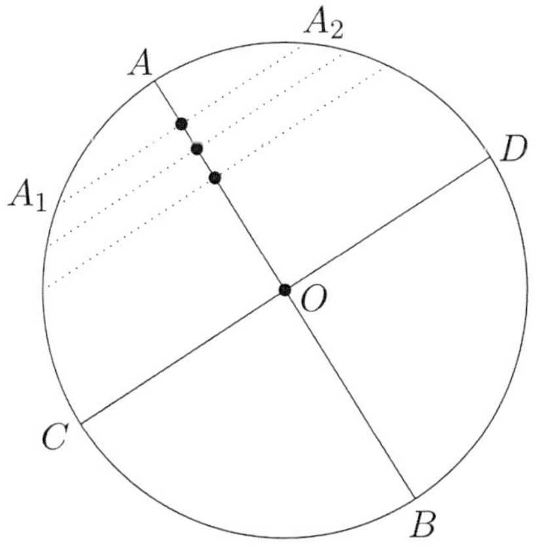

이제, 원뿔의 절단에 관련된 명제들을 살펴보자.

[1권 명제 3] 원뿔의 꼭짓점을 지나는 평면으로 원뿔을 자르면, 절단선은 삼각형이다.

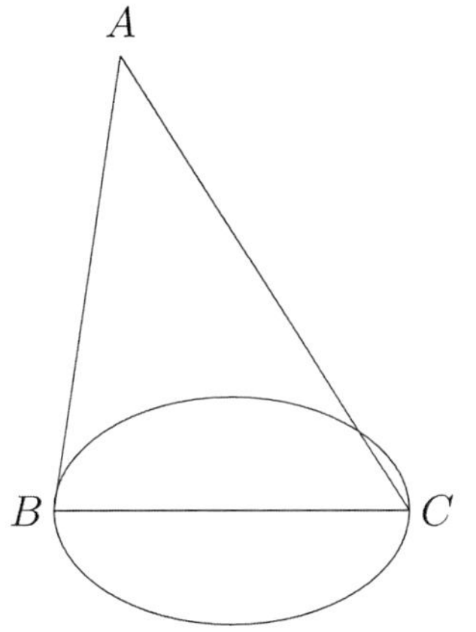

원뿔의 꼭짓점을 A, 밑면을 원 BC라 하자. 그러면 점 A를 지나는 평면이 원뿔면을 잘라 선분 AB, AC를 만들고, 평면과 원이 만나 선분 BC가 만들어진다. 그러므로, 절단선 ABC는 삼각형이다.

[1권 명제 4] 수직으로 반대방향에 있는 두 원뿔[1] 중 하나를 원뿔의 밑면에 평행한 평면으로 자르면, 절단선은 중심이 원뿔의 축에 놓여있는 원이다.

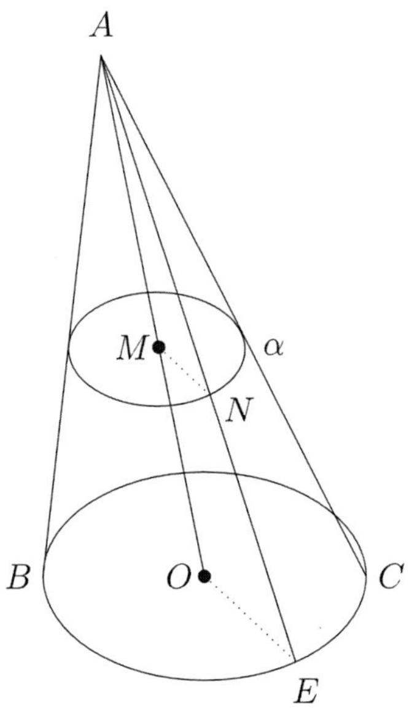

원 O가 원뿔의 밑면이고, 선분 AO가 원뿔의 축인 경우를 살펴보자. 밑면에 평행한 평면 α로 원뿔을 잘라, 절단면이 원뿔의 축과 점 M에서 만난다고 하자. 그리고, 절단면의 임의의 한 점을 N이라 하고, 직선 AN이 원뿔의 밑면과 점 E에서 만난다고 하자. 이때, $\overline{MN}$이 일정한 값을 가진다는 것을 증명하자.

이제, 직선 AO, AE를 지나는 평면을 생각하자. 그러면, 이 평면과 평행한 두 평면인 밑면 O, 평면 α와 만나서 생기는 선분 MN, OE는 서로 평행하다. 그러므로 $\overline{AM} : \overline{AO} = \overline{MN} : \overline{OE}$이며, $\overline{MN} = \frac{\overline{AM} \times \overline{OE}}{\overline{AO}}$이다. 이때, $\overline{AM}, \overline{OE}, \overline{AO}$는 점 N의

[1] 두 원뿔은 축이 같은 직선에 속하며, 이러한 두 원뿔을 맞꼭지원뿔이라 부르자.

위치에 관계없이 일정한 값을 가진다. 즉, $\overline{MN}$이 일정한 값이므로 점 N의 자취는 점 M으로부터 일정한 거리만큼 떨어진 점들이며, 절단면은 원이라는 것이 증명된다.

한편, 다음 그림에 제시된 두 경우인 (1) 절단하는 평면 α가 원뿔의 밑면 아래에서 원뿔과 만나는 경우, (2) 맞꼭지원뿔과 만나는 경우에 대해서도 같은 방법으로 증명할 수 있다. □

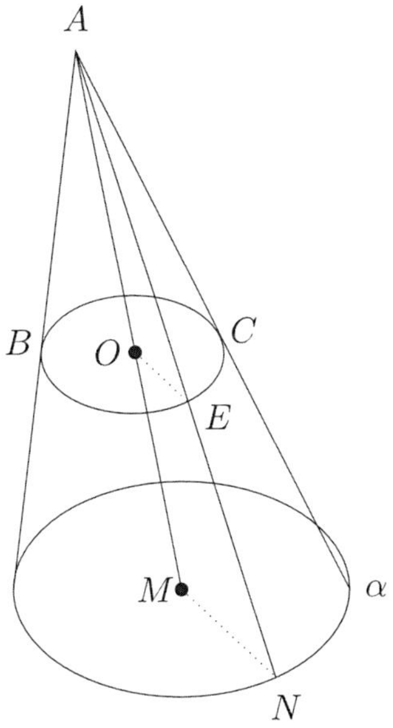

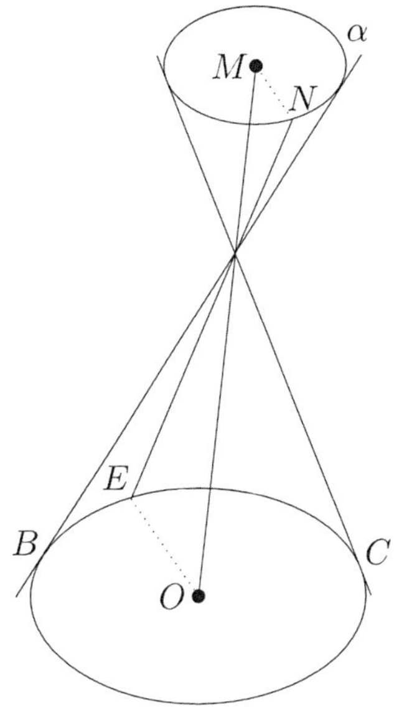

명제 4에서는 원뿔의 절단선이 원이 된다는 것을 보이기 위해, 절단선의 임의의 점 N을 잡아서 N의 자취가 정점 M으로부터 일정한 거리만큼 떨어진 점들이라는 것을 증명하였다. 이제, 원뿔의 절단선이 포물선이 되는 경우를 살펴보자.

> [**1권 명제 11**] 꼭짓점이 A인 원뿔에서 한 절단선의 지름 MN이 축삼각형 (원뿔의 축을 포함하는 삼각형) ABC의 변 AC에 평행하고, $\overline{LO}$는 지름 MN에 대한 세로축이다. 만약 지름 MN에 수직인 선분 MK에 대해 $\frac{\overline{BC}^2}{\overline{BA}\times\overline{CA}} = \frac{\overline{MK}}{\overline{MA}}$이면, $\overline{LO}^2 = \overline{MK} \times \overline{OM}$이다.

명제 11을 증명하자. 이를 위해, 점 O를 지나 선분 BC에 평행한 선분 DE를 작도하자. LO가 지름 MN에 대한 세로축이므로 $\overline{LO} \parallel \overline{FG}$이다. 즉 $\overline{DE} \parallel \overline{BC}, \overline{LO} \parallel \overline{FG}$

이므로, 평면 DEL은 원뿔의 밑면에 평행하다.

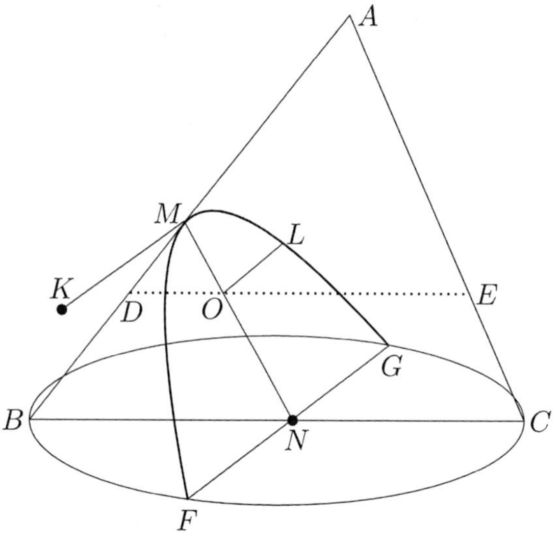

명제 4에 의해, 원뿔의 밑면에 평행한 평면으로 원뿔을 자르면 절단선은 원이 된다. 결국, 점 D, E, L은 한 원에 놓이며 선분 DE는 이 원의 지름이다. 이때, 선분 LO는 원의 점 L로부터 지름 DE에 그은 선분이고 직선 LO에 의해 만들어지는 현은 점 O에 의해 이등분되므로, $\overline{LO}^2 = \overline{DO} \times \overline{OE}$이다.

$\overline{MN} \parallel \overline{AC}, \overline{DE} \parallel \overline{BC}$로부터 $\frac{\overline{DO}}{\overline{OM}} = \frac{\overline{DE}}{\overline{EA}} = \frac{\overline{BC}}{\overline{CA}}$이므로 $\frac{\overline{DO}}{\overline{OM}} = \frac{\overline{BC}}{\overline{CA}}$이다. 한편 삼각형 DOM과 DEA가 닮음이므로 $\overline{DO} = k\overline{DE}, \overline{DM} = k\overline{DA}$이다. 그러므로 $\overline{DE} = \overline{DO} + \overline{OE} = k\overline{DE} + \overline{OE}, \overline{OE} = (1-k)\overline{DE}$이고, $\overline{DA} = \overline{DM} + \overline{MA} = k\overline{DA} + \overline{MA}, \overline{MA} = (1-k)\overline{DA}$이다. 결국, $\frac{\overline{OE}}{\overline{MA}} = \frac{\overline{DE}}{\overline{DA}}$이다. 그런데, $\frac{\overline{DE}}{\overline{DA}} = \frac{\overline{BC}}{\overline{BA}}$이므로 $\frac{\overline{OE}}{\overline{MA}} = \frac{\overline{BC}}{\overline{BA}}$가 된다.

이제, $\frac{\overline{DO}}{\overline{OM}} = \frac{\overline{BC}}{\overline{CA}}$와 $\frac{\overline{OE}}{\overline{MA}} = \frac{\overline{BC}}{\overline{BA}}$를 변끼리 곱하면, $\frac{\overline{DO}\times\overline{OE}}{\overline{OM}\times\overline{MA}} = \frac{\overline{BC}^2}{\overline{CA}\times\overline{BA}}$이 된다. 그런데, $\overline{DO} \times \overline{OE} = \overline{LO}^2$, $\frac{\overline{BC}^2}{\overline{BA}\times\overline{CA}} = \frac{\overline{MK}}{\overline{MA}}$이므로, 다음을 얻을 수 있다.

$$\frac{\overline{DO} \times \overline{OE}}{\overline{OM} \times \overline{MA}} = \frac{\overline{LO}^2}{\overline{OM} \times \overline{MA}}, \quad \frac{\overline{DO} \times \overline{OE}}{\overline{OM} \times \overline{MA}} = \frac{\overline{BC}^2}{\overline{CA} \times \overline{BA}} = \frac{\overline{MK}}{\overline{MA}}$$

이로부터, $\frac{\overline{LO}^2}{\overline{OM}\times\overline{MA}} = \frac{\overline{MK}}{\overline{MA}}$이고, $\frac{\overline{MK}}{\overline{MA}}$의 분자와 분모에 $\overline{OM}$을 곱하면 $\frac{\overline{LO}^2}{\overline{OM}\times\overline{MA}} = \frac{\overline{MK}\times\overline{OM}}{\overline{MA}\times\overline{OM}}$이 얻어진다. 결국, $\overline{LO}^2 = \overline{MK} \times \overline{OM}$이 증명된다. □

이제, 명제 11의 의미를 생각하자. 명제 11에서 주어진 절단선 FMG를 회전시켜 $xy-$좌표평면에 나타내면, 두 가지 경우를 생각할 수 있다. 첫 번째 경우는 $\overline{LO}$가 x좌표, $\overline{OM}$이 y좌표가 되도록 회전시키는 것이다. 이때의 그림은 다음과 같다.

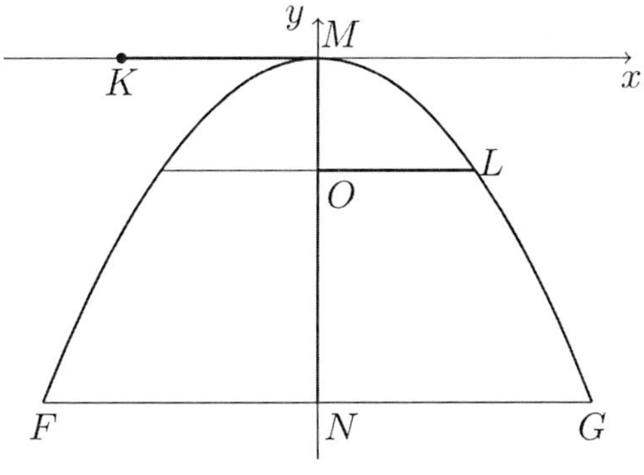

명제 11에서 $\overline{LO}^2 = \overline{MK} \times \overline{OM}$을 증명하였다. 이때, $\frac{\overline{BC}^2}{\overline{BA} \times \overline{CA}} = \frac{\overline{MK}}{\overline{MA}}$에서 $\overline{MK} = \frac{\overline{BC}^2 \times \overline{MA}}{\overline{BA} \times \overline{CA}}$인데, 원뿔의 절단이 결정되면 $\overline{BC}, \overline{MA}, \overline{BA}, \overline{CA}$는 정해진 값을 가지게 된다. 즉, $\overline{MK} = \frac{\overline{BC}^2 \times \overline{MA}}{\overline{BA} \times \overline{CA}}$는 상수이다. 그러므로, $\overline{LO}^2 = \overline{MK} \times \overline{OM}, \overline{OM} = \frac{1}{\overline{MK}} \times \overline{LO}^2$이며, $\overline{OM}$을 y좌표로, $\overline{LO}$를 x좌표로 생각하면 $y = ax^2$인 포물선의 식이 얻어진다.

두 번째 경우는 $\overline{LO}$를 y좌표, $\overline{OM}$을 x좌표가 되도록 절단선 FMG를 회전시키는 것으로, 다음 그림을 생각할 수 있다.

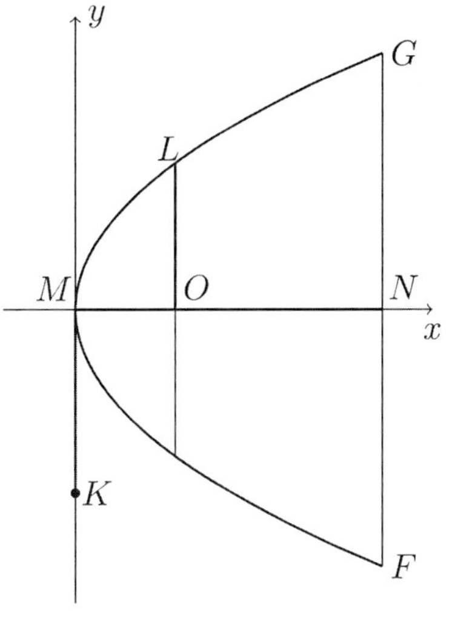

이때, $\overline{LO}^2 = \overline{MK} \times \overline{OM}$에서 $y^2 = \overline{MK} \times x$가 된다. 즉, $\overline{LO}^2 = \overline{MK} \times \overline{OM}$은 $y^2 = bx$인 꼴의 포물선의 식을 나타낸다.

살펴본 것과 같이, 명제 11의 $\overline{LO}^2 = \overline{MK} \times \overline{OM}$은 포물선 $y = ax^2$ 또는 $y^2 = bx$를 나타낸다. 이제, 원뿔의 절단선이 쌍곡선이 되는 경우를 살펴보자.

> **[1권 명제 12]** 꼭짓점이 A인 원뿔의 한 절단선의 지름 MN이 축삼각형 ABC의 변 AC와 평행하지 않으며, CA의 연장선과 점 M'에서 만난다. 그리고 $\overline{LO}$는 지름 MN에 대한 세로축이다. $\overline{MK}$는 $\overline{MN}$과 직각을 이루며 $\frac{\overline{BH} \times \overline{HC}}{\overline{AH}^2} = \frac{\overline{MK}}{\overline{MM'}}$이다. 이때, $\overline{AH}$는 $\overline{MN}$에 평행하며 점 H는 $\overline{BC}$에 속한다. 만약, 점 O를 지나 $\overline{MK}$에 평행한 선분을 그어 $\overline{M'K}$의 연장선과의 교점을 J라 하면, $\overline{LO}^2 = \overline{OJ} \times \overline{MO}$이다.

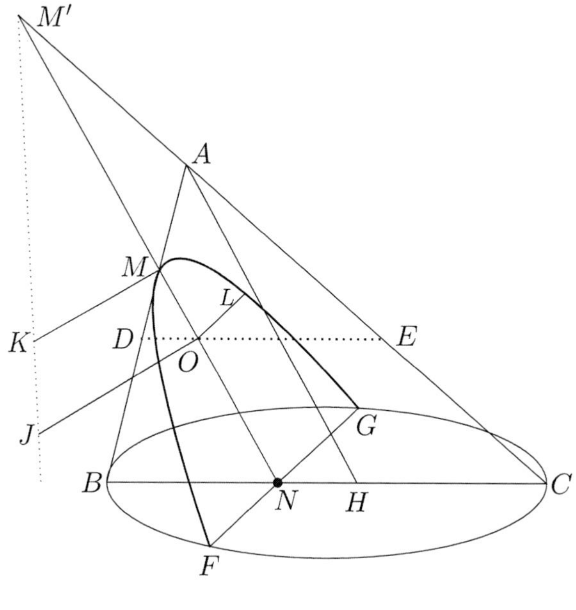

명제 12의 증명은 명제 11의 증명과 유사한 방법으로 진행된다. 명제 11에서와 같이, 점 O를 지나 선분 BC에 평행한 선분 DE를 작도하자. 그러면, $\overline{LO}^2 = \overline{DO} \times \overline{OE}$이다.

한편, 삼각형 DOM과 BHA가 닮음이므로 $\frac{\overline{DO}}{\overline{MO}} = \frac{\overline{BH}}{\overline{AH}}$이며, 삼각형 $M'OE$와 AHC가 닮음이므로 $\frac{\overline{OE}}{\overline{M'O}} = \frac{\overline{HC}}{\overline{AH}}$이다. 얻어진 두 식을 곱하면, $\frac{\overline{DO}\times\overline{OE}}{\overline{MO}\times\overline{M'O}} = \frac{\overline{BH}\times\overline{HC}}{\overline{AH}^2}$이다. 이때, $\overline{LO}^2 = \overline{DO}\times\overline{OE}$이며 조건에서 $\frac{\overline{BH}\times\overline{HC}}{\overline{AH}^2} = \frac{\overline{MK}}{\overline{MM'}}$이므로, 다음이 성립한다.

$$\frac{\overline{DO}\times\overline{OE}}{\overline{MO}\times\overline{M'O}} = \frac{\overline{LO}^2}{\overline{MO}\times\overline{M'O}}, \quad \frac{\overline{DO}\times\overline{OE}}{\overline{MO}\times\overline{M'O}} = \frac{\overline{BH}\times\overline{HC}}{\overline{AH}^2} = \frac{\overline{MK}}{\overline{MM'}}$$

이로부터 $\frac{\overline{LO}^2}{\overline{MO}\times\overline{M'O}} = \frac{\overline{MK}}{\overline{MM'}}$가 얻어진다.

한편, 삼각형 $M'MK$와 $M'OJ$가 닮음이므로 $\frac{\overline{MK}}{\overline{MM'}} = \frac{\overline{OJ}}{\overline{M'O}}$이다. 결국, $\frac{\overline{LO}^2}{\overline{MO}\times\overline{M'O}} = \frac{\overline{OJ}}{\overline{M'O}} = \frac{\overline{MO}\times\overline{OJ}}{\overline{MO}\times\overline{M'O}}$가 되어, $\overline{LO}^2 = \overline{OJ}\times\overline{MO}$가 증명된다. □

이제, 명제 12의 의미를 생각하자. 명제 12의 등식 $\overline{LO}^2 = \overline{OJ}\times\overline{MO}$와 명제 11의 등식 $\overline{LO}^2 = \overline{MK}\times\overline{OM}$을 비교해 보자. 명제 12에서는 $\overline{OJ}$가 있고, 명제 11에서는 $\overline{MK}$가 포함되어 있다. 이미 설명했듯이, 원뿔의 한 절단이 주어지면 $\overline{MK} = \frac{\overline{BC}^2\times\overline{MA}}{\overline{BA}\times\overline{CA}}$는 그 값이 일정하게 결정된다. 그런데, $\frac{\overline{MK}}{\overline{MM'}} = \frac{\overline{OJ}}{\overline{M'O}}$에서 $\overline{OJ} = \frac{\overline{MK}}{\overline{MM'}}\times\overline{M'O}$인데, $\overline{M'O} = \overline{M'M} + \overline{MO}$이므로, 상수값이 되지 못한다.

가령, 명제 11에서와 같이 절단선 FMG를 회전시켜 $\overline{LO}$가 x좌표, $\overline{OM}$이 y좌표가 되도록 하자(명제 11의 첫 번째 경우에 해당한다). 즉 $\overline{LO} = x$, $\overline{OM} = y$라 놓자. 그러면, $\overline{LO}^2 = \overline{OJ}\times\overline{MO}$은 $x^2 = \overline{OJ}\times y$가 된다. 이때 $\overline{OJ} = \frac{\overline{MK}\times\overline{M'O}}{\overline{MM'}}$이므로, $x^2 = \frac{\overline{MK}\times\overline{M'O}}{\overline{MM'}}\times y = \frac{\overline{MK}\times(\overline{M'M}+\overline{MO})}{\overline{MM'}}\times y = \frac{\overline{MK}\times(\overline{M'M}+y)}{\overline{MM'}}\times y = \overline{MK}\times y + \frac{\overline{MK}}{\overline{M'M}}y^2$이 된다. 즉, 다음과 같은 이차식을 얻게 된다.

$$x^2 = \overline{MK}\times y + \frac{\overline{MK}}{\overline{M'M}}y^2$$

명제의 조건에서 $\frac{\overline{BH}\times\overline{HC}}{\overline{AH}^2} = \frac{\overline{MK}}{\overline{MM'}}$가 성립하는데, 이때 원뿔의 절단이 주어지면 $\overline{BH}, \overline{HC}, \overline{AH}, \overline{MM'}$은 일정한 값을 가지게 되므로, $\overline{MK}$는 상수가 된다. 즉, $\overline{MK}$, $\frac{\overline{MK}}{\overline{MM'}}$를 상수 a, b로 놓을 수 있다. 그러면, $x^2 = \overline{MK}\times y + \frac{\overline{MK}}{\overline{M'M}}y^2$은 $x^2 = ay + by^2, x^2 - by^2 - ay = 0$인 쌍곡선이 된다.

$\overline{LO}$가 y좌표, $\overline{OM}$이 x좌표가 되도록 절단선 FMG를 회전시켜도(명제 11의 두 번째 경우에 해당한다) 명제 12의 등식 $\overline{LO}^2 = \overline{OJ}\times\overline{MO}$는 쌍곡선의 식을 나타낸다는

것을 확인할 수 있다.

이제, 원뿔의 절단선이 타원이 되는 경우를 살펴보자.

> **[1권 명제 13]** 꼭짓점이 A인 원뿔의 한 절단선의 지름 MN이 축삼각형 ABC의 변 AC와 M'에서 만나며, $\overline{LO}$는 지름 MN에 대한 세로축이다. 지름 MN에 평행하며 점 A를 지나는 선분이 $\overline{BC}$의 연장선과 점 H에서 만난다. $\overline{MN}$과 직각을 이루는 $\overline{MK}$는 $\frac{\overline{MK}}{\overline{MM'}} = \frac{\overline{BH}\times\overline{HC}}{\overline{AH}^2}$를 만족한다. 선분 $M'K$를 긋고, 점 O를 지나 선분 MK에 평행하고 $\overline{M'K}$와 점 J에서 만나는 선분 OJ를 그으면, $\overline{LO}^2 = \overline{OJ}\times\overline{MO}$이다.

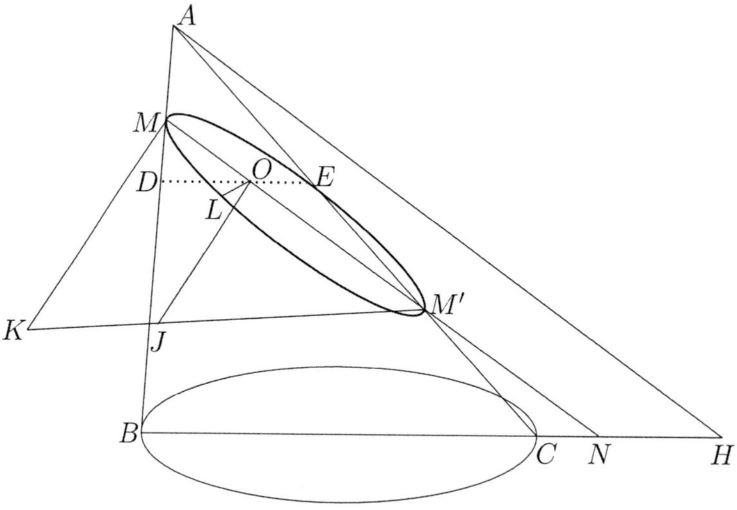

명제 13의 증명은 명제 12의 증명과 같다. 점 O를 지나 선분 BC에 평행한 선분 DE를 작도하자. 그러면, $\overline{LO}^2 = \overline{DO}\times\overline{OE}$이다.

한편, 삼각형 DOM과 BHA가 닮음이므로 $\frac{\overline{DO}}{\overline{MO}} = \frac{\overline{BH}}{\overline{AH}}$이며, 삼각형 $M'OE$와 $M'NC$가 닮음이고 삼각형 $M'NC$와 AHC가 닮음이다. 그러므로 삼각형 $M'OE$와 AHC가 닮음이고, $\frac{\overline{OE}}{\overline{M'O}} = \frac{\overline{HC}}{\overline{AH}}$이다. 얻어진 두 식을 곱하면, $\frac{\overline{DO}\times\overline{OE}}{\overline{MO}\times\overline{M'O}} = \frac{\overline{BH}\times\overline{HC}}{\overline{AH}^2}$이다. 이때, $\overline{LO}^2 = \overline{DO}\times\overline{OE}$이며 조건에서 $\frac{\overline{BH}\times\overline{HC}}{\overline{AH}^2} = \frac{\overline{MK}}{\overline{MM'}}$이므로, 다음이 성립한다.

$$\frac{\overline{DO}\times\overline{OE}}{\overline{MO}\times\overline{M'O}} = \frac{\overline{LO}^2}{\overline{MO}\times\overline{M'O}}, \quad \frac{\overline{DO}\times\overline{OE}}{\overline{MO}\times\overline{M'O}} = \frac{\overline{BH}\times\overline{HC}}{\overline{AH}^2} = \frac{\overline{MK}}{\overline{MM'}}$$

이로부터 $\frac{\overline{LO}^2}{\overline{MO}\times\overline{M'O}} = \frac{\overline{MK}}{\overline{MM'}}$가 얻어진다.

한편, 삼각형 $M'MK$와 $M'OJ$가 닮음이므로 $\frac{\overline{MK}}{\overline{MM'}} = \frac{\overline{OJ}}{\overline{M'O}}$이다. 결국, $\frac{\overline{LO}^2}{\overline{MO}\times\overline{M'O}} = \frac{\overline{OJ}}{\overline{M'O}} = \frac{\overline{MO}\times\overline{OJ}}{\overline{MO}\times\overline{M'O}}$가 되어, $\overline{LO}^2 = \overline{OJ} \times \overline{MO}$가 증명된다. □

명제 13의 등식과 명제 12의 등식은 모두 $\overline{LO}^2 = \overline{OJ} \times \overline{MO}$이다. 명제 12에서는 $\overline{M'O} = \overline{M'M} + \overline{MO}$인데, 명제 13에서는 $\overline{M'O} = \overline{M'M} - \overline{MO}$이다. 이러한 차이를 염두에 두면, 명제 13의 등식이 타원이라는 것을 확인할 수 있다.

실제로, 명제 12처럼 $\overline{LO} = x, \overline{OM} = y$라 놓자. 그러면, $\overline{LO}^2 = \overline{OJ}\times\overline{MO}$은 $x^2 = \overline{OJ}\times y$가 된다. 이때 $\overline{OJ} = \frac{\overline{MK}\times\overline{M'O}}{\overline{MM'}}$이므로, $x^2 = \frac{\overline{MK}\times\overline{M'O}}{\overline{MM'}}\times y = \frac{\overline{MK}\times(\overline{M'M}-\overline{MO})}{\overline{MM'}}\times y = \frac{\overline{MK}\times(\overline{M'M}-y)}{\overline{MM'}}\times y = \overline{MK}\times y - \frac{\overline{MK}}{\overline{M'M}}y^2$이다. 즉, $x^2 = \overline{MK}\times y - \frac{\overline{MK}}{\overline{M'M}}y^2$이다.

명제의 조건에서 $\frac{\overline{BH}\times\overline{HC}}{\overline{AH}^2} = \frac{\overline{MK}}{\overline{MM'}}$이 성립하는데, 명제 12에서 확인했듯이 $\overline{MK}$는 상수이므로 $\overline{MK} = a$, $\frac{\overline{MK}}{\overline{MM'}} = b$라 놓자. 그러면, $x^2 = \overline{MK}\times y - \frac{\overline{MK}}{\overline{M'M}}y^2$은 $x^2 = ay - by^2, x^2 + by^2 - ay = 0$인 타원의 식으로 해석된다.

명제 4, 명제 11, 12, 13에서 원뿔을 평면으로 절단했을 때, 절단선이 원, 포물선, 쌍곡선, 타원이 되는 경우를 살펴보았다. 이때 각 절단의 차이는 절단선의 지름이 어떤 위치에 있는가에 관련된다. 즉, (1) 절단선의 지름이 원뿔의 밑면과 평행하면 절단선으로 원이 얻어지며, (2) 절단선의 지름이 축삼각형의 변에 평행하면 절단선으로 포물선이 얻어지며, (3) 절단선의 지름이 축삼각형의 변의 연장선과 만나면 절단선으로 쌍곡선이 얻어지며, (4) 절단선의 지름이 축삼각형의 변과 만나면 절단선으로 타원이 얻어진다. 즉, 아폴로니우스는 원뿔을 평면으로 절단하여 얻어지는 다양한 원추곡선을 절단선의 지름을 중심으로 분류하였다.

3. 원뿔곡선의 지름, 세로축, 중심, 축

원뿔을 평면으로 절단하여 얻어지는 절단선을 원뿔곡선의 지름, 세로축을 이용하여 분류하는 것을 살펴보았다. 원뿔곡선의 탐구에서 지름, 중심, 세로축, 축은 중요한 역할을 한다. 이들에 대해 살펴보자.

아폴로니우스는 곡선의 평행인 선분들(현들)을 수직으로 자르는 지름을 곡선의 축으로 정의했고(정의 7), 평행인 현들을 수직으로 자르는 공액지름들을 곡선의 공액축들로 정의했다(정의 8). 그리고 타원과 쌍곡선의 중심을 지름의 중점으로 정의하였으며, 타원, 쌍곡선의 중심에서 타원과 쌍곡선의 교점까지의 선분을 반지름으로 정의하였다(정의 9).

중학교 2학년의 직각삼각형의 닮음에서 원의 세로축에 대한 성질을 다룬다. 즉, 원 O에서 지름 MN이 주어졌다. 원의 점 A에서 지름에 수선 AH를 내리면, $\overline{AH}^2 = \overline{MH} \times \overline{HN}$이 성립한다는 것을 직각삼각형의 닮음과 관련하여 배운다.

한편, 원에서 평행인 현들 AA', BB'의 중점을 지나는 직선은 원의 지름이다. 원의 지름 $\overline{MN}$이 $\overline{AA'}, \overline{BB'}$을 이등분하므로, 유클리드 원론 3권 명제 3에 의해 $\overline{AA'} \perp \overline{MN}, \overline{BB'} \perp \overline{MN}$이다. 결국, 원의 지름 $\overline{MN}$은 원의 축이 된다. 이때 $\overline{AH}$는 지름 MN에 대한 세로축이다.

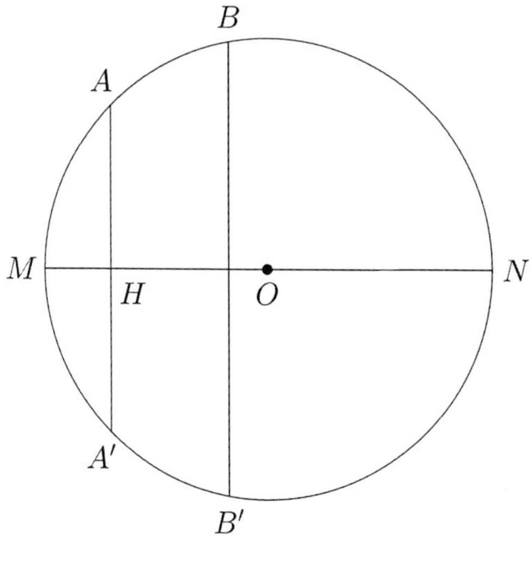

6장의 포물선의 기본 성질 2에서 포물선의 지름에 대한 세로축의 성질을 고등학교에서 배우는 해석기하학적 방법으로 증명하였다. 아폴로니우스는 1권 명제 20에서 기본성질 2를 제시하였다.

[**1권 명제 20**] 포물선에 지름 MN과 세로축 AH, BH'이 주어졌다. 그러면, $\frac{\overline{AH}^2}{\overline{HM}} = \frac{\overline{BH'}^2}{\overline{H'M}}$이다.

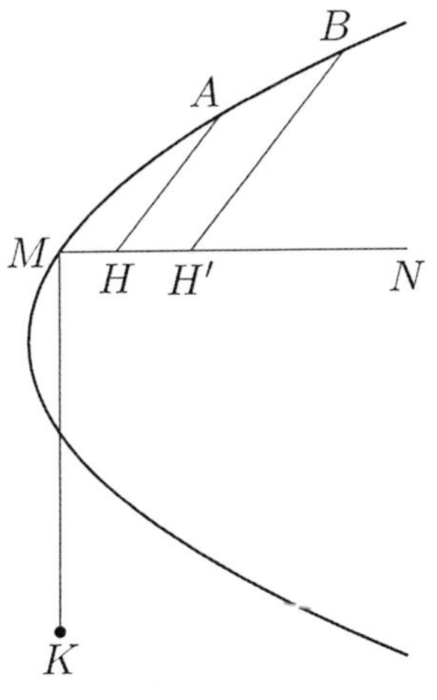

명제 20의 증명을 살펴보자. 1권 명제 11에 의해, $\overline{AH}^2 = \overline{HM} \times \overline{MK}, \overline{BH'}^2 = \overline{H'M} \times \overline{MK}$가 성립한다. 그러므로, $\frac{\overline{AH}^2}{\overline{BH'}^2} = \frac{\overline{HM}\times\overline{MK}}{\overline{H'M}\times\overline{MK}}$이며 $\frac{\overline{AH}^2}{\overline{BH'}^2} = \frac{\overline{HM}}{\overline{H'M}}$이다. 이로부터 $\frac{\overline{AH}^2}{\overline{HM}} = \frac{\overline{BH'}^2}{\overline{H'M}}$이 증명된다. □

한편, 명제 21에서는 타원, 쌍곡선, 원에 대해 명제 20과 유사한 이들 곡선의 지름에 대한 세로축의 성질을 제시하고 있다.

[**1권 명제 21**] 타원, 쌍곡선, 원에 지름 MN과 세로축 AH, BH'이 주어졌다. 그러면, $\frac{\overline{AH}^2}{\overline{MH}\times\overline{HN}} = \frac{\overline{BH'}^2}{\overline{MH'}\times\overline{H'N}}$이다.

타원의 경우를 증명하자. 1권 명제 13에 의해 $\overline{AH}^2 = \overline{MH}\times\overline{HF}, \overline{BH'}^2 = \overline{MH'}\times\overline{H'G}$가 성립한다. 그러므로 $\overline{HF} = \frac{\overline{AH}^2}{\overline{MH}}, \overline{H'G} = \frac{\overline{BH'}^2}{\overline{MH'}}$이다. 이로부터, 다음과 같은 등식을 얻을 수 있다.

$$\frac{\overline{H'G}}{\overline{HF}} = \frac{\overline{BH'}^2 \times \overline{MH}}{\overline{AH}^2 \times \overline{MH'}}$$

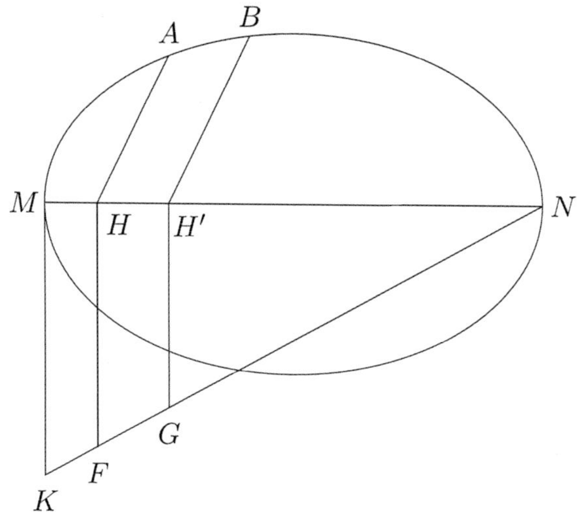

한편, 삼각형 $NH'G$와 NHF의 닮음에 의해 $\frac{\overline{H'G}}{\overline{HF}} = \frac{\overline{NH'}}{\overline{NH}}$이므로, 다음이 성립한다.

$$\frac{\overline{H'G}}{\overline{HF}} = \frac{\overline{NH'}}{\overline{NH}} = \frac{\overline{BH'}^2 \times \overline{MH}}{\overline{AH}^2 \times \overline{MH'}}, \quad \frac{\overline{BH'}^2}{\overline{AH}^2} = \frac{\overline{NH'} \times \overline{MH'}}{\overline{NH} \times \overline{MH}}$$

이로부터, $\frac{\overline{AH}^2}{\overline{MH} \times \overline{HN}} = \frac{\overline{BH'}^2}{\overline{MH'} \times \overline{H'N}}$이 증명된다. 그리고 쌍곡선, 원의 경우에도 같은 방법으로 증명된다. □

1권 명제 20, 21에서는 원뿔곡선에서 세로축과 지름의 관계를 보여주고 있다. 이제, 원뿔곡선의 지름을 작도하는 문제를 생각해 보자. 아폴로니우스는 2권 명제 44에서 원뿔곡선에서 평행인 두 현을 작도한 후에, 두 현의 중점을 지나는 직선을 그어 지름을 작도하였다. 이러한 작도방법은 지름의 정의로부터 유도된다.

타원, 쌍곡선의 중심에 관련하여, 1권 명제 30을 살펴보자.

[1권 명제 30] 타원, 쌍곡선의 중심은 중심을 지나는 현을 이등분한다.

쌍곡선의 경우를 살펴보자. 쌍곡선에서 지름 MN이 주어졌고, 지름 MN의 중점 O가 중심이다. 이제, O를 지나는 임의의 현 CD를 작도하여, $\overline{CO} = \overline{OD}$임을 보이자.

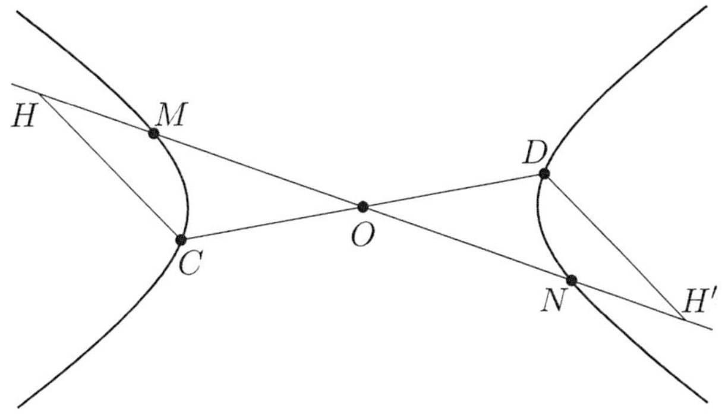

우선, 점 C, D에서 지름 MN에 세로축 CH, DH'을 작도하자. 이때, $\overline{CH}, \overline{DH'}$은 같은 지름에 대한 세로축이므로 $\overline{CH} \parallel \overline{DH'}$이다. 그리고, 1권 명제 21에 의해 $\frac{\overline{CH}^2}{\overline{MH}\times\overline{HN}} = \frac{\overline{DH'}^2}{\overline{MH'}\times\overline{H'N}}$, $\frac{\overline{CH}^2}{\overline{DH'}^2} = \frac{\overline{MH}\times\overline{HN}}{\overline{MH'}\times\overline{H'N}}$이 성립한다. 그리고 삼각형 OCH와 ODH'의 닮음에 의해, $\frac{\overline{CH}}{\overline{DH'}} = \frac{\overline{OH}}{\overline{OH'}}$이다.

결국, $\frac{\overline{OH}^2}{\overline{OH'}^2} = \frac{\overline{CH}^2}{\overline{DH'}^2} = \frac{\overline{MH}\times\overline{HN}}{\overline{MH'}\times\overline{H'N}}$, $\frac{\overline{MH}\times\overline{HN}}{\overline{OH}^2} = \frac{\overline{MH'}\times\overline{H'N}}{\overline{OH'}^2}$이 된다. 이제, 얻어진 등식의 양변에서 1을 빼서 정리하면, 다음을 얻을 수 있다.

$$\frac{\overline{OH}^2 - \overline{MH}\times\overline{HN}}{\overline{OH}^2} = \frac{\overline{OH'}^2 - \overline{MH'}\times\overline{H'N}}{\overline{OH'}^2}$$

이때, $\overline{OH}^2 - \overline{MH}\times\overline{HN}$을 살펴보자. $\overline{OH} = \overline{OM} + \overline{MH}, \overline{HN} = 2\overline{OM} + \overline{MH}$이므로, $\overline{OH}^2 - \overline{MH}\times\overline{HN} = (\overline{OM} + \overline{MH})^2 - \overline{MH}\times(2\overline{OM} + \overline{MH}) = \overline{OM}^2$이다. 같은 이유로, $\overline{OH'}^2 - \overline{MH'}\times\overline{H'N} = \overline{ON}^2$이다. 그러므로, $\frac{\overline{OM}^2}{\overline{OH}^2} = \frac{\overline{ON}^2}{\overline{OH'}^2}$이다. 그런데, 중심의 정의에 의해 $\overline{OM} = \overline{ON}$이므로, $\overline{OH} = \overline{OH'}$이 된다.

이제, 삼각형 OCH, ODH'의 닮음을 생각하면, $\overline{OH} = \overline{OH'}$로부터 $\overline{OC} = \overline{OD}$가 증명된다. 타원의 경우에도 같은 방법으로 증명할 수 있다. □

1권 명제 30에서 쌍곡선(타원)의 중심을 지나는 현은 중심에 의해 이등분되므로, 이것을 바꾸어 말하면 쌍곡선(타원)의 중심을 지나는 현들의 중점이 바로 쌍곡선(타원)의 중심이라는 것이다. 평행인 현들의 중점을 지나는 직선이 지름이므로, 쌍곡선(타원)의 모든 지름은 쌍곡선(타원)의 중심을 지난다는 것을 알 수 있다.

살펴본 원, 타원, 쌍곡선, 포물선의 지름, 중심, 세로축의 성질은 원뿔곡선에 대한 다양한 증명에서 중요한 도구가 된다. 특히 아폴로니우스가 지름과 세로축을 이용하여 원뿔곡선들을 분류했다는 것을 생각하면, 살펴본 성질들이 원, 타원, 쌍곡선, 포물선의 탐구에서 중요한 역할을 한다는 것을 어렵지 않게 추측할 수 있다.

4. 원뿔곡선의 접선

아르키메데스는 아르키메데스 나선에 접선을 긋는 방법을 제시하였는데, 아폴로니우스는 포물선, 쌍곡선, 타원, 원에서 접선을 긋는 문제를 다루었다. 우선, 아폴로니우스는 1권 명제 33과 35에서 포물선의 경우를 다루었다.

> **[1권 명제 33]** 포물선과 포물선의 지름이 주어졌으며, 이들의 교점을 M이라 하자. 그리고 $\overline{LO}$는 지름 TM에 대한 세로축이다. 포물선의 밖에 있으면서 지름에 속한 점 T를 $\overline{TM} = \overline{MO}$가 되도록 잡으면, 직선 TL은 포물선에 접한다.

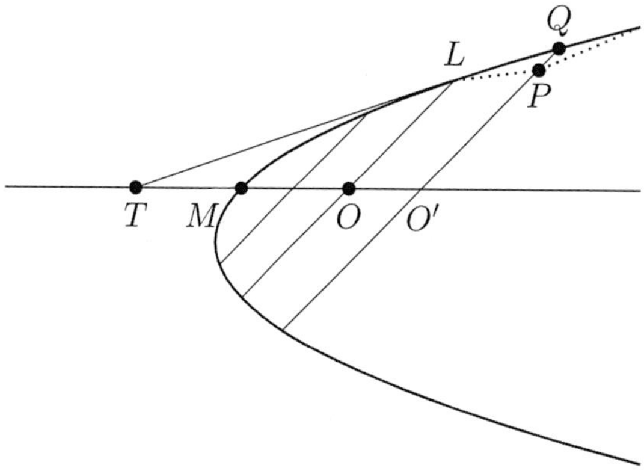

명제 33의 증명을 살펴보자. 직선 TL이 점 L에서 포물선에 접한다는 것을 증명하기 위해, 아폴로니우스는 직선 TL의 연장선이 포물선 밖에 있다는 것을 증명하였다.

귀류법을 이용하여 이를 증명하자. 가령, 직선 TL의 연장선이 포물선의 내부점 P를 지난다고 가정하자. 그러면, $\frac{\overline{QO'}^2}{\overline{LO}^2} > \frac{\overline{PO'}^2}{\overline{LO}^2}$이며, 삼각형의 닮음에 의해 $\frac{\overline{PO'}^2}{\overline{LO}^2} = \frac{\overline{TO'}^2}{\overline{TO}^2}$이므로 $\frac{\overline{QO'}^2}{\overline{LO}^2} > \frac{\overline{TO'}^2}{\overline{TO}^2}$이다.

한편 포물선의 성질에 의해 $\frac{\overline{QO'}^2}{\overline{LO}^2} = \frac{\overline{O'M}}{\overline{OM}}$이므로, $\frac{\overline{O'M}}{\overline{OM}} > \frac{\overline{TO'}^2}{\overline{TO}^2}$이다. 이때 $\frac{\overline{O'M}}{\overline{OM}}$의 분자와 분모에 $4\overline{TM}$을 곱하면 $\frac{4\overline{TM}\times\overline{O'M}}{4\overline{TM}\times\overline{OM}} > \frac{\overline{TO'}^2}{\overline{TO}^2}$이 성립한다.

명제의 조건에서 $\overline{TM} = \overline{MO}$가 성립하므로, $4\overline{TM} \times \overline{OM} = 4 \times \left(\frac{\overline{TO}}{2}\right)^2 = \overline{TO}^2$이다. 그러므로 $\frac{4\overline{TM}\times\overline{O'M}}{4\overline{TM}\times\overline{OM}} > \frac{\overline{TO'}^2}{\overline{TO}^2}$에서 $4\overline{TM} \times \overline{O'M} > \overline{TO'}^2$이 유도된다. 그런데, 산술평균-기하평균의 부등식에 의해 $\overline{TM} \times \overline{O'M} \le \left(\frac{\overline{TM}+\overline{O'M}}{2}\right)^2 = \frac{\overline{TO'}^2}{4}$이 성립하므로, 얻어진 부등식 $4\overline{TM} \times \overline{O'M} > \overline{TO'}^2$은 모순이다.

결국, 직선 TL의 연장선이 포물선의 내부점을 지나지 않으므로, 직선 TL은 포물선에 접한다는 것이 증명된다. □

명제 33은 6장의 기본 성질 3의 역이다. 명제 33에서 아폴로니우스는 포물선의 지름과 관련된 포물선의 접선의 성질을 소개하였다. 명제 33은 포물선의 접선 작도에서 중요하게 이용된다.

명제 33에 의하면, 포물선에서 접선을 작도하려면 포물선의 지름이 필요하다. 아폴로니우스는 원뿔곡선의 지름을 찾는 문제를 2권 명제 44에서, 원뿔곡선의 축을 찾는 문제를 2권 명제 46에서 다루었다.

포물선의 지름을 작도하려면, 포물선에서 평행인 두 현을 작도하고 이 현들의 중점을 연결하는 직선을 그으면 된다.

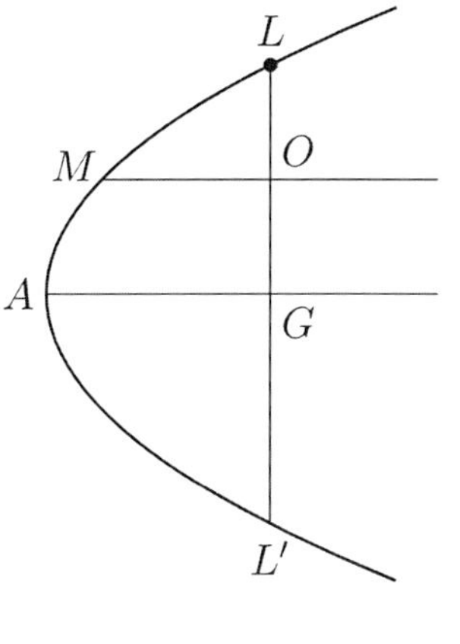

한편, 포물선의 축을 작도하려면, (1) 포물선의 지름 MO를 긋고, (2) 포물선의 점

L에서 지름 MO에 수직인 직선을 그어 포물선과의 다른 교점을 L'이라 하고, (3) 선분 LL'의 수직이등분선을 그으면 포물선의 축 AG가 얻어진다. 참고로, 6장 기본 성질 1에서 포물선의 지름은 포물선의 축과 평행하다는 것을 증명하였다.

이제, 임의의 점에서 포물선에 접선을 긋는 문제를 살펴보자. 이 문제를 아폴로니우스는 2권 명제 49에서 다루었다.

> **[2권 명제 49]** 원뿔곡선과 원뿔곡선의 내부에 있지 않은 한 점이 주어졌다. 이 점으로부터 원뿔곡선과 접하는 직선을 작도하여라.

명제 49에서 아폴로니우스는 주어진 점이 첫째, 포물선에 속하는 경우, 둘째 포물선 밖에 놓인 경우로 나누어 접선의 작도방법을 제시하였다.

첫째, 점이 포물선에 속하는 경우를 살펴보자. 2권 명제 46에 의해 포물선의 축을 작도할 수 있다. 포물선의 점을 L이라 하고, 점 L로부터 포물선의 축에 수선의 발 G를 내리자. 포물선의 꼭짓점을 A라 하면, 포물선의 축에 $\overline{AG} = \overline{AG'}$인 점 G'을 잡자. 점 L과 G'을 연결하면, 1권 명제 33에 의해 직선 LG'이 포물선의 접선이 된다.

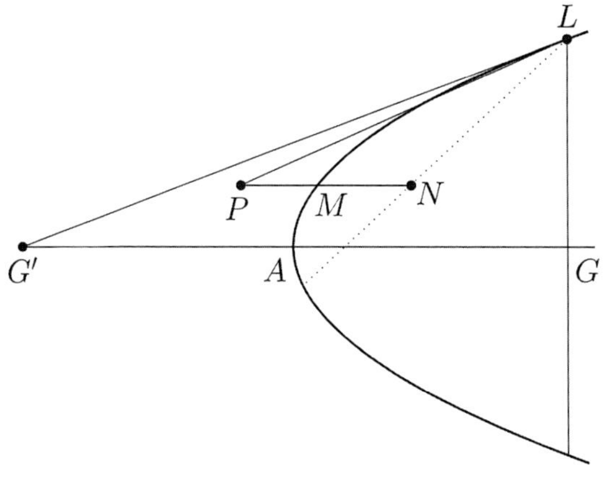

둘째, 점이 포물선 밖에 놓인 경우를 살펴보자. 포물선 밖의 한 점을 P라 하자. (1) 점 P를 지나 포물선의 축 AG에 평행한 직선을 그어 포물선과의 교점을 M이라 하자. (2) (1)에서 그은 직선에 $\overline{PM} = \overline{MN}$인 점 N을 잡는다. (3) 포물선의 점 M을

지나는 접선을 긋는다. (4) 점 N을 지나며 (3)에서 그은 접선에 평행한 직선을 그어, 포물선과의 교점을 L이라 하자. (5) 직선 LP가 구하는 접선이다.

점이 포물선 밖에 놓인 경우에 작도의 타당성을 살펴보자. 작도 과정 (4)에서 접선에 평행한 선분 LN을 그으면, 선분 LN은 지름 PN에 대한 세로축이 된다. 그러면, 명제 33에 의해 직선 LP가 접선이 된다는 것을 알 수 있다. □

이제, 타원, 원, 쌍곡선에서 접선의 성질을 살펴보자.

> **[1권 명제 34]** 타원, 원, 쌍곡선이 주어졌고, 이들의 지름을 MN이라 하고, $\overline{LO}$는 지름 MN에 대한 세로축이다. 타원, 원, 쌍곡선의 밖에 있으면서 지름에 속한 점 T를 $\frac{\overline{TM}}{\overline{TN}} = \frac{\overline{MO}}{\overline{NO}}$가 되도록 잡으면, 직선 TL은 각각 타원, 원, 쌍곡선에 접한다.

타원의 경우를 살펴보자. 명제 33과 유사한 방법으로, 직선 TL이 점 L에서 타원에 접한다는 것을 증명하기 위해, 직선 TL의 연장선이 타원 밖에 있다는 것을 보이자.

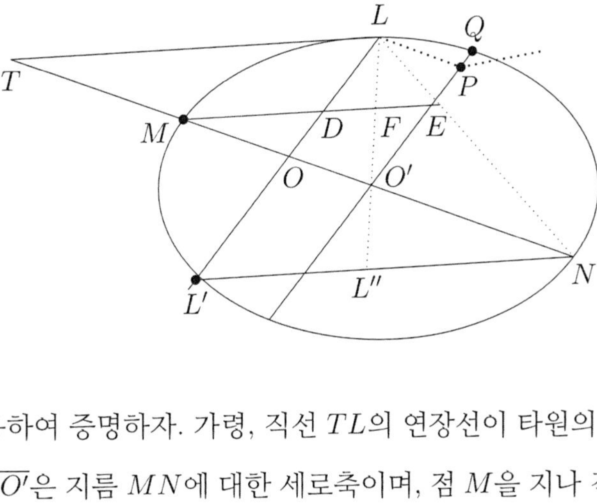

귀류법을 이용하여 증명하자. 가령, 직선 TL의 연장선이 타원의 내부점 P를 지난다고 가정하자. $\overline{QO'}$은 지름 MN에 대한 세로축이며, 점 M을 지나 직선 TL에 평행한 직선을 그어 $\overline{LO}, \overline{LO'}, \overline{LN}$과 점 D, F, E에서 만난다고 하자. 그리고 점 N을 지나 직선 TL에 평행한 직선을 그어 $\overline{LO}, \overline{LO'}$의 연장선과 점 L', L''에서 만난다고 하자. 이제, 얻어진 선분들 사이의 관계를 살펴보자.

명제의 조건에 의해, $\frac{\overline{TM}}{\overline{TN}} = \frac{\overline{MO}}{\overline{NO}}$가 성립한다. 그리고 작도에 의해 삼각형 $NL'O$와 MDO가 닮음이므로 $\frac{\overline{NL'}}{\overline{MD}} = \frac{\overline{NO}}{\overline{MO}}$이다. 그러므로, $\frac{\overline{NL'}}{\overline{MD}} = \frac{\overline{TN}}{\overline{TM}}$이 얻어진다.

한편, 삼각형 NME와 NTL의 닮음에 의해 $\frac{\overline{TN}}{\overline{TM}} = \frac{\overline{LN}}{\overline{LE}}$이다. 그리고 삼각형 LDE와 $LL'N$의 닮음에 의해 $\frac{\overline{LN}}{\overline{LE}} = \frac{\overline{NL'}}{\overline{DE}}$이다. 결국, 다음과 같은 등식이 얻어진다.

$$\frac{\overline{NL'}}{\overline{MD}} = \frac{\overline{TN}}{\overline{TM}} = \frac{\overline{LN}}{\overline{LE}} = \frac{\overline{NL'}}{\overline{DE}}$$

이로부터 $\overline{MD} = \overline{DE}$가 성립한다.

한편, $\overline{ME} = \overline{MD} + \overline{DE} = \overline{MF} + \overline{EF}$인데, $\overline{MD} = \overline{DE}$이므로 $\overline{MD} \times \overline{DE} > \overline{MF} \times \overline{EF}$이며, $\frac{\overline{DE}}{\overline{EF}} > \frac{\overline{MF}}{\overline{MD}}$가 된다. 그리고 삼각형 LDE와 $LL'N$, 삼각형 LFE와 $LL''N$의 닮음에 의해 $\frac{\overline{DE}}{\overline{L'N}} = \frac{\overline{LE}}{\overline{LN}}$이고 $\frac{\overline{LE}}{\overline{LN}} = \frac{\overline{EF}}{\overline{L''N}}$이며, $\frac{\overline{DE}}{\overline{EF}} = \frac{\overline{L'N}}{\overline{L''N}}$이다. 그러므로, $\frac{\overline{DE}}{\overline{EF}} > \frac{\overline{MF}}{\overline{MD}}$는 $\frac{\overline{L'N}}{\overline{L''N}} > \frac{\overline{MF}}{\overline{MD}}, \overline{L'N} \times \overline{MD} > \overline{L''N} \times \overline{MF}$가 된다. 이제 양변을 $\overline{TL}^2$으로 나누면, 다음이 성립한다.

$$\frac{\overline{L'N} \times \overline{MD}}{\overline{TL}^2} > \frac{\overline{L''N} \times \overline{MF}}{\overline{TL}^2}$$

이제, 삼각형 $OL'N$과 OLT, 삼각형 OMD과 OTL의 닮음을 생각하면, $\frac{\overline{L'N}}{\overline{TL}} = \frac{\overline{NO}}{\overline{TO}}, \frac{\overline{MD}}{\overline{TL}} = \frac{\overline{MO}}{\overline{TO}}$이므로 $\frac{\overline{L'N} \times \overline{MD}}{\overline{TL}^2} = \frac{\overline{NO} \times \overline{MO}}{\overline{TO}^2}$가 된다. 한편, 삼각형 $O'L''N$과 $O'LT$, 삼각형 $O'MF$과 $O'TL$의 닮음을 생각하면, $\frac{\overline{L''N}}{\overline{TL}} = \frac{\overline{NO'}}{\overline{TO'}}, \frac{\overline{MF}}{\overline{TL}} = \frac{\overline{MO'}}{\overline{TO'}}$이므로 $\frac{\overline{L''N} \times \overline{MF}}{\overline{TL}^2} = \frac{\overline{NO'} \times \overline{MO'}}{\overline{TO'}^2}$이 된다.

결국, $\frac{\overline{L'N} \times \overline{MD}}{\overline{TL}^2} > \frac{\overline{L''N} \times \overline{MF}}{\overline{TL}^2}$에서 $\frac{\overline{NO} \times \overline{MO}}{\overline{TO}^2} > \frac{\overline{NO'} \times \overline{MO'}}{\overline{TO'}^2}$이 유도되며, $\frac{\overline{NO} \times \overline{MO}}{\overline{NO'} \times \overline{MO'}} > \frac{\overline{TO}^2}{\overline{TO'}^2}$이 성립한다. 그리고 명제 21에 의해, $\frac{\overline{NO} \times \overline{MO}}{\overline{NO'} \times \overline{MO'}} = \frac{\overline{LO}^2}{\overline{QO'}^2}$이 성립하며, $\frac{\overline{LO}^2}{\overline{QO'}^2} > \frac{\overline{TO}^2}{\overline{TO'}^2}$이 된다. 그런데, 삼각형 TOL과 $TO'P$가 닮음이므로, $\frac{\overline{TO}}{\overline{TO'}} = \frac{\overline{LO}}{\overline{PO'}}$이므로, $\frac{\overline{LO}^2}{\overline{QO'}^2} > \frac{\overline{LO}^2}{\overline{PO'}^2}$이 된다. 결국, $\overline{QO'} < \overline{PO'}$이 유도된다. 그런데, P는 타원 내부의 점이고 Q는 타원의 점이므로, 이것은 불가능하다. 이로부터, 직선 TL이 점 L에서 타원에 접한다는 것이 증명된다. □

참고로, 직선 MN에서 점 O가 주어진 경우에 $\frac{\overline{TM}}{\overline{TN}} = \frac{\overline{MO}}{\overline{NO}}$를 만족시키는 점 T의 위치에 대해 살펴보자. $\overline{MO} = a, \overline{ON} = b, \overline{TM} = x$라 하자. 그러면, 등식 $\frac{\overline{TM}}{\overline{TN}} = \frac{\overline{MO}}{\overline{NO}}$

에서 $\overline{TN} = x + a + b$이므로, $\frac{x}{x+a+b} = \frac{a}{b}$이며 $bx = ax + a^2 + ab, x = \frac{a^2+ab}{b-a}$가 된다. 선분 a, b가 주어졌을 때, 식 $\frac{a^2+ab}{b-a}$를 만족시키는 선분 x를 자와 컴퍼스로 작도할 수 있다. 즉 $\frac{\overline{TM}}{\overline{TN}} = \frac{\overline{MO}}{\overline{NO}}$를 만족시키는 점 T의 위치를 작도할 수 있다.

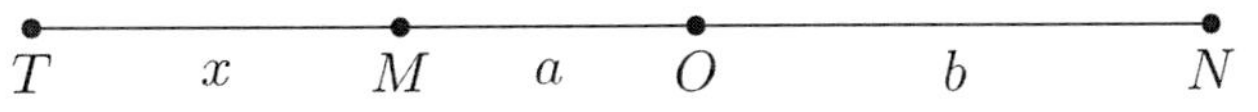

타원의 접선을 긋는 문제를 생각해 보자. 이를 위해, 우선 타원의 중심, 타원의 축을 긋는 방법을 살펴보자. 타원의 중심은 타원의 지름의 중점이므로, 타원에서 지름을 작도하여 그 중점을 찾으면 타원의 중심을 작도할 수 있다.

이제, 타원의 축을 작도하자. 아폴로니우스는 2권 명제 47에서 타원, 쌍곡선의 축을 작도하는 문제를 다루었다. 타원이 주어졌고, 타원의 중심 O를 작도했다고 하자. 이제, 타원의 임의의 점 A를 잡아, 중심이 O이고 반지름이 $\overline{OA}$인 원을 작도하자. 원과 타원의 교점을 B, C, D라 하자.

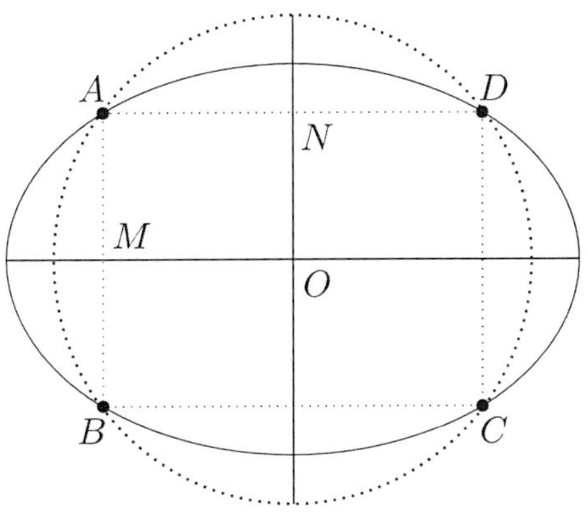

원 O에서 현 AB, AD의 수직이등분선은 모두 원의 중심 O를 지난다. 즉, 직선 MO는 타원의 중심을 지나며 $\overline{AM} = \overline{MB}$이므로, 직선 MO는 타원의 지름이 된다. 그리고 현 AB와 직교하므로 직선 MO는 타원의 축이다. 같은 이유로, 직선 NO도 타원의 축이다.

한편, 원 O에서 $\overline{BD}$는 지름이므로 각 BAD는 직각이며, 각 MON도 직각이 된다. 결국, 타원의 축들 MO, NO는 공액축이다. 쌍곡선의 축들도 같은 방법으로 원을 그려 작도할 수 있다.

이제, 1권 명제 34를 이용하여 타원에 접선을 긋는 2권 명제 49를 살펴보자. 아폴로니우스는 주어진 점이 타원에 속하는 경우, 타원 밖에 놓인 경우로 나누어 접선을 작도하였다.

첫째, 주어진 점이 타원에 속하는 경우를 살펴보자. 타원의 점 L에서 타원의 축 AB에 수선 LG를 긋자. 1권 명제 34에 의해, 타원의 축에 $\frac{\overline{TA}}{\overline{TB}} = \frac{\overline{AG}}{\overline{BG}}$인 점 T를 잡으면, 직선 TL은 타원에 대한 접선이 된다.

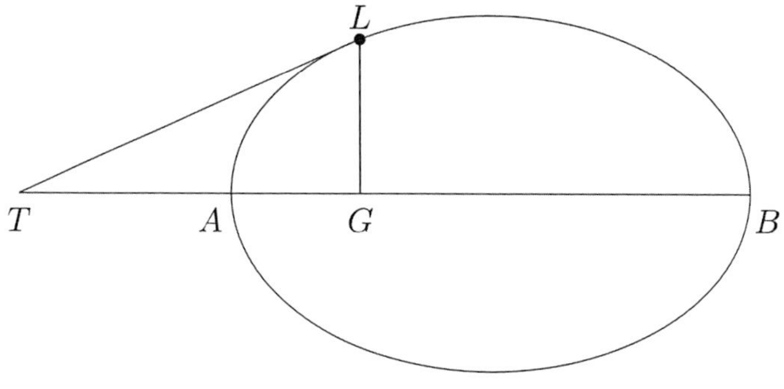

둘째, 타원 밖에 한 점 D가 주어진 경우에 접선의 작도 순서를 살펴보자. (1) 점 D와 타원의 중심 O를 지나는 직선을 그어, 타원과의 교점을 M, N이라 하자. (2) 점 M을 지나는 접선 l을 작도한다. (3) 선분 OM에 $\frac{\overline{DM}}{\overline{DN}} = \frac{\overline{MC}}{\overline{NC}}$인 점 C를 잡는다. (4) 점 C를 지나 직선 l에 평행한 직선을 그어, 타원과의 교점을 L이라 하자. (5) 직선 DL이 구하는 타원의 접선이다.

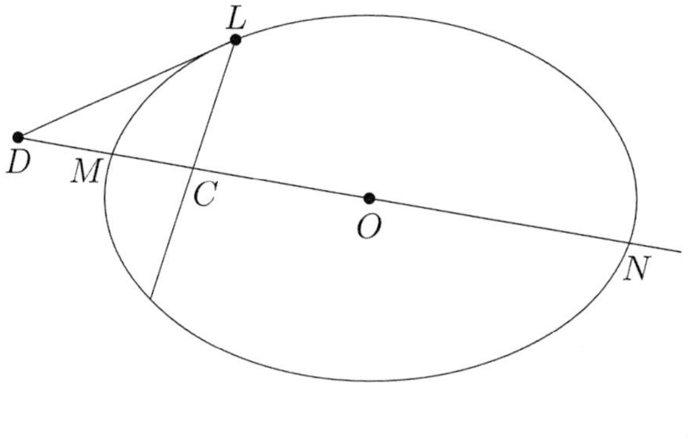

타원 밖의 점 D에서 타원에 대한 접선을 긋는 과정의 타당성을 살펴보자. 직선 LC는 점 M에서의 접선과 평행하므로, 선분 LC는 지름 MN에 대한 세로축이다. 그리고, 점 C는 $\frac{\overline{DM}}{\overline{DN}} = \frac{\overline{MC}}{\overline{NC}}$를 만족시키므로, 1권 명제 34에 의해 DL은 타원에 대한 접선이 된다. □

쌍곡선의 경우에도 1권 명제 34가 성립하며, 타원의 접선을 작도하는 순서와 같은 순서로 쌍곡선의 접선을 작도할 수 있다.

아폴로니우스의 '원뿔곡선'에 원, 타원, 포물선, 쌍곡선의 다양한 성질들이 증명되어 있지만, 여기서는 학교수학에 밀접하게 관련된 원, 타원, 포물선, 쌍곡선의 기본 개념과 성질들, 접선의 성질 및 작도 방법만을 살펴보았다.

제 8 장.

헤론-디오판투스-파푸스

기원 전의 그리스 수학에서 피타고라스, 유클리드, 아르키메데스, 아폴로니우스를 살펴보았다. 이들의 특징은 현대 수학의 바탕을 만들었다는 것이다. 즉, 기원 전의 그리스 수학의 특징은 수학이 학문으로 형성하여 발전하였으며, 수학의 새로운 방향과 방법들이 만들어졌고, 다양한 수학적 발명이 이루어졌다는 것이다. 그러나 기원 후로 넘어가면서 수학의 발전은 새로운 국면에 접어들게 된다. 기원 후에는 새로운 수학의 발명이 주춤해진다. 이것은 기원 후의 사회적인 변화와도 밀접하게 관련된다. 기원 후에는 많은 전쟁으로 인해 학문적 거점이 파괴되고, 학자들도 국가의 지원을 제대로 받지 못하게 되었다.

1. 헤론

헤론(Heron)은 기원후 약 10년경에 태어나 기원후 약 75년경까지 살았던 것으로 추정된다. 헤론은 기원전에서 기원후로 연결되는 시기의 대표적인 수학자로 꼽을 수 있으며, 헤론은 수학자뿐만 아니라 공학자로도 유명하다.

헤론의 대표적인 연구로 '측정'(Metrica)을 들 수 있는데, '측정'은 3권으로 구성되어 있다. 제 1권에서는 넓이와 겉넓이를 구하는 문제들을 다루는데, 여기에는 삼각형,

사각형, 다각형, 원, 타원, 포물선 등의 도형이 포함되어 있다. 제 2권은 부피의 측정에 대한 것으로, 각뿔, 각기둥, 평행육면체, 구 등의 입체도형이 다루어졌다. 제 3권에서는 도형을 주어진 비에 따라 부분들로 분할하는 문제를 다루고 있다. 특히 헤론은 3권에서 평면도형의 분할뿐만 아니라 입체도형의 분할 문제도 다루었다.

'측정'에 제시된 몇몇 문제들을 살펴보자. 우리나라 고등학교 수학교과서에 소개되어 있는 헤론의 공식은 삼각형의 변들을 이용하여 삼각형의 넓이를 구하는 공식이다. 헤론의 공식은 '측정' 1권에 제시되어 있으며, '측정'에 제시된 헤론의 공식의 증명을 살펴보자.[1]

삼각형 ABC와 중심이 O인 삼각형의 내접원이 주어졌다고 하자. 내접원의 반지름을 r, $\overline{AB} = c, \overline{BC} = a, \overline{AC} = b$, 접점을 각각 D, E, F라 하자. 이때, $\frac{a+b+c}{2} = s$라 하면, 삼각형 ABC의 넓이는 $S_{ABC} = sr$이다.

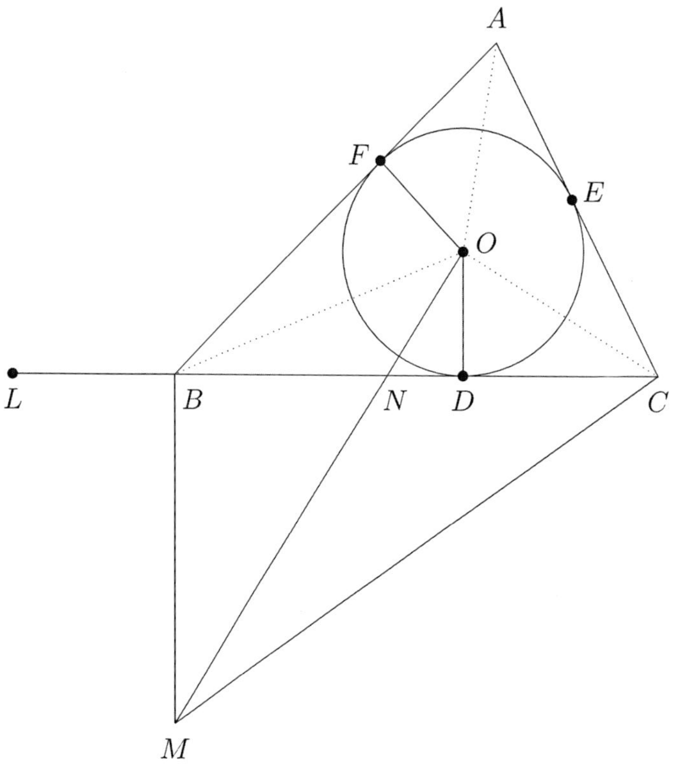

[1] Heath(1981, pp.322-323)에 제시된 증명을 중심으로 살펴보자.

이제,변 CB의 연장선에 $\overline{BL} = \overline{AF}$인 점 L을 잡자. $\overline{AF} = \overline{AE}, \overline{CD} = \overline{CE}, \overline{BD} = \overline{BF}$이므로, $\overline{CL} = \overline{CD} + \overline{BD} + \overline{BL} = \overline{CD} + \overline{BD} + \overline{AF}$이며, $\overline{CL} = s$가 된다. 이로부터, $S_{ABC} = \frac{\overline{AB}+\overline{BC}+\overline{CA}}{2} = sr = \overline{CL} \times r, (S_{ABC})^2 = \overline{CL}^2 \times r^2 = \overline{CL}^2 \times \overline{OD}^2$이다.

점 O를 지나 선분 CO와 수직인 직선, 점 B를 지나 직선 BL에 수직인 직선을 그어, 이들의 교점을 M이라 하자. 그러면, $\angle COM = \angle CBM = 90°$이므로 점 C, O, B, M은 한 원에 놓여있다. 결국, 사각형 $COBM$은 내접사각형이고, $\angle COB + \angle BMC = 180°$이다.

한편, $2(\angle OAF + \angle OBC + \angle OCB) = 180°$이므로 $\angle OAF + \angle OBC + \angle OCB = 90°$이다. 그리고 $\angle COB + \angle OBC + \angle OCB = 180°$이다. 이로부터, $\angle COB - \angle OAF = 90°$이다. 이때 $\angle OAF = 90° - \angle AOF$이므로, $\angle COB + \angle AOF = 180°$가 된다.

결국, $\angle COB + \angle AOF = 180°$와 $\angle COB + \angle BMC = 180°$로부터 $\angle AOF = \angle BMC$가 된다. 삼각형 AOF와 CMB는 직각삼각형이고 한 각이 같으므로, 이들은 닮음이다. 그러면, $\frac{\overline{BC}}{\overline{BM}} = \frac{\overline{FA}}{\overline{FO}}$이다. 이때 $\overline{AF} = \overline{BL}, \overline{FO} = \overline{OD}$임을 감안하면, $\frac{\overline{BC}}{\overline{BM}} = \frac{\overline{BL}}{\overline{OD}}$가 된다. 이것을 다시 쓰면, $\frac{\overline{BC}}{\overline{BL}} = \frac{\overline{BM}}{\overline{OD}}$이며, 삼각형 BMN과 DON이 닮음이므로 $\frac{\overline{BM}}{\overline{OD}} = \frac{\overline{BN}}{\overline{ND}}$이다. 그러므로, $\frac{\overline{BC}}{\overline{BL}} = \frac{\overline{BN}}{\overline{ND}}$이다.

이제, 등식의 양변에 1을 더하면, $\frac{\overline{BC}+\overline{BL}}{\overline{BL}} = \frac{\overline{BN}+\overline{ND}}{\overline{ND}}, \frac{\overline{CL}}{\overline{BL}} = \frac{\overline{BD}}{\overline{ND}}$이다. 그리고 $\frac{\overline{CL}}{\overline{BL}} = \frac{\overline{BD}}{\overline{ND}}$에서 $\frac{\overline{CL}^2}{\overline{BL}\times\overline{CL}} = \frac{\overline{BD}\times\overline{CD}}{\overline{ND}\times\overline{CD}}$이다. 삼각형 ONC가 직각삼각형이고 $\overline{OD}$가 직각인 꼭지점 O에서 빗변에 내린 수선의 발이므로, $\overline{OD}^2 = \overline{CD} \times \overline{DN}$이다.

결국, $\frac{\overline{CL}^2}{\overline{BL}\times\overline{CL}} = \frac{\overline{BD}\times\overline{CD}}{\overline{OD}^2}$이며, $\overline{CL}^2 \times \overline{OD}^2 = \overline{BL} \times \overline{CL} \times \overline{BD} \times \overline{CD}$가 성립한다. $(S_{ABC})^2 = \overline{CL}^2 \times \overline{OD}^2$이므로, 다음을 알 수 있다.

$$(S_{ABC})^2 = \overline{BL} \times \overline{CL} \times \overline{BD} \times \overline{CD}$$

이때, $\overline{CL} = s$이며, $\overline{BL} = \overline{AF} = s - \overline{BD} - \overline{CD} = s - a$이다. 같은 이유로, $\overline{BD} = s - b, \overline{CD} = s - c$이다. 그러므로, $(S_{ABC})^2 = s(s-a)(s-b)(s-c)$가 증명된다. □

삼각형의 넓이를 구하는 헤론의 공식 $(S_{ABC})^2 = s(s-a)(s-b)(s-c)$를 다시 쓰면 $S_{ABC} = \sqrt{s(s-a)(s-b)(s-c)}$이므로, 헤론의 공식은 무리수와 관련될 수밖에

없다. 실제로, 헤론은 삼각형의 넓이를 다루면서 유리수를 이용하여 무리수를 근사적으로 나타냈다.

예를 들어, 변의 길이가 $7, 8, 9$인 삼각형의 넓이를 헤론의 공식을 이용하여 넓이를 구하면 $S^2 = 12 \times 5 \times 4 \times 3 = 720$이 된다. 헤론은 삼각형의 넓이 S를 근사적으로 $26\frac{1}{2}\frac{1}{3} = 26 + \frac{1}{2} + \frac{1}{3}$이라 하였다. 즉 $\sqrt{720} \approx 26\frac{1}{2}\frac{1}{3}$로 두었다. $\sqrt{720}, 26\frac{1}{2}\frac{1}{3}$을 소숫점 아래 8자리까지 계산하면, $\sqrt{720} \approx 26.83281573, 26\frac{1}{2}\frac{1}{3} \approx 26.83333333$이며, 이들의 차는 $\sqrt{720} - 26\frac{1}{2}\frac{1}{3} \approx -0.000517603$이다. 살펴본 바와 같이, 헤론은 $\sqrt{720}$의 유리수 근사값을 정교하게 구했음을 알 수 있다.

한편, '측정' 1권에서 정다각형에 대한 내용도 다루어졌다. 특히 정n각형에서 변의 길이를 이용하여 수선(높이)의 길이를 구했고, 그 넓이도 구했다(헤론은 $n = 3, 4, 5, 6, 7, 8, 9, 10, 11, 12$인 경우를 다루었다).

우선 정삼각형의 한 변과 수선의 관계를 살펴보자. 중학교 3학년에서 정삼각형 ABC의 한 변의 길이를 a라 하면 수선 AH의 길이는 $\sqrt{a^2 - \frac{a^2}{4}} = \frac{\sqrt{3}}{2}a$라는 것을 배운다. 그런데, 헤론은 $a^2 : \overline{AH}^2 = 4 : 3, \frac{a^2}{\overline{AH}^2} = \frac{4}{3}$이라는 것을 증명하였고, 이로부터 $\overline{AH}^2 = \frac{3}{4}a^2, \overline{AH} = \frac{\sqrt{3}}{2}a$가 얻어진다.

수선의 길이를 구했기 때문에, 삼각형의 넓이로 진행할 수 있다. 헤론은 $\frac{a^2}{\overline{AH}^2} = \frac{4}{3}$에서 $\frac{a^4}{\overline{AH}^2 \times a^2} = \frac{4}{3}$와 같이 식을 변형했다. 그런데, $(S_{ABC})^2 = \frac{1}{4} \times a^2 \times \overline{AH}^2$이므로, $a^2 \times \overline{AH}^2 = 4(S_{ABC})^2$이다. 결국, $\frac{a^4}{\overline{AH}^2 \times a^2} = \frac{4}{3}$임을 감안하면, $\frac{a^4}{4(S_{ABC})^2} = \frac{a^2}{\overline{AH}^2} = \frac{4}{3}, (S_{ABC})^2 = \frac{3}{16}a^4$이다.

살펴본 것과 같이, 제곱을 이용하여 넓이를 표현하는 것은 무리수를 피하기 위한 것으로, 헤론은 $(S_{ABC})^2$을 계산한 후에 S_{ABC}가 유리수가 아닌 경우에는 이를 유리수 근삿값으로 나타냈다.

정8각형의 수선의 길이를 구하는 예를 살펴보자. 중심이 O인 원에 내접하는 정8각형을 생각하자. 점 O에서 변 AB에 수선 OH를 그었다. 그러면 삼각형 OAB가 이등변삼각형이므로, $\overline{OH}$는 각의 이등분선이 된다.

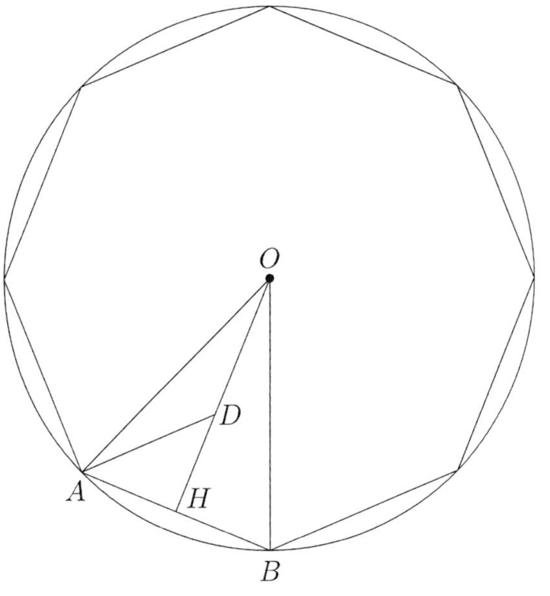

$\angle HOA = \angle OAD$인 점 D를 잡았다. $\angle AOB = 45°$이므로 $\angle ADH = \angle DAO + \angle AOD = 45°$가 된다. 이때, 헤론은 수선의 길이를 $\overline{OH} = \frac{1+\sqrt{2}}{2} \times \overline{AB}$로 구하였다.

$\overline{OH} = \frac{1+\sqrt{2}}{2} \times \overline{AB}$는 피타고라스 정리를 이용하여 구할 수 있다. $\overline{AH} = \frac{1}{2} \times \overline{AB}$이며 삼각형 HAD는 직각이등변삼각형이므로, $\overline{AH} = \overline{HD}$이다. 직각삼각형 HAD에 피타고라스 정리를 이용하면 $\overline{AD}^2 = \overline{AH}^2 + \overline{HD}^2 = 2\overline{AH}^2 = \frac{1}{2} \times \overline{AB}^2, \overline{AD} = \frac{\sqrt{2}}{2} \times \overline{AB}$이다. 한편, 삼각형 DAO도 이등변삼각형이므로 $\overline{OD} = \overline{AD} = \frac{\sqrt{2}}{2} \times \overline{AB}$이다. 결국, $\overline{OH} = \overline{OD} + \overline{DH} = \frac{\sqrt{2}}{2} \times \overline{AB} + \frac{1}{2} \times \overline{AB} = \frac{1+\sqrt{2}}{2} \times \overline{AB}$가 유도된다. □

헤론의 다른 저작으로는 '기하학'이 있다. 기하학에서는 이차방정식과 부정방정식을 기하학적 대수의 방법으로 해결하였다. 한편 '공간기하학'에서는 입체도형의 부피를 구하는 문제를 다루었으며, 입체도형뿐만 아니라 극장, 수영장, 건물 등의 부피를 구하는 문제도 해결하였다.

헤론은 수학뿐만 아니라 역학, 광학분야의 연구도 하였는데, '역학', '조준의' 등이 이 분야의 대표적인 업적으로 꼽힌다. 헤론은 백과사전과 같이 다양한 분야의 지식을 섭렵한 해박한 수학자로 평가받는다.

2. 디오판투스

디오판투스(Diophantus)의 출생 연대에 대해서는 잘 알려지지 않았으며 기원후 약 201 – 215년 사이에 태어나서 약 285 – 299년까지 살았던 것으로 추정하고 있다. 디오판투스의 저작으로는 '산술', '다각수에 대해', '따름정리들(Porisms)', '표면의 측정에 대해', '곱셈에 대해' 등이 있는데, 일부만 전해지거나 전체가 전해지지 않는 것도 있다. 디오판투스의 대표적인 저술인 '산술'은 13권으로 구성되었으나 현재는 1 – 6권만 전해지고 있다.

'산술'에서 주목할 것이 대수적 기호의 사용과 방정식의 해법이다. 그리스의 대부분의 수학자들은 산술과 대수를 기하학적 방법으로 기술하였다. 그러나 디오판투스는 이들과는 달리, '산술'을 대수적으로 기술하였으며, 이때 고유한 기호들을 사용하였다.

우선, 상수항을 나타내기 위해 기호 μ°을 이용하였다(또는 대문자로 M°). 이것은 1(단위)을 나타내는 그리스어인 $\mu o\nu\alpha\varsigma$에서 첫 번째 알파벳을 기호로 사용한 것으로, 1은 $\mu^\circ\bar{\alpha}$, 2는 $\mu^\circ\bar{\beta}$, 3은 $\mu^\circ\bar{\gamma}$로 나타냈다. 이때 $\bar{\alpha}, \bar{\beta}, \bar{\gamma}$는 그리스의 알파벳 수체계에서 각각 수 $1, 2, 3$을 나타낸다.

미지수 x를 나타내는 기호로는 ς'를 사용했는데, 이것은 '수'를 나타내는 그리스어인 $\alpha\rho\iota\theta\mu\acute{o}\varsigma$에서 맨 끝의 알파벳에 $'$을 붙여 만들어진 것이다. 현대적인 표기로 $x = 1x$를 디오판투스는 $\varsigma'\bar{\alpha}$로 나타냈다. 한편 $23x$는 $\varsigma\varsigma'\bar{\kappa}\bar{\gamma}$로 나타냈으며, 이때 $\bar{\kappa}$는 그리스의 알파벳 수체계에서 수 20을 나타낸다. 그리고 x인 경우에는 미지수를 ς'로 나타냈지만, $2x, 3x, \cdots$와 같이 x앞에 $2, 3, \cdots$와 같은 계수가 있는 경우에는 미지수 x를 나타내기 위해 $\varsigma\varsigma'$와 같이 썼다.

한편, 디오판투스는 x^2를 나타내기 위해 기호 δ^γ를 썼는데(또는 대문자로 Δ^γ), 이것은 power(거듭제곱)를 나타내는 그리스어인 $\delta\upsilon\nu\alpha\mu\iota\varsigma$의 첫 번째 알파벳을 이용한 것이다. 예를 들어 $5x^2$은 5를 나타내는 알파벳 수체계의 기호인 $\bar{\varepsilon}$을 이용하여 $\delta^\gamma\bar{\varepsilon}$으로 나타냈다.

x^3은 κ^γ로 나타냈고(또는 대문자로 K^γ), x^4은 $\delta^\gamma\delta$로(또는 대문자로 $\Delta^\gamma\Delta$), x^5은

$\delta\kappa^{\gamma}$로(또는 대문자로 ΔK^{γ}), x^6은 $\kappa^{\gamma}\kappa$로(또는 대문자로 $K^{\gamma}K$) 나타냈다. 디오판투스는 문제해결에서 미지수로 $x, x^2, x^3, x^4, x^5, x^6$까지만 사용하였고, 기호도 이들만을 사용하였다.

등호 =는 기호 ι를 사용했는데, 이것은 같다는 것을 의미하는 그리스어 $\iota\delta o\sigma$에서 유래한 것이다. 그리고 뺄셈의 기호인 −는 ⋔를 사용했는데, 이것은 부족을 의미하는 그리스어 $\lambda\epsilon\iota\psi\iota\varsigma$에 있는 알파벳 ψ를 뒤집은 것이다.

디오판투스의 기호들은 단위, 거듭제곱, 수, 부족, 같음을 의미하는 그리스 단어들의 알파벳 일부를 사용한 것이다. 즉, 단어의 축약에 기반한 수학적 기호의 사용이라고 할 수 있다. 이러한 기호에 의한 대수식의 표현 체계를 약어대수라고도 말한다.

디오판투스의 기호 사용에서 주목할 것은 덧셈을 나타내는 기호인 +가 없다는 것이다. 디오판투스는 $2x^2+4$를 $\delta^{\gamma}\bar{\beta}\mu^{\circ}\bar{\delta}$로 나타냈다. 이때 $\bar{\delta}$는 알파벳 수체계에서 4를 의미한다. 디오판투스는 덧셈 기호를 생략하고 항들을 연결하여 적었다.

그렇다면, $x^5-3x^4+2x^3-3x^2+2x-4=2x$를 디오판투스는 어떻게 나타냈을까? 디오판투스는 등식에서 계수가 양수인 항들과 음수인 항들을 따로 따로 모았다. 즉 $x^5-3x^4+2x^3-3x^2+2x-4=2x$를 우선 $x^5+2x^3+2x-(3x^4+3x^2+4)=2x$로 생각하고, x^5+2x^3+2x의 표기인 $\delta\kappa^{\gamma}\bar{\alpha}\kappa^{\gamma}\bar{\beta}\varsigma\varsigma'\bar{\beta}$와 $3x^4+3x^2+4$의 표기인 $\delta^{\gamma}\delta\bar{\gamma}\delta^{\gamma}\bar{\gamma}\mu^{\circ}\bar{\delta}$를 뺄셈 기호인 ⋔로 연결하였다. 결국, 디오판투스는 $x^5-3x^4+2x^3-3x^2+2x-4=2x$를 다음과 같은 기호로 나타냈다.

$$\delta\kappa^{\gamma}\bar{\alpha}\kappa^{\gamma}\bar{\beta}\varsigma\varsigma'\bar{\beta} \pitchfork \delta^{\gamma}\delta\bar{\gamma}\delta^{\gamma}\bar{\gamma}\mu^{\circ}\bar{\delta}\iota\varsigma\varsigma'\bar{\beta}$$

디오판투스의 '산술'에 나타난 기호 사용은 그리스 수학에서 커다란 의미를 가진다. 종전의 기하학적 대수에서 벗어나 대수적으로 대수를 기술하였다는 것이다. 비록, 디오판투스도 넓이나 선분과 같은 기하학적인 개념들을 사용하여 표현하기는 했지만, 디오판투스의 '산술'은 선분에 기반한 수학이 아니라 수에 기반한 수학이었다.

특히, 유클리드 원론에서 보았듯이 그리스에서는 대수식을 기하학적인 개념인 선분, 넓이 등을 중심으로 문장의 형태로 기술하였다. 즉 대수적인 기호를 사용하지 않고 문장의 형태로 기술하였다. 이러한 대수식의 기술 방식을 디오판투스의 약어대수와 구분하여 술어대수라고도 부른다. 비록 불완전하기는 했지만, 디오판투스는 술어대수에서 약어대수로 대수식의 기술 방식의 방향 전환을 보여주었다.

이제, 디오판투스의 '산술'에 제시된 몇몇 방정식을 살펴보자. 미지수의 개수만큼 식을 만들어 방정식을 풀 수 있으면 정방정식, 미지수의 개수만큼 식을 만들 수 없는 경우에는 부정방정식으로 구분하여 부르자. 산술의 1권에는 정방정식이 제시되어 있다. 1권의 문제 1을 살펴보자.

[1권 문제 1] 주어진 수를 주어진 차를 가지는 두 수로 분해하여라.

디오판투스가 제시한 1권 문제 1의 풀이를 살펴보자. 주어진 수를 100이라 하고 두 수의 차를 40이라 하고, 두 수를 구하자. 작은 수를 x라 하면, 큰 수는 $x + 40$이다. 이들을 더하면 $2x + 40$이고, 주어진 수는 100이다. 결국 100이 $2x + 40$과 같다.

동류항들을 빼자: 100에서 40을 빼자. 그러면 $2x$가 남으며, $2x$는 60과 같다. 그러면 각각의 x는 30이다. 대입하면, 작은 수는 30이고 큰 수는 70이다. 그리고 증명은 자명하다. □

'산술'의 각 문제는 일반적인 문장의 형태로 기술되어 있다. 그런 다음, 디오판투스는 (1) 문제의 조건에 특정한 수를 제시하고, (2) 미지수 x를 이용하여 방정식을 세우고, (3) 방정식을 풀어 x를 구하고, (4) 문제에 x를 대입하여 문제에서 요구하는 값을 구하였다.

문제 1을 현대적인 풀이 방법으로 기술해 보자. 두 수를 구해야 하므로, 이들을 x, y라 놓자. 주어진 수가 100이므로 $x + y = 100$이고, 두 수의 차가 40이므로 $x - y = 40$이다. 즉, x, y에 대한 연립방정식 $\begin{cases} x + y = 100 \\ x - y = 40 \end{cases}$ 이 얻어진다. 이제, 연립방정식을 풀면 $x = 70, y = 30$을 구할 수 있다.

디오판투스는 미지수를 나타내는 기호를 하나만 가지고 있었기 때문에, 살펴본 것과 같은 이원일차연립방정식을 만들 수 없었다. 디오판투스는 미지수 x 하나를 이용하여 연립방정식의 두 식을 만들었고 구하는 값을 찾았다.

'산술' 1권에는 살펴본 것과 같이 미지수가 2개인 연립방정식 뿐만 아니라, 미지수가 3개, 4개인 연립방정식도 다루고 있다. 예를 들어, 문제 16에서는 미지수가 3개인 연립일차방정식에 관련된 문제가 있다.

[1권 문제 16] 쌍으로 더해서 각각 주어진 수들이 되는 세 수를 구하여라.

문제 16을 기술한 다음에 주어진 세 수의 합의 절반이 각각의 수들보다 커야 한다는 조건이 추가로 제시되어 있다. 그런 다음, 디오판투스는 첫 번째 수와 두 번째 수의 합으로 20, 두 번째 수와 세 번째 수의 합으로 30, 세 번째 수와 첫 번째 수의 합으로 40을 놓았다.

이 문제의 풀이를 현대적인 방법으로 살펴보자. 구하는 세 수를 x, y, z라 하자. 그러면, 연립방정식 $\begin{cases} x+y=20 \\ y+z=30 \\ z+x=40 \end{cases}$ 을 얻을 수 있다. 세 방정식을 더하면 $x+y+z=45$이므로, $x=15, y=5, z=25$이다.

이제, 하나의 미지수를 이용한 디오판투스의 풀이를 간략하게 살펴보자. 디오판투스는 세 수의 합을 미지수 x로 놓았다. 그러면, 첫 번째 수와 두 번째 수의 합이 20이므로, 세 번째 수는 $x-20$이며, 같은 이유로 첫 번째 수는 $x-30$, 두 번째 수는 $x-40$이다. 이제 세 수를 모두 합하면 $3x-90$인데, 이 수는 x와 같다. 이로부터 $x=45$를 얻는다. 문제의 조건에 맞게 대입하면 첫 번째 수는 15, 두 번째 수는 5, 세 번째 수는 25가 된다. □

한편, '산술' 1권에는 연립이차방정식 문제도 다루어졌다. 예를 들어, 문제 29를 살펴보자.

[1권 문제 29] 두 수의 합, 두 수의 제곱의 차가 주어진 수들이 되는 두 수를 구하여라.

디오판투스는 두 수의 합으로 20, 제곱의 차로 80을 잡았다. 우선, 현대적 표기와 방법으로 이 문제를 풀어보자. 문제 29는 연립이차방정식 $\begin{cases} x+y=20 \\ x^2-y^2=80 \end{cases}$ 을 푸는 문제이다. $y=20-x$를 대입하면, $x^2-(20-x)^2=80, 40x-400=80$이므로, $x=12$, $y=8$이다.

한편, 디오판투스는 두 수의 차를 미지수 $2x$로 잡았다. 그러면, 큰 수는 $x+10$, 작은 수는 $10-x$으로 쓸 수 있다(이때 두 수의 합은 20이며, 차는 $2x$이다). 그리고 이들 각각의 제곱의 차가 80이므로, $(x+10)^2-(10-x)^2=80, 40x=80, x=2$이다. 그러므로 큰 수는 12, 작은 수는 8이다. □

디오판투스의 해법에서 어려운 부분 중의 하나가 미지수 x를 어떻게 잡는가에 대한 것이다. 지금은 구하는 수들을 각각 미지수 $x, y, z, \cdots$로 잡아서 식을 세우면 쉽지만, 디오판투스는 미지수를 나타내는 기호가 하나밖에 없었기 때문에 미지수로 무엇을 잡는가가 문제해결에 큰 영향을 미칠 수밖에 없었다.

문제 16에서는 구하는 세 수 중의 하나를 미지수로 잡은 것이 아니라, 세 수의 합을 미지수 x로 잡았다. 그리고 문제 29에서는 구하는 두 수 중의 하나를 미지수로 잡은 것이 아니라, 두 수의 차를 미지수 $2x$로 잡았다. 결국, 디오판투스의 정방정식 해법에서는 현대적인 방법에서처럼 구하는 것을 일정하게 x로 놓은 것이 아니라, 문제의 조건에 따라 다양하게, 즉 일관되지 못한 방법으로 미지수 x를 놓을 수밖에 없었다.

2권에서는 부정방정식 문제의 풀이를 다룬다. 예를 들어, 2권 문제 1을 살펴보자.

> **[2권 문제 1]** 두 수의 제곱의 합에 대한 두 수의 합의 비가 주어진 수가 되도록 하는 두 수를 구하여라.

디오판투스는 2권 문제 1에서 주어진 수로 $\frac{1}{10}$을 잡았다. 우선, 디오판투스의 풀이를 살펴보자. 디오판투스는 작은 수를 x, 큰 수를 $2x$로 놓았다. 그러면 두 수의 합은 $3x$, 제곱의 합은 $x^2+(2x)^2=5x^2$이므로, 문제를 $\frac{3x}{5x^2}=\frac{1}{10}$로 쓸 수가 있다. 그러면, $5x^2=30x, x=6$이 얻어진다. 그러면, 큰 수는 12가 된다. □

2권 문제 1을 현대적인 표기와 방법으로 기술하자. 두 수를 x, y를 생각하면 $\frac{x+y}{x^2+y^2} = \frac{1}{10}$, 즉 부정방정식 $10(x+y) = x^2+y^2$을 푸는 문제이다. 가령, 정수해를 구한다고 하자. 그러면, 식을 $(x-5)^2+(y-5)^2 = 50$으로 변형시켜, 다음 연립방정식을 얻을 수 있다.

$$\begin{cases} (x-5)^2 = 1 \\ (y-5)^2 = 49, \end{cases} \quad \begin{cases} (x-5)^2 = 25 \\ (y-5)^2 = 25, \end{cases} \quad \begin{cases} (x-5)^2 = 49 \\ (y-5)^2 = 1 \end{cases}$$

첫 번째 연립방정식에서 $x-5 = \pm 1, y-5 = \pm 7$이며, 정수해 (x,y)는 $(4,12)$, $(6,12)$, $(4,-2)$, $(6,-2)$를 구할 수 있다. 두 번째 연립방정식에서는 $x-5 = \pm 5, y-5 = \pm 5$이며, 정수해 (x,y)는 $(10,10)$, $(10,0)$, $(0,10)$을 구할 수 있다. 세 번째 연립방정식에서는 $x-5 = \pm 7, y-5 = \pm 1$이며, 정수해 (x,y)는 $(12,4)$, $(12,6)$, $(-2,4)$, $(-2,6)$을 구할 수 있다.

한편, 유리수 범위에서 해를 구한다고 하자. 부정방정식 $\frac{x+y}{x^2+y^2} = \frac{1}{10}$이 상수항이 없으므로 디오판투스가 치환했던 것처럼 $x = t, y = mt$로 치환하자. 그러면, $10(x+y) = x^2+y^2$은 $10t(1+m) = t^2+m^2t^2$이 되며, $t = 0, t = \frac{10(1+m)}{1+m^2}$이 얻어진다. 이로부터 $(x,y) = (0,0)$, $(x,y) = \left(\frac{10(1+m)}{1+m^2}, m \times \frac{10(1+m)}{1+m^2}\right)$이다. 이때 디오판투스는 $m = 2$인 경우에 해 $(6,12)$를 구한 것이며, 만약 m값을 변화시키면 무수히 많은 해 (x,y)를 구할 수 있다.

2권에서 문제 1과 같이 두 식의 비가 주어진 수와 같도록 하는 문제로는 문제 2, 문제 3, 문제 4, 문제 5가 있다(이 문제들의 상수항은 모두 0이다). 문제 2는 두 수의 제곱의 차에 대한 두 수의 차의 비가 주어진 수가 되도록 두 수를 구하는 문제이고, 문제 3은 두 수의 합 또는 차에 대한 두 수의 곱의 비가 주어진 수가 되도록 두 수를 구하는 문제이고, 문제 4는 두 수의 차에 대한 두 수의 제곱의 합의 비가 주어진 수가 되도록 두 수를 구하는 문제이고, 문제 5는 두 수의 합에 대한 두 수의 제곱의 차의 비가 주어진 수가 되도록 두 수를 구하는 문제이다. 이때, 디오판투스는 문제 2, 문제 3, 문제 4, 문제 5의 풀이 과정에서 작은 수를 x, 큰 수를 모두 $2x$로 놓고, 즉 $x = t, y = mt$

와 같은 치환을 이용하여 풀었다. 2권의 다른 문제를 살펴보자.

> **[2권 문제 10]** 두 수의 제곱의 차가 주어진 수가 되도록 하는 두 수를 구하여라.

디오판투스는 2권 문제 10의 차로 60을 놓았다. 즉, 현대적인 표기로 나타내면 $y^2 - x^2 = 60, y^2 = x^2 + 60$이 되는 (x, y)를 구하는 것이다. 이 문제를 2권 문제 1과 비교하면, 이 문제에는 상수항이 존재한다. 우선, 디오판투스의 풀이 방법을 살펴보자. 디오판투스는 한 수를 t, 다른 수를 $t+3$으로 놓았다. 그러면, $(t+3)^2 - t^2 = 60, 6t+9 = 60$이 된다. 이로부터 $t = 8\frac{1}{2}$을 구했으며, $(x, y) = \left(8\frac{1}{2}, 11\frac{1}{2}\right)$을 얻었다. □

디오판투스의 풀이를 일반적인 형태로 기술해 보자. 2권 문제 10의 부정방정식 $y^2 = x^2 + 60$에는 상수항이 있으므로, 디오판투스는 $x = n, y = t + n$과 같은 치환을 이용했다. 이 식을 $y^2 = x^2 + 60$에 대입하면, $(t+n)^2 = t^2 + 60, t = \frac{60-n^2}{2n}$이 얻어진다. 이로부터, 다음과 같은 유리수 해를 구할 수 있다.

$$(x, y) = \left(\frac{60-n^2}{2n}, \frac{60-n^2}{2n} + n\right)$$

여기서, 디오판투스는 $n = 3$인 경우에 $(x, y) = \left(8\frac{1}{2}, 11\frac{1}{2}\right)$을 구하였다.

2권 문제 10을 일반화하면, $y^2 = a^2x^2 + c, y^2 = a^2x^2 + bx + c$인 경우에 대해 $x = t, y = at + n$으로 치환하여 (x, y)를 구할 수 있다. 실제로, $y^2 = a^2x^2 + bx + c$인 경우에 $x = t, y = at + n$으로 치환하면 t값은 $t = \frac{c-n^2}{2an-b}$이 되며, 해 (x, y)는 다음과 같다.

$$(x, y) = \left(\frac{c-n^2}{2an-b}, a \times \frac{c-n^2}{2an-b} + n\right)$$

이제, 연립방정식 형태의 부정방정식인 2권 문제 11을 살펴보자.

> **[2권 문제 11]** 주어진 두 수에 같은 수를 더하여, 얻어진 합이 각각 제곱수가 되어야 한다. 더해지는 같은 수를 구하여라.

디오판투스는 주어진 두 수로 $2, 3$을 잡았다. 현대적인 표기로 이 문제를 기술하면, 방정식 $2+x=y_1^2, 3+x=y_2^2$이 동시에 성립하는, 즉 연립방정식 $\begin{cases} 2+x=y_1^2 \\ 3+x=y_2^2 \end{cases}$ 을 만족시키는 x를 구해야 한다. 디오판투스는 (1) $2+x$와 $3+x$의 차 1을 구하고, (2) 곱해서 (1)에서의 차 1이 되는 두 수 $4, \frac{1}{4}$을 생각했다. (3) 4와 $\frac{1}{4}$의 차의 절반을 구해 이를 제곱하면(이를 구하면 $(\frac{15}{8})^2$이다), $x+2$와 같다. (4) 4와 $\frac{1}{4}$의 합의 절반을 구해 이를 제곱하면(이를 구하면 $(\frac{17}{8})^2$이다), $x+3$과 같다. (5) $x+2=(\frac{15}{8})^2, x+3=(\frac{17}{8})^2$에서 $x=\frac{97}{64}$을 구한다. 결국, 구하는 답은 $x=\frac{97}{64}$이다. □

디오판투스의 풀이를 문자를 이용하여 기술해 보자. 연립방정식 $\begin{cases} 2+x=y_1^2 \\ 3+x=y_2^2 \end{cases}$ 의 두 번째 식에서 첫 번째 식을 빼면, $1=y_2^2-y_1^2$이다. 즉, $(y_2-y_1)(y_2+y_1)=1$이다. 이로부터 디오판투스는 $\begin{cases} y_2-y_1=\frac{1}{4} \\ y_2+y_1=4 \end{cases}$ 를 생각하였다. 이제, 첫 번째 식과 두 번째 식을 더하면, $2y_2=\frac{1}{4}+4, 2y_2=\frac{17}{4}, y_2=\frac{17}{8}$이다. 두 번째 식에서 첫 번째 식을 빼면, $2y_1=4-\frac{1}{4}, 2y_1=\frac{15}{4}, y_1=\frac{15}{8}$이다. 결국, $2+x=y_1^2$에서 $2+x=(\frac{15}{8})^2$, $3+x=y_2^2$에서 $3+x=(\frac{17}{8})^2$이므로, $x=\frac{97}{64}$이다.

이제, 2권 문제 11의 일반화된 형태를 살펴보자. 디오판투스는 문제의 풀이를 위해 주어진 두 수로 $2, 3$을 잡았다. 가령, 주어진 두 수를 m, n이라 하면, 연립방정식 $\begin{cases} m+x=y_1^2 \\ n+x=y_2^2 \end{cases}$ 을 생각할 수 있으며, 이 연립방정식을 풀어보자.

첫 번째 식에서 두 번째 식을 빼면, $y_1^2-y_2^2=m-n, (y_1-y_2)(y_1+y_2)=m-n$이 된다. 이때, $m-n=t\times\frac{m-n}{t}$이라 놓을 수 있으므로, $(y_1-y_2)(y_1+y_2)=t\times\frac{m-n}{t}$이다. 이로부터 $y_1-y_2=\frac{m-n}{t}, y_1+y_2=t$가 얻어진다.

이제, $y_1-y_2=\frac{m-n}{t}, y_1+y_2=t$를 연립하자. 그러면, $2y_1=\frac{m-n}{t}+t, y_1=\frac{m-n+t^2}{2t}$이며, $2y_2=t-\frac{m-n}{t}, y_2=\frac{t^2-m+n}{2t}$이다. 결국, $m+x=y_1^2$에서

$$x=y_1^2-m=\left(\frac{m-n+t^2}{2t}\right)^2-m=\frac{m^2+n^2+t^4-2mn-2mt^2-2nt^2}{4t^2}$$

이며, $n+x=y_2^2$에서

$$x=y_2^2-n=\left(\frac{t^2-m+n}{2t}\right)^2-n=\frac{m^2+n^2+t^4-2mn-2mt^2-2nt^2}{4t^2}$$

이 된다. 즉 $m+x=y_1^2$과 $n+x=y_2^2$에서 같은 x값이 얻어진다. 이러한 방법으로 2권 문제 11과 같은 유형의 문제들을 해결할 수 있다. 디오판투스는 2권 문제 11과 유사한 유형의 문제로 2권 문제 12와 13을 제시하였다.

한편, 2권 문제 11의 풀이 과정에서 얻어진 이차부정방정식 $y_1^2-y_2^2=m-n$은 2권 문제 10의 풀이를 이용하여서도 해 y_1, y_2를 구할 수 있다.

디오판투스는 '산술'에서 다양한 형태의 이차부정방정식을 다루었으며, 3차, 4차, 6차의 부정방정식도 다루었다. 그러나, 디오판투스는 부정방정식의 해법을 일반화된 형태로 기술하여 일반화시키지는 못했으며, 후에 페르마, 오일러, 라그랑쥬, 가우스 등에 의해 부정방정식 이론이 발전되었다.

3. 파푸스

고대 후기의 대표적인 수학자로 파푸스(Pappus, 기원후 약 290 – 350)를 들 수 있다. 파푸스의 대표적인 저술로는 '수학집성'을 들 수 있다. 수학집성은 8권으로 구성되었지만, 현재는 3권에서 8권까지만 남겨져있다.

파푸스의 수학 연구는 피타고라스, 아르키메데스, 아폴로니우스 등과 같은 수학자들의 연구와는 성격이 다르다. 피타고라스, 아르키메데스, 아폴로니우스가 새로운 수학 연구의 방법과 방향을 제시했다면, 파푸스는 그 당시까지 알려진 수학 지식을 체계적으로 정리하고, 여기에 자신의 주석을 달아 '수학집성'을 완성하였다.

수학집성 3권에서는 3대 작도불능문제 해결의 역사를 소개하였으며, 4권에서는 피타고라스 정리의 확장(파푸스 문제), 아르키메데스 나선, 니코메데스(Nicomedes, 기원전 약 280 – 210)의 콘코이드(conchoid) 곡선, 원적곡선, 3대 작도불능문제의 해결 방법 등이 기술되어 있다. 4권의 내용을 자세히 살펴보자.

4권 명제 1은 피타고라스 정리의 일반화로 파푸스 문제로 알려져 있다. 피타고라스 정리는 직각삼각형의 변들에 정사각형을 작도하여 두 밑변에 작도된 정사각형의 합이 빗변에 작도된 정사각형과 같다는 것이다. 파푸스는 4권 명제 1에서 직각삼각형이 아닌 임의의 삼각형에 대해 두 변에 정사각형이 아닌 평행사변형을 작도하여, 두 평행사변형의 합이 나머지 한 변에 작도된 평행사변형과 같다는 것을 보였다. 이 명제를 자세히 살펴보자.

> **[4권 명제 1]** 삼각형 ABC의 변 AB, AC에 임의의 평행사변형 $ABDE$, $ACFG$를 작도하고, 선분 DE와 FG의 연장선이 점 L에서 만난다고 하자. 그러면 평행사변형 $ABDE, ACFG$의 합은 한 변이 $\overline{BC}$이고 다른 변은 $\overline{LA}$와 평행하며 같은 $\overline{BN}$인 평행사변형 $BCMN$과 같다.

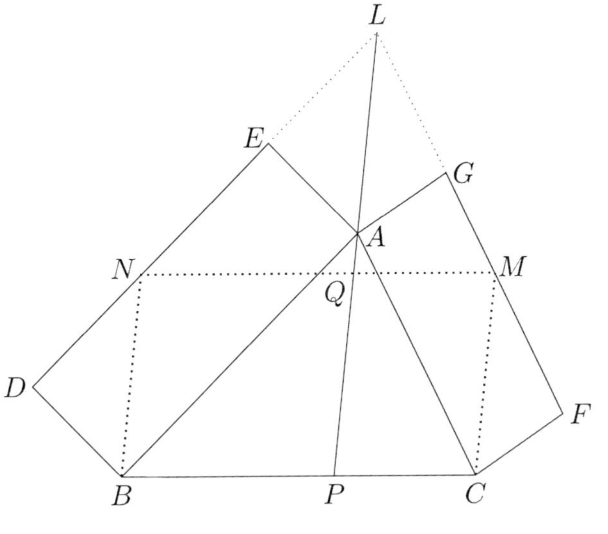

증명을 살펴보자. 선분 LA를 연장하여 선분 NM, BC와의 교점을 각각 Q, P라 하자. 그러면, 사각형 $BPQN, PCMQ$도 평행사변형이 된다.

사각형 $ABNL$을 보자. $\overline{LA} \parallel \overline{BN}, \overline{LA} = \overline{BN}$이므로, 사각형 $ABNL$은 평행사변형이다. 그리고 같은 이유로, 사각형 $ACML$도 평행사변형이다.

평행사변형 $ABNL$과 평행사변형 $ABDE$는 한 변 AB를 공유하며 나머지 다른 변 $\overline{DE}, \overline{NL}$이 같은 직선에 속하므로, 이 평행사변형들은 넓이가 같다(유클리드 원론 1권 명제 35). 한편, 평행사변형 $NBAL$과 $NBPQ$도 한 변을 공유하며, 다른 변들이 같은 직선에 속하므로, 넓이가 같다. 이로부터 평행사변형 $ABDE$와 $NBPQ$는 넓이가 같다는 것을 알 수 있다.

같은 방법으로, 평행사변형 $ACFG$와 평행사변형 $PCMQ$의 넓이가 같다는 것을 보일 수 있다. 결국, 평행사변형 $ABDE$와 $ACFG$의 합은 평행사변형 $BCMN$과 같다는 것이 증명된다. □

4권의 명제 13 – 18에는 구두장이의 칼 문제로 알려진 원에 내접하는 작은 원들의 호의 성질에 관련된 문제가 소개되어 있다. 명제 19 – 22는 아르키메데스 나선에 대한 것이고, 명제 23에서는 콘코이드 곡선의 작도 방법을 소개하였고, 명제 24 – 25에서는 배적 문제의 해법을 제시하였다.

콘코이드 곡선의 작도 방법을 살펴보자. (1) 직선 m에 두 점 A, B를 표시한다. (2) 직선 m에 속하는 점 O를 잡는다. (3) 점 A를 지나 직선 m에 수직인 직선 l을 긋는다. (4) 삽입의 방법으로, 직선 m이 점 O를 지나며 점 A는 직선 l에 속하도록 직선 m을 작도한다. (5) 직선 m이 (4)와 같이 위치할 때, 점 B의 자취를 표시한다. 이때, 점 B의 자취가 콘코이드 곡선이다.

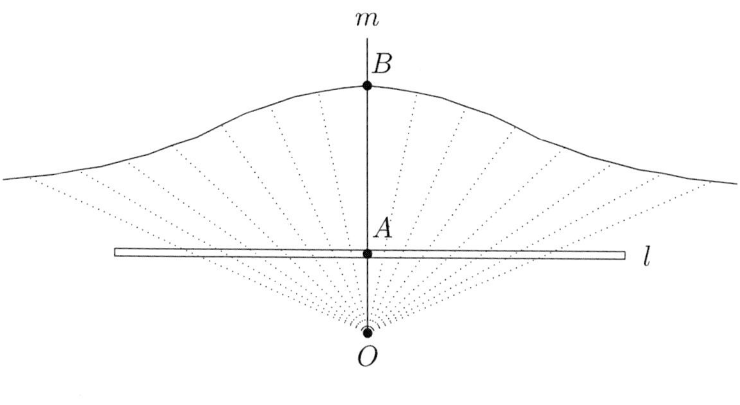

니코메데스는 '콘코이드 곡선에 대해'를 저술하였으며, 콘코이드 곡선을 배적문

제와 각의 3등분문제를 해결하기 위해 사용하였다고 알려져 있다. 콘코이드 곡선을 이용하여 각의 3등분문제를 해결하는 한 방법을 살펴보자(이 방법은 고대로부터 알려졌지만, 누가 최초로 고안했는지는 명확하지 않다).

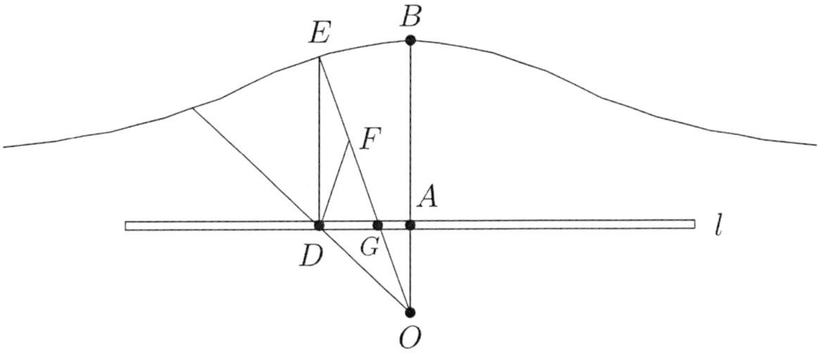

콘코이드 곡선을 생각하자. $\frac{1}{2}\overline{AB} = \overline{OD}$인 점 D를 직선 l에 잡자. 점 D를 지나 $\overline{AB}$와 평행한 직선이 콘코이드 곡선과 만나는 점을 E라 하자. 선분 OE가 직선 l과 점 G에서 만난다고 하고, 선분 GE의 중점 F를 잡자. 콘코이드 곡선의 정의에 의해 $\overline{AB} = \overline{GE}$이며, $\overline{GF} = \overline{EF}$이다. 삼각형 DGE가 직각삼각형이므로, $\overline{GF} = \overline{EF} = \overline{DF}$이다. 그리고 $\overline{OD} = \frac{1}{2}\overline{AB} = \frac{1}{2}\overline{GE} = \overline{DF}$임을 생각하면, 삼각형 FED, DOF는 이등변삼각형이 됨을 알 수 있다.

결국, $\angle FED = \angle FDE$이고, $2\angle FED = \angle DFO = \angle DOF$가 된다. 그리고 $\angle DEF$와 $\angle FOA$는 평행한 직선의 엇각이므로 서로 같다. 이로부터 $\angle DOA = 3\angle FOA$가 증명된다. □

한편, 4권 명제 $26-29$에서는 원적곡선을 다루고 있으며, 명제 30에서는 아르키메데스 나선에 대해, 명제 $31-34$에서는 각의 3등분문제에 대해 다루고 있다. 특히, 명제 32에서는 삽입을 이용한 각의 3등분문제 해법을 제시하였다. 이를 자세히 살펴보자.

임의의 각 ABC가 예각이라 하자. 점 A에서 각의 다른 변에 수선 AC를 긋고, 변 BC와 평행한 직선 AG를 긋자. 이제, 직선 AG에 점 F를 잡고 다른 점 D는 선분 AC에 잡아 $\overline{DF} = 2\overline{AB}$이며, 직선 DF가 점 B를 지나도록 하자. 그러면, $\angle FBC = \frac{1}{3}\angle ABC$

가 된다는 것을 증명할 수 있다.

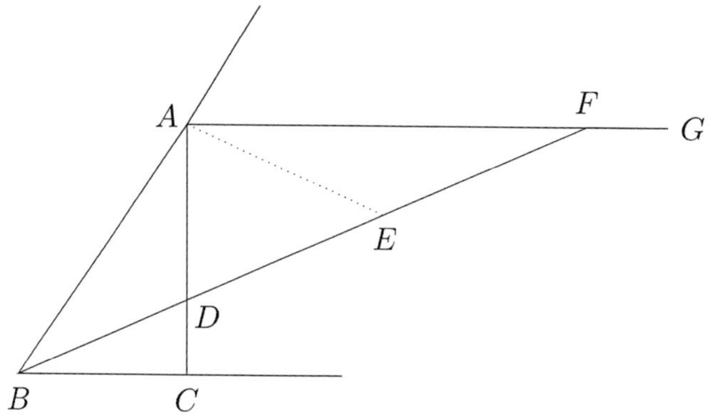

선분 DF의 중점 E를 잡자. 그러면 $\overline{AB} = \overline{DE} = \overline{EF}$가 된다. 그리고 $\angle DAF = 90°$이므로, 직각삼각형의 중선의 성질에 의해 $\overline{AE} = \overline{DE} = \overline{EF}$이다. 결국, $\overline{AB} = \overline{AE} = \overline{DE} = \overline{EF}$가 되며, 삼각형 EAF, ABE는 이등변삼각형이다.

삼각형 EAF의 외각 $\angle AEB$은 $\angle AEB = 2\angle EFA$이며, 이등변삼각형 ABE에서 $\angle ABE = \angle AEB$이다. 결국, $\angle ABE = 2\angle EFA$이다. 그리고 직선 AG와 BC가 평행이므로, 평행인 직선에서 엇각의 성질에 의해 $\angle EFA = \angle DBC$이다. 이로부터, $\angle ABC = 3\angle EFA$가 증명된다.

이제, 각 ABC가 직각인 경우를 살펴보자. 선분 BC를 한 변으로 하는 정삼각형 DBC를 각 ABC의 내부에 작도하자. 그러면, $\angle DBC = 60°, \angle ABD = 30°$가 되며, $\angle ABC = 3\angle ABD$가 된다.

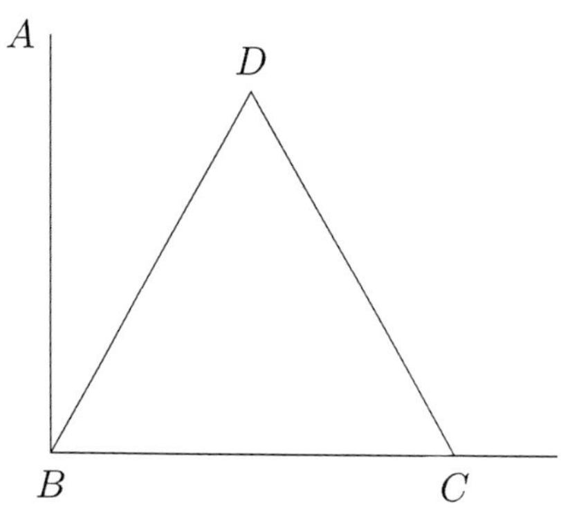

각 ABC가 둔각인 경우를 생각하자. 둔각 ABC를 예각 ABD와 직각 DBC로 나눌 수 있다. 앞에서 기술한 방법으로 예각 ABD를 3등분하고, 직각 DBC를 3등분하면, 둔각 ABC의 $\frac{1}{3}$인 각을 작도할 수 있다. □

살펴본 예각인 $\angle ABC$의 경우에서 삽입된 선분은 DF인데, (1) $\overline{DF} = 2\overline{AB}$를 만족하며, (2) 점 D는 선분 AC에 점 F는 직선 GA에 속하며, 직선 DF가 점 B를 지나도록 하였다. 일반적으로 삽입을 위해 자에 $\overline{DF} = 2\overline{AB}$인 선분 DF를 표시하고, 자를 적당히 움직여 가면서 삽입할 위치를 결정하게 된다. 이러한 삽입 방법은 유클리드 원론의 공준에 기술된 자와 컴퍼스의 역할과는 다른 것이기 때문에, 작도문제 자체의 해로는 인정되지 못한다.

한편, 4권의 마지막 명제인 명제 42 – 44에서는 아르키메데스의 삽입 방법에 대해 소개하고 있다.

살펴본 내용을 통해, 파푸스의 수학 연구의 학술적 특징을 짐작할 수 있다. 아르키메데스 나선, 콘코이드 곡선, 원적곡선, 3대 작도불능문제 등과 같은 수학의 발전에서 중요한 역할을 했던 수학 내용들의 역사, 유명한 수학 문제들의 해법들을 체계적으로 정리함으로써, 이후의 수학 연구의 기초 자료를 제공했다고 할 수 있다.

수학집성의 5권에서는 같은 둘레를 가지는 도형의 성질들을 정리하였고, 6권에서는 천문학 기초를 다루었으며, 7권에서는 유명한 발견술인 '분석'과 '종합'에 대해 기술되어 있으며, 원뿔곡선, 굴딘의 정리에 관련된 내용 등도 기술되어 있다.

제 9 장.

중세 이슬람의 대수

1. 그리스 수학에서 이슬람 수학으로

중세에는 수학 연구의 중심이 그리스에서 이슬람으로 바뀌게 된다. 그 과정을 살펴보자. 로마제국은 아우구스투스가 황제로서 통치하기 시작한 기원전 27년부터를 말한다. 로마제국은 기원후 395년에 동로마제국과 서로마제국으로 분리되는데, 서로마제국은 476년에 멸망하고, 동로마제국은 비잔티움제국으로 불리며 1453년에 오스만 제국에 의해 사라진다. 지리적으로 보면, 비잔티움제국은 지중해 지역을 통치했고, 지중해의 동쪽에 있는 지금의 이란, 이라크, 사우디아라비아에 해당하는 페르시아 지역은 사산 왕조 페르시아(226 – 651)가 통치했다.

로마제국의 혼란과 분열, 게르만족, 사산 왕조 페르시아 등과의 전쟁으로 인해 지중해 연안의 많은 학문 거점들이 파괴되었다. 특히, 391년 알렉산드리아 도서관의 폐쇄는 학문의 중심지였던 알렉산드리아에 회복하기 어려운 상처를 남겼으며, 많은 학자들이 다른 지역으로 뿔뿔이 흩어졌다. 결국, 알렉산드리아의 학술 연구 집단들이 해체되었고, 415년 경에는 최초의 여성 수학자로 알려진 히파티아가 정치적, 종교적인 이유로 살해되었다. 히파티아는 유명한 주석가였던 테온의 딸이며, 아르키메데스, 아폴로니우스, 디오판투스의 연구에 대한 주석서를 남겼다고 알려져있다.

결국, 이러한 로마제국의 사회적인, 경제적인, 정치적인 혼란 상황으로 인하여, 학술 연구를 위한 기반이 붕괴되었고 학자들은 지중해 연안을 떠나 페르시아 지역으로 옮겨가기 시작했다. 특히, 비잔티움제국의 유스티니아누스 황제(재위 기간 527 – 565)는 529년에 아테네에 있던 플라톤의 아카데미아를 폐쇄시켰다. 이로써, 학문 발전의 중심적인 역할을 해왔던 지중해 시대는 막을 내리고, 수학 연구의 중심이 페르시아 지역으로 넘어가게 된다.

페르시아 지역으로 이주한 학자들은 사산 왕조 페르시아의 지원을 바탕으로 활발한 학술활동을 펼쳤으며, 그리스의 수학, 과학 서적들을 번역하였다. 그 결과 사산 왕조 페르시아의 페르시아 지역이 학술 연구와 교류의 중심지로 발전하였다.

한편, 페르시아 지역에서는 무함마드가 이슬람교를 창시하였고, 사산 왕조 페르시아를 멸망시키며 거대한 이슬람제국을 건설하였다. 이슬람제국은 아라비아 반도를 포함하여 인도, 중국과 경계를 마주하였으며 아프리카의 일부를 통치한 거대한 제국이 되었다. 이슬람제국은 그리스, 비잔티움제국, 인도 등의 학문을 적극적으로 수용하여 과학의 꽃을 피웠다.

이슬람제국의 과학 발전과 관련하여 주목할 것이 '지혜의 집'이다. 지혜의 집은 이라크의 바그다드에 832년 설립된 전문 학술 연구기관이다. 지혜의 집에는 천문대, 통역 건물, 도서관 등이 갖추어져 있었으며, 여러 지역에서 학자들이 모여들어 학술 연구를 하였다. 특히, 지혜의 집에서는 그리스, 인도, 비잔티움제국, 페르시아 지역에 있는 학술서적들을 아랍어로 번역하는 활동이 활발히 이루어졌다. 유클리드 원론을 비롯한 그리스의 수학책들, 프톨레마이오스의 알마게스트와 같은 과학책들이 아랍어로 번역되었다. 그 결과, 중세의 수학과 과학이 이슬람제국에서 꽃필 수 있었고, 수학은 그리스 수학과는 다른 새로운 방향으로 발전할 수 있는 가능성을 가지게 되었다.

이슬람 수학에서 주목할 것이 삼각함수와 대수이다. 그리스와 이슬람에서 삼각함수는 천문학 연구와 관련하여 발전하였다. 삼각함수 분야의 대표적인 이슬람 학자로는 알바타니(Al-Battani, 858 – 929), 알비루니(Al-Biruni, 973 – 1050) 등이 있다. 특히 알바타니는 사인, 코사인, 탄젠트와 같은 용어를 처음으로 사용했으며, 알비루니는 여러 가지 삼각함수 관계식들을 발견하였다.

한편, 대수 영역에서 이슬람 수학의 두드러진 성과는 방정식 해법과 관련하여 얻어졌다. 이슬람 수학에서 이차방정식, 삼차방정식을 체계적으로 분류되었고, 그 해법이 정리되었다. 이렇게 발전된 수학적 지식은 다시 유럽으로 넘어가 라틴어로 번역되어 새로운 근대수학의 토대가 되었다. 여기서는 알콰리즈미와 오마르 하이얌에 대해 자세히 살펴보자.

2. 알콰리즈미

알콰리즈미(Muhammad ibn Musa al-Khwarizmi, 기원후 약 780 – 850)는 지혜의 집에서 연구를 하였고, 산술, 대수, 천문학, 지리학에 관련된 저술을 남겼다. 여기서는 대수에 대해 자세히 살펴보자.

아랍어로 기술된 알콰리즈미의 대수에 대한 책은 12세기에 라틴어로 번역되었고, 그 후에도 몇몇 번역본이 만들어졌다. 특히 1145년에 영국인 Robert가 알콰리즈미의 대수에 대한 책을 'Liber algebrae et almucabola'라는 제목으로 스페인에서 번역하였다. Liber는 라틴어로 책이라는 뜻이며, 'algebrae와 almucabola에 대한 책'이라고 할 수 있다. 중세 유럽에서는 '대수'를 'algebrae et almucabola'로 부르다가, 후에 'algebra'라고 불렀다.

다른 번역본에서는 알콰리즈미의 대수에 대한 책의 제목이 'Compendium on calculating by completion and reduction'이라고 되어 있다. 이것은 'completion and reduction의 계산에 대해 간략히 정리한 책'이라는 의미이다.

알콰리즈미의 책에서 algebrae 또는 completion은 방정식에서 계수가 음수인 항이 있으면, 이것을 이항하여 모든 항의 계수가 양수가 되도록 하는 연산을 의미했다. 우리말에서 의미상 가까운 것이 '이항'이라는 표현인데, 계수가 음수인 항에 대해서만 연산을 수행하므로 이항과 정확히 일치하지는 않는다. 이러한 연산이 필요한 이유는 알 콰리즈미의 시대에 음수가 없었기 때문에, 방정식의 모든 계수를 양수로 만들어야 했기 때문이다. 한편, almucabola 또는 reduction은 방정식에서 등식의 양변에 있는 같은 항들 또는 동류항들을 소거하는 것을 의미한다.

알콰리즈미는 algebrae와 almucabola 연산의 대상을 몇 종류로 분류하였다. 우리나라 수학교과서에서는 중학교에서 문자식에 대한 연산을 하는데, 문자식을 구성하는 각각의 식을 항이라 부른다. 예를 들어, 문자식 $2x + y - 3x - 2y + 7$에서 $2x, y, -3x, -2y, 7$을 항이라고 부르며, 특히 수만 포함하는 항 7을 상수항이라고 부른다. 그러나, 알콰리즈미는 지금처럼 모두를 '항'이라고 부르지 않고, 이들을 '근', '정사각형', '수'의 세 가지로 분류하였다.

근은 '식물의 뿌리'라는 의미에서 출발했는데, 방정식에서 구해야 하는 미지의 양을 나타낸다. 알콰리즈미는 근을 자신에게 곱해지는 모든 물건(대상)이라고 했다. 즉 현대적인 표기로 나타내면 x에 x가 곱해지므로, x가 근에 해당한다. 한편 정사각형은 근에 자신을 곱해서 얻어지는 것으로 규정했다. 즉 근 x에 자신 x를 곱해서 얻어지는 x^2이 정사각형이다. 알콰리즈미는 '정사각형'을 (1) 기하학적 도형인 정사각형, (2) 대수적인 의미인 제곱으로 사용했다. 근에 자신을 곱해서 얻어진 것을 정사각형으로 규정한 것은 정사각형을 제곱의 의미로 사용한 것이다. 한편, 수는 상수항을 의미했다.

알콰리즈미는 근, 정사각형, 수에 대한 연산을 다루었는데, 근은 일차방정식에 관련되고, 정사각형은 이차방정식에 관련된다. 알콰리즈미는 근, 정사각형, 수 각각이 서로 같을 수 있다고 하였다. 예를 들어, 정사각형들은 근들과 같고(이것을 현대적인 표기로 나타내면 $ax^2 = bx$), 정사각형들은 수와 같고($ax^2 = c$), 근들은 수와 같을 수 있다($bx = c$)고 생각하였다(이때, a, b, c는 자연수이다). 결국, 알콰리즈미는 일차방정식과 이차방정식까지 연구했다는 것을 알 수 있다.

방정식의 분류 알콰리즈미는 '근', '정사각형', '수'의 가능한 조합을 모두 고려하여, 방정식들을 다음의 6가지로 분류하였다.

- 방정식 1. 정사각형들이 근들과 같다.
- 방정식 2. 정사각형들이 수와 같다.

- 방정식 3. 근들이 수와 같다.
- 방정식 4. 정사각형들, 근들이 수와 같다.
- 방정식 5. 정사각형들, 수가 근들과 같다.
- 방정식 6. 근들, 수가 정사각형들과 같다.

현대적인 표기로 나타내면, 자연수 a, b, c에 대해 방정식 1은 $ax^2 = bx$이고, 방정식 2는 $ax^2 = c$이고, 방정식 3은 $bx = c$이고, 방정식 4는 $ax^2 + bx = c$이고, 방정식 5는 $ax^2 + c = bx$이고, 방정식 6은 $bx + c = ax^2$이다. 알콰리즈미의 책에는 지금과 같은 대수식은 사용되지 않았고, 모든 것이 문장의 형태로 기술되어 있다.

식들의 사칙연산 알콰리즈미는 방정식들을 6가지로 분류한 후에, '근', '정사각형', '수'를 포함하는 식들의 곱셈에 대해서 설명하였다. 예를 들어, '근을 뺀 10에 10을 곱한다'는 것은 (1) 10에 10을 곱하고 이것은 100이며 (2) 뺀 근에 10을 곱하면 이것은 뺀 근 10개인데, 이로부터 10개의 근을 뺀 100이 된다고 하였다. 이것을 현대적인 기호를 이용하여 나타내면, $(10-x) \times 10 = 10 \times 10 - 10 \times x = 100 - 10x$가 된다.

알콰리즈미는 $(10+x)\times 10 = 100+10x$, $(10+x)(10+x) = 10\times 10+10\times x+10\times x+x\times x = 100+20x+x^2$, $(10-x)(10-x) = 100-20x+x^2$, $(10-x)(10+x) = 100-x^2$, $(10+\frac{x}{2})(\frac{1}{2}-5x) = 5-2\frac{1}{2}\times x^2-49\frac{3}{4}x$, $(10+x)(x-10) = x^2-100$ 등과 같은 곱셈도 예로 제시하였다.

살펴본 곱셈들을 보면, 알콰리즈미는 $(-x) \times (-x) = x^2, x \times (-x) = -x^2, 10 \times (-x) = -10x$와 같은 곱셈에서 $(+) \times (+) = (+), (+) \times (-) = (-), (-) \times (-) = (+)$가 된다는 것을 알고 있었다.[1] 결국, 알콰리즈미는 '근', '정사각형', '수'를 포함하는 식들의 곱셈을 정확하게 수행할 수 있었다.

한편, 알콰리즈미는 '근', '정사각형', '수'를 포함하는 식들의 다른 연산도 제시하였다. 예를 들어, $(\sqrt{200}-10)+(20-\sqrt{200}) = 10$, $(100+x^2-20x)+(50+10x-2x^2) = 150-x^2-10x$, $(100+x^2-20x)-(50+10x-2x^2) = 50+3x^2-30x$,

[1]곱셈에서 이와 같이 부호가 결정되는 것은 디오판투스의 산술에서도 볼 수 있다.

$2\sqrt{x} = \sqrt{4x}$, $\frac{1}{2}\sqrt{x} = \sqrt{\frac{1}{4}x}$, $3\sqrt{9} = \sqrt{81} = 9$, $\frac{\sqrt{9}}{\sqrt{4}} = \sqrt{\frac{9}{4}} = 1\frac{1}{2}$, $\sqrt{9} \times \sqrt{4} = \sqrt{36} = 6$, $2\sqrt{9} \times 3\sqrt{4} = 36$ 등과 같은 연산을 수행할 수 있음을 기술하였다.

결국, 알콰리즈미는 '근', '정사각형', '수'를 포함하는 식들의 사칙연산을 정확히 수행하였으며, 무리수에 관련된 연산도 수행하였다는 것을 알 수 있다.

방정식의 해법 알콰리즈미는 살펴본 식들의 사칙연산을 바탕으로 algebrae와 al-mucabola를 이용하여 방정식들을 기술한 6가지 방정식 중의 하나로 변형시킨 다음 해결하는 방법을 구체적인 예를 통해 설명하였다.

알콰리즈미는 방정식 $x^2 = 4x(10-x)$를 다음과 같이 해결하였다.[2] $x^2 = 4x(10-x)$를 $x^2 = 40x-4x^2$과 같이 변형시킬 수 있다. 이제 $4x^2$을 이항하면(algebrae) $x^2+4x^2 = 40x, 5x^2 = 40x$가 되어 방정식 1의 형태가 얻어진다. $5x^2 = 40x$에서 $x^2 = 8x, x = 8$이 된다. 이때, 알콰리즈미는 $x = 0$은 해로 취급하지 않았다.

방정식 2의 형태인 방정식 풀이의 예로, 알콰리즈미는 $10^2 = 2\frac{7}{9} \times x^2$을 제시하였다. $10^2 = 2\frac{7}{9} \times x^2$에서 $100 = \frac{25}{9}x^2, x^2 = \frac{9}{25} \times 100 = (\frac{1}{5} + \frac{4}{5} \times \frac{1}{5}) \times 100 = 20 + 16 = 36$이 된다. 이로부터 $x = 6$이 얻어진다.

방정식 3의 형태인 방정식 풀이의 예로, 알콰리즈미는 $\frac{10-x}{x} = 4$를 소개하였다. $\frac{10-x}{x} = 4$는 $10 - x = 4x$가 되며, $10 = 5x, x = 2$가 된다. 이 문제에서는 분모가 미지수인 경우를 다루고 있다.

방정식 4의 형태인 방정식 풀이의 예로, 알콰리즈미는 $(\frac{x}{3} + 1)(\frac{x}{4} + 1) = 20$을 소개하였다. 등식의 좌변에 있는 연산을 수행하면 $\frac{x^2}{12} + \frac{x}{3} + \frac{x}{4} + 1 = 20$이며, $\frac{x^2}{12} + \frac{x}{3} + \frac{x}{4} = 19$, $x^2 + 7x = 228$과 같이 식을 변형시켰다. 이로부터 $x = \sqrt{(\frac{7}{2})^2 + 228} - \frac{7}{2} = \sqrt{12\frac{1}{4} + 228} - \frac{7}{2} = \sqrt{240\frac{1}{4}} - \frac{7}{2}$이 된다. $\sqrt{240\frac{1}{4}}$의 제곱근을 열면 $15\frac{1}{2}$이 되므로, $15\frac{1}{2} - 3\frac{1}{2} = 12$가 구하는 답이다.

[2]알콰리즈미는 이 문제를 다음과 같이 문장으로 기술하였다: 10을 두 부분으로 나누었다. 부분 중의 하나에 다른 부분을 곱하고, 한 부분에는 자신을 곱했다. 그러면 자신을 곱한 것은 두 부분의 곱을 4배한 것과 같다. 그리고 이 문제의 풀이도 수식이 아닌 문장의 형태로 기술하였다.

알콰리즈미는 방정식 4의 형태인 방정식 $x^2 + 10x = 39$의 예를 이용하여, 이러한 형태의 방정식에서 근을 구하는 과정의 타당성을 증명하였다. 정사각형 $ABCD$를 작도하여 한 변의 길이를 x라 하면 넓이는 x^2이 된다. 그리고 정사각형 $ABCD$의 각 변의 연장선에 한 변이 $\frac{10}{4}$인 정사각형을 작도하면 넓이는 $6\frac{1}{4}$이 된다. 이제, 작은 정사각형들의 변을 연장하여 4개의 같은 직사각형과 큰 정사각형을 만들 수 있다. 이때, 직사각형 각각의 넓이는 $\frac{10}{4}x$이다.

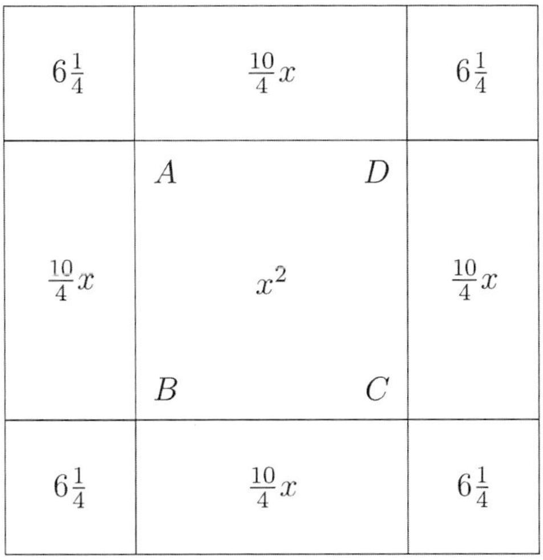

얻어진 도형의 넓이를 모두 합하면 $x^2+4\times\frac{10}{4}x+4(\frac{10}{4})^2 = x^2+4\times\frac{10}{4}x+4\times 6\frac{1}{4} = x^2+10x+25$가 된다. 한편, 문제의 조건에서 $x^2+10x = 39$이므로, 이것을 $x^2+10x+25$에 대입하면 64가 얻어진다. 이로부터 그림에서 큰 정사각형의 한 변의 길이는 8임을 알 수 있고, $x + 2 \times \frac{10}{4} = 8$이 된다. 결국 $x = 3$이 된다.

알콰리즈미가 제시한 방정식 4의 형태인 방정식의 풀이 과정을 현대적인 대수적 표기를 이용하여 자세히 살펴보자. 방정식 $x^2 + ax = b$가 주어졌다고 하자. (1) 한 변이 x인 정사각형 $ABCD$를 작도하고, (2) 정사각형 $ABCD$의 각 변의 연장선에 한 변이 $\frac{a}{4}$인 정사각형을 작도하고, (3) (2)에서 작도한 정사각형의 각 변을 연장하여 한 변이 $x + 2 \times \frac{a}{4}$인 정사각형 하나와 변이 $x, \frac{a}{4}$인 직사각형 4개를 얻었다.

작도 (1), (2), (3)에서 얻어진 정사각형, 직사각형들의 넓이를 비교하면, $x^2 +$

$4(\frac{a}{4}x)+4(\frac{a}{4})^2 = x^2+ax+4(\frac{a}{4})^2$이다. 이때, $x^2+ax=b$이므로 $x^2+4(\frac{a}{4}x)+4(\frac{a}{4})^2 = b+4(\frac{a}{4})^2$이 된다. 한편, $x^2+4(\frac{a}{4}x)+4(\frac{a}{4})^2$은 한 변이 $x+2\times\frac{a}{4}$인 정사각형의 넓이이므로(작도 3에서 얻어진 정사각형에 해당함), $(x+2\times\frac{a}{4})^2 = x^2+4(\frac{a}{4}x)+4(\frac{a}{4})^2$이다. 결국, 알콰리즈미는 기하학적 대수의 방법으로 $x^2+ax=b$일 때에 다음 등식을 유도했다.

$$\left(x+2\times\frac{a}{4}\right)^2 = b+4\left(\frac{a}{4}\right)^2$$

이제, $b+4\left(\frac{a}{4}\right)^2$의 제곱근을 구해서 x값을 구했다. 즉,

$$x+2\times\frac{a}{4} = \sqrt{b+4\left(\frac{a}{4}\right)^2}$$

이 성립하며, $x=\sqrt{b+4\left(\frac{a}{4}\right)^2}-\frac{a}{2}$가 된다.

알콰리즈미는 방정식 $x^2+ax=b$를 해결하기 위해 현재 중학교, 고등학교에서 배우는 완전제곱식을 이용하였다. 이것은 이차방정식의 근의 공식을 유도하는 것과 같은 방법이다. 그러나 이차식을 완전제곱식으로 $x^2+4(\frac{a}{4}x)+4(\frac{a}{4})^2=(x+2\times\frac{a}{4})^2$과 같이 변형하기 위해, 알콰리즈미는 기하학적 대수의 방법인 정사각형, 직사각형의 넓이를 이용하였다.

방정식 5의 형태인 방정식 풀이의 예로, 알콰리즈미는 $(x-10)^2+x^2=58$을 들었다. $(x-10)^2+x^2=58$은 $x^2-20x+100+x^2=58, 2x^2-20x+100=58, 2x^2+100=58+20x$가 된다. 이것을 $x^2+50=29+10x, x^2+21=10x$로 변형시켰다. 결국 $(x-10)^2+x^2=58$이 방정식 $x^2+21=10x$로 변형되었다. 이제,

$$x=\frac{10}{2}\pm\sqrt{\left(\frac{10}{2}\right)^2-21}=5\pm\sqrt{4}=5\pm 2$$

와 같이 계산하면, $x=7$ 또는 $x=3$을 얻는다.

알콰리즈미는 이차방정식 $x^2+21=10x$의 풀이 과정의 타당성을 기하학적 대수의 방법으로 증명하였다. (1) $\overline{FA}=10$인 선분 FA를 작도한다. (2) $\overline{FA}$의 중점 G를 잡는다. (3) $\overline{GA}$의 한 점 D를 잡는다. (4) $\overline{AD}$를 한 변으로 하는 정사각형 $ABCD$를 작도한다. (5) $\overline{FG}$를 한 변으로 하는 정사각형 $FGHI$를 작도한다. (6) $\overline{AD}=\overline{FM}$을 잡아, 정사각형 $FMLE$를 작도한다. 그러면 사각형 $KLJH$도 정사각형이 된다.

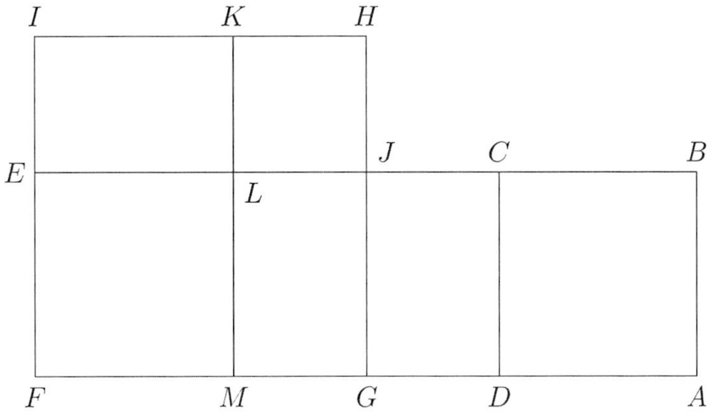

얻어진 작도에서 직사각형 $EFDC$에 정사각형 $KLJH$를 더하면 정사각형 $IFGH$가 된다는 것을 보일 수 있다. 즉, $\overline{EF} \times \overline{FD} + \overline{KL}^2 = \overline{FI}^2$임을 보일 수 있다. 이것을 보이기 위해, 직사각형 $JGDC$가 직사각형 $IELK$와 같다는 것을 보이면 된다. $\overline{GD} = \overline{GA} - \overline{DA} = \overline{GF} - \overline{FM} = \overline{MG}$가 된다. $\overline{MG} = \overline{LJ}$이고 사각형 $KLJH$가 정사각형이므로, $\overline{LJ} = \overline{KL}$이다. 결국 $\overline{GD} = \overline{KL}$이 된다. 그리고 $\overline{CD} = \overline{EL}$이므로, 직사각형 $JGDC$가 직사각형 $IELK$와 같다.

이제 $\overline{AD} = \overline{FM} = x$라 놓으면, $\overline{FG} = \overline{GA} = \frac{10}{2}$이므로 $\overline{LJ} = \frac{10}{2} - x$가 된다. $\overline{EF} \times \overline{FD} + \overline{KL}^2 = \overline{FI}^2$에 의해, $x(10-x) + (\frac{10}{2} - x)^2 = (\frac{10}{2})^2$이다. 그런데 문제의 조건에서 $x^2 + 21 = 10x, x(10-x) = 21$이므로, $(\frac{10}{2} - x)^2 = (\frac{10}{2})^2 - 21$, $\frac{10}{2} - x = \pm\sqrt{(\frac{10}{2})^2 - 21}$, $x = \frac{10}{2} \pm \sqrt{(\frac{10}{2})^2 - 21}$이 된다. 이로부터 $x = 7$ 또는 $x = 3$을 얻을 수 있고, 방정식 풀이의 타당성이 증명된다.

한편, 방정식 6의 형태인 방정식 풀이의 예로, 알콰리즈미는 $\frac{x}{3} \times \frac{x}{4} = x + 24$를 제시했다. 이것을 $\frac{x^2}{12} = x + 24, x^2 = 12x + 288$로 변형시켰고, 이로부터 다음과 같은 x값을 얻었다.

$$x = \sqrt{288 + \left(\frac{12}{2}\right)^2} + \frac{12}{2} = \sqrt{288 + 36} + 6 = 18 + 6 = 24$$

알콰리즈미는 이차방정식 $3x + 4 = x^2$을 이용하여 방정식 풀이의 타당성을 기하학적 대수의 방법으로 증명하였다. 우선, 증명을 위한 기하학적 작도를 살펴보자. (1) 한 변이 x인 정사각형 $ABCD$를 작도한다. (2) 변 CD에 $\overline{CH}=3$인 점 H를 잡고, $\overline{CH}$의 중점 G를 표시한다. (3) 한 변이 HG인 정사각형 $EFGH$를 작도한다. (4) 변 AD에 평행인 선분 LH, MG를 작도한다. (5) 선분 MF에 $\overline{DH}=\overline{FK}$인 점 K를 잡는다. (6) 변 AM에 평행한 선분 IK를 작도하고, 이 선분과 선분 LH의 교점을 J라 하자.

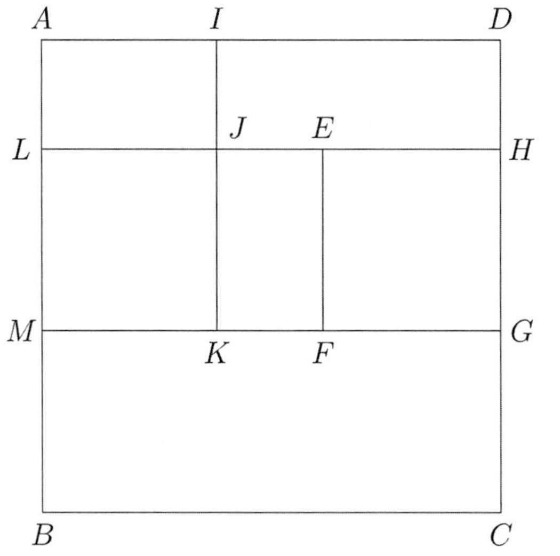

우선, 사각형 $IKGD$가 정사각형임을 보이자. 사각형 $EFGH$가 정사각형이며 $\overline{DH}=\overline{KF}$이므로, $\overline{DG}=\overline{KG}$이며 사각형 $IKGD$는 정사각형이 된다.

이제, 정사각형 $IKGD$는 정사각형 $EFGH$와 직사각형 $ALHD$의 합과 같다는 것을 보이자. 이를 위해, 직사각형 $ALJI$와 $JKFE$가 같다는 것을 보이면 된다. $\overline{KF}=\overline{DH}=\overline{IJ}$이다. 그리고 $\overline{AI}=\overline{AD}-\overline{ID}=\overline{DC}-\overline{DG}=\overline{GC}=\overline{HG}=\overline{JK}$가 성립한다. 그러므로 직사각형 $ALJI$와 $JKFE$는 같으며, $\overline{ID}^2=\overline{EH}^2+\overline{AL}\times\overline{AD}$가 된다.

$\overline{DC}=x, \overline{HC}=3$, $\overline{GC}=\frac{3}{2}$이므로, $\overline{DG}=x-\frac{3}{2}$이며 정사각형 $IKGD$의 넓이는 $\overline{ID}^2=\overline{DG}^2=(x-\frac{3}{2})^2$이다. 그리고 정사각형 $EFGH$의 넓이는 $\overline{EH}^2=(\frac{3}{2})^2$이며, 직사각형 $ALHD$의 넓이는 $\overline{AD}\times\overline{AL}=x(x-3)$이다. 그런데, 문제의 조건에서 $3x+4=x^2$이므로 $x(x-3)=4$이다.

결국, $\overline{ID}^2 = \overline{EH}^2 + \overline{AL} \times \overline{AD}$로부터 $(x - \frac{3}{2})^2 = (\frac{3}{2})^2 + 4$가 얻어진다. 이로부터, $x - \frac{3}{2} = \sqrt{(\frac{3}{2})^2 + 4}, x = \frac{3}{2} + \sqrt{(\frac{3}{2})^2 + 4} = 4$가 얻어진다.

방정식 4, 방정식 5, 방정식 6의 형태인 이차방정식 풀이의 타당성 증명에서 살펴보았듯이, 알콰리즈미는 이차방정식의 풀이에 기하학적 대수의 방법을 이용하였다는 것을 알 수 있다.

살펴본 이차방정식들 이외에도, 알콰리즈미는 $x(10 - x) = 21$, $(10 - x)^2 + x^2 + (10 - x) - x = 54$, $\frac{10-x}{x} + \frac{x}{10-x} = 2\frac{1}{6}$, $10x = (10 - x)^2$, $\frac{x(10-x)}{10-2x} = 5\frac{1}{4}$, $x \times 4x = 20$, $x\sqrt{x} = 3x$, $4x \times 5x = 2x^2 + 36$, $[x - (\frac{x}{3} + 3)]^2 = x$, $(x - \frac{x}{3} - \frac{x}{4} - 4)^2 = x + 12$, $\frac{1}{x} - \frac{1}{x+1} = \frac{1}{6}$, $\sqrt{x^2 - x} + x = 2$, $(x^2 - 3x)^2 = x^2$ 등과 같은 문제의 풀이를 소개하였다.

측정에 대해 알콰리즈미의 책에서 기하 내용을 다룬 것이 '측정에 대해'이다. 여기에서는 삼각형의 넓이, 마름모의 넓이, 원의 둘레와 넓이, 활꼴의 넓이, 각기둥의 부피, 각뿔의 부피 공식을 소개하였다. 마름모의 넓이는 한 대각선에 다른 대각선의 절반을 곱하여 구하였다.

알콰리즈미는 원의 둘레와 넓이를 구하는 몇 가지 방법을 소개하였다. 첫째는 원의 둘레를 $3\frac{1}{7} \times d$로 구하는 것이다. 이때 d는 원의 지름으로, 현대적인 표기로 원의 둘레를 반지름을 이용하여 나타내면 $2 \times (3\frac{1}{7}) \times r$이 된다. 이 공식을 이용하여 반지름이 1인 원의 둘레를 계산하면 $6\frac{2}{7}$이며, 이때 $2\pi = 6\frac{2}{7}$이고 원주율 π는 $3\frac{1}{7} \approx 3.142857143$이 된다.

둘째는 원의 둘레를 $\sqrt{10d^2}$으로 구하는 것이다. 즉 $\sqrt{10d^2} = \sqrt{10}d = 2\sqrt{10}r$이 된다. 마찬가지로, 이 공식을 이용하여 반지름이 1인 원의 둘레를 계산하면 $2\sqrt{10}$이 된다. 그러면, $2\pi = 2\sqrt{10}$이고 원주율 π는 $\sqrt{10} \approx 3.16227766$이다.

셋째는 천문학자들이 이용하는 방법이라고 소개하면서, 원의 둘레를 구하는 방법으로 $d \times 62832 \div 20000$을 소개하였다. 이 공식을 이용하여 반지름이 1인 원의 둘레를 계산하면 $2 \times 62832 \div 20000$이다. 그러면, 원주율 π는 $62832 \div 20000 = 3.1416$이 된다.

알콰리즈미는 원의 넓이를 지름의 절반에 원둘레의 절반을 곱하여 구한다고 하였다. 이것을 현대적인 표기 방법으로 기술하면, $r \times \pi r = \pi r^2$이 된다. 이러한 방법을 사용하는 이유를 알콰리즈미는 정다각형과 내접원을 이용하여 설명하였다. 변들과 각들이 같은 정다각형의 둘레에 내접원의 지름의 절반(반지름)을 곱하여 $\frac{1}{2}$을 하면 정다각형의 넓이가 되므로, 원에서도 원의 둘레에 반지름을 곱하여 $\frac{1}{2}$을 하면 넓이가 얻어진다.

다음은 정9각형에 반지름이 r인 내접원을 그린 것이다. 그림에서 정9각형이 9개의 삼각형으로 분할되었다. 이때, 각 삼각형의 넓이는 밑변에 높이(여기서는 반지름 r)를 곱한 다음 $\frac{1}{2}$을 곱하여 얻어진다. 결국, 정9각형의 넓이는 정9각형의 둘레에 내접원의 반지름 r을 곱한 다음 $\frac{1}{2}$을 하면 된다.

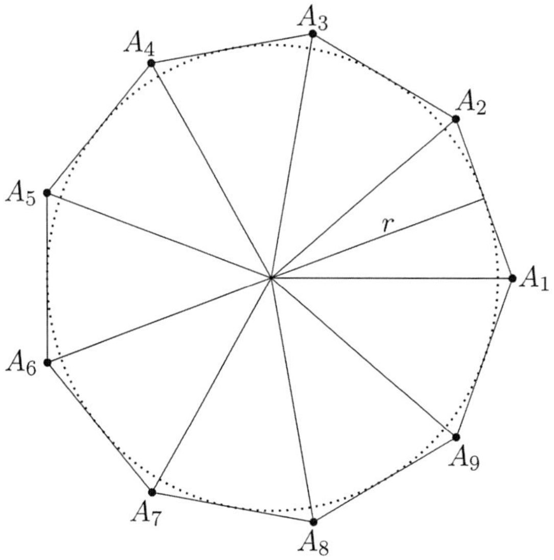

한편, 알콰리즈미는 직각이등변삼각형에서 피타고라스 정리를 증명하고 난 다음에, 일반적인 직각삼각형에서 밑변의 제곱의 합이 빗변과 같다는 것을 소개하였다. 그리고 예각삼각형에서는 짧은 두 변의 제곱의 합이 긴 변의 제곱보다 크고, 둔각삼각형에서는 짧은 두 변의 제곱의 합이 긴 변의 제곱보다 작다는 것도 제시하였다.

'측정에 대해'의 마지막 문제에서 두 변이 10이고 한 변이 12인 이등변삼각형에 내접하는 정사각형의 변의 길이를 구했다. 이를 살펴보자.

두 변이 10이고 한 변이 12인 이등변삼각형을 ABC라 하고, 내접하는 정사각형을 $DEFG$라 하자. 삼각형 ABC의 높이는 $\overline{AH} = \sqrt{10^2 - 6^2} = 8$이므로, 삼각형 ABC의 넓이는 $\frac{1}{2} \times 12 \times 8 = 48$이다.

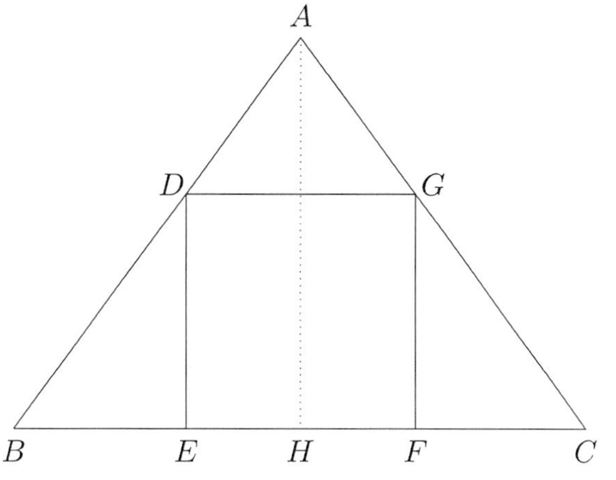

이제, 구하는 정사각형의 한 변의 길이를 x라 하면, 넓이는 x^2이다. 직각삼각형 DBE에서 $\overline{BE} = 6 - \frac{x}{2}, \overline{DE} = x$이므로 삼각형 DBE의 넓이는 $S_{DBE} = \frac{1}{2} \times (6 - \frac{x}{2}) \times x = 3x - \frac{x^2}{4}$이다. 그리고 $S_{GFC} = 3x - \frac{x^2}{4}$이다. 삼각형 ADG에서 $\overline{DG} = x$이고 높이는 $8 - x$이므로, $S_{ADG} = \frac{1}{2} \times (8 - x) \times x = 4x - \frac{x^2}{2}$이다. 결국 다음을 알 수 있다.

$$2\left(3x - \frac{x^2}{4}\right) + \left(4x - \frac{x^2}{2}\right) + x^2 = 48$$

이로부터 $10x = 48, x = 4\frac{4}{5}$를 얻을 수 있다. □

알콰리즈미의 대수에 대한 책에 실린 이차방정식들은 이미 유클리드 원론에 기하학적 대수의 방법으로 소개된 것들이기 때문에, 방정식의 해를 찾았다는 것 자체로는 학술적 가치가 높게 평가되지 못할 수도 있다. 그러나, 기술 방법이나 해결 방법에서 보면 유클리드 원론에서 이차방정식을 푼다는 것이 근에 해당하는 선분을 작도하는 작도문제였다면, 알콰리즈미는 비록 현재와 같은 대수적인 표기법을 사용하지는 못했지만 유클리드 원론과는 다른 대수적인 방법으로 다루고 있다.

알콰리즈미는 문장의 형태로 이차방정식의 풀이를 기술하였지만, 이것이 기하학적인 것은 아니었다(비록, 방정식 해법의 타당성은 기하학적으로 증명하였지만). 알콰리즈미의 대수에 대한 책에서는 기하학적 대수가 아닌 새로운 대수적인 해법이 제시되었고, 이 책이 번역되어 유럽에 소개되었다. 이를 통해, 알콰리즈미가 유럽에서 새로운 수학의 발전에 큰 기여를 했다고 할 수 있을 것이다.

3. 오마르 하이얌

오마르 하이얌(Omar Khayyam, 1048 – 1131)은 지금의 이란 지역에서 태어났으며, 수학자이며 천문학자, 철학자, 시인으로 유명했다. 하이얌은 방정식의 해법에 관련하여 'algebra와 almucabola 문제의 증명에 대해'라는 책을 남겼다. 여기서 algebra와 almucabola는 알콰리즈미의 책에서 유래한 개념이다. 이 책에는 삼차방정식의 기하학적 해법이 제시된 것으로 유명하다.

알콰리즈미가 이차방정식을 유형별로 나누고 그 해법을 대수적으로 제시했다면, 하이얌은 이차방정식, 삼차방정식을 분류하고 이들의 해법을 기하학적으로 정리하였다.

이를 위해, 하이얌은 세 가지의 기하학적 양을 다루었다. 첫째는 한 개의 측정에 관련된 양으로 근 또는 정사각형의 변이 있으며, 둘째는 두 개의 측정에 관련된 양으로 정사각형이며, 셋째는 세 개의 측정에 관련된 양으로 정육면체가 있다. 이때 정사각형, 정육면체는 기하학적으로 평면도형, 입체도형의 의미만 가지고 있는 것은 아니었다.

하이얌은 미지의 것을 '물건'(대상)이라 했고, 물건에 자신을 곱한 것을 정사각형, 물건에 정사각형을 곱한 것을 정육면체, 정사각형에 정사각형을 곱한 것을 정사각형-정사각형, 정사각형에 정육면체를 곱한 것을 정사각형-정육면체 등과 같이 정의하면서, 정사각형-정사각형, 정사각형-정육면체 등은 측정에 관련되지 않기 때문에 이들의 의미는 측정이 아니라 형이상학적으로 이해되어야 한다고 하였다. 미지의 것을 x라 한다면, 정사각형은 x^2, 정육면체는 x^3, 정사각형-정사각형은 x^4, 정사각형-정육면체는

x^5이라는 대수적인 의미를 가지고 있다. 결국, 하이얌은 이들을 기하학적으로는 정사각형, 정육면체의 의미로, 대수적으로는 미지의 것의 지수(차수)의 의미로 사용했다.

하이얌은 기하학적 양인 '근(변)', '정사각형', '정육면체'와 수(하이얌에게 수는 자연수를 의미한다)를 이용하여 25가지의 유형의 방정식을 분류하고, 이들의 해법을 제시하였다. 이항인 간단한 방정식으로 다음의 6가지 방정식을 제시하였다.

- 방정식 1. 수가 근과 같다.
- 방정식 2. 수가 정사각형과 같다.
- 방정식 3. 수가 정육면체와 같다.
- 방정식 4. 근들이 정사각형과 같다.
- 방정식 5. 정사각형들이 정육면체와 같다.
- 방정식 6. 근들이 정육면체와 같다.

이들을 현대적인 대수적 표기를 이용하여 나타내면, 자연수 a에 대해 $a = x$, $a = x^2$, $a = x^3$, $ax = x^2$, $ax^2 = x^3$, $ax = x^3$이다. 한편, 삼항인 방정식을 12개 제시하였는데, 이 12개의 방정식을 다시 몇 가지 유형으로 나누었다. 첫 번째 유형의 방정식은 다음과 같다.

- 방정식 7. 정사각형, 근들이 수와 같다.
- 방정식 8. 정사각형, 수가 근들과 같다.
- 방정식 9. 근들, 수가 정사각형과 같다.

이들을 현대적인 대수적 표기를 이용하여 나타내면, 자연수 a, b에 대해 $x^2+ax = b$, $x^2 + a = bx$, $ax + b = x^2$이다. 방정식 7, 8, 9는 각각 알콰리즈미의 방정식 4, 5, 6에 해당한다. 하이얌은 알콰리즈미와 마찬가지로, 이들의 방정식에서 해법의 타당성을 기하학적으로 제시하였다.

예를 들어, 방정식 9인 '근들, 수가 정사각형과 같다', 즉 이차방정식 $ax+b = x^2$에 대해 하이얌은 알콰리즈미와 같이 근을 구하는 과정을 수식이 아니라 문장의 형태로 제시하였고, 그 타당성을 기하학적으로 증명하였다.

하이얌이 제시한 이차방정식 $ax + b = x^2$의 근을 구하는 과정을 살펴보자. (1)

근들의 개수 a의 절반의 정사각형(제곱)에 수 b를 더하여, (2) 이 합에 근을 취하고, (3) (2)에 근들의 개수의 절반을 더한다. 그러면, 정사각형의 근 x를 얻게 된다.

이것을 대수적으로 나타내면, 이차방정식 $ax + b = x^2$에서 $(\frac{a}{2})^2 + b$에 제곱근을 취하면 $\sqrt{(\frac{a}{2})^2 + b}$이며, $\sqrt{(\frac{a}{2})^2 + b} + \frac{a}{2}$가 구하는 근 x가 된다는 것이다. 이 식은 이차방정식 $x^2 - ax - b = 0$에 근의 공식을 사용하여 양수인 근을 취한 것과 일치한다.

'근들, 수가 정사각형과 같다', 즉 $ax + b = x^2$의 근을 구하는 과정의 타당성을 하이얌은 기하학적으로 증명하였다. 그 증명을 살펴보자.

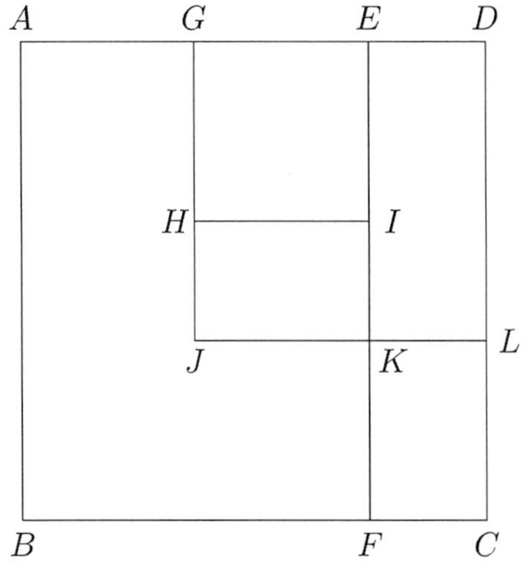

$ax + b = x^2$을 만족시키는 x를 구해야 한다. x를 한 변으로 하는 정사각형 $ABCD$를 생각하자. 정사각형 $ABCD$에서 수 b와 같은 평면도형 $EFCD$를 잘라내면, a개의 근들이 남게 된다. 직사각형 $ABFE$에서 $\overline{AB} = x$이므로, 선분 AE가 a이다.

선분 AE를 이등분하여, 그 중점을 G라 하자. 그러면, 정사각형 $GHIE$와 직사각형 $EFCD$의 합은 정사각형 $GJLD$와 같게 된다. 이를 증명하려면, 직사각형 $KFCL$과 $HJKI$가 같다는 것을 보이면 된다. $\overline{KL} = \overline{ED} = \overline{GD} - \overline{GE} = \overline{GJ} - \overline{GH} = \overline{HJ}$가 된다. 한편, 정사각형 $ABCD$에서 정사각형 $GJLD$를 뺀 나머지를 생각하면 $\overline{AG} = \overline{LC}$이고 $\overline{AG} = \overline{GE} = \overline{HI}$이므로, $\overline{HI} = \overline{LC}$이다. 그러므로 직사각형 $KFCL$은 직사각형 $HJKI$와 같다.

이제, $\overline{AE} = a$이므로 $\overline{AG} = \overline{GE} = \frac{a}{2}$이다. 즉 정사각형 $GHIE$는 $(\frac{a}{2})^2$이다. 그리고 정사각형 $GJLD$의 한 변 $\overline{GD} = \overline{AD} - \overline{AG} = x - \frac{a}{2}$이므로 정사각형 $GJLD$는 $(x - \frac{a}{2})^2$이며, 직사각형 $EFCD$는 b이다. 결국, 정사각형 $GHIE$와 직사각형 $EFCD$의 합이 정사각형 $GJLD$라는 것으로부터 다음을 얻을 수 있다.

$$\left(\frac{a}{2}\right)^2 + b = \left(x - \frac{a}{2}\right)^2, \quad x = \frac{a}{2} + \sqrt{\left(\frac{a}{2}\right)^2 + b}$$

한편, 두 번째 유형의 방정식은 다음과 같다.

- 방정식 10. 정육면체, 정사각형들이 근들과 같다.
- 방정식 11. 정육면체, 근들이 정사각형들과 같다.
- 방정식 12. 근들, 정사각형들이 정육면체와 같다.

이들을 현대적인 대수적 표기를 이용하여 나타내면, 자연수 a, b에 대해 $x^3 + ax^2 = bx$, $x^3 + ax = bx^2, ax + bx^2 = x^3$이다. 세 번째 유형의 방정식은 다음과 같다.

- 방정식 13. 정육면체, 근들이 수와 같다.
- 방정식 14. 정육면체, 수가 근들과 같다.
- 방정식 15. 수, 근들이 정육면체와 같다.
- 방정식 16. 정육면체, 정사각형들이 수와 같다.
- 방정식 17. 정육면체, 수가 정사각형들과 같다.
- 방정식 18. 수, 정사각형들이 정육면체와 같다.

이들을 현대적인 대수적 표기를 이용하여 나타내면, 자연수 a, b에 대해 $x^3 + ax = b, x^3 + a = bx, a + bx = x^3, x^3 + ax^2 = b, x^3 + a = bx^2, a + bx^2 = x^3$이다.

한편, 4항인 방정식들을 두 유형으로 나누었는데, 첫 번째 유형의 방정식은 삼항의 합이 한 개의 항과 같은 것으로 다음과 같다.

- 방정식 19. 정육면체, 정사각형들, 근들이 수와 같다.
- 방정식 20. 정육면체, 정사각형들, 수가 근들과 같다.
- 방정식 21. 정육면체, 근들, 수가 정사각형들과 같다.
- 방정식 22. 정육면체가 근들, 정사각형들, 수와 같다.

이들을 현대적인 대수적 표기를 이용하여 나타내면, 자연수 a, b, c에 대해 $x^3 + ax^2 + bx = c, x^3 + ax^2 + b = cx, x^3 + ax + b = cx^2, x^3 = ax + bx^2 + c$이다. 두 번째 유형의 방정식은 두 항의 합이 두 항의 합과 같은 것으로, 다음과 같다.

- 방정식 23. 정육면체, 정사각형들이 근들, 수와 같다.
- 방정식 24. 정육면체, 근들이 정사각형들, 수와 같다.
- 방정식 25. 정육면체, 수가 근들, 정사각형들과 같다.

이들을 현대적인 대수적 표기를 이용하여 나타내면, 자연수 a, b, c에 대해 $x^3 + ax^2 = bx + c, x^3 + ax = bx^2 + c, x^3 + a = bx + cx^2$이다.

살펴본 25가지 방정식 중 몇몇 방정식에 대한 하이얌의 해법을 살펴보자.

방정식 13의 삼차방정식 $x^3 + ax = b$를 살펴보자. 하이얌은 $\overline{AO} = \sqrt{a}, \overline{OB} = \frac{b}{a}$라 놓고, 다음 그림을 이용하여 삼차방정식의 해를 구하였다.

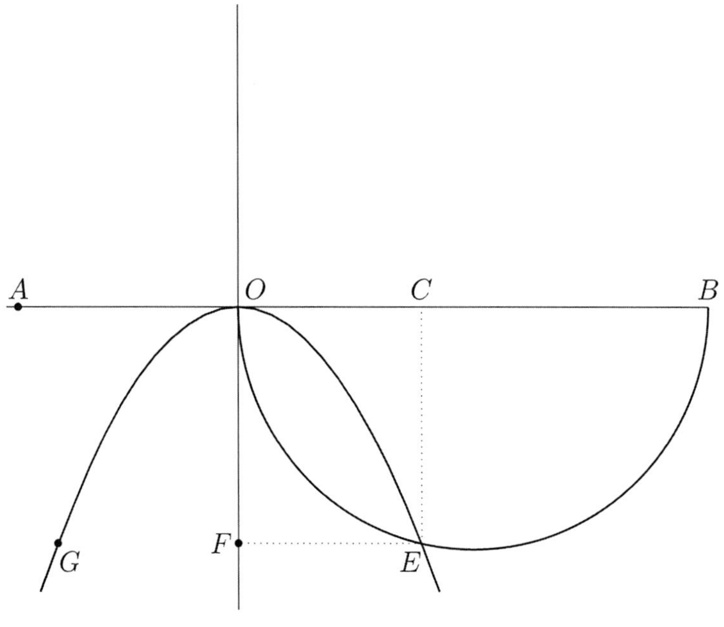

그림에서 (1) $\overline{AO} = \sqrt{a}$인 선분 AO를 작도하고, (2) 선분 AO의 연장선에 선분 $\overline{OB} = \frac{b}{a}$를 작도한다. (3) 선분 AO와 직교하는 직선에 임의의 점 F를 잡아 선분 OF를 작도한다. (4) 아폴로니우스의 원뿔곡선 1권 명제 11에서 $\overline{MK} = \overline{AO}, \overline{MO} = \overline{OF}$로

잡으면 포물선 $x^2 = \sqrt{a}y$가 결정되며, 포물선 GOE가 얻어진다. (5) $\overline{OB}$를 지름으로 하는 반원을 작도한다. (6) (4)의 포물선과 (5)의 반원의 교점을 E라 하고, 점 E에서 선분 OB에 수선 EC를 긋는다. (7) 선분 OC가 삼차방정식 $x^3 + ax = b$의 근이다.

선분 OC가 삼차방정식 $x^3 + ax = b$의 근이 된다는 것을 현대적인 표기와 방법으로 살펴보자. 작도된 포물선과 반원의 교점 E에서 직선 OB, AO에 내린 수선의 발을 각각 C, F라 하자. 그리고 $\overline{OC} = x, \overline{OF} = y$라 놓으면, 아폴로니우스의 원뿔곡선 1권 명제 11에서 살펴보았듯이 위의 (4)에서 얻어진 포물선의 방정식은 $x^2 = \sqrt{a}y$이다. 그리고 (5)의 반원은 중심이 $(\frac{b}{2a}, 0)$이고 반지름이 $\frac{b}{2a}$이므로 반원의 방정식은 $(x - \frac{b}{2a})^2 + y^2 = (\frac{b}{2a})^2$이다.

이제, $x^2 = \sqrt{a}y$와 $(x - \frac{b}{2a})^2 + y^2 = (\frac{b}{2a})^2$을 연립하자. 이를 위해, $(x - \frac{b}{2a})^2 + y^2 = (\frac{b}{2a})^2$을 $x^2 - \frac{b}{a}x + y^2 = 0$으로 정리하자. 여기에 $x^2 = \sqrt{a}y$에서 $y = \frac{x^2}{\sqrt{a}}$을 대입하자. 그러면 $x(x^3 + ax - b) = 0$이 얻어지며(이러한 경우에 하이얌은 $x = 0$을 방정식의 근으로 취급하지 않았다), 이로부터 $\overline{OC} = x$가 삼차방정식 $x^3 + ax = b$를 만족시킨다는 것을 알 수 있다. 결국, 선분 OC가 삼차방정식 $x^3 + ax = b$의 근이라는 것이 증명된다.

하이얌은 삼차방정식 $x^3 + ax = b$의 해를 기하학적으로 구하기 위해, 원과 포물선을 이용하였다. 이때 하이얌은 삼차방정식 $x^3 + ax = b$의 해를 수로 나타낸 것이 아니라, 유클리드 원론에서와 같이 삼차방정식의 해인 선분을 작도하였다. 결국, 하이얌은 삼차방정식 $x^3 + ax = b$의 해를 구하기 위해 원과 포물선의 교점을 구했고, 이 교점의 x좌표가 삼차방정식을 만족시킨다는 것을 보였다.

이제, 방정식 14인 삼차방정식 $x^3 + a = bx$의 해를 구하는 방법을 살펴보자. 하이얌은 $x^3 + a = bx$의 해를 작도하기 위해, 포물선과 쌍곡선을 이용하였다. $\overline{AO} = \sqrt{b}, \overline{OB} = \frac{a}{b}$가 되도록 다음과 같은 포물선과 쌍곡선을 작도하였으며, 앞에서와 같이 이들의 교점의 x좌표(선분 OC)가 방정식 $x^3 + a = bx$의 근임을 기하학적인 방법으로 보였다.

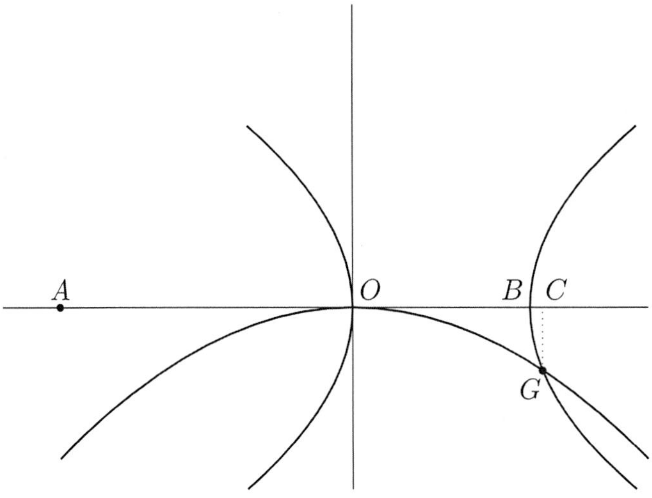

하이얌이 삼차방정식 $x^3 + a = bx$의 해를 작도하기 위해 이용한 포물선과 쌍곡선을 현대적인 대수적 표현으로 나타내자. 그림에서 포물선의 방정식은 $x^2 = \sqrt{b}y$이며, 쌍곡선의 방정식은 $(x - \frac{a}{2b})^2 - y^2 = (\frac{a}{2b})^2$이다.

우선 쌍곡선의 방정식 $(x - \frac{a}{2b})^2 - y^2 = (\frac{a}{2b})^2$을 $x^2 - \frac{a}{b}x - y^2 = 0$으로 변형시켜, 포물선의 방정식 $y = \frac{x^2}{\sqrt{b}}$를 대입하면 $x^4 + ax = bx^2$이 된다. 이로부터, $x^3 + a = bx$가 얻어진다. 즉, 쌍곡선 $(x - \frac{a}{2b})^2 - y^2 = (\frac{a}{2b})^2$와 포물선 $y = \frac{x^2}{\sqrt{b}}$의 교점이 삼차방정식 $x^3 + a = bx$을 만족시킨다는 것을 알 수 있다.

결국, 그림에서 포물선 $x^2 = \sqrt{b}y$와 쌍곡선 $(x - \frac{a}{2b})^2 - y^2 = (\frac{a}{2b})^2$의 교점 G를 구하여, 점 G에서 직선 OB에 내린 수선의 발을 C라 하면 $\overline{OC}$가 방정식 $x^3 + a = bx$의 근이 된다.

삼차방정식 $x^3 + ax = b, x^3 + a = bx$를 해결하기 위해, 하이얌은 포물선, 쌍곡선을 이용하였다. 하이얌은 삼차방정식의 기하학적 해법을 제시하면서 아폴로니우스의 '원뿔곡선'에 제시된 포물선, 쌍곡선에 대한 성질을 인용하였다. 즉, 하이얌이 제시한 삼차방정식의 기하학적 해법은 그리스 수학의 원뿔곡선에 대한 이론을 발전시켜서 얻어진 것임을 알 수 있다. 특히, 메나에크무스가 원뿔곡선을 삼차방정식의 해법(배적 문제의 해법)에 최초로 사용한 것을 생각하면, 하이얌은 그리스 수학의 방법과 개념을 발전시켜 일반적인 삼차방정식의 기하학적 해법을 완성했다고 할 수 있다.

한편, 방정식 15인 삼차방정식 $a + bx = x^3$은 방정식 $x^3 + a = bx$의 해법과 마찬가지로, 다음의 포물선과 쌍곡선을 이용하여 해결하였다. 이때 $\overline{AO} = \sqrt{b}, \overline{OB} = \frac{a}{b}$이며, 포물선의 방정식은 $x^2 = \sqrt{b}y$이며, 쌍곡선은 $(x + \frac{a}{2b})^2 - y^2 = (\frac{a}{2b})^2$이다.

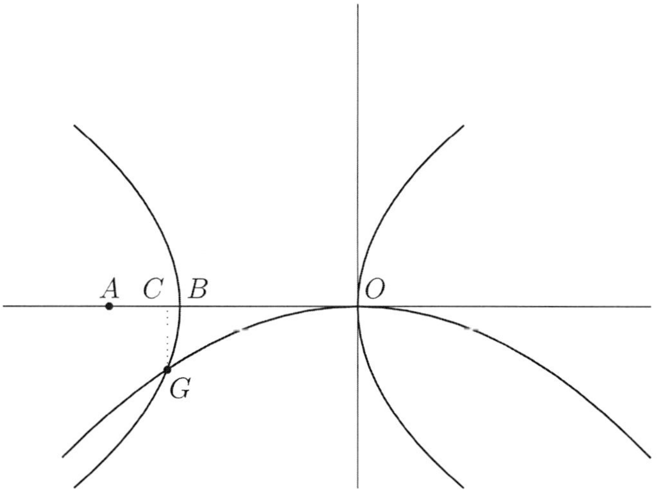

$x^2 = \sqrt{b}y$와 $(x + \frac{a}{2b})^2 - y^2 = (\frac{a}{2b})^2$을 연립하면, $a + bx = x^3$을 얻게 된다. 즉, 삼차방정식 $a + bx = x^3$의 근은 $x^2 = \sqrt{b}y$와 $(x + \frac{a}{2b})^2 - y^2 = (\frac{a}{2b})^2$의 교점에 의해 얻어진다.

하이얌은 삼차방정식을 포물선과 원, 포물선과 쌍곡선, 쌍곡선과 쌍곡선, 원과 쌍곡선을 이용하여 그 근을 작도하여 해결하였다. 원과 쌍곡선의 연립을 통해 해결된 삼차방정식을 살펴보자.

방정식 19인 삼차방정식 $x^3 + ax^2 + bx = c$의 해결 방법을 살펴보자. 현대적인 표기로 기술하면, $\overline{OB} = \frac{c}{b}, \overline{OC} = a$를 잡았다. 우선, 지름이 선분 BC인 원을 작도하였다. 이때 $\overline{BC} = \frac{c}{b} + a$이므로, 반지름 $\overline{DB} = \left(\frac{\frac{c}{b}+a}{2}\right)$이고 원의 중심 D의 좌표는 $\left(\frac{\frac{c}{b}-a}{2}, 0\right)$이다. 그러므로, 반원의 방정식은 $\left(x - \frac{\frac{c}{b}-a}{2}\right)^2 + y^2 = \left(\frac{\frac{c}{b}+a}{2}\right)^2$이다.

한편, 쌍곡선은 $xy = \frac{c}{\sqrt{b}}$를 y축 아랫쪽으로 $\sqrt{b}$만큼 평행이동시킨 $x(y + \sqrt{b}) = \frac{c}{\sqrt{b}}$

를 생각했다. 결국 하이얌은 $\left(x - \frac{\frac{c}{b}-a}{2}\right)^2 + y^2 = \left(\frac{\frac{c}{b}+a}{2}\right)^2$과 $x(y+\sqrt{b}) = \frac{c}{\sqrt{b}}$의 교점 E를 이용하여, 방정식 $x^3 + ax^2 + bx = c$의 근을 작도하였다.

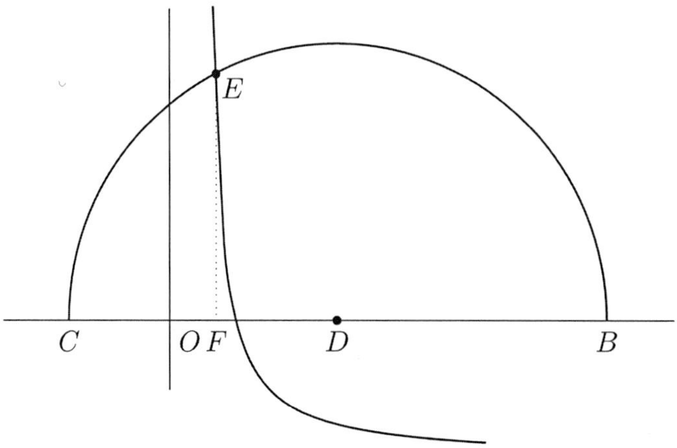

실제로, $\left(x - \frac{\frac{c}{b}-a}{2}\right)^2 + y^2 = \left(\frac{\frac{c}{b}+a}{2}\right)^2$과 $x(y+\sqrt{b}) = \frac{c}{\sqrt{b}}$를 연립해 보자. $\left(x - \frac{\frac{c}{b}-a}{2}\right)^2 + y^2 = \left(\frac{\frac{c}{b}+a}{2}\right)^2$를 전개하면 $x^2 - (\frac{c}{b} - a)x + y^2 = \frac{ac}{b}$가 되며, $x(y+\sqrt{b}) = \frac{c}{\sqrt{b}}$에서 $y = \frac{c}{\sqrt{b}x} - \sqrt{b}$이다. 이로부터, $x^2 - (\frac{c}{b} - a)x + \frac{c^2}{bx^2} - \frac{2c}{x} + b = \frac{ac}{b}$이며, $bx^4 - (c-ab)x^3 + (b^2-ac)x^2 - 2bcx + c^2 = 0$이다. 이 식을 인수분해 하면 $(x - \frac{c}{b})(bx^3 + abx^2 + b^2x - bc) = 0$이 된다.

그림에서 점 E의 x좌표는 방정식 $bx^3 + abx^2 + b^2x - bc = 0$, 즉 $x^3 + ax^2 + bx = c$의 근이라는 것을 알 수 있다. 결국, 원과 쌍곡선의 교점 E에서 직선 OB에 내린 수선의 발 F에 대해 선분 OF가 방정식 $x^3 + ax^2 + bx = c$의 근이라는 것이 증명된다.

방정식 21인 $x^3 + ax + b = cx^2$도 방정식 19와 유사한 방법으로 해결된다. 하이얌은 방정식 $x^3 + ax + b = cx^2$의 근을 원 $\left(x - \frac{c-\frac{b}{a}}{2}\right)^2 + y^2 = \left(\frac{c+\frac{b}{a}}{2}\right)^2$과 쌍곡선 $x(y - \sqrt{a}) = \frac{b}{\sqrt{a}}$의 교점을 이용하여 구했다.

하이얌이 삼차방정식을 해결했던 몇 가지 기하학적 방법들을 살펴보았다. 이로부터 하이얌은 삼차방정식의 해를 원, 포물선, 쌍곡선의 교점을 이용하여 기하학적으로 작도하였다는 것을 알 수 있다.

알콰리즈미가 이차방정식을 체계적으로 정리하여 그 해법을 대수적으로 제시하였다면, 하이얌은 이차방정식과 삼차방정식을 체계적으로 정리하여 그 해법을 기하학적으로 제시하였다. 이차방정식은 직선도형을 이용하여 그 넓이를 이용하여 그 타당성을 증명할 수 있었지만, 삼차방정식을 해결하기 위해 하이얌은 아폴로니우스의 원뿔곡선에 제시된 원, 포물선, 쌍곡선의 성질을 이용하였다.

제 10 장.

대수의 르네상스

중세 이슬람의 수학에서 알콰리즈미와 하이얌이 다양한 이차방정식, 삼차방정식의 해법을 연구하였다는 것을 살펴보았다. 특히 하이얌은 삼차방정식의 16가지로 나누고, 각 유형의 해를 기하학적으로(선분으로) 나타내는 방법을 제시하였다. 이것은 3대 작도불능문제의 배적문제를 포물선과 쌍곡선을 이용하여 해결하였던 메나에크무스의 기하학적 방법을 이용하여 삼차방정식의 해법을 완성하였다는 데에 의미를 찾을 수 있다.

1. 페로와 피어

삼차방정식에 대한 연구는 하이얌의 기하학적 해법에서 근을 대수적인 공식으로 표현하는 방향으로 발전하게 된다. 이러한 방향에서 수학적 성과는 이탈리아의 볼로냐 대학의 교수였던 페로(Scipione del Ferro, 1465 – 1526)에 의해 얻어졌다.

페로는 삼차방정식 $x^3 + ax = b$(이때 $a, b > 0$)의 근을 구해 이것을 대수적인 공식으로 나타내는데 성공하였다. 이때, $a, b > 0$에 대해 $x^3 + ax = b$의 근을 대수적으로 구했다는 것이 다른 삼차방정식 $x^3 + b = ax$ 또는 $x^3 = ax + b$의 근을 구했다는 것을 의미하지는 않는다. 이때에도 알콰리즈미, 하이얌에서처럼 방정식에서 x^3, x^2, x

의 계수와 상수항은 양수만을 다루었다. 그렇기 때문에, 페로는 $x^3 + ax = b$와 유사한 삼차방정식 $x^3 + ax + b = 0$, $x^3 + b = ax$, $x^3 = ax + b$를 별개의 경우로 다루었다. 지금은 양수와 음수를 모두 포함하는 수 a, b에 대해 $x^3 + ax + b = 0$과 같이 일반화된 형태로 다루지만 그때는 그렇게 하지 못했다는 것이다.

특히, 그 당시에는 양수인 근만을 다루었기 때문에 양수인 a, b에 대해 삼차방정식 $x^3+ax+b = 0$는 의미가 없었다. 왜냐 하면, 세 항 x^3, ax, b에 있는 양수를 모두 더해서 0이 될 수는 없기 때문이다.

페로는 삼차방정식 $x^3 + ax = b$의 근의 공식을 출판하지 않고 수학 결투에서 비밀 무기로 사용하였다. 그 당시에는 수학자들 사이에 수학 결투가 유행했다. 이 수학 결투에서는 서로가 상대방에게 풀어야 하는 문제들을 제시하고, 더 많은 문제를 푸는 사람이 이기게 된다. 페로는 죽으면서 자신의 방법을 피어(Antonio Fior)에게 알려주었다. 피어는 페로의 방법으로 수학 결투에서 승리할 수 있었고, 많은 상금을 벌였다. 그러던 중 1535년에 피어는 타르탈야(Niccolo Tartaglia, 1500 – 1557)와 수학 결투를 하게 되었다.

피어는 타르탈야에게 $a, b > 0$인 삼차방정식 $x^3+ax = b$의 풀이에 관련된 문제들을 제시하였다. 타르탈야는 미리 이러한 삼차방정식의 해법을 독자적으로 발견하였으며, 피어가 제시한 문제들을 모두 풀어서 수학 결투에서 승리하였다. 수학 결투가 끝난 후에 타르탈야는 $a, b > 0$인 삼차방정식 $x^3 = ax + b$의 해법도 찾아냈다.

2. 타르탈야와 카르다노

타르탈야도 페로처럼 자신이 발견한 삼차방정식의 해법을 출판하지 않고, 수학 결투에서 비밀 병기로 사용하였다. 그러던 중 카르다노(Gerolamo Cardano, 1501 – 1576)는 타르탈야에게 간청하여 삼차방정식의 해법을 알아냈다. 카르다노는 이 해법을 포함하여 삼차방정식, 사차방정식의 풀이에 관한 책 'Ars Magna'(위대한 예술)를 출판하였다. 그래서 삼차방정식의 근의 공식을 카르다노 공식이라고도 부른다. 'Ars Magna'

에는 삼차방정식의 근의 공식을 타르탈야에게 부탁해서 알아냈는데, 자세한 증명은 타르탈야가 알려주지 않아서 카르다노 자신이 찾았다고 기술되어 있다.

'Ars Magna'에 소개된 $a, b > 0$인 삼차방정식 $x^3 + ax = b$에 대한 타르탈야의 해법을 살펴보자. (1) x의 계수 a의 $\frac{1}{3}$을 세제곱한다. 즉 $(\frac{a}{3})^3$을 구한다. (2) (1)의 식에 상수 b의 절반을 제곱하여 더한다. 그러면 $(\frac{a}{3})^3 + (\frac{b}{2})^2$이 된다. (3) (2)에서 얻어진 식에 제곱근을 취한다. 즉, $\sqrt{(\frac{a}{3})^3 + (\frac{b}{2})^2}$이 된다. (4) (3)의 식에 상수 b의 $\frac{1}{2}$를 더한다. 그러면 $\sqrt{(\frac{a}{3})^3 + (\frac{b}{2})^2} + \frac{b}{2}$가 된다. (5) (4)에서 얻어진 식에 세제곱근을 취한다. 즉, $\sqrt[3]{\sqrt{(\frac{a}{3})^3 + (\frac{b}{2})^2} + \frac{b}{2}}$가 된다. (6) (3)에서 얻어진 식에서 $\frac{b}{2}$를 빼서, 세제곱근을 취한다. 즉, $\sqrt[3]{\sqrt{(\frac{a}{3})^3 + (\frac{b}{2})^2} - \frac{b}{2}}$가 된다. (7) (5)의 식에서 (6)의 식을 빼면, $x^3 + ax = b$의 근이 얻어진다. 즉, $a, b > 0$인 $x^3 + ax = b$의 근이 다음과 같다.

$$x = \sqrt[3]{\sqrt{\left(\frac{a}{3}\right)^3 + \left(\frac{b}{2}\right)^2} + \frac{b}{2}} - \sqrt[3]{\sqrt{\left(\frac{a}{3}\right)^3 + \left(\frac{b}{2}\right)^2} - \frac{b}{2}}$$

'Ars Magna'에서는 살펴본 $x^3 + ax = b$의 근의 타당성을 기하학적인 방법을 증명하고 있다. 가령, 정육면체 $\overline{MN}^3$에 $6\overline{MN}$을 더한 것이 20과 같다고 하자. 즉, $x^3 + 6x = 20$인 경우에 대해 살펴본 해법의 타당성을 살펴보자.

이 방정식을 풀기 위해, 정육면체 $ABCD$와 $CHEF$를 생각하자. 이때, 이들의 부피의 차가 20이고, 이들의 모서리 $\overline{BC}$와 $\overline{CH}$의 곱이 2(x의 계수 6의 $\frac{1}{3}$)가 되도록 하였다. 그리고 $\overline{CH} = \overline{GC}$인 점 G를 선분 BC에 잡았다. 그러면, $\overline{BG}$가 삼차방정식 $x^3 + 6x = 20$의 근이라는 것을 기하학적으로 증명하였다.

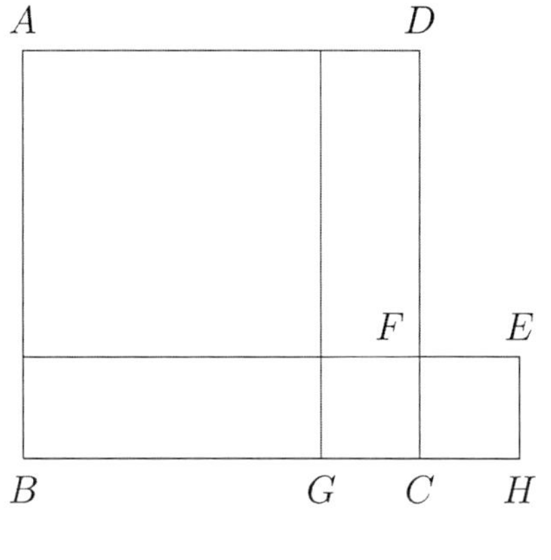

여기서는 'Ars Magna'에 소개된 기하학적인 증명을 현대적인 대수적인 표현과 방법으로 살펴보자. 정육면체 $ABCD, CHEF$의 부피를 m, n이라 하면, 이들의 모서리는 $\sqrt[3]{m}$, $\sqrt[3]{n}$이다. 두 정육면체의 부피의 차가 20이므로 $m-n=20$이고 이들의 모서리의 곱이 2이므로 $\sqrt[3]{mn}=2$이다. 이때 $\overline{BG}$는 $x=\overline{BG}=\overline{BC}-\overline{CG}=\overline{BC}-\overline{CH}=\sqrt[3]{m}-\sqrt[3]{n}$이다.

이것을 일반적인 삼차방정식 $x^3+ax=b$에 대해 생각하면, $m-n=b$, $\sqrt[3]{mn}=\frac{a}{3}$이다. 즉, $m-n=b$이고 $mn=(\frac{a}{3})^3$이다. 이때 $x=\sqrt[3]{m}-\sqrt[3]{n}$이 삼차방정식 $x^3+ax=b$의 근이라는 것을 증명하면 된다.

이를 위해, $x=\sqrt[3]{m}-\sqrt[3]{n}$을 $x^3+ax=b$에 대입하자. 즉 $(\sqrt[3]{m}-\sqrt[3]{n})^3+a(\sqrt[3]{m}-\sqrt[3]{n})=b$를 정리하자. $m-n-3\sqrt[3]{mn}(\sqrt[3]{m}-\sqrt[3]{n})+a(\sqrt[3]{m}-\sqrt[3]{n})=b$가 된다. 이제 얻어진 등식의 좌변 $m-n-3\sqrt[3]{mn}(\sqrt[3]{m}-\sqrt[3]{n})+a(\sqrt[3]{m}-\sqrt[3]{n})$에 $m-n=b, mn=(\frac{a}{3})^3$을 대입하면, 그 값이 b가 된다는 것을 확인할 수 있다. 이로부터, $m-n=b$, $\sqrt[3]{mn}=\frac{a}{3}$일 때에 $x=\sqrt[3]{m}-\sqrt[3]{n}$이 삼차방정식 $x^3+ax=b$의 근이라는 것이 증명된다.

이제, m, n을 $x^3+ax=b$의 계수 a, b를 이용하여 나타내자. 즉, $m-n=b$, $mn=(\frac{a}{3})^3$에서 m, n을 a, b로 나타내자. $m=n+b$를 $mn=(\frac{a}{3})^3$에 대입하면, 이차방정식 $n^2+bn-(\frac{a}{3})^3=0$이 얻어진다. 근의 공식을 이용하면, $n=\frac{-b\pm\sqrt{b^2+4(\frac{a}{3})^3}}{2}=-\frac{b}{2}\pm\sqrt{(\frac{b}{2})^2+(\frac{a}{3})^3}$이 된다. 이때 양수인 근을 취하면, $n=-\frac{b}{2}+\sqrt{(\frac{b}{2})^2+(\frac{a}{3})^3}$이고 $m=\frac{b}{2}+\sqrt{(\frac{b}{2})^2+(\frac{a}{3})^3}$이다.

결국, 타르탈야는 삼차방정식 $x^3+ax=b$에 대해 다음과 같은 근의 공식을 얻었다.

$$x=\sqrt[3]{\sqrt{\left(\frac{a}{3}\right)^3+\left(\frac{b}{2}\right)^2}+\frac{b}{2}}-\sqrt[3]{\sqrt{\left(\frac{a}{3}\right)^3+\left(\frac{b}{2}\right)^2}-\frac{b}{2}}$$

'Ars Magna'에서는 타르탈야의 근의 공식을 이용하여 $x^3+6x=20$의 근을 실제로 구했다. $m=\frac{b}{2}+\sqrt{(\frac{b}{2})^2+(\frac{a}{3})^3}=10+\sqrt{10^2+2^3}=10+\sqrt{108}$이며, $n=-10+\sqrt{108}$이다. 그러므로, 타르탈야의 근의 공식에 의해 $x^3+6x=20$의 근은 $x=\sqrt[3]{\sqrt{108}+10}-\sqrt[3]{\sqrt{108}-10}$이다.

하이얌은 $a, b>0$에 대해 $x^3+ax=b$의 근을 기하학적으로 구했고, 타르탈야는 대수적으로 구했다. 기하학적인 해와 대수적인 해의 의미를 생각해 보자. 9장에서 하이얌은 $x^3 + ax = b$의 해를 구하기 위해 다음의 반원과 포물선을 이용했다. 반원과 포물선의 교점 C에서 선분 OB에 수선을 그어 얻어진 선분 OA가 $x^3 + ax = b$의 해가 된다는 것을 보였다. 즉, 하이얌에게 삼차방정식 $x^3 + ax = b$의 해를 구하는 문제는 선분 OA를 작도하는 작도문제라고 할 수 있다.

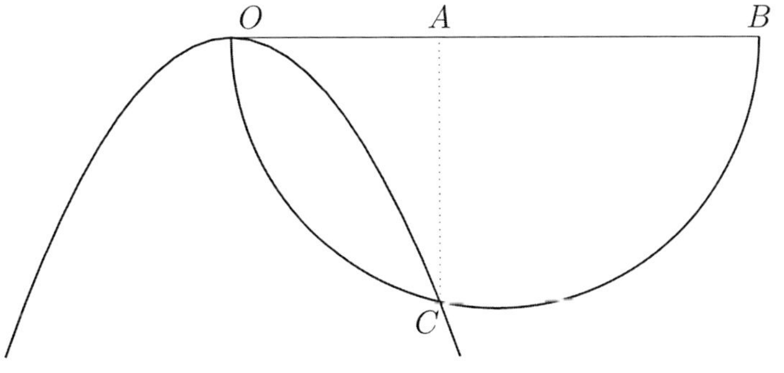

반면에, 타르탈야는 삼차방정식 $x^3 + ax = b$의 근을 대수적인 연산을 이용하여 대수식의 형태로 나타냈다. 현재 중등학교에서 방정식을 푼다는 것은 타르탈야처럼 주어진 방정식에 대수적인 연산을 통해 근을 대수식의 형태로 나타내는 것을 의미한다. 하이얌의 방정식 해법은 그리스의 전통을 계승한 기하학적 대수의 방법이라고 한다면, 타르탈야의 방법은 새로운 방향의 대수적 해법이라고 할 수 있다.

한편, 타르탈야는 $a, b > 0$에 대해 $x^3 = ax + b$의 근으로 $x = \sqrt[3]{m} + \sqrt[3]{n}$을 구했다. 앞에서와 같이, $x = \sqrt[3]{m} + \sqrt[3]{n}$을 $x^3 = ax + b$에 대입하자. 그러면, $(\sqrt[3]{m} + \sqrt[3]{n})^3 = a(\sqrt[3]{m} + \sqrt[3]{n}) + b$이고, 이것을 전개하면 다음이 얻어진다.

$$m + n + 3\sqrt[3]{m}\sqrt[3]{n}(\sqrt[3]{m} + \sqrt[3]{n}) = a(\sqrt[3]{m} + \sqrt[3]{n}) + b$$

등식의 좌변과 우변을 비교하면, $m + n = b, 3\sqrt[3]{mn} = a$가 된다. 이제, 두 식을 연립하여 m, n을 a, b로 나타내면, $m = \frac{b}{2} + \sqrt{\left(\frac{b}{2}\right)^2 - \left(\frac{a}{3}\right)^3}$이고 $n = \frac{b}{2} - \sqrt{\left(\frac{b}{2}\right)^2 - \left(\frac{a}{3}\right)^3}$

이다. 결국, $x^3 = ax + b$의 근은 다음과 같다.

$$x = \sqrt[3]{\frac{b}{2} + \sqrt{\left(\frac{b}{2}\right)^2 - \left(\frac{a}{3}\right)^3}} + \sqrt[3]{\frac{b}{2} - \sqrt{\left(\frac{b}{2}\right)^2 - \left(\frac{a}{3}\right)^3}}$$

한편, $a, b > 0$에 대해 $x^3 + b = ax$의 근은 $x'^3 = ax' + b$을 이용하여 구할 수 있다. 'Ars Magna'에는 $x'^3 = ax' + b$의 근을 x'이라 하면, $x^3 + b = ax$의 근은 $x = \frac{x'}{2} \pm \sqrt{a - 3\left(\frac{x'}{2}\right)^2}$이라는 것이 기하학적으로 증명되어 있다.

카르다노는 'Ars Magna'에서 살펴본 x^2항이 없는 삼차방정식들 뿐만 아니라 x^2이 있는 삼차방정식도 다루었다. $a, b, c > 0$인 $x^3 = ax^2 + b, x^2 + ax^2 = b, x^3 + b = ax^2$과 같이 x^3항, x^2항, 상수항을 포함하는 삼차방정식들, $x^3 + ax^2 + bx = c, x^3 + bx = ax^2 + c, x^3 + ax^2 = bx + c, x^3 = ax^2 + bx + c, x^3 + c = ax^2 + bx, x^3 + bx + c = ax^2, x^3 + ax^2 + c = bx$와 같이 x^3항, x^2항, x항, 상수항을 포함하는 삼차방정식들의 대수적 해법을 제시하였다.

이 삼차방정식들의 풀이에서 공통점은 적당한 치환을 통하여 x^2항이 없는 삼차방정식을 만들어서, 즉 $a, b > 0$인 삼차방정식 $x^3 + ax = b, x^3 + b = ax, x^3 = ax + b$의 꼴로 변형시켜서 풀었다는 것이다. 현대적인 관점에서 보면, 일반적인 삼차방정식 $x^3 + ax^2 + bx + c = 0$에서 $x = y - \frac{a}{3}$로 치환하면, $y^3 + \left(b - \frac{a^2}{3}\right)y + \frac{2a^3}{27} - \frac{ab}{3} + c = 0$과 같은 y^2항이 없는 삼차방정식이 얻어짐을 확인할 수 있다. 그러나, 카르다노는 계수와 상수항이 모두 양수가 되도록 해야 했기 때문에, 각각의 방정식마다 적당한 방법을 따로 생각해야 했다.

삼차방정식 $x^3 = ax^2 + b$의 경우에 카르다노는 $x = y + \frac{a}{3}$인 치환을 이용했다. 그러면, $x^3 = ax^2 + b$에서 $(y + \frac{a}{3})^3 = a(y + \frac{a}{3})^2 + b$가 되며, 이것을 전개하면 y^2항이 소거되며 y^2항이 없는 삼차방정식이 얻어진다. 예를 들어, 카르다노는 $x^3 = 6x^2 + 100$에서 $x = y + 2$로 치환하였다. 그러면, $(y + 2)^3 = 6(y + 2)^2 + 100$이며, 이로부터 $y^3 = 12y + 116$, 즉 y^2항이 없는 삼차방정식이 얻어진다.

삼차방정식 $x^3 + ax^2 = b$의 경우에는 $x = y - \frac{a}{3}$인 치환을 이용했다. 그러면 $x^3 + 6x^2 = 100$에서 $(y - 2)^3 + 6(y - 2)^2 = 100$이 되며, 이로부터 $y^3 = 12y + 84$가

얻어진다.

삼차방정식 $x^3+b=ax^2$의 경우에는 $x=\frac{(\sqrt[3]{b})^2}{y}$인 치환을 이용했다. 그러면 $x^3+64=18x^2$에서 $x=\frac{16}{y}$으로 치환하게 된다. 이로부터 $\left(\frac{16}{y}\right)^3+64=18\left(\frac{16}{y}\right)^2$, $y^3+64=72y$가 얻어진다.

한편, $x^3+ax^2+bx=c$인 경우에는 $x=y-\frac{a}{3}$로 치환했다. 그리고, $x^3+bx=ax^2+c$인 경우에는 $x^3+15x=6x^2+24$를 예로 들면서 $x=y+\frac{a}{3}$, 즉 $x=y+2$로 치환하여 y^2이 없는 삼차방정식 $y^3+3y=10$이 얻어진다는 것을 보였다. 특히 $x^3+bx=ax^2+c$인 경우에 대해서 $b=\frac{a^2}{3}$, $b>\frac{a^2}{3}$, $b<\frac{a^2}{3}$으로 나누어 근을 구하는 방법을 구분하여 제시하였다.

나머지 경우들에 대해서도 적당한 치환을 통해 x^2항이 없는 삼차방정식을 유도하여, 삼차방정식의 근의 공식을 제시하였다.

살펴본 것과 같이, 카르다노는 'Ars Magna'에서 다양한 삼차방정식의 근의 공식을 제시하였지만, 근의 공식을 어떻게 논리적으로 유도했는지는 명확하게 기술되어 있지는 않다.

일반적인 삼차방정식 $x^3+ax^2+bx+c=0$에서 근의 공식을 유도하는 과정을 현대적인 표기와 방법을 이용하여 살펴보자. 삼차방정식 $x^3+ax^2+bx+c=0$에서 $x=y-\frac{a}{3}$로 치환하면 이차항이 없는 $y^3+sy+t=0$과 같은 y에 대한 삼차방정식이 얻어진다. 이때, 치환을 통해 삼차방정식의 근의 공식을 유도할 수 있다.

$y=z-\frac{s}{3z}$로 치환하자. 그러면,

$$\left(z-\frac{s}{3z}\right)^3+s\left(z-\frac{s}{3z}\right)+t=0,\quad z^3-\frac{s^3}{27z^3}+t=0$$

이 되고, 양변에 z^3을 곱해서 정리하면 $z^6+tz^3-\frac{s^3}{27}=0$이 된다.

방정식 $z^6+tz^3-\frac{s^3}{27}=0$은 z^3에 대한 이차방정식이므로, 이차방정식의 근의 공식에 의해

$$z^3=\frac{-t\pm\sqrt{t^2+\frac{4s^3}{27}}}{2}=-\frac{t}{2}\pm\sqrt{\left(\frac{t}{2}\right)^2+\left(\frac{s}{3}\right)^3}$$

이 된다. 즉, $z_1^3=-\frac{t}{2}+\sqrt{\left(\frac{t}{2}\right)^2+\left(\frac{s}{3}\right)^3}$, $z_2^3=-\frac{t}{2}-\sqrt{\left(\frac{t}{2}\right)^2+\left(\frac{s}{3}\right)^3}$이다.

이제, $z_1^3 = -\frac{t}{2} + \sqrt{\left(\frac{t}{2}\right)^2 + \left(\frac{s}{3}\right)^3}, z_2^3 = -\frac{t}{2} - \sqrt{\left(\frac{t}{2}\right)^2 + \left(\frac{s}{3}\right)^3}$에서 z값을 구하면, $y = z - \frac{s}{3z}$에서 y값을 구할 수 있다.

일반적인 삼차방정식 $z^3 = m$의 해를 고등학교에서 배운 방법으로 살펴보자. $z^3 = m$을 다시 쓰면 $z^3 - \sqrt[3]{m^3} = 0$이 된다. $z^3 - \sqrt[3]{m^3}$을 인수분해 하면, $z^3 - \sqrt[3]{m^3} = (z - \sqrt[3]{m})(z^2 + \sqrt[3]{m}z + \sqrt[3]{m^2})$이 된다. 이로부터 $z = \sqrt[3]{m}$과 $z^2 + \sqrt[3]{m}z + \sqrt[3]{m^2} = 0$에서 $z = \frac{\sqrt[3]{m}(-1 \pm \sqrt{3}i)}{2}$를 얻을 수 있다.

참고로, 고등학교에서 $z^3 = 1$의 해가 $z = 1, z = \frac{-1 \pm \sqrt{3}i}{2}$라는 것을 배웠다. 이때 복소수인 근 하나를 ω라 하면, 가령 $\frac{-1+\sqrt{3}i}{2} = \omega$라 하면 $\frac{-1-\sqrt{3}i}{2} = \omega^2$이 된다는 것도 배웠다(만약 $\frac{-1-\sqrt{3}i}{2} = \omega$라 하면 $\frac{-1+\sqrt{3}i}{2} = \omega^2$이 된다).

결국, 삼차방정식 $z^3 = m$의 세 근은 $\sqrt[3]{m}, \omega\sqrt[3]{m}, \omega^2\sqrt[3]{m}$이다. 그러므로, $z_1^3 = -\frac{t}{2} + \sqrt{\left(\frac{t}{2}\right)^2 + \left(\frac{s}{3}\right)^3}$의 해는

$$\sqrt[3]{-\frac{t}{2} + \sqrt{\left(\frac{t}{2}\right)^2 + \left(\frac{s}{3}\right)^3}}, \omega\sqrt[3]{-\frac{t}{2} + \sqrt{\left(\frac{t}{2}\right)^2 + \left(\frac{s}{3}\right)^3}}, \omega^2\sqrt[3]{-\frac{t}{2} + \sqrt{\left(\frac{t}{2}\right)^2 + \left(\frac{s}{3}\right)^3}}$$

이고, $z_2^3 = -\frac{t}{2} - \sqrt{\left(\frac{t}{2}\right)^2 + \left(\frac{s}{3}\right)^3}$의 해는

$$\sqrt[3]{-\frac{t}{2} - \sqrt{\left(\frac{t}{2}\right)^2 + \left(\frac{s}{3}\right)^3}}, \omega\sqrt[3]{-\frac{t}{2} - \sqrt{\left(\frac{t}{2}\right)^2 + \left(\frac{s}{3}\right)^3}}, \omega^2\sqrt[3]{-\frac{t}{2} - \sqrt{\left(\frac{t}{2}\right)^2 + \left(\frac{s}{3}\right)^3}}$$

이다.

이제, 얻어진 z값을 $y = z - \frac{s}{3z}$에 대입하여 y값을 구하자. 이를 위해, 우선 $z = \sqrt[3]{-\frac{t}{2} + \sqrt{\left(\frac{t}{2}\right)^2 + \left(\frac{s}{3}\right)^3}}$에 대해 $-\frac{s}{3z}$를 계산하자. $z = \sqrt[3]{-\frac{t}{2} + \sqrt{\left(\frac{t}{2}\right)^2 + \left(\frac{s}{3}\right)^3}}$을 $-\frac{s}{3z}$에 대입한 후에, 분자와 분모에 $\sqrt[3]{-\frac{t}{2} - \sqrt{\left(\frac{t}{2}\right)^2 + \left(\frac{s}{3}\right)^3}}$를 곱하여 정리하자.

$$-\frac{s}{3z} = \frac{-s}{3\sqrt[3]{-\frac{t}{2} + \sqrt{\left(\frac{t}{2}\right)^2 + \left(\frac{s}{3}\right)^3}}} = \frac{-s\sqrt[3]{-\frac{t}{2} - \sqrt{\left(\frac{t}{2}\right)^2 + \left(\frac{s}{3}\right)^3}}}{3\sqrt[3]{-\left(\frac{s}{3}\right)^3}}$$

이 된다. 이때 분모를 정리하면 $-s$가 되며, 분자와 분모를 $-s$로 약분하여 정리하면 $-\frac{s}{3z}$는 $\sqrt[3]{-\frac{t}{2} - \sqrt{\left(\frac{t}{2}\right)^2 + \left(\frac{s}{3}\right)^3}}$이 된다. 이것은 $z_2^3 = -\frac{t}{2} - \sqrt{\left(\frac{t}{2}\right)^2 + \left(\frac{s}{3}\right)^3}$의 한 근과 같다.

결국, $z=\sqrt[3]{-\frac{t}{2}+\sqrt{(\frac{t}{2})^2+(\frac{s}{3})^3}}$에 대해 $y=z-\frac{s}{3z}$를 구하면,

$$y=\sqrt[3]{-\frac{t}{2}+\sqrt{\left(\frac{t}{2}\right)^2+\left(\frac{s}{3}\right)^3}}+\sqrt[3]{-\frac{t}{2}-\sqrt{\left(\frac{t}{2}\right)^2+\left(\frac{s}{3}\right)^3}}$$

이 된다.

이제, $\omega\sqrt[3]{-\frac{t}{2}+\sqrt{(\frac{t}{2})^2+(\frac{s}{3})^3}}$에 대해 $-\frac{s}{3z}$를 구하자. 앞에서와 유사한 방법으로 계산하면, $-\frac{s}{3z}=\omega^2\sqrt[3]{-\frac{t}{2}-\sqrt{(\frac{t}{2})^2+(\frac{s}{3})^3}}$이 된다는 것을 알 수 있다. 이때 얻어진 식 $\omega^2\sqrt[3]{-\frac{t}{2}-\sqrt{(\frac{t}{2})^2+(\frac{s}{3})^3}}$은 $z_2^3=-\frac{t}{2}-\sqrt{(\frac{t}{2})^2+(\frac{s}{3})^3}$의 한 근이다.

결국, $\omega\sqrt[3]{-\frac{t}{2}+\sqrt{(\frac{t}{2})^2+(\frac{s}{3})^3}}$에 대해 $y=z-\frac{s}{3z}$를 구하면,

$$\omega\sqrt[3]{-\frac{t}{2}+\sqrt{\left(\frac{t}{2}\right)^2+\left(\frac{s}{3}\right)^3}}+\omega^2\sqrt[3]{-\frac{t}{2}-\sqrt{\left(\frac{t}{2}\right)^2+\left(\frac{s}{3}\right)^3}}$$

이 된다.

같은 방법으로 $\omega^2\sqrt[3]{-\frac{t}{2}+\sqrt{(\frac{t}{2})^2+(\frac{s}{3})^3}}$으로부터 $y=z-\frac{s}{3z}$를 구하면,

$$\omega^2\sqrt[3]{-\frac{t}{2}+\sqrt{\left(\frac{t}{2}\right)^2+\left(\frac{s}{3}\right)^3}}+\omega\sqrt[3]{-\frac{t}{2}-\sqrt{\left(\frac{t}{2}\right)^2+\left(\frac{s}{3}\right)^3}}$$

이 얻어진다는 것을 알 수 있다.

결국, 삼차방정식 $y^3+sy+t=0$의 세 근을 현대적인 표기와 방법으로 구하면, 다음과 같다.

$$\sqrt[3]{-\frac{t}{2}+\sqrt{\left(\frac{t}{2}\right)^2+\left(\frac{s}{3}\right)^3}}+\sqrt[3]{-\frac{t}{2}-\sqrt{\left(\frac{t}{2}\right)^2+\left(\frac{s}{3}\right)^3}}$$
$$\omega\sqrt[3]{-\frac{t}{2}+\sqrt{\left(\frac{t}{2}\right)^2+\left(\frac{s}{3}\right)^3}}+\omega^2\sqrt[3]{-\frac{t}{2}-\sqrt{\left(\frac{t}{2}\right)^2+\left(\frac{s}{3}\right)^3}}$$
$$\omega^2\sqrt[3]{-\frac{t}{2}+\sqrt{\left(\frac{t}{2}\right)^2+\left(\frac{s}{3}\right)^3}}+\omega\sqrt[3]{-\frac{t}{2}-\sqrt{\left(\frac{t}{2}\right)^2+\left(\frac{s}{3}\right)^3}}$$

'Ars Magna'에서는 살펴본 근들 중에서 첫 번째 근을 구한 것이 된다. 나머지 두 근에서는 허수가 포함된 식이 얻어지기 때문에, 그 당시에는 나머지 두 근을 구할 수가 없었다.

3. 페라리와 사차방정식

'Ars Magna'에 제시된 사차방정식의 해법을 살펴보자. 카르다노는 사차방정식의 해법을 페라리(Lodovico Ferrari, 1522 – 1565)가 발견하였다고 기술하면서, 그 방법을 소개하였다.

페라리는 사차방정식 $x^4+6x^2+36=60x$를 풀기 위해, 우선 양변에 $6x^2$을 더해 좌변을 완전제곱식으로 만들었다. $x^4+12x^2+36=6x^2+60x$, $(x^2+6)^2=6x^2+60x$가 된다. 이제, 우변도 완전제곱식을 만들 수 있으면, 방정식의 해를 구할 수 있다. 즉 $(x^2+6)^2=6x^2+60x$의 좌변과 우변을 모두 완전제곱식으로 만들어야 한다. 이때 양변에 150을 더하면 우변은 완전제곱식이 될 수 있지만, 좌변은 완전제곱식이 되지 않는다.

페라리는 양변에 $2(x^2+6)k+k^2$을 더하여, 양변이 모두 완전제곱식이 되도록 k값을 구했다. $2(x^2+6)k+k^2$을 더하면 좌변은 $(x^2+6)^2+2(x^2+6)k+k^2=(x^2+6+k)^2$이 된다. 그리고 우변은 $6x^2+60x+2(x^2+6)k+k^2$이다. 즉, $(x^2+6)^2=6x^2+60x$에서 다음 식이 얻어진다.

$$(x^2+6+k)^2=6x^2+60x+2(x^2+6)k+k^2$$

이때 좌변이 완전제곱식이므로, 우변도 완전제곱식이 되어야 한다. 그러므로, 이차식 $6x^2+60x+2(x^2+6)k+k^2=(2k+6)x^2+60x+k^2+12k$가 완전제곱식이 되어야 하고, 이 식의 판별식 $30^2-(2k+6)(k^2+12k)$는 0이 된다. $(2k+6)(k^2+12k)=30^2$이다.

얻어진 판별식은 k에 대한 삼차방정식이므로, k값을 구할 수 있다. 실제로, 'Ars Magna'에는 $(2k+6)(k^2+12k)=30^2$, $k^3+15k^2+36k=450$의 해로

$$k=\sqrt[3]{190+\sqrt{33903}}+\sqrt[3]{190-\sqrt{33903}}-5$$

가 제시되어 있다. 이 k값을 k_1이라 하자. 이 k_1을 $(2k+6)x^2+60x+k^2+12k$에 대입하면 $(2k_1+6)x^2+60x+k_1^2+12k_1$은 완전제곱식이므로 $(\alpha x+\beta)^2$이라 쓸 수

있다.

결국, $(x^2+6+k)^2 = 6x^2+60x+2(x^2+6)k+k^2$는 $(x^2+6+k_1)^2 = (\alpha x+\beta)^2$이 된다. 이로부터 $x^2+6+k_1 = \pm(\alpha x+\beta)$가 되므로, 이 이차방정식의 근을 구하면 사차방정식의 근이 얻어진다.

예를 들어, 페라리의 방법으로 사차방정식 $x^4+2x^3+2x^2+x-7=0$을 풀어보자. $x^4+2x^3 = -2x^2-x+7$이 되며, 양변에 x^2을 더하자. 그러면, $x^4+2x^3+x^2 = -2x^2-x+7+x^2$, $(x^2+x)^2 = -x^2-x+7$이 된다.

이제, 등식의 양변에 $2k(x^2+x)+k^2$을 더하면, $(x^2+x)^2+2k(x^2+x)+k^2 = -x^2-x+7+2k(x^2+x)+k^2$, $(x^2+x+k)^2 = (2k-1)x^2+(2k-1)x+7+k^2$이 된다. 등식의 좌변이 완전제곱식이므로, 우변인 $(2k-1)x^2+(2k-1)x+7+k^2$도 완전제곱식이 되려면 판별식이 0이어야 한다. 이로부터 $(2k-1)^2-4(2k-1)(7+k^2)=0$이다. $(2k-1)^2-4(2k-1)(7+k^2) = (2k-1)(2k-1-28-4k^2) = 0$이므로, $k=\frac{1}{2}$이다.

$k=\frac{1}{2}$을 $(x^2+x+k)^2 = (2k-1)x^2+(2k-1)x+7+k^2$에 대입하면, $(x^2+x+\frac{1}{2})^2 = 7+\frac{1}{4}$이고 $x^2+x+\frac{1}{2} = \pm\frac{\sqrt{29}}{2}$이다. (1) $x^2+x+\frac{1}{2} = \frac{\sqrt{29}}{2}$를 풀면, $x = \frac{-1\pm\sqrt{2\sqrt{29}-1}}{2}$이다. (2) $x^2+x+\frac{1}{2} = -\frac{\sqrt{29}}{2}$를 풀면, $x = \frac{-1\pm\sqrt{-2\sqrt{29}-1}}{2} = \frac{-1\pm i\sqrt{2\sqrt{29}+1}}{2}$이다.

결국, 사차방정식 $x^4+2x^3+2x^2+x-7=0$은 다음과 같은 네 근을 가진다.

$$x = \frac{-1\pm\sqrt{2\sqrt{29}-1}}{2}, \frac{-1\pm i\sqrt{2\sqrt{29}+1}}{2}$$

위의 네 근 중에서 한 근은 양의 실근이고 한 근은 음의 실근이며, 두 근은 허근이다. 이러한 경우에 페라리는 양의 실근만을 구했다.

살펴본 것과 같이, 페로, 타르탈랴, 카르다노, 페라리는 삼차방정식과 사차방정식의 근의 공식을 대수적으로 나타내는데 성공하였다. 이것은 수학의 새로운 방향으로의 전환을 의미한다.

무리수가 발견되면서 수학이 기하학으로 방향이 전환되었으며, 그리스에서는 이에 관련된 수학적 개념들, 방법들이 발명되고 발전되었다. 이제, 알콰리즈미, 페로,

타르탈야, 카르다노, 페라리 등의 성과를 통해 기하학적인 수학이 대수적인 수학으로 방향이 바뀌게 되고, 수학의 대수화에 관련된 수학적 개념들이 필요하게 되었다.

삼차방정식 $x^3 = ax + b$의 근이 $x = \sqrt[3]{\frac{b}{2} + \sqrt{\left(\frac{b}{2}\right)^2 - \left(\frac{a}{3}\right)^3}} + \sqrt[3]{\frac{b}{2} - \sqrt{\left(\frac{b}{2}\right)^2 - \left(\frac{a}{3}\right)^3}}$ 인데, 제곱근호 안이 음수인 경우, 즉 $\sqrt{\left(\frac{b}{2}\right)^2 - \left(\frac{a}{3}\right)^3}$에서 $\left(\frac{b}{2}\right)^2 - \left(\frac{a}{3}\right)^3 < 0$인 경우에는 근을 구할 수 없었다. 예를 들어, $x^3 = 12x + 6$에서 $\left(\frac{b}{2}\right)^2 - \left(\frac{a}{3}\right)^3 = 3^2 - 4^3 < 0$이 되어 근을 구할 수 없다. 우리는 고등학교에서 제곱근호 안이 음수인 경우에 허수 i를 사용하여 표현한다는 것을 배웠다. 즉 $\sqrt{-2} = 2\sqrt{-1} = 2i$가 됨을 배웠다.

결국, 방정식의 근을 지금과 같이 구하려면, 허수 i의 발명이 필요했다. 이 문제를 이탈리아의 수학자이자 엔지니어인 봄벨리(Rafael Bombelli, 1526 – 1572)가 그의 저술 '대수'에서 다루었다. 봄벨리는 i를 $i \times i = -1$로 정의하고, $1 \times i = i, (-1) \times i = -i, (-i) \times i = 1, 1 \times (-i) = -i, (-i) \times (-i) = -1$ 등과 같은 연산규칙을 소개하였다. 이를 통해 현재의 고등학교에 다루는 $3i + (-7i) = -4i, (2i) \times 3i = -6$과 같은 연산을 수행할 수 있었다. 봄벨리의 연구는 이차방정식, 삼차방정식, 사차방정식의 근에 대한 연구를 완성할 수 있는 기반이 되었고, 실수에서 복소수로 나아가는 디딤돌이 되었다고 할 수 있다.

참고문헌

김진호, 김용대, 서보억(2011). 3대 작도문제해결을 위한 곡선과 기구, 서울: 교우사.

쑨자오룬 (2010). 지도로 보는 세계 과학사, 서울: 시그마북스. (심지언 옮김, 원본은 2007년에 출판됨)

신현용, 한인기(2016). 삼차방정식 해의 작도(불)가능성에 대한 학습 자료 개발, 수학교육논문집 30(4), pp.469-497.

안재구(2000). 수학문화사: 원시에서 고대까지, 서울: 일월서각.

카르다노(2000). 아르스 마그나, 서울: 교우사. (이무현 옮김)

한인기(2005). 교사를 위한 수학사, 서울: 교우사.

Al-Khwarizmi M.I.M.(1983). The Mathematical Treatises, Tashkent: Isd. FAN. (In Russian)

Ars Magna or The Rules of Algebra, Edited by Witmer T.R.(1968). New York: Dover Pub.

Belozerov S.E.(1975). Five Famous Problems of Antiquity, Rostov-na-Donu: Rostovski University Pub.(In Russian)

Badhmakova I. & Smirnova G.(2000). The Beginnings & Evolution of Algebra, Washington: MAA.

Bunt L.N., Jones P.S. & Bedient J.D.(1988). The Historical Roots of Elementary Mathematics, Dover Pub.

Chistyakov V.D.(1963). Three Famous Problems of Antiquity, Moscow: Gos. U-P

Izd.(In Russian)

Depman I.Ya.(2007). History of Arithmetic, Moscow: URSS.(In Russian)

Diophantus(1974). The Arithmetica and Book of polygonal Numbers, Moscow: Nauka.(In Russian)

Diophantus of Alexandria, Edited Heath T.L.(1910), Cambridge: The University Press.

Diophantus of Alexandria: Arithmetics and the Book of Polygonal Numbers, Edited by Vesekovskii I.N.(1974), Moscow: Nauka.(In Russian)

Dorofeeva A.V.(1991). Pages of History in Mathematics Lessons, Moscow: Kvantor.(In Russian)

Elements of Geometry, Edited by Playfair J.(1866), Philadelphia: J.B.Lippincott & Co.

Elements of Euclid, Edited by Simson R.(1821), Philadelphia.

Great Books of the Western World 11: Euclid, Archimedes, Apollonius of Perga, Nicomachus, Edited by Hutchins R.M.(1952), Chicago: William Benton Pub., Encyclopedia Britannica Inc.

Kolman E.(1961). History of Mathematics in the Antiquity, Moscow: Gos. U-P Izd. (In Russian)

Heath T.(1981). A History of Greek Mathematics, New York: Dover Pub., Inc.

Nikiforovskii V.A.(1979). From the History of Algebra XVI–XVII, Moscow: Nauka.(In Russian)

Nikiforovskii V.A.(1987). In the World of Equations, Moscow: Nauka.(In Russian)

Omar Khayyam(1961). The Treatises, Moscow: Isd. Vostochnoy Lit.(In Russian)

Ostermann A. & Wanner G.(2012). Geometry by Its History, Berlin: Springer.

Pappus of Alexandria, Edited by Sefrin-Weis H.(2010). London: Springer.

Raik, A.E.(1977). Essays on the History of Mathematics in Ancient Times, Saransk:

Mordovia Book Pub.(in Russian)

Rozenfeld B.A. & Yushkevich A.P.(1965). Omar Khayyam, Moscow: Nauka. (In Russian)

Sirazainov S.H. & Matvievskaya G.P.(1983). Al-Khwarizmi: Outstanding Mathematician and Astronomer of the Middle Ages, Moscow: Prosveshenie. (in Russian)

The Algebra of Mohammed Ben Musa, Edited by Rosen F.(1831), London: The Oriental Translation Fund.

The Beginning Of Euclid, Books 1-15, Edited by Morduhai-Boltovskii D.D.(1948), Moscow: Gos Isd. Tex-Teo.Lit. (In Russian)

The Works of Archimedes, Edited by Heath T.L.(2002), New York: Dover Pub.

The Works of Archimedes(1962), Moscow: Gos. U-P Izd. (In Russian)

Vaiman, A.A.(1961). Sumer-Babylon Mathematics, Moscow: East Literature Pub. (in Russian)

van der Werden B.L.(2007). Science Awakening, Moscow: KomKniga.(in Russian)

van der Werden B.L.(1963). Science Awakening, New York: John & Sons, Inc.

Voloshinov A.V.(2007). Pythagoras, Moscow: URSS.(in Russian)

Vygolskii M.Ya.(1967). Arithmetic and Algebra in the Ancient World, Moscow: Nauka.(In Russian)

찾아보기

| 저자약력 |

한 인 기

경상대학교 수학교육과 교수

저서 및 역서

- 교사를 위한 수학사
- 대수 · 기초해석 · 조합의 탐구문제들(상, 하)
- 평면기하학의 탐구문제들(1, 2)
- 증명방법으로 보는 다양한 부등식(1 ,2)
- 뇌를 자극하는 수학공부
- 학교수학의 점프
- 놀라운 수학나라 대탐험 등 다수

(개정판) 수학사도 배우고 수학도 알고

개정판발행 2022년 3월 2일

지은이 한인기
펴낸이 오판근
펴낸곳 (주) 교우
주　소 서울시 동대문구 약령시로 8 교우빌딩 2층 (주)교우
전　화 02-925-2861 / **팩　스** 02-925-2860, **편집부** 02-925-2825
홈페이지&북스토어 www.kyowoo.co.kr / **이메일** kyowoo@kyowoo.co.kr

등　록 1994년 3월 24일 제1994-000013호
ISBN 979-11-251-0302-8 (93410)

Published by Kyowoo Co., Ltd. Printed in Korea

값 24,000원

교우미디어는 (주) 교우의 Imprint 사입니다.
수학정원·과학정원은 (주) 교우의 새로운 브랜드명입니다.

잘못된 책은 구입하신 서점에서 교환해 드립니다.